体育健康教程

主　编　孙贵芳　杜　旭　于海强
副主编　张　燕　贺明帅　贺春亮
李云梦　杨　涛　刘　波
张　科　王　芳

中国纺织出版社有限公司

内 容 提 要

本书是以“素质教育”“健康第一”“终身体育”为基本指导思想，立足于现实及实际需求，首先，详细阐述了体育、学校体育、终身体育、健康教育、健康评价、体育锻炼与健康、体育运动与卫生健康以及健康管理等方面的知识；然后对体育文化进行细致介绍，包括东西方体育文化与奥林匹克运动文化；最后，对体育技能及体育项目的研究，包括田径运动、三大球运动、三小球运动、武术运动、时尚健身运动以及户外运动。本书在编写过程中做到了理论联系实践，对于指导体育教学具有一定的参考价值。

图书在版编目（CIP）数据

体育健康教程 / 孙贵芳，杜旭，于海强主编. — 北京 ：中国纺织出版社有限公司，2022. 9
ISBN 978 - 7 - 5180 - 9729 - 6

Ⅰ. ①体… Ⅱ. ①孙… ②杜… ③于… Ⅲ. ①体育－高等学校－教材②健康教育－高等学校－教材 Ⅳ. ①G807. 4②G647. 9

中国版本图书馆 CIP 数据核字（2022）第 141960 号

责任编辑：刘桐妍　　责任校对：楼旭红　　责任印制：储志伟

中国纺织出版社有限公司出版发行
地址：北京市朝阳区百子湾东里 A407 号楼　邮政编码：100124
销售电话：010－67004422　传真：010－87155801
http：//www. c－textilep. com
中国纺织出版社天猫旗舰店
官方微博 http：//weibo. com/2119887771
北京通天印刷有限责任公司印刷　各地新华书店经销
2022 年 9 月第 1 版第 1 次印刷
开本：787×1092　1/16　印张：16. 75
字数：429 千字　定价：98. 00 元

前　言

体育是学校教育体系的重要组成部分。学校加强体育教育工作，不仅能增强学生的体质健康，而且能培养学生的健全人格、心理素质和道德品质。在全民健身战略和健康中国政策稳步推进的背景下，学校体育教育被赋予了更重要的历史责任。因此，学校应激励学生在校期间努力学习体育技能，积极锻炼身体，养成良好的体育习惯，形成终身体育锻炼的意识，使体育锻炼行为贯穿学生的一生。

体育健康课程是学校课程体系的重要组成部分，也是素质教育的重要方面。体育健康教育活动对培养学生的身心素质、促进教育的全面发展有着不可替代的作用。为进一步促进学生健康发展，使学生掌握科学的锻炼方法，养成良好的生活习惯，掌握体育运动的技能，为终身体育打下坚实的基础，我们结合教育部门颁布的《国家学生体质健康标准（2014 年修订）》以及《中共中央国务院关于深化教育改革，全面推进素质教育的决定》，在贯彻“以人为本”“健康第一”的体育教育思想下，总结多年来体育教育改革的理论和实践经验，参考不同版本的教材，组织编写了体育基础理论和运动技能实践相结合的体育健康教程。

本书分为上、中、下三篇，上篇对体育与健康基础理论进行了详细阐述，包括体育概念、学校体育、终身体育、健康的内涵、健康教育、健康评价、体育锻炼与健康、体育运动与卫生健康以及健康管理等方面的知识；中篇对体育文化与竞赛进行了细致介绍，主要介绍了东西方体育文化与奥林匹克运动文化，以及体育竞赛与欣赏的理论知识；下篇是对体育技能及体育项目的研究，包括田径运动、三大球（足球、篮球、排球）、三小球（羽毛球、乒乓球、网球）、武术、时尚健身运动以及户外运动，为指导学生自主进行运动健身和体育活动提供了理论知识与实践手段，力求使学生树立终身体育的理念。

本书的编写吸收、借鉴了国内外许多专家、学者的最新研究成果和出版文献，在此一并表示感谢。另外，由于编写人员水平有限，不妥之处在所难免，敬请读者批评指正。

编　者

2021 年 12 月

目　录

上篇　体育与健康基础理论

中篇　体育文化与竞赛欣赏

下篇　体育技能及体育项目

上篇　体育与健康基础理论

第一章　体育概述

第一节　体育的概念与功能

一、体育的概念

体育属于社会文化教育范畴，是随着人类社会的发展逐步建立和完善的一个专门的科学领域，是社会文化的一部分，其发展受社会政治经济的影响和制约，也为社会政治经济服务。体育分为广义体育和狭义体育。

广义体育（又称体育运动），是人们根据社会生产和生活的需要，遵循人体生长发育和机能活动的规律，以身体练习为基本手段，为增强体质、提高运动技术水平、进行思想品德教育、丰富社会文化生活而进行的一种有目的、有意识、有组织的社会活动。

狭义体育（通常指学校体育，又称体育教育）是全面发展身体，增强体质，传授锻炼身体的知识、技术和技能，提高运动技术水平，培养道德和意志品质的一种有目的、有计划、有组织的教育过程。它是现代体育的基础，也是现代教育的重要组成部分。

二、体育的功能

（一）体育的健身功能

强身健体是体育的本质功能。人体是一个结构十分复杂并具有多种机能的有机体。

人体的质量是人的生命活动和生活能力的物质基础，它是在遗传变异和后天获得的基础上所表现出来的。体育以身体运动的方式给器官系统以一定强度和量的刺激，对身体各个系统、组织、器官产生积极且有效的影响。

1．体育运动对神经系统的作用

人体的各器官活动都是在神经系统的调节下进行的。神经系统是人体中最重要的系统，它由中枢神经和周围神经两部分组成。中枢神经系统具有高度的综合机能，是统率和指挥全身动作的司令部；周围神经系统是连接中枢神经和身体各个部分的神经组织。神经系统的主要作用是控制、指挥、调节人体各部分的机能，以适应外界环境的各种变化。

（1）改善脑部供血状况，提高大脑皮质神经细胞的耐受力

中枢神经由神经细胞构成，大脑皮质神经细胞处于中枢神经的最高部位。大脑皮质神经细胞的兴奋和抑制构成了大脑皮质的活动。例如，长时间看书学习，会使大脑皮质神经细胞长时间处于兴奋状态而产生疲劳，因而产生注意力不集中、精神恍惚等神经性反应，导致工作效率下降。经常参加体育运动会加快全身血液循环，使单位时间内流经脑细胞的血液量增加，改善脑部的供血状况，使大脑皮质神经细胞获得更多的氧气和其他营养物质，同时使脑部的代谢产物排出速度加快。故经常锻炼能使大脑皮质神经细胞的活动能力得到改善，提高脑细胞的工作耐受能力和工作学习的效率。

（2）提高神经系统的反应能力和灵活性

由于运动需要身体完成一些比日常生活行为更复杂的动作，这就要求神经系统能迅速动员和调节各器官、系统的机能，使之适应肌肉活动的需要。同时，运动环境随自然环境的变化而变化，各种外界环境的刺激使机体的应激能力得到锻炼，神经系统兴奋、抑制的交替转换过程得到了加强，强度和均衡性也得到了提高，神经系统对全身各系统的迅速调节能力得到了改善。反应速度及灵活性的提高，使人体在活动中的动作更灵敏、协调、准确。

（3）提高人体对外界环境的适应能力和对疾病的抵抗能力

各种地理、气候环境对神经系统的影响是很大的。例如，当人体突然受到寒冷侵袭时，全身毛孔和表层血管迅速收缩，体内新陈代谢等防御性、保护性反射增强；在炎热的季节或环境中，能迅速加快身体的散热，舒展表层血管，提高皮肤温度；当遇到危险及可能给人体带来伤害的情况时，迅速采取防御和保护性动作等。因此，长期参加体育运动的人，对外界环境的适应能力及对疾病的免疫力要比一般人强。

2. 体育运动对心血管系统的作用

心血管系统包括心脏、血管和血液。心脏是血液流动的原动力；血管是运送血液的管道，遍布全身；血液担负着运送养料和氧气、排出代谢产物的任务，在心脏、血管中周而复始地流动。人体就是凭借着血液循环与外界进行物质交换的，血液循环一旦停止，生命活动就会随之停止。可见，心血管系统对人体的重要意义。

（1）促进心脏结构与机能的良性变化

体育运动能使心肌中肌红蛋白含量增加、毛细血管大量新生，供血量增加，组织代谢加强，进而使心肌纤维变粗，心肌呈营养性粗壮，心脏的大小和重量增加。在X线透视下，可见心脏外形丰满，搏动有力。由于心壁增厚，心腔增大，心脏收缩力提高，心容量增大，一般人的心容量为765～785毫升，而经常进行体育锻炼的人心容量要达到1015～1027毫升，心脏重量可达400～500克，每搏输出量增加，可达100毫升左右。同时，心搏表现呈徐缓状，一般人每分钟心跳频率为70～80次，而经过体育运动锻炼的人心跳频率为50～60次。

（2）促进血液总量与质量的提高

一般人的血液总量约占体重的8%，而经常进行体育运动的人的血液总量约占体重的10%，运动时血液的重新分配机能快，保证了人体在较大的生理负荷下，通过神经系统的调节，反射性引起肝、脾内的储存血液释放出来，同时内脏血管收缩，肌肉内血管舒张，动员了大量血液参加循环，保证了肌肉活动时的血液供给，血液中红血细胞数可增加到每立方毫

米 550 万个左右；血红蛋白的含量也会增加，每百毫升血液中可达 17～18 克或更多。这样可以大大提高血液运输氧气和二氧化碳的能力，血液中缓冲物质和碱储备含量增加，可更多地中和运动中产生的乳酸，有利于在氧气不足的情况下进行较长时间的工作，从而提高工作的耐久力和缺氧的耐受力。

(3) 促进血管结构和机能的良性变化

经常参加体育运动，会使血管壁的弹性增加，血流的外周阻力减小，安静时，收缩压可降低到 85～105 毫米水银柱，舒张压可降低到 40～60 毫米水银柱。同时，经常参加体育运动的人肌肉活动状态良好，收缩有力，收缩与放松有节奏、有规律地转换，使人体的静脉血液回流心脏的速度加快，回流量增多，使心脏冠状动脉自身营养程度增大，有利于预防冠状动脉硬化。经常参加体育运动，还会使人体内的 HDL（高密度脂蛋白）粒子的浓度增加，这种 HDL 粒子具有清理和打扫沉积在血管壁上的脂肪和胆固醇的作用，可以减少堵塞血管的危险，保障体内的正常血液循环，预防各种心血管系统疾病的发生。

3. 体育运动对呼吸系统的作用

呼吸系统由肺与鼻、咽、喉、气管、支气管组成。人体一切活动所需要的能量和维持体温的热量都来自体内营养物质的氧化，氧化过程需要不断消耗氧气，并产生二氧化碳。这种气体代谢过程的持续进行有赖于人体不断从外界环境中摄取氧气，并不断向外界环境排出二氧化碳。人体与外界环境之间的吐故纳新以及人体内部所进行的气体交换的过程，称为呼吸。

(1) 促进呼吸器官结构的变化

由于体育运动是比较剧烈的肌肉活动，需要消耗大量的氧气，并在组织内产生大量的二氧化碳，这就促使呼吸系统必须加倍工作，以适应活动的需要。由于呼吸肌经常性地经受锻炼，力量增强，胸廓运动的幅度随之增大，参与气体交换的肺泡数量也明显增多。经常参加体育运动的人，其胸围一般要比同龄人的大 3～5 厘米，呼吸差也增加到 9～16 厘米。

(2) 提高呼吸系统的机能水平

长期进行体育运动，会使呼吸深度加大，呼吸频率相对减少。由于呼吸肌的力量增强，肺泡弹性增大，肺活量、肺通气量指标也明显增大，肺活量可达 4500～5500 毫升，比一般人要高 1000～1500 毫升。肺通气量可由平常呼吸时的 9000 毫升增大到 70000～120000 毫升。同时，肺泡通气量明显增加，可由平和呼吸时的 360 毫升/次增加到 8600 毫升/次，呼吸效率明显得到改善。呼吸系统机能水平的提高，对改善人体的活动能力有较大的促进作用，增加了人体对坚持较长时间活动和工作的耐受力，对预防呼吸系统的疾病也有显著作用。

4. 体育运动对运动系统的作用

人体运动是靠运动系统实现的，运动系统由骨、骨骼肌、骨连接组成。骨骼是人体的支架，关节是连接骨与骨之间的枢纽，肌肉附着在骨骼上，在神经的支配下，通过交替收缩和放松使关节屈伸、展收、旋转，完成各种动作。运动系统机能的高低决定着人体运动的质量。

(1) 改善肌肉中的血液供应情况，促进结构机能的良性变化

长期参加体育运动，会使肌肉中毛细血管增粗并大量开放，血流量增大，血液供应良好，新陈代谢旺盛，酶活性提高。同时，由于肌肉中营养物质、能源物质的含量增加，肌肉

纤维变粗，肌肉的生理横断面积增大；肌肉的重量占全身体重的比重也相应增大，肌肉收缩时的力量加强，速度加快，弹性、柔韧性都有所增强，灵活性、耐久性也得到提高。

(2) 强化骨的结构，提高骨的性能

长期参加体育运动，会使新陈代谢得到改善与加强，进而使骨的结构和性能发生变化。主要表现为骨密质增厚，骨变粗，骨小梁的排列根据拉力和压力的不同更加整齐和有规律，骨表面肌肉附着的突起增大。这些结构上的变化都使骨更加粗壮、坚固，提高了骨抗断、抗弯、抗压的性能。经常参加体育运动还能刺激骨骺的增生，促进骨的生长，对人体身高的增长有一定的促进作用。科学研究证明，经常参加体育运动的青少年比一般同龄青少年身高增长要快，身高的相对终极值也比一般青少年高 4～8 厘米。

(3) 增强关节的牢固性，提高关节的柔韧性和灵活性

经常参加体育运动，会使关节周围的肌肉和韧带得到增强，从而加强关节囊的力量，加固关节。同时，由于在运动过程中关节的活动是有目的的并得到了锻炼，关节周围的肌肉、韧带的伸展性会得到改善，扩大了关节运动的幅度，提高了关节的灵活性，增强了关节的牢固性。

(二) 体育的美育功能

体育和美育同是学校教育的重要组成部分，在培养和造就社会主义现代化人才方面有着不同的教育功能。把体育和美育有机结合起来，实现它们的交叉教育作用，是现代教育发展的趋势之一。

体育的美育功能是建立在体育美学价值的基础上的。体育的美学价值是对自然美、社会美、艺术创造美的综合表现，构成了美育的重要内容。体育的美育功能就是在遵循体育和美的客观规律的前提下，通过体育的直观美的感受和运动实践中体育动作美的创造，激发人们对体育运动的热情，培养人们对体育美的鉴赏能力和创造能力。

1. 人体美的塑造

从美学理论角度讲，人体美是自然美的一部分，包括人的形体美、相貌美和姿态美。

根据医学理论，人体的形态结构和生理特征与遗传有关。美学理论角度上的人体美只是一种理论上的抽象集合，而在生活中，以“健、力、美”为核心的现代人体审美的观念已逐渐被人们认识、欣赏和接受。这种人体美实质上是后天创造的美。人们通过体育实践对人体进行美的塑造，使人体在基本形态和运动形态方面表现出挺拔、匀称、协调、丰满、强健、有朝气、有力量等魅力与特征，展示出现代人的神态和风姿。后天美不仅在很大程度上弥补了人体美的先天不足，而且在一定意义上是对人体美的普遍、完整意义的表达与体现。

2. 性格美的培养

作为社会主体的人的美，不仅要由人体美来表达，还要从人的社会美的意义出发，通过人的内在性格美、行为美去表现。苏联作家奥斯特洛夫斯基曾写道：“人的美并不在于外貌、衣服和发式，而在于他的本身，在于他的心，要是人没有内心的美，我们常常会厌恶他的漂亮的外表。”[1]

---

[1] (苏) 奥斯特洛夫斯基．钢铁是怎样炼成的［M］．高洁，译．成都：四川科学技术出版社，2018.

现代体育不仅能对人的形体做出后天美的塑造，更能通过体育运动的实践造就和培养人的性格美。例如，跳水、跳伞、跳台、滑雪使人勇敢；射击、射箭、击剑使人果断；柔道、摔跤使人顽强；举重使人坚韧；体操技巧使人坚定、沉着；武术、拳击使人机智、敏捷；球类运动促进友爱、互助、团结；登山、攀岩培养人不畏艰难险阻、吃苦耐劳的精神，田径、游泳激励人不甘落后、勇于进取……可见，现代体育运动在赋予人形体美的同时，不断充实着人美的精神、美的品质、美的情操，使人的思想、感情得到美的丰富。

3. 行为美的培养

人的行为美是一种外在的美，是构成人的社会美的一种表现形态。在社会生活中，人的行为美主要表现在三个方面：一是为国家、为民族而献身的行为，二是为人民、为革命而斗争的行为，三是为真理、为正义而奋斗的行为。现代体育以其特殊的实践运动和手段、方法，在培养人的行为美方面表现出独特的作用。

中华人民共和国成立以来，在党和国家的关怀和培养下，一批又一批的运动员表现出为祖国、为民族忘我拼搏的崇高行为。为了祖国体育事业的腾飞、中华民族的振兴，运动员用自己的青春年华奋力搏击，换来了民族荣誉和亿万人民的欢腾、振奋。体育运动使实践者经受千锤百炼，鼓舞和激励着亿万人民奋斗在中华民族伟大复兴的大业中，献身于祖国昌盛、繁荣、富强的征途上。

4. 运动美的创造

现代体育不仅塑造了人体美，赋予了人的内在精神美，更以它独特的运动形式，向人类展现出具有极大魅力的运动美。在各种运动项目中，运动员以特定的动作、技巧形成了一个有结构、有层次、有深度、有起伏的表演整体，展示出运动的千姿百态，抒发出运动美的韵律，给人以美的享受。

（三）体育的社会综合教育功能

体育作为一种社会现象，既是文明社会的产物，也是促进现代文明的因素之一。体育的社会综合教育功能，在培养和造就社会主义现代化建设所需人才方面具有积极的作用。

1. 传授基本活动技能

在人类社会的发展中，体育一直被当作培养人的生活和劳动技能的重要手段。原始社会，人类为了生存和获得生活资料，在与大自然斗争的过程中，逐步掌握了跑、跳、投、攀登、爬越、游泳等技能，形成了原始体育的雏形，也是向后代传授技能的主要内容。奴隶社会，体育作为军事技能被统治者用于镇压奴隶阶级的反抗、征服异族、扩大领地和掠夺财富，如古埃及的角力、击剑，古罗马的战车，古希腊的拳击、射箭，等等，都在不同程度上反映了体育的军事功能。封建社会，随着生产力和社会经济的发展，人类由野蛮向文明进化，健身练体、养生育性的思想使体育的社会教育功能得到强化。例如，我国唐代的“武举”、宋代的“武学”，中世纪欧洲的“骑士七技”，等等，都充分说明了体育的社会教育功能在社会中的地位和作用。资本主义社会，体育在教育中的作用更受重视。体育作为教育的内容和手段被广泛用来训练和发展人的体能，培养人的劳动、生活及军事技能。马克思关于人的全面发展的理论把体育视为教育中不可缺少的组成部分。马克思指出：“未来教育对所有已满一定年龄的儿童来说，就是生产劳动同智育和体育相结合，它不仅是提高社会生产的一种方法，而且是造就全面发展的人的唯一办法。”[1]

20 世纪的科学证明：人先天适应环境的能力较差，基本的活动技能靠后天的学习和教育获得，而体育运动是学习掌握这些基本活动技能的主要内容和手段。从医护人员给初生婴儿做的被动体操，幼儿园的体育游戏，到现阶段国家为学生制定的《体育教学大纲》和《国家学生体质健康标准（2014 年修订）》，都把体育活动作为更广泛、更有效的提高身体活动能力、掌握基本活动技能的规定内容。

2. 传授体育科学知识

社会在向青少年传授人类文化科学知识的过程中，把身体健康和体育运动的知识作为一项重要内容。体育的基本知识、技术、技能是人类在体育方面所创造的精神财富的一部分。传授体育知识、技术与技能，有助于人们认识体育运动的意义，学会体育锻炼的方法，养成体育锻炼的习惯。对于青少年来说，学习体育知识、技术、技能是促进个体社会化的重要手段。对于一般人来说，通过对体育知识、技术、技能的学习，可以懂得如何根据自己身体、工作、学习及生活的需要进行科学的锻炼，养成文明、健康的生活方式。对于运动员来说，体育知识是掌握动作技术、技巧并加以合理运用的重要基础。

科学技术的发展推动了现代体育观念的改变和体育实践的发展，促进了体育手段的多样化、体育知识的科学化、竞技运动的规范化、体育设施的日趋革新和国际体育活动的交往。新的科学成就在体育运动中的广泛运用大大加强了体育运动的科学化、系统化，初步建立了体育科学知识体系和科学的运动实践方法，体育已逐渐成为一种独具风格的人类社会文化形态。传授体育的理论知识、技术、技能的过程本身就是普及人类科学文化知识的一个方面，促进了社会文明程度的提高及人类自身的发展。

3. 激发爱国热情，振奋民族精神

体育运动不受国界和地理区域的限制，没有种族、语言障碍，因而具有全民性、国际性且极富竞争性和对抗性。进入近代社会以来，体育运动在激发人的爱国热情、振奋民族精神方面发挥着积极的教育作用。国际运动场上的体育竞赛已成为展示一个国家和民族的兴衰与精神风貌的方式，渗透到国家的政治、经济、科学文化和人民群众的生活中。

国际运动场上，运动员必须按照规定佩戴其所代表国家的鲜明标志。在为优胜者颁奖时，要奏其所代表国家的国歌，升其所代表国家的国旗。人们更是把本国运动员的胜利和成功看作是国家的荣誉。运动员所取得的每一个胜利和每一次优异的成绩以及他们在竞赛场上所表现出来的良好精神风貌，都激发着本国人民的民族自尊心、自信心、自豪感和荣誉感，唤起人们的爱国热情，增强了海内外中华儿女的自尊心、自信心，形成了巨大的凝聚力。体育激励着全国人民弘扬奥运精神，无私奉献，艰苦奋斗，团结协作，争创一流，为国争光，在中华民族的历史上留下了光辉灿烂的一页。

4. 教导社会规范，发展人际关系

体育运动是一种有规可循、有“法”可依、带有一定约束的社会性活动。掌握体育运动技术，必须遵循人体运动规律，掌握技术要领，提高运动水平和避免运动伤害事故。体育运动通过体育法规、竞赛规则、竞赛纪律、运动员守则、教练员守则、裁判员守则以及社会公德、社会舆论等的制约培养着社会规范。集体运动项目，要求运动员互相配合，个人行为要

[1] 马克思，恩格斯．马克思恩格斯全集（第 23 卷）[M]. 北京：人民出版社，2005.

服从整体需要。比赛中，运动员必须遵守规则，服从裁判，尊重对方，胜不骄，败不馁，谦虚好学。体育运动使人增强了对个人价值和他人价值的理解与尊重，提高了控制自身行为的能力，加深了对社会生活的理解和适应，促进了人的公民意识。

体育运动是人的重要交往方式之一。它可使人与人之间增进了解，沟通信息，融洽感情，团结互助，加深人与人之间、人与社会之间的联系，对社会的稳定和发展起到积极的促进作用。奥林匹克的“理解、友谊、团结和公平竞争”精神就是体育运动在发展人际关系方面的最高意义和最广范围的体现。

5. 培养竞争精神

竞争作为现代体育的特征，以其独特的表现形态给人以启示、智慧和力量。体育竞争不仅塑造着赛场上的体育英雄，也激励和鼓舞着广大观众。

体育竞赛充满深刻的人生哲理和时代精神。“人人平等”“优胜劣汰”“新人辈出”“新陈代谢”，使现代体育充满勃勃生机和强大的活力。体育竞争不受地理区域的限制，可以加强世界各国人民的了解，促进友谊，有利于维护世界和平。体育竞争需要尊重科学，开拓创新，以不断提高竞争水平。

体育竞争反映了一个国家和民族的竞争精神。在我国，这种竞争精神体现在中国现代化建设的各个领域，是亿万人民振兴中华、建设中华的强大动力。

第二节 体育与身心发展

一、影响身心发展的基本因素

人的发展，包括身体和心理两个方面的发展，是以一定的遗传素质为前提，以一定的生理发展为基础，并在一定的社会生活条件和教育影响下发展起来的。遗传、社会生活条件和教育以及人的本身活动是影响人发展的主要因素。

（一）遗传素质是人的身心发展的必要物质前提

遗传是指人从上代继承下来的生理解剖上的特点，如机体的结构、形态、感官和神经系统的特点等。这些遗传的生理特点，也叫遗传素质，是人发展的自然的或生理的前提条件。遗传在人的发展中不可忽视，它对人发展的作用主要有以下几点。

1. 遗传素质为人的发展提供必要的生物前提

人是社会实体，也是自然实体。人的遗传素质，特别是人的大脑神经系统特点是其他动物所不具有的。除人以外的其他高等动物，即使长期与人接触并受人的专门训练，也不可能具有人的心理发展水平。

2. 遗传素质的不同是造成发展差异性的先天影响因素

人的遗传素质是有差异的，这种差异不仅表现在体态、感觉器官方面，也表现在神经类型方面。遗传素质的差异，对人的发展是有影响的。因此，我们应当高度重视优生优育的问题。

3. 遗传素质不是决定人的发展的唯一因素

遗传素质只能提供最初的生物基础，遗传素质及其个别差异只是使人有可能具有心理水平和某种个别差异，但并不能保证它一定能够实现。智力素质好的儿童能否成为科学家，运动素质好的儿童能否成为运动员，都必须有一定的社会生活条件和主观努力。

（二）社会生活条件对人的身心发展起决定性作用

人在社会中生活，社会生活条件决定着人的身心发展。社会生活条件包括社会物质生活条件和社会精神生活条件两个方面。社会物质生活条件包括自然环境和物质生活资料的生产方式，其中生产方式对人的发展起决定性作用。社会生活条件对人的身心发展起到如下作用。

1. 社会生活条件使遗传提供的发展可能性变成现实

先天的遗传素质是否能适时发展及向什么方向发展，不是由遗传本身决定的，而是由社会生活条件决定的。例如，同卵双生子，一般在遗传素质上有较多的类似点，但如果将他们放在不同的生活条件下，会形成差异较大的生理特征和个性心理特征。拉斐尔是文艺复兴时期意大利杰出的画家，马克思在谈到拉斐尔这样的天才人物时曾指出，像拉斐尔这样的个人是否能顺利地发展他的天赋，完全取决于需要，这种需要又取决于分工以及分工产生的人们所受的教育条件。遗传只是提供了可能性，没有一定的社会生活条件，是不可能变为现实的。

2. 社会生活条件决定人的发展方向、水平、速度和个别差异

在不同的社会生活条件下，人的发展是不同的。原始人和现代人在发展上有很大差异，这主要取决于社会生产力和科学文化发展水平。同一社会制度下，不同阶级、不同家庭、不同地区、受不同教育的人的发展也有差异，这主要取决于社会关系。因为人一生下来，就生活在一定的社会关系中，必然要与周围人发生各种交往，会受到周围人的生活方式和思想、习惯、作风的影响。

3. 环境决定论和二因素论都有其错误的方面

环境决定论片面地夸大和机械地对待环境和教育的作用。环境决定论者看不到人既是环境的产物又是环境的改造者，人受环境的影响并不是消极和被动的，人是通过参加实践活动并按照人已有的知识、经验以及在这些知识经验的基础上产生的需要和兴趣来对环境做出反应的。

二因素论把遗传和环境看成两个同等的共同决定人的发展的因素，二因素论在对待环境和遗传时，虽然不会片面强调某一方面，不用一个否定另一个，比遗传决定论和环境决定论的认识全面，但也没有认识到人发展中的各因素的辩证关系。

（三）教育对人的身心发展起重要作用

教育本身是一种社会生活条件，也受社会的制约。教育主要是以交往的形式把世代积累起来的知识、经验传递给下一代，使下一代能接近和达到上一代的水平。教育包括家庭教育、社会教育和学校教育。影响人的后天因素中，环境对人的发展起着一定的制约作用，而比起环境的自发影响来说，教育对人的发展，特别是对青少年的发展起着主导作用，具体原因有以下几点。

1. 教育是培养人的活动，它规定着人的发展方向

有组织的或无组织的、系统的或零碎的、家庭的或社会的、学校的教育，都是有目的地

培养人的活动。在人的其他活动中，人与人之间产生的各种影响也有一定的教育意义，但这些活动不是以培养人为目的的。同时，环境的自发影响是比较复杂的，它不能按照一定方向去影响人，因此不能决定人的发展方向。教育，特别是学校教育能排除和控制一些不良影响因素，给人以更多的正面教育，按照一定方向培养年轻一代。

2. 教育给人的影响比较全面、系统和深刻

教育，特别是学校教育，是根据一定的社会要求，按照一定的目的选择适当内容，利用集中的时间，有计划地、系统地对学生进行各种科学文化知识教育、发展体能教育、个性培养和思想品德教育。社会环境中其他方面的教育，则往往是偶然的和片面的，是不能同学校教育相比的。

3. 学校有专门负责教育的教师

学校教育是通过教师来进行的。教师受社会委托教育学生，对学生的身体、学业、品德等全面关心，教师要明确教育目的，熟悉教学内容，懂得教育方法，自觉地培养学生按照一定的方向发展。但是，我们必须明确，学校教育主导作用的实现必须通过学生自身的积极活动，教育者应根据学生的身心发展规律，充分调动学生的积极性，组织学生参加一些有益于身心发展的活动，同时，应争取学生家庭和社会力量的配合，协同一致地教育学生，这样才能使教育力量更大，教育效果更好。

二、体育与人的身心发展关系

体育作为一种社会现象，是人类文化的组成部分。体育既是教育的一部分，又是生活的一部分，是属于人的社会生活条件，因此，体育对人的身心发展起着主导作用。

（一）体育对人体发展的作用

1. 促进大脑清醒、思维敏捷

大脑是人体的指挥部，人体的一切活动信息、指令都是由大脑发出来的，大脑的重量虽然只占人体重量的2%，但它的需氧量却要求达到心脏总血流量的20%，可见脑力劳动消耗从某种意义上说不小于体力劳动。脑力劳动的特点之一是呼吸表浅、血液循环慢、新陈代谢低下，腹腔器官及下肢部分血流滞缓。长时间进行脑力劳动，会感到头昏脑涨，这是大脑供血不足和缺氧所致。进行体育锻炼，尤其是呼吸大自然新鲜的空气进行锻炼，可使疲劳的大脑获得休息，改善大脑的供血状况，使大脑保持正常工作的能力。另外，随着人年龄的增长，脑细胞会逐渐衰亡，大脑功能下降，致使大脑变得迟钝，但进行体育运动可以减缓这种衰老。体育活动能促使中枢神经系统及其主导部分的大脑皮层的兴奋性增强、抑制性加强，从而改善神经系统的均衡性和灵活性，提高大脑的分析综合能力。

2. 促进血液循环，提高心脏功能

人体的心血管系统像一个运输网，心脏是这个运输网的动力器官，血液通过运输网将养料、氧气运往全身。因此，心血管系统对人体健康有着举足轻重的影响。进行体育活动可加速血液循环，以适应肌肉活动的需要，从结构上和功能上改善心血管系统。经常进行体育运动，能使心脏产生工作性肥大，心肌增厚，收缩有力，心搏徐缓，血容量增大，这就大大减轻了心脏的负担；而且经常运动的人的心率和血压变化比一般人小，表现出心脏工作的“节省化”现象。

3. 改善呼吸系统功能

呼吸是重要的生命现象，肺是呼吸系统的重要器官，具有气体交换的功能，经常运动能使呼吸肌发达，呼吸慢而深，每次吸进氧气较多，每分钟只要呼吸 8～12 次就能满足机体需要。体育运动可使人体更多是肺泡参与工作，使肺泡富有弹性，增加肺活量。

4. 促进骨骼肌肉的生长发育

适当的体育运动能为骨骼和肌肉提供足够的营养物质，促进肌纤维变粗，使肌肉组织有力，促进骨骼生长、骨密质增厚，提高抗弯、抗压、抗折能力。

5. 调节心理，使人朝气蓬勃，充满活力

进行体育运动，特别是进行感兴趣的运动，能使人产生一种美好的情感体验，使人心情舒畅，精神愉快。体育运动还可以增强人的自尊心、自信心和自豪感，调整人们某些不健康心理和不良情绪。

6. 提高人体对外界环境的适应能力

体育运动能提高人体应变能力，使人善于应付各种复杂多变的环境。经常进行体育锻炼，可使大脑皮层对各种刺激的分析综合能力增强，感觉敏锐，视野开阔，判断空间、时间和体位能力增强，因而能判断准确，反应灵活。同时，经常在寒冷和炎热的环境中运动，可以提高机体调节体温的能力，增强身体对气温骤变的适应能力。

7. 增强机体免疫能力

经常运动可使白细胞数量增加、活性增强，增强机体免疫能力，提高人体对疾病的抵抗力。此外，经常运动还可以使中老年人保持充沛的精力和旺盛的生命力，延缓衰老，健康长寿。

（二）体育要遵循人的身心发展规律

生理学和心理学研究表明，体育只有遵循人的身心发展规律，才能充分发挥其在促进人体发展和增强体质过程中的积极作用。

1. 适应人的身心发展的统一性规律

人的生理发展，包括机体的正常生长发育和体质的增强。机体的生长是指细胞的繁殖增长，表现为身体各部分组织器官的大小、身高的高矮和体重的多少。机体发育是指器官形态的改变和机能的改善。人的机体只有正常生长发育才能使体质增强，体质增强又会有助于机体正常生长发育。

人的心理发展，包括感觉、知觉、注意、记忆、思维、想象、情感、意志和个性等方面的发展。人的心理是大脑对客观现实的反映，脑是心理的器官，心理是脑的机能，心理反应有自觉能动性，是在社会实践中、在言语参加下进行的。

人的生理和心理的发展是统一的，是密切联系、相互影响的。离开了生理的发展，尤其是大脑的发展，就不可能有心理的发展。同时，人的心理发展必然影响生理的健康发展。体育教育工作必须注意学生身心发展的统一性，促进学生身心得到全面发展。

2. 适应人的身心发展顺序性、阶段性规律

对于不同年龄的人，在体育内容、方法上应有所不同。生理方面，如骨骼肌肉的发展，先发展大骨骼、大肌群，随后才发展小骨骼和小肌群。神经系统结构的发展是先快后慢，生

殖系统的发展是先慢后快。儿童心理发展，是由具体思维发展到抽象思维，从机械记忆发展到意义记忆；先有高兴、恐惧等一般情感，而后发展为理智感、道德感。这一顺序不可逆转，也不能跳跃。人的身心发展具有年龄阶段性，同一个年龄阶段的人具有某些共同的、本质的生理和心理发展特性。不同年龄阶段的人，具有不同的身心发展特点。少年时期，同化作用占优势，各器官系统主要表现为生长；青壮年时期，同化作用和异化作用基本平衡，有机体处于稳定阶段，各器官系统的生长发育已基本完成，是人一生中生命力最旺盛的时期；中老年时期，有机体功能缓慢衰退。

因此，体育工作者必须从教育对象的实际出发，针对不同年龄的教育对象，提出不同的任务，采用不同的教育内容和方法。此外，还应当循序渐进地对教育对象提出合理要求，既不迁就现有水平，又要符合他们的年龄特征，在已有基础上促进他们的身心发展，以达到更高水平。

3. 适应人的身心发展的不均衡和个别差异规律

在人的身心发展过程中，由于遗传、环境、教育和自身的主观能动性不同，人的身心发展存在着不均衡性和个别差异。其中，不均衡性表现在以下两个方面：

第一，在同一方面的发展上，不同年龄段，发展是不均衡的。例如，身高、体重有两个增长高峰期，第一个高峰期在出生的第一年，第二个高峰期在青春期。在高峰期，身高体重的发展比其他年龄段更为迅速。

第二，在不同方面的发展也是不均衡的。有的方面在较早的年龄段就已达到了较高发展水平，有的方面则要在较晚的年龄段才能达到较成熟水平。人的身心发展不仅不均衡，而且不同人之间也是有差异的，具体表现为：在同一方面，不同人的发展速度和水平是不同的；在不同方面的相互关系上，不同人有个别差异。有的人早慧，有的人大器晚成；有的儿童身高是早长，有的则是晚长；有的儿童在 8 岁时的抽象思维已有很好的发展，能够接受中等教育，部分儿童的抽象思维在十四五岁时才有显著发展。

由于身心发展的不均衡性，体育教师要了解教育对象的不同方面发展的成熟水平及阶段，使教育与成熟程度相适应。由于身心发展的个别差异性，体育工作者既要照顾年龄特征，又要重视每个人的个别差异，因材施教。

第三节　学校体育

一、学校体育发展简况

在我国奴隶社会时期，奴隶主为了维护自己的统治，实行文武合一的教育。以西周最为典型，其教学内容是“六艺”，即礼、乐、射、御、书、数。其中射、御，是用来进行军事技能和身体训练的，而礼、乐中的舞蹈也有锻炼身体的作用，这就是我国学校体育的雏形。

我国近代学校体育是清朝末年由欧美传入的。1901 年废除科举，1903 年仿照外国兴办学校（称为学堂），1904 年，清政府颁布的《奏定学堂章程》规定了各级学堂都要开设“体操课”，每周 2～3 课时，小学以教授游戏和普通操为主，中等和高等学堂以兵式操为主，有的学校也教授武术。当时，外国人在中国办的教会学校提倡田径、球类等活动，许多学校受其影响，也在课外开展这类运动和竞赛。辛亥革命以后，基本上沿袭清末的学制和课程，体操课的情况改变不大。1923 年的学校课程纲要开始把体操课改为“体育课”，每周仍为2～3

课时，教学内容也由兵式操练为主改为游戏、田径、球类和体操等综合课程。之后，当时的教育部设立了主管体育的机构，制定和颁布了学校体育的一些法规和教材。

中华人民共和国成立后，1951 年，中央人民政府政务院发布了《关于改善各级学校学生健康状况的决定》，指出学校体育和卫生工作的重要意义，提出了具体要求。1952 年，中华人民共和国教育部设立了体育处，管理学校体育，颁布了学校体育的各种规定。1956 年开始使用统一的体育教学大纲和教材。中华人民共和国国家体育运动委员会（现国家体育总局）和各省、市、自治区体育运动委员会也设有管理学校体育的机构，并在学校推行《劳动与卫国体育制度》（1964 年改为《青少年体育锻炼标准》，1975 年改为《国家体育锻炼标准》）。1975 年，教育部设立了体育司，一些省、市、自治区教育厅、局也设立了体育卫生处，加强学校体育的管理。同年，又采用新的体育教学大纲和教材。1979 年，教育部和国家体委联合颁布了《中、小学体育工作暂行规定》《高等学校体育工作暂行规定（试行草案）》和《全国学生体育运动竞赛制度》，进一步改善学校体育工作。

二、学校体育的目的和任务

学校体育是学校教育的重要组成部分，也是国民体育的基础。学校体育对培养全面发展的现代人才，对增强民族体质、建设精神文明等都有着重要作用。

（一）学校体育是培养学生成为德、智、体、美、劳全面发展的人才的一个重要方面

学校教育的目标是使学生在德、智、体、美、劳诸方面都得到发展，成为新时代社会主义事业的建设者和接班人。德、智、体、美、劳是我国教育的基本内容，是学校培养人才的质量标准。国家的建设和发展，要求学校培养出既有高素质、高修养、高智商、高能力，又有一定专业技术的适应现代社会的人才；培养担当中华民族伟大复兴大任的时代新人。实践证明，德才兼备，一定要建立在强健的体质的基础上，没有健康的身体，就难以在当今的社会经济建设中发挥应有的作用，因此，学校体育教育至关重要。

（二）学校体育是提高中华民族体质水平的一项重要战略措施，是国民体育的基础

人的生长发育水平会受多方面因素的影响，如种族、气候、遗传、生活环境、营养、疾病、体育锻炼等。体育锻炼则是影响人体生长发育最积极、最重要的因素。在学生时期，加强体育锻炼能促进身体的正常生长和发育，全面发展身体，增强体质，为终身健康打下良好的基础。根据人体遗传和优生学，强壮的身体能使一代胜过一代，可提高全民族的体质水平。

（三）学校体育对建设社会主义精神文明有着积极的作用

文化建设和思想建设是社会主义精神文明建设的两个方面。体育是文化建设的一项重要内容，也是思想建设的重要手段之一。体育锻炼不仅能使人的体力得到发展，而且能使人的智力得到发展。科学实验证明，经常坚持体育锻炼，可以提高大脑的质量和大脑皮层的厚度，使人变得更加聪明，从而提高学习和运用科学文化知识的能力。

①学校体育在培养学生高尚的思想意志品德和作风方面起着很好的作用。学生是祖国的

未来、民族的希望，是社会主义现代化建设的后备军。学生的道德素质如何，直接关系到千万个家庭的幸福安宁和社会的稳定，也关系到社会主义现代化建设的成败。道德教育是规范个体与群体、社会和自然的行为教育，是教育的崇高目的，也是一种素质教育。教育的本质说到底是人力资源品位与质量的转换与提升，它是靠人们主观的自我修养和道德觉悟来实现的。

②运动项目有的要求快速，有的要求耐久，有的动作复杂惊险，有的变化多样，有的需要集体配合。学生参加体育运动，有助于培养其勇敢、顽强、坚毅等思想意志品质以及团结战斗的集体主义精神。

③学校体育具有竞争性强的特点，有利于培养现代社会所需要的爱国主义精神，开展文明建设。

学校体育对美育也有着良好的促进作用，它以丰富的内容和独特的形式来培养学生的审美观。体育锻炼可使学生体魄健美，懂得什么是美的动作、美的仪表、美的心灵，提高对美的感受、鉴赏、表达和创造的能力。

体育是一项有趣的群众性娱乐活动，学生在学习之余参加体育锻炼，既丰富了课余文化活动，又使学生在体育锻炼中得到愉悦或成功，得到高尚的精神享受。学校体育要完成下列基本任务：

①全面锻炼学生的身体，促进其身体形态结构、生理机能和心理的发展，提高身体素质和人体基本活动能力，提高对自然环境的适应能力。

②使学生掌握体育的基本知识、技术和技能，学会科学锻炼身体的方法，养成经常锻炼身体的习惯，树立终身锻炼的意识。

③对学生进行思想教育，培养共产主义道德和意志品质，树立良好的体育作风和精神文明的道德风尚。

④对部分体育基础较好并有一定专项运动才能的学生进行专门的运动训练，进一步增强他们的体质，提高他们的运动技术水平，使之成为学校群众性体育活动的骨干，进而为优秀运动员队伍输送后备力量。

上述各项任务是紧密联系、相互促进和辩证统一的。学校各项体育工作和措施，都应该围绕着增强学生的体质这一根本目标进行安排。

三、实现学校体育的组织形式和基本要求

实现学校体育的组织形式主要有体育课、早操和课间操、课外体育锻炼、运动队训练和运动竞赛等。这些形式都有各自不同的特点和所要完成的任务，应注意它们各自的独特作用，使之互相配合、互相补充、互相促进，共同完成学校体育的教学要求。

实现学校体育的基本要求有以下几点。

（一）处理好文化课学习与体育活动的关系

学生在学校的主要任务是学习，各种文化科学知识门类较多，需要将较多的精力和时间放在学习文化课上。但为了使学生有更充沛的体力和饱满的精神完成学习任务，需要组织学生锻炼身体，增强体质。除了体育课外，安排一定的课外体育活动是完全必要的。教育部明确规定，要保证学生每天有一个小时的体育活动时间，这有利于促进学生身心的全面发展。因此，处理和安排好文化课学习与体育活动的关系，使两者结合起来，对做好学校体育工作

是十分重要的。

(二) 处理好普及和提高的关系

实现学校体育的目的、任务，一定要处理好普及与提高的关系，做到在普及的基础上提高，在提高的指导下普及。实践证明，普及做得好，提高就有雄厚的基础；提高做得好，就可以推动普及。

学校体育工作首先要面向全体学生，抓好体育课教学和课外体育活动，通过有计划有系统地安排体育课教学和课外体育锻炼，全面增强学生体质。学校体育活动搞好了，就会涌现出一批运动技术水平较高的尖子生，再对这部分学生加强训练，他们的运动技术水平自然会得到更大的提升。这部分学生运动技术水平提高了，就能进一步推动体育活动的普及。

(三) 体育课要与课外体育相结合

学校体育是通过体育的各种组织形式共同完成的。体育课是按照体育教学大纲的规定设立的，教师要充分调动学生学习的自觉性、积极性，向学生传授体育知识、技术和技能，增强学生体质。上好体育课是实现学校体育目的、任务的一个重要环节，但是仅靠每周两节体育课是不够的，还必须积极开展课外体育活动。课外体育活动是把学生组织成进行各种体育锻炼的小组，在教师的巡回指导下，由学生互相帮助，运用体育课中所学得的知识、技术和技能进行体育锻炼，增强体质；或是组成各种运动队，在教师指导下进行运动训练，以提高运动成绩。这就要求教师根据体育课和课外体育活动的特点以及各自的主要任务，把两者密切结合起来，使之互相补充、互相促进。

四、学校体育制度

制度是完成工作的基本因素。我国学校的各项体育制度较健全，使学校体育能够沿着正确的轨迹发展，保证了学校体育工作的健康发展。

(一) 学校体育工作条例

《学校体育工作条例》(以下简称《条例》) 于 1990 年 3 月正式施行。《条例》对学校体育的基本任务和原则，对普及各类学校体育工作的组织管理、体育课教学、课外体育活动、课余体育训练与竞赛等，都做出了明确的规定。《条例》规定“体育课是学生毕业、升学考试科目”“学校体育工作应当作为考核学校工作的一项基本内容”。《条例》对体育教师、体育场地器材及体育经费等提出了要求，并对不按规定开设体育课或随意停上体育课等现象做出了不同的规定，体现了其严肃性和权威性。

《条例》的制定和实施，标志着学校体育工作在科学化和规范化方面迈出了新的一步；它是学校体育工作的基本法规，是指导学校体育工作的重要依据，是全面加强学校体育工作的有力保证。

(二) 国家学生体质健康标准

由教育部修订的《国家学生体质健康标准(2014 年修订)》已于 2014 年 7 月公布。这是教育部积极引导学校深化体育教学改革，推动各地加强学校体育工作，促进青少年身心健康、体魄强健、全面发展，结合新时期青少年体质健康状况和学校体育工作实际的重要举措，也是学校教育树立“健康第一”的指导思想，切实加强学校体育工作的具体措施。

《国家学生体质健康标准（2014 年修订）》不仅是学生体质健康的个体评价标准，也是学生能够毕业的条件之一。

第四节　终身体育

一、终身体育产生的背景

随着终身教育概念的产生，终身体育于 20 世纪 60 年代应运而生。1960 年，国际成人教育会议在加拿大蒙特利尔胜利召开，提出了有关“终身教育”的问题。1965 年，教育专家朗格朗在巴黎召开的“第三届促进成人教育国际委员会”会议上促使“终身教育”成为重要议题。终身教育的基本性质主要包含两个层面：一是为公共教育提供保障，促使人们得到终身的成长与发展；二是重新设计和综合历来的教育，以便为人们提供一生的教育机会，更要使不同年龄段的人们在最为恰当的时期和场所受到最为适宜的教育。因此，为适应教育发展的不断变化和要求，各学科都与时俱进地制订了本学科计划，体育在教育中占有极其重要的作用，不仅是终身教育不可分割的一部分，也是人类社会持续发展的一个主要手段。

因此，终身体育是随着终身教育应运而生的，但终身体育有着属于自身特定的领域和范畴。朗格朗认为，体育是一生的，不能把它单纯地限定在人生的某个阶段，体育应和终身教育的联系更为紧密，不能只是把它当作一种身体练习，应让它与社会文化、人们的生活等结合得更为紧密。

二、终身体育的理论基础

终身体育包含两个层面：一是人在生命之始至生命结束的过程中进行身体练习，有较强的目的性，使体育成为生命的一部分；二是在终身体育思想的指导下，确立体育的体系化、整体化目标，为人创造在不同时期、不同领域进行体育锻炼的机会的实践过程。

终身体育是一种现代体育思想，源自两方面：一是人体自身的发展规律需要体育锻炼。人体有三个发展时期，即生长发育期、成熟期和衰退期。体育锻炼对人体不同时期的健康发展都具有积极影响。因此，要根据不同时期人体机能的特点做出相应的要求。生长发育期的要求，是能够使机体正常生长发育；成熟期的要求，是能够保持充沛的体力与旺盛的精力；衰退期的要求，是减缓衰老、延年益寿。人生离不开体育锻炼，不同阶段有不同的体育目标和要求、不同的练习内容与方法。二是终身体育是现代社会发展的需要。现代生产和生活方式的改变，如劳动活动锐减，工作、生活的节奏加快，精神压力加大，食物摄取的热量过多等，导致人们出现肥胖症、高血压、心脏病、神经官能症（旧称，现统一为神经症）等疾病，严重影响人们的身体健康和生命安全。人们为了保持身体健康，体育意识有所提升，积极参与体育活动成为人们生活中不可缺少的内容之一。

三、终身体育的内涵

（一）终身体育的基本概念

终身体育既是指从生命开始至终结的整个生命过程均要持续地参与体育，使体育成为生活中必不可少的重要内容；又是指以正确的体育观与方法论指导人在不同时期、不同生活领域参加体育活动的实践过程。终身体育的目的在于提高人们对体育的认识，使人们养成良好的生活习惯，利用科学有效、适合自身的锻炼方法，终身参加体育锻炼、终身受益。

（二）终身体育的基本特征

终身体育从广义上来讲是一个包含家庭、学校及社会体育的概念体系，对于社会成员终身的健康发展极具促进作用。其基本特征主要体现为：一是要求参与体育活动的持久性，实现身心健康是终身体育的目标，所以参与活动具有终身性；二是适用对象的全体性，其适用于一切社会成员，特别是在国家全民健身运动受到大力提倡的社会背景下，终身体育的社会地位更加重要；三是终身体育行为过程的自律性，终身体育伴随人们的一生，因此，在参加体育活动时，要提高自身的自律意识，保持体育参与的规范与调控；四是思想内容的传承性，终身体育不单单是一句口号，而且是一种文化符号，对文化建设、全民健身运动、校园与社会体育活动都具有不可替代的作用。因此，弘扬和传承终身体育文化，是我国社会发展过程中不可或缺的一部分。

四、终身体育与学校体育

（一）终身体育与学校体育的关系

1. 终身体育是学校体育改革与发展的方向

现代社会的发展变化决定了终身体育成为学校体育改革与发展的方向。随着科技的快速进步，自动化、信息化发展普遍提升，体力劳动减少，脑力劳动增加；同时，社会竞争日益激烈、压力增加，人类的身心理健康受到严重影响；另外，体育活动由于其自身的特点与功能，受到越来越多的关注。《全民健身计划纲要》强调，要对学生进行终身体育教育，培养学生体育锻炼的意识、技能与习惯。因此，为适应社会的发展，我们应在终身体育思想指导下开展学校体育教学的改革。

2. 学校体育是实现终身体育的基础环节

学校体育在终身体育教育中占有极为重要的位置，它是人们参加体育活动与教育的重要过程，是人们参与体育活动的基础阶段，是终身体育的一个重要环节。特别是高校体育，它作为学校体育的最高层次，是学生学习的重要一站，是学生从学校到社会的转折点和学与用的衔接点。在高校体育中加强对学生终身体育能力与习惯的培养，有助于学生成为主动进行体育锻炼的实践者，并作为社会体育的辐射源，植根于社会之中。大学生正处于身心发育较为成熟的时期，是接受教育、完善自我、实现个体社会化的最佳阶段。大学生由于文化层次较高，理性及自主能力较强，在大学期间，结合兴趣爱好及身体和专业特点，学习自我锻炼身体的知识、发展自我身体锻炼的能力、培养终身体育锻炼的习惯，必能达到事半功倍的效果。

（二）学校体育是终身体育的重要组成部分

随着社会的发展和年龄的增长，各种身心疾病随之而来，人们的身心健康受到严重影响，身体锻炼由于其自身的特点与功能，受到越来越多的关注。早在 1978 年联合国教科文组织便通过了《体育运动国际宪章》，明确提出，必须有一项全球性的、民主化的终身教育制度来保证体育活动与运动实践得以贯彻于每个人的一生。不难发现，学校体育必然隶属于终身教育，且是终身体育的重要阶段，因此，学校体育是终身教育和终身体育不可分割的一部分。

大学生身体发育日趋完善和稳定，正处在人体心理、生理机能形成并发展成熟的关键时期。

高校体育教育阶段是体育教育与锻炼的实践，既能够弥补和提升之前体育教育的不足，又能让大学生在此阶段建立良好的体育意识，获得科学的体育知识、方法，形成习惯等，对学生毕业后参与体育活动产生深远的影响。高等教育阶段是人生接受集体教育的最后一个环节，其体育教育的基础作用以及与终身体育的衔接、接轨和有机结合等方面的作用，彰显了学校体育在终身体育中的重要作用。这是学校教育和终身体育在现代化改革与发展中不可忽视的问题。

（三）学校体育必须为终身体育奠定良好的基础

1. 学校体育要为终身体育奠定良好的思想基础

学生在文化科学、理想情操、思想意识等方面受到较高层次的教育，学生的体育意识也逐渐形成并日趋稳定，这也是学生在今后生活中参加体育活动和从事身体锻炼的内在原动力。马克思主义哲学告诉我们，存在决定意识、意识具有主观能动性，事实也充分证明：人们是有意识、有目的、有计划地参与社会活动的，主观意识强烈，则表现出行为的积极主动；反之，则表现出行为的消极怠慢，甚至表现出不参与的行为。因此，学校在体育教育的过程中，保证体育教育的科学性和体育教学过程的完整性是十分必要的，从而让学生形成健康体育意识，养成坚持体育锻炼习惯，以更好地完成学校体育教学任务，为终身体育奠定良好的思想基础。

2. 学校体育要为终身体育奠定良好的能力基础

大学阶段是学生增长知识和培养能力的大好时期。在高校教育过程中，教师要结合体育课堂教学以及其他体育实践活动，使学生能够比较清晰地认识和了解体育，有效掌握科学进行体育锻炼的方式和方法，有效增强学生在大学阶段的体育锻炼，为学生毕业后从事体育锻炼提供科学的理论方法，从而为终身体育的进行奠定良好的体育能力基础。

3. 学校体育要为终身体育奠定良好的体质基础

大学生正处在青年时期，身体发育日趋完善和稳定，是人体心理、生理机能形成并发展成熟的关键时期，能参与较大负荷的身体活动，对外部环境有较强的适应能力。在这一时期，人体生理机能最为旺盛，有必要进行更全面、更大负荷的锻炼，以促使身体发育和生理机能提升到最佳水平。有专家指出，人们的健康状态和生命质量与其青年阶段的发育和生理功能水平成正比。因此，学校体育教育应充分提升学生的体质健康水平，从而有效延缓身体机能的衰退速度，以最大限度地延长人的寿命。学校体育教育作为一个承上启下的衔接阶段，必须要为终身体育奠定良好的体质基础。

4. 学校体育要为终身体育奠定良好的社会服务基础

学生是我国社会主义现代化的建设者和接班人，他们从小学到大学受到了长期系统的体育教育，具备较强的体育意识、理论与技能以及良好的体育锻炼习惯，拥有比较优秀的组织能力和社会责任感等。当大学生群体毕业以后迈入社会，一定会成为终身体育和国家全民健身活动的主力军，并成为一支强大的、业余的社会体育组织、指导力量。因此，学校体育应在这个层面发挥作用，为发展全民健身活动和终身体育奠定良好的社会体育服务基础。

【思考题】

◇简述体育的概念与功能。
◇阐述体育与人的身心发展关系。
◇简述终身体育与学校体育的关系。

第二章　健康概述

第一节　健康的内涵及健康教育

一、健康的科学内涵解析

（一）健康的基本概念

健康是一个综合概念。人们对健康的认识是主体反映健康现实，在意识中创造理想化健康模型的思维活动的成果，与实际的健康活动相对应。在人类获取健康和与疾病做斗争的历史发展过程中，随着医学发展和人类健康需求的不断提高，人类对健康的认识在不断发生改变，健康的定义也在不断更新。

1. 传统健康的概念

18 世纪中叶以前，人们在给健康下定义时，往往以疾病为参考，常以“是否有病”作为唯一的标准，即有病为不健康，无病为健康。反映此概念的健康观在其发展阶段主要有神灵主义、自然哲学、机械论三种表现形式。

2. 现代健康的概念

20 世纪初，由于社会的发展和医学的进步，以及人类对健康的需求不断提高，健康的概念逐步趋向完善。

20 世纪 30 年代，美国健康教育学专家鲍尔和霍尔首先提出了“健康是人们在身体、心情和精神方面都自觉良好、精力充沛的一种状态”这个比较全面的健康定义。他们认为人们健康的基础在于机体一切器官组织功能正常，并掌握和遵循物质、精神、环境与健康生活的科学规律。另外，还要形成一种态度，即不是把健康看作生活的最终目的，而是看作使生命质量更好的必需物质条件。

1948 年，世界卫生组织（WHO）成立时，在宪章中指出：“健康不仅是没有疾病和身体的虚弱，而是一种身体上、心理上和社会适应方面的完美状态。”这一概念改变了以往健康仅指无生理功能异常、免于疾病的单一概念。

1978 年，世界卫生组织在《阿拉木图宣言》中修改了健康的概念，将健康定义为“健康不仅仅是疾病与体弱的匿迹，而是身心健康、社会幸福的完美状态”，同时指出“健康是人的基本权利，达到尽可能健康水平是世界范围内一项重要的社会性目标”。

1989 年，世界卫生组织又提出了“身体健康、心理健康、道德健康、社会适应良好”四个方面的健康新标准，把道德修养纳入了健康的范畴。

20 世纪 90 年代，健康定义强调了环境因素，认为健康是生理、心理、社会、环境的和谐统一。

纵观健康概念的演化过程，可以看出现代健康的概念体现了人的自然属性和社会属性，既包含作为生物机体的人的生理健康，又置入了作为完整的高级生命复合体的人所特有的心理及社会两方面的内容，把健康看成人类拥有的一种基本权利以及体现人类社会价值最重要的标志。

进入 21 世纪以来，随着医学的空前发展和科技的巨大进步，人们相继发现和阐明了许多疾病的成因与机理，对疾病的防治和对健康的认识有了很大的提高，并逐渐形成了现代的健康观，即人们认为真正的健康不是身体没有疾病，而是心理健全和身体强壮的完美结合，是一个人的身心、社会方面的综合反映。人们对健康的需求既要保持整体（或全面）健康，提高生活质量，又要维持终身健康，增强健康期望寿命，延年益寿。

（二）健康的分类

从不同角度对健康进行分类，常见的有以下两种。

1. 根据健康的定义分类

根据健康的定义可将健康分为生理健康、心理健康、社会适应健康和道德健康。

（1）生理健康

生理健康又称躯体健康或身体健康，是指人体各器官组织结构完好和功能正常，否则就不能称为健康。生理健康具有相对性，人体通常不断地通过各种机制调节各种器官和组织的功能，以适应并保持与外环境之间的平衡。由于外环境的变化，机体的内环境与外环境的平衡是相对的。目前，人们认为的生理健康只是限于利用当代科技手段对人体进行观察和测定，如果未发现异常即认为生理健康。

（2）心理健康

心理健康又称精神健康，是指人的心理处于完好状态。这种心理上的完好状态主要有三方面的含义：

第一，正确认识自我。不过高估计自己，不过分夸耀自己，不过度自信，办事留有后路；同时，不低估计自己，有自信心，有责任感。

第二，正确认识环境。正确认识环境是指个人对过去的、现在的以及将要发生的一切事物要有客观的认识。

第三，及时适应环境。及时适应环境是指自己的心理与环境相协调和平衡的过程，要求人们主动控制自我、改造环境与适应环境。由于人能够通过自我控制来改造环境，使自己与环境的关系完美无缺，所以通常仅把需要进行治疗的人称为病人。

（3）社会适应健康

社会适应健康是人们参与生活活动时的完好状态，它包括三方面的含义：第一，每个人的能力应在社会系统内得到充分的发挥；第二，作为健康的人应有效扮演与其身份相适应的角色；第三，每个人的行为与社会规范相一致。

（4）道德健康

人们在复杂的社会关系中活动，各种行为随时都可能受到自身道德意识的批判。当一个人能够克服内心矛盾，做出合理的抉择并执行时，就会感到心安理得，否则就会产生不安或内疚。在影响健康的众多因素中，人们还面临着外在的客观挑战与内在的主观挑战之间的有效平衡，当长期不能达到平衡状态时，人的道德信念和道德行为将产生矛盾，造成内心紧张。这样的人即使躯体健康，也不能称为健康。

2. 根据健康状况评估分类

健康状况评估是通过分析、研究个体和人群的健康水平及其发展变化，探讨个体和人群存在的主要健康问题，筛选影响人体的健康水平及其发展变化的主要因素，评估各种健康计划、方案、措施的效果。通过对健康状况评估的综合判断，可将健康分为第一状态（健康状态）、第二状态（疾病）和第三状态（亚健康状态或灰色状态）三种状态。

（三）亚健康状态

亚健康状态是近年来医学界提出的新概念，一般指机体虽无明显疾病，却呈现出活力下降、适应能力不同程度减退的一种生理状态。专家认为，亚健康状态包括不良的心理行为、不振的精神面貌、对社会的不适应以及身体各部位的某种不适等。具体表现为情绪低落、心情烦躁、忧郁、焦虑、失眠、头晕、头痛、肌肉关节疼痛、反复感冒等一系列难以用某种疾病予以解释的症候群，而身体检查又无重大异常。亚健康状态对人体危害极大，那么如何走出亚健康状态呢？

1. 克服不良生活习惯

吸烟、过度饮酒、食用高脂肪食物或过量饮食、缺少运动、不吃早餐、经常熬夜或睡眠不足等不良生活习惯，都会使身体由健康状态逐渐转变成亚健康状态，最后导致各种疾病的发生。所以，要克服不良生活习惯。

2. 调整好个人心态，适应瞬息万变的社会

当今社会瞬息万变、竞争激烈，工作、生活节奏加快，使人们的心理压力增加，精神负担增大。如果心理压力过大，会导致心理失衡，使神经系统功能失调、内分泌紊乱，正常的生理功能发挥不出来，抵御疾病的能力也就明显下降，进而引发各种疾病。

3. 及时消除疲劳，努力提高身体素质

经常感到疲惫不堪是典型的亚健康状态。疲劳是人体一种生理性预警反应，长时间地超负荷工作就会产生疲劳积累，长期下去必会引发疾病。

4. 有针对性地选用保健食品

从亚健康状态恢复到健康状态的关键在自己，要有自我保健意识，并能针对自己的亚健康状态分析出原因，及时纠正。另外，有目的地服用一些适宜的保健食品，可以帮助缓解亚健康状态。例如，由于不良的饮食习惯造成的高血脂、动脉粥样硬化，可服用深海鱼油、卵磷脂，它们对降低血脂、平稳血压有辅助治疗作用；工作紧张繁忙，经常处于疲劳状态时，可服用洋参含片缓解疲劳，增强身体的免疫力；睡眠不好的人可服用松果体素片，提高睡眠质量，消除疲劳，并保持每天的好心情。

（四）健康的价值

1. 社会发展目标中的基本目标

健康是社会发展目标中的基本目标。新形势下，现代社会已经把发展健康当作人们的一项基本权利和基本要求，把树立“全民健康”的理念看成全人类、全社会的事业。从客观的角度来讲，人们的身体健康已经成为当前社会发展的基本目标。

2. 奉献社会和享受生活的前提条件

健康是人们奉献社会和享受生活的前提条件。人们想要适应现代化快节奏、高质量的生活，首先身体要健康、精神要饱满，并且要有很好的社交能力，如此才能更好地享受生活、优化自己在社会中的地位和发挥应有的作用。反之，如果个体不具备健康的身体和心理，就无法享受幸福的生活，更谈不上奉献社会。所以，一个人首先应该具有健康的体质和心理，才能最大限度地诠释生命的意义，奉献社会。

3. 学校教育的前提和首要目标

健康既是学校教育的前提，又是学校教育的首要目标。健康是人类生存的必要前提，不管是工作、学习还是生活，都必须建立在个体健康的基础上。我国的教育方针是学生要德、智、体、美、劳全面发展，三个方面各有特定的含义和特定的任务，其中的"体"就是指体育，它所肩负的含义和特定的任务就是提高学生的体质、健康水平。例如，一个学生因为健康状况不佳经常缺课，做事缺乏积极性，即使采用最先进的教学设备和最优的教学方法，对他也起不到良好的作用。只有身心健康的学生才能在优质的教学方法的指导下收获理想的学习成果。由于学校教育在学生的人生教育中起着决定性的作用，所以学校应该有目的、有计划地实施各项教育活动。

4. 社会发展的基本标志和潜在动力

健康是社会发展的基本标志和潜在动力。人们所能呈现出的最完美的状态就是精力充沛、积极向上、身心健康、充满正能量。在国家可持续发展的政策里，健康的个体体质是发展思想道德和科学文化素质的物质基础，更是培养高素质人才的物质基础。一个社会发展的潜在动力就是拥有健康的、高素质的国民和各学科专业的人才。所以健康不仅是个体和家庭的事，更是人类文明社会不断进步的大事。全民健康是社会发展的最终目标，强身健体不仅需要科学、合理的体育运动，还受到多种社会制度的制约，如社会文明、社会经济和文化教育等；社会安定团结、紧密向上，社会经济就会高速发展，人们就能安居乐业，健康水平也会有极大的提高。

二、健康教育

（一）健康教育的内涵

健康教育既是预防医学中的一个新兴学科，又是卫生服务事业中的一项实际工作。其目的是使人们在面临促进健康以及疾病的预防、治疗、康复等各个层次的健康问题时，有能力做出有益于健康的抉择。

目前，世界上仍无公认的健康教育的标准定义。如果把权威机构、著名学者对健康教育的定义一一罗列，则有百种以上。我国健康教育工作者在总结世界各国健康教育观点的基础上，提出了如下定义："健康教育是指通过有计划、有组织、有系统的教育活动，促使人们自愿地采纳有利于健康的行为，消除或降低危险因素，降低发病率、伤残率和死亡率，提高生活质量，并对健康教育效果作出评价。"

1988 年，第 13 届世界健康大会对健康教育做出了新的解释，若作为定义，文字过于冗长，但为我们提出了一个较完整的健康教育的概念："健康教育是一门研究传播健康知识与技术、影响个体与群体行为、消除健康风险因素、预防疾病、促进健康的科学；它重点研究健康知识传播和行为改变的理论和方法，以及社区健康教育的组织、规划和评价的理论与实践；它的理论依据和专业技术主要来源于医学、社会学、心理学、行为科学、传播学、科普学、统计学、美学等学科，并通过传播和教育手段，向社会、家庭和个人传授卫生保健知识，提高自我保健能力，养成健康行为，纠正不良习惯，消除健康危险因素，防止疾病发生，促进人类健康和提高生活质量。”

（二）健康教育的分类

人们从不同角度对健康教育做了如下分类：

按健康教育的目标人群或开展场所分类可分为：①城市社区健康教育；②农村社区健康教育；③学校健康教育；④职业人群健康教育；⑤患者健康教育；⑥消费者健康教育；⑦卫生相关行业健康教育。

按健康教育的内容分类可分为：①营养健康教育；②预防健康教育。

（三）健康教育的任务与要求

大学生健康教育的任务与要求主要包括以下几个方面：

第一，帮助大学生树立正确的健康观，使他们真正认识到：健康不仅是躯体无病、体格健壮，还应具备良好的心理素质和社会适应能力；了解现在和未来健康的需求并有适应变化的意识。

第二，帮助大学生掌握必要的疾病防治知识和急救方法，养成用脑卫生、运动卫生、环境卫生、性卫生、营养和饮食卫生等良好的习惯，提高自我保健能力。

第三，使大学生认识到不健康的行为和生活方式（如吸烟、酗酒、膳食结构不合理、缺少体育运动等）给自身健康带来的危害，帮助他们改变不健康的行为和不良的生活方式，消除或减少危险因素的影响。

第四，帮助大学生了解心理卫生知识，提高心理素质。大学生在价值观、道德观、人生观形成时期，会面临多种选择、机遇。因此，培养健康文明和积极乐观的生活态度，正确对待自己和善待他人的品质，妥善处理生活事件的能力，提高对挫折的耐受能力与自我心理调节能力，维护心理健康对大学生来说是非常重要的。

第五，增强大学生对维护健康的责任感和自觉性。社会主义精神文明建设的重要任务之一，就是要提高全民族的科学文化水平，提倡文明、健康、科学的生活方式，克服社会风俗习惯中存在的愚昧落后的东西。因此，要使大学生强烈意识到健康是成才的重要素质，增进健康是历史赋予大学生的使命，维护健康不仅是对自己负责，也是对社会负责。

第二节　学生体质健康的影响因素及促进策略

一、学生体质健康的影响因素

（一）社会因素

社会的发展对学生思想观念、生活方式等方面的发展产生了较大影响。调查结果显示，学生的课余时间大多用于上网、交友等方面，忽视体育锻炼。另外，当今社会竞争激烈，虽然学生在校园里学习，暂时不用应对社会上激烈的竞争，但是学习成绩也是竞争中的一项，况且现在国家对人才的要求越来越高，大学生只有不断丰富自身的知识储备，才能占有在竞争中一席之地。特别是一些重点学校对学生的要求更是严格，学生按照学校的要求进行学习和生活，经过一天的学习之后已经没有多余的精力去参加体育锻炼了。还有一些即将毕业的学生，他们所面临的都是人生中的重要转折点，一份优质的毕业论文、一份适合自己的工作是学生的主要负担，对于体育锻炼已经抛之脑后了，所以社会竞争压力大也是影响身体素质的一个原因。

（二）学校因素

学生每天在校园停留的时间较长，且中高年级的学生多采取住校就读的方式。所以，校园环境成为影响学生体质健康的重要因素。学校的办学指导思想，特别是学校体育指导思想及办学理念决定学校的培养方式，培养方式直接影响学校对体育课、课外活动的重视程度，进而影响学生健康。现阶段，校内的体育课程教学质量差，态度也比较敷衍，学校对体育课程的安排较少，实际的教学时长不超过副课的一半，一般每周不超过两节课。教师也是一个关键点，由于现阶段的体育教师不能充分地观察学生，所以在教学内容的安排上也会差强人意，一般是教师带领学生围绕操场跑上两圈，跑完以后再带领学生做一些伸展运动，之后便要求学生自主运动。这样一套流程下来，学生并不能达到锻炼的目的。尤其是有些教师没有基本的体育素养，专业能力不强，也不主动去接触新的事物，所以总体上会对待教学不认真，安排的体育活动也是老一套的、不新颖，无法激起学生对体育的兴趣。

（三）家庭因素

一方面，父母对体育锻炼重要性的认知水平、对学生参与体育锻炼的支持等因素均会直接影响孩子体育锻炼的参与度。另一方面，良好的健康离不开良好的卫生习惯。随着人们婚姻、爱情等观念的转变，离异家庭比例和留守儿童数量不断增加，家庭结构、父母关系、家庭氛围等发生变化，对处在生长发育期且较敏感的儿童、青少年的心理健康产生明显影响。所以，父母的活跃度、家庭环境卫生、家庭成员关系也是学生体质健康的影响因素。

（四）个人因素

1. 饮食习惯不健康

调查发现，现阶段的学生都有饮食不健康的习惯，大部分的学生喜欢吃卡路里较高的食物以及含大量不饱和脂肪酸的“膨化食品”，如薯片、炸鸡、汉堡包、奶油等，这些食物含有的营养元素较少，不能满足人体日常所需，所以被称为“垃圾食品”。还有一部分学生喜欢街边小吃，一般有羊肉、牛肉、人工肉、炸串、麻辣烫、烤冷面等，因为品种齐全，味道诱人，备受学生的喜爱，卫不卫生先不说，仅是商家会在食物中添加大量的盐、油、辣椒、孜然等来提味，就已经对身体造成了伤害，特别是到了晚上，学校附近会聚集很多小商小贩，售卖的东西琳琅满目，道路上挤满了学生，他们普遍以这些“零食”为日常的食物，很少真正地吃一顿正餐，就算偶尔去吃一顿正餐也是以荤食为主，很少吃蔬菜类食品。不良饮食习惯会以时间为单位，逐渐引发健康问题。

2. 生活习惯不健康

影响学生体质健康的因素还有生活习惯不健康，因为学生在上课时都会坐着，而且由于一天的课程非常紧凑，所以坐着是学生的常态。经过一天的学习之后，学生回到宿舍往往是以电子设备打发时间，对于运动的意识也在逐渐降低，很多学生因为沉迷网络被称为“低头族”。因此，学生长时间处在这种状态，较易形成各种慢性疾病，如颈椎病、肌肉僵硬等，导致年纪轻轻身体素质还不如中年人。因此，拥有良好的生活习惯十分必要。

3. 体育运动意识弱

目前，体育运动意识薄弱是校内的普遍现象，很多学生开始锻炼，但是由于意志力太差根本坚持不下来，或者只在口头上说着健身，却未付出过实际行动。大部分学生表示体育运动太过劳累，不愿意花费时间去参加一些体育项目，特别是长期处于懒惰状态的学生，就更抵触体育运动了。另外，学生的注意力也随着时代新兴的产物改变，如男生喜欢游戏、电子产品等；女生喜欢韩剧、明星、网上购物等，这些东西显然比体育运动要吸引人，而且不会有劳累感，也不会出汗，导致学生体育运动意识薄弱。

二、学生体质健康的促进策略

（一）社会层面

1. 加强健康促进

国家层面应通过电视、广播、报纸、书籍、宣传栏等手段，加大对健康、健康促进、科学运动、合理膳食等相关知识的宣传力度，提高学生的健康意识，了解更多有关健康促进的知识。

2. 改革教育体制

逐渐改革我国应试教育体制，不断加大学生道德、体育、劳动等能力在考试中的权重，督促、鼓励学生重视智力以外的其他素质的全面发展，并减轻学生的学习压力，促进学生体质健康。

3. 营造良好的健身、医疗和生活环境

增加健身基础设施，如健身步道、社区健身器械、体育场馆等，为各阶层居民创造良好的体育运动环境；加强社区及农村基层医疗卫生机构的建设，加大大气、水、光、声等污染治理力度。

（二）家庭层面

1. 增强父母的示范作用

家长应多参加体育锻炼，起到积极的示范和带动作用，陪伴、督促学生在课余时间多参加体育锻炼。另外，家长可让学生承担部分家务劳动，以增加其体力活动，促进能量消耗，防止肥胖。

2. 营造良好的家庭氛围与卫生环境

营造温馨、和谐的家庭氛围，处理好夫妻、父母、子女之间的关系，为学生创造舒适、轻松的家庭环境。家长应积极探索，找到适合孩子的教养方式。另外，应保持家庭卫生清洁，这有利于促进学生身心健康发展。

（三）学校层面

1. 建造良好的校园环境

学校应主动改造校园环境。增加校园绿化面积，加大资金投入，建造体育场馆，增购体育器材，为学生营造良好的体育运动环境；加强校园垃圾、排水、排污等处理，为学生营造良好的卫生环境。

2. 注重学生健康能力培养

学校应开设健康教育、性教育、心理健康教育等有关健康方面的课程，增加体育、社会实践等的课时，提高学生对健康的认识，培养学生提高健康促进能力。

3. 转变教学理念

学校应结合国家政策改革，转变传统、落后的教学理念，注重学生身体与健康教育的结合，促进学生的全面发展。

（四）个体层面

1. 主动学习健康相关知识

学生应主动学习健康、营养、疾病（包括常见病和传染病）预防等相关知识，提升基本健康素养，形成全面的健康理念。

2. 形成健康的生活方式

学生应主动形成合理膳食、科学运动、心理平衡等健康生活方式，减少手机、电脑、电视等电子产品的使用时间，多参加体育锻炼。

3. 提高自我保健能力

学生应主动学习保护健康的知识和技能，了解人体需要的基本营养素、合理搭配食物等营养知识。学会一种或多种运动技能，并学习运动中自我监督、运动后恢复等知识，进而提高自我保健能力。

【思考题】

◇简述健康的概念和分类。

◇健康教育的社会作用有哪些？

◇请谈一谈影响学生体质健康的因素及促进策略。

第三章 健康测量与评价

第一节 身体健康的测量与评价

进行身体健康评价，有助于促进养成自觉参加体育活动和经常锻炼身体的习惯，提高自我保健能力和体质健康水平；便于发现身体发育的缺陷，及时采取干预措施，使身体素质得到提高和发展。

一、身体形态的评价及标准

身高、体重是反映身体形态的重要指标，通过这两项指标可以判断身材的匀称度，反映身体肥胖状况。国际上通过体重指数（BMI）来衡量肥胖。

身体形态优劣的评价方法如下：

①测出被测试人的身高、体重，两项指标在测试时保留一位小数。

②计算体重指数。体重指数＝体重（千克）/身高（米^2）。

③将测算出的数值对照《国家学生体质健康标准（2014 年修订）》学生体重指数单项评分表，即能评价出身体形态的优劣。例如，一个男生的身高为 1.75 米，体重为 68 千克，他的体重指数＝68/1.75^2＝ 22.2（千克/米^2），当体重指数为 17.9～23.9 时属正常，说明这位男生的身体形态正常，体重适中。

二、身体机能的评价及标准

肺活量是评价身体机能的重要指标，它是指在一次最大吸气后再尽全力呼出的气体量。因为身高、体重、胸围、年龄、性别等对肺活量的大小有影响，为了使学生身体发育的不同因素体现在肺脏机能的评价中，因此对身体机能需采用肺活量体重指数来进行评价。一般来讲，成年男子的肺活量为 3500～4500 毫升，成年女子的肺活量为 2500～3200 毫升，在身体形态相同的情况下，经常锻炼者的肺活量要大于不经常锻炼者。

具体测试方法：

①测出被测试人的肺活量和体重。

②将测得的数值代入肺活量体重指数评定公式。肺活量体重指数＝肺活量（毫升）/体重（千克）。

③评分标准：男大学生的肺活量指数大于 54 为及格，66 以上为良好，78 以上为优秀。女大学生的肺活量指数大于 42 为及格，54 以上为良好，64 以上为优秀。

三、身体能力的评价及标准

身体能力包括身体基本的活动技能和身体素质两方面，又称“体能”。通过对身体能力进行评价，可以反映心血管系统的功能，以及人体中枢神经系统的机能状态和神经与肌肉的调节机能，也可以综合反映人体的爆发力、协调、灵敏、反应、柔韧等素质，对于提高技术能力、防止运动创伤、长时间地保持良好的健康状态等都有积极的作用。

1. 以爆发力和速度对身体能力进行评价

（1）跑步。

50米跑、800米跑（女）、1000米跑（男）是通过有氧耐力、无氧耐力的速度测试来判断人的体质健康状况，可以反映人体中枢神经系统的机能状态和神经与肌肉的调节机能，也可以综合地反映人体的爆发力、协调、灵敏、反应、柔韧等素质。

具体测试方法：

①记录被测试人50米跑、800米跑、1000米跑的时间。50米跑以秒为单位，保留到1位小数，小数点后第二位数按非零进1原则进位。800米跑和1000米跑以分秒为单位，若有小数则舍去小数，取整数秒记录。

②将记录下的数值对照《国家学生体质健康标准（2014年修订）》的大学男（女）生评分表，查出分值，即评价被测试人的有氧耐力、无氧耐力及其他方面素质的优劣。

（2）立定跳远。

通过被测试人立定跳远的远度来测试下肢的爆发力，通过测试促进被测试人积极参加体育锻炼，在日常生活、劳动中有重要的意义和作用。

具体测试方法：

①记录被测试人三次试跳中最好的一次成绩（以厘米为单位，小数点后的数值舍去）。

②将记录下的数值对照《国家学生体质健康标准（2014年修订）》的大学男（女）生评分表，查出分值，即评价出被测试人下肢爆发力的大小。

2. 以力量和柔韧性对身体能力进行评价

（1）引体向上（男生）。

主要测试上肢肌肉力量的发展水平，是自身力量克服自身重力的悬垂力量练习。引体向上对发展上肢悬垂力量、肩带力量和握力有重要作用，也是衡量男性体质的重要参考标准和项目之一。

具体测试方法：

①试者正握横杠，身体呈直臂悬垂姿势，两臂同时用力，向上引体（身体不能有任何附加动作）；当下颌超过横杠上缘时，还原，呈直臂悬垂姿势，为完成一次。测试人员记录试者完成的次数，以次为单位。

②将记录下的数值对照《国家学生体质健康标准（2014年修订）》的大学男生评分表，查出分值，即能评价出被测试者上肢力量的优劣。

（2）坐位体前屈。

这是反映在人体完成动作时，关节、肌肉、肌腱和韧带的伸展能力，即柔韧性的测试项目。柔韧性与健康的关系极为密切，柔韧性的提高对于保证速度及力量素质的充分发挥，保证动作的协调性，扩大动作幅度及防止伤害事故，提高技能、技术等均有积极的作用。

具体测试方法：

①记录被测试者手指在“0”点前（正值）后（负值），刻度对应的数值（以厘米为单位，保留1位小数）。

②将记录下的数值对照《国家学生体质健康标准（2014 年修订）》的大学男（女）生评分表，查出分值，即评价出被测试人的柔韧素质如何，从而体现其健康状况。

(3) 仰卧起坐（女生）。

仰卧起坐是通过被测试者在 1 分钟内重复仰卧起坐的次数来测试腹肌力量和耐力。该测试可促进被测试者积极地发展腰腹肌力量，对女生在将来生育方面有着十分重要的作用。

具体测试方法：

①记录被测试者 1 分钟内的仰卧起坐次数。

②将记录下的数值对照《国家学生体质健康标准》的大学女生评分表，查出分值，即能评价出被测试者腰腹肌力量的强弱。

第二节 心理健康的测量与评价

一、心理健康的标准

(一) 心理健康的界定

心理健康状况一般分为“正常”和“异常”。正常状态即健康状态、平均状态、理想状态、适应状态、异常状态即正常状态出现的偏离。

①心理健康的人能够有意识地控制他们的生活。尽管一个心理健康的人也会偶尔或暂时出现不良情绪和行为，但他们总是能够有意识地控制自己的这种情绪和行为。

②心理健康的人能够清醒地认识自己的实际情况，能够意识到自己的优缺点。尽管在社会中扮演着不同的角色，但能够把扮演的角色与现实中的自己清楚地区分开。

③心理健康的人能够坚定地立足于现实，不会在过去的生活中徘徊，有着远大的目标。他们总是会在“从健康到不健康，再从不健康到健康”的过程中维持动态平衡。

④心理健康的人对生活充满信心，会不断地追求新的目标、新的经验，绝对不会成为紧张和焦虑的奴隶。

(二) 心理健康的衡量标准

心理健康的标准众说纷纭，但不管是何种说法，它都必须是全面且重点突出的。心理健康的衡量标准可概括为以下几个方面。

1. 正常的智力

智力是人的观察力、注意力、想象力、思维能力和实践能力的综合，是心理健康的首要标志。拥有正常的智力，才能胜任繁重的学习和工作任务，培养自信心和自我认识能力，避免由于智力低下而导致的心理压力或出现自卑心理与挫折感。智力高低的定量指标是人的智商（IQ），它表示人的智力发展水平，但不是衡量智力发育的唯一指标。国内多采用韦克斯勒成人智力量表（WAIS），简称韦氏成人智力量表，用来测量 14～74 岁成人的智力，韦氏成人智力量表根据对智力结构内涵的认识，依据测定结果把人的智力划分为七个等级（表 3-1）。

表 3-1 智力等级

智商	等级	智力评价
＞130	超常	异常优秀
129～120	优秀	优秀
119～110	高于正常	聪明
109～90	正常	中等
89～80	低于正常	迟钝
79～70	临界	低能
＜69	智力发育迟缓	智力缺陷

2. 健全的人格

人格是一个人相对稳定的人生观和生活信念，包括气质和性格。健全人格的重要指标是自我意识清醒，积极进取，能够准确地根据所扮演的社会角色需要进行正确选择和判断，能够有效而合理地支配自己的心理行为，妥善处理好各方面受到的挫折，乐于学习，性格开朗，对生活充满信心与希望。

3. 和谐的人际关系

人际关系可以从一个侧面反映出一个人的心理健康状况。心理健康的学生乐于与人交往，从心理上认可别人存在的重要性和作用，所以他们既有广泛的人际关系，又有许多知己朋友。他们在与人交往的过程中，友善、同情、信任等积极态度总多于猜疑、嫉妒、敌视等消极态度，言谈举止符合自己所扮演的社会角色，在社会生活中有较强的适应力和安全感。心理不健康的学生，总是与周围的人格格不入，远离群体。

4. 坚强的意志

意志是个性的重要体现。坚强的意志表现为果断、坚决，有较强的抗挫折能力，行为目的合理、自觉性高、自主能力强，不过分依赖别人，遇事善于冷静分析，自制力好，耐受能力强，不放纵自己。意志坚强的人的心态一般都是比较健康的。

5. 正确的自我意识

自我意识是指对自己的认识和评价。正确的自我意识表现为有自知之明，知道自己存在的价值，能够了解自己、接受自己，对自己的性格、能力、功过是非和优缺点的评价是客观的，既不会对自己提出苛刻的要求与期望，也不会抑制自身潜能的发展。即使是自己无法改正的缺点也能泰然处之，对自己的前途充满信心。一个心理不健康的人缺乏自知之明，总会过高或过低地估计自己，遇事不冷静，自律性差，容易出现自傲或自卑的心理而不能自拔，使自己的心理无法平衡。

6. 稳定、乐观的情绪

有稳定、乐观的情绪表现为能控制自己的喜、怒、哀、乐，生活规律，无论成功或失败，都不会随意放纵自己的心情，而是能及时地自我调整，合理支配自己的感情和行为。身处逆境时，心胸开阔、情绪稳定，能够发掘生活中的乐趣，不灰心丧气，热爱生活，对未来充满希望。一个心理不健康的人，不能保持稳定的情绪，容易大喜大悲。

7. 较好地适应社会环境

能较好地适应社会环境表现为能够面对现实、接受现实，并能主动地适应现实，对周围的环境作出准确客观的评价，改正自己的不良习惯和行为，改造自己所不能接受的不良环境，对生活、学习、工作中出现的各种困难都能妥善应付，对社会刺激有正常的心理反应，不过于敏感，也不过于紧张。一个心理不健康的人往往易于幻想，不敢面对现实，总是抱怨"这不行，那不好"，与社会环境不协调，影响正常的生活和学习，难以适应生存环境。

（三）影响学生心理健康的不利因素

1. 客观因素

客观因素主要包括社会、家庭、学校等。

（1）社会因素

人生活在特定的社会环境和人际关系集体中，社会的信息量不断增加，社会生活日新月异地变化，生活节奏也在不断地加快，以及所谓的"国外先进"理念的不断冲击，这一切对于人们来说都是心理考验，都会给人们增加一定的心理负担，所以人们必须根据从社会中获得的信息来调整心理、调节行为，正确解决心理上的矛盾和冲突，以便适应新的社会环境，克服意外的压力和特殊的挑战。

（2）家庭因素

家庭的变故和家长的教育方式、内容、思想必然会对学生的心理情绪、心理状况产生重要影响。所以学生应扮演好自身和家庭所需要的角色，学会"角色的互换"，认真地履行相应的义务与职责，保持好自身完整的人格，既不依赖他人，也不驾驭他人，更不会把矛盾转嫁他人。

（3）学校因素

复杂的人际关系、单调的业余生活、紧张的学习生活以及陈旧的教育思想导向等，对学生心理健康负面影响是最直接、最深刻的。学生在学校渴望与人交往和沟通，但又心存戒备，缺乏与人交往和沟通的勇气与方法，加上受社会不良思想的影响，使之不敢与人接触。学习的紧张化、业余生活的单调化、学校管理的封闭化，使学生每天总是处在繁重的学习任务、"三点一线"的单调校园生活中，学生多样化的需求无法满足，这一切都限制了学生"生动活泼的、主动的"发展，致使部分学生出现了情绪压抑、兴趣降低、缺乏生活乐趣等心理异常现象。正确对待学习和生活，与人热情主动交往，使自己生活在充满欢乐和友爱的集体中。

2. 主观因素

主观因素主要包括情绪、心理素质、个性、人生观和生活信念、认同的危机、性别角色、心理发展过程等因素的影响。

（1）情绪

学生处于情绪最丰富、最强烈、最动荡的时期，不稳定的情绪尤其是消极的情绪会使人精神错乱、行为失常，对挫折的判断往往会以偏概全，失去心理上的平衡。学生应该平静对待不同的境遇，不盲目乐观、骄傲自满，也不自暴自弃，应该有正确的自我意识，使自己的应对能力与环境要求相符。

（2）心理素质

人们在日常的学习和工作中，难免遇到挫折与失败。例如，因孤独而恐慌，想做自己喜欢的事情却又一时做不成而懊恼，希望获得较好的成绩又一时难以获得，因遭遇到不公平的待遇而愤怒，这都会导致情绪不佳、心理失衡。只要控制好自己的情绪，以宽阔的胸怀、宽容的态度对待自己、对待他人、对待环境，主动适应各种各样的条件，就会减少许多不必要的精神负担和心理压力。

（3）个性

不同的个体对同样的挫折有不同的反应，这与人的个性有直接关系。性格内向、孤僻、压抑、沉郁、过分自卑或自信、急躁、冲动、固执、多疑、偏激、有太强的个人欲望和过高的个人期望、不善于处理人际关系、爱慕虚荣、娇生惯养、感情脆弱等个性特征，都是不利于心理健康的，其中有些本身就是心理障碍的表现。

（4）人生观和生活信念

大学是学生人生观的形成期，成熟与不成熟并存，面临多种价值体系的选择，受多种社会思潮的影响，人生观的确立困难而复杂。如果一个人不能妥善处理冲突，便会引起情绪的波动，陷入困惑，从而影响对事物的评价。

（5）认同的危机

大学阶段是学生解决“自我同一性”的时期，在这一时期，他们会不断地反省自我、反省人生、反省自己与社会的关系。在确定“自我同一性”的过程中，他们会经历许多内心矛盾和迷惘，感情波动大，容易诱发迷惘、失望、忧虑、“自我为中心”等心理障碍。“认同危机”的解决状况，本身也是心理健康的重要标志之一。

（6）性别角色

处在青春期的学生已经有了性欲望和性冲动。这一时期身体内部出现的性激素刺激作用所引起的生理感受、体验十分显著。专家们认为，它远远超过性成熟之后的正常情况。然而由于道德、法律和理智的约束，这种欲望被限制和压抑着。一般情况下，学生可通过工作、文娱活动、社交等途径使生理能量得到适当的释放，减弱或抑制性的生理冲击力，使之得到某种程度的宣泄、代偿、升华。但也有些人存在着性压抑，甚至是比较严重的性压抑，而性压抑往往是导致心理疾病极为重要的因素，而且它是在心灵深处以曲折隐蔽的方式存在的。故此应该引起人们的高度重视。

（7）心理发展过程

青春期的学生处在不成熟趋向成熟的过程中，成熟与不成熟常常重叠在一起，致使他们的内心处于矛盾之中。例如，自立与依赖的矛盾、感性与理性的矛盾、要求与满足的矛盾、现实与理想的矛盾、冲动与压抑的矛盾、自信与自卑的矛盾、闭锁性与开放性的矛盾，以及向善的愿望与从恶的意念之间的矛盾等。这种内心矛盾使他们处在情感的波涛中。一个人长期处于内心矛盾之中，会破坏心理平衡而引起心理甚至生理的疾病。

（四）学生心理健康的维护

影响学生心理健康的因素来自生理、心理、社会文化诸方面，学生心理健康的维护也需要引起学校、家庭与社会的关注。

1. 学生应关注个体心理健康

（1）坚持健康、文明的生活方式

对学生而言，健康的生活方式包括以下五方面：一是合理作息，保证充足睡眠。二是平衡膳食，坚持吃早餐；体重保持正常水平。三是科学用脑，实行时间管理，提高学习效率；劳逸结合，有张有弛，避免用脑过度。四是合理休闲，选择文明高雅的休闲娱乐方式，愉悦身心。五是积极参加体育锻炼，不吸烟、不喝酒，摒弃一切不健康的生活方式。

(2) 培养和完善人格

人格的健全是心理健康的重要组成部分，学生应当正确评价客观事物，正确对待自己与他人；善于管理情绪，情绪反应正常，体验正常的情感，主动有效地适应社会环境与学校生活。

(3) 投身社会实践，扩大人际交往，建立广泛的社会支持系统

学生应当积极主动地参加各类社会实践活动，并在活动中全面提高自身素质，通过群体交往活动，理解人与人之间的关系，体验友谊与沟通的快乐，开阔视野并寻求广泛的社会支持。当面临挫折与压力时，广泛的社会支持会帮助学生走出沼泽地，走向开满鲜花的世界。

2. 学校应开展心理健康教育，提高学生心理素质

(1) 学校教育应着重于“五学”教育

“五学”教育即“学会生存，学会生活，学会关心，学会学习，学会发展”。在我们的教育中，存在重道德灌输，轻道德践约；重成才教育，轻成人教育；重知识传授，轻养成教育的倾向。心理健康不仅是心理的，也是社会与教育的。学校要培养的是社会人与文化人，社会人必然是具有健康心理的人。学校要教会学生适应环境，能够妥善处理自身事务，学会遵守社会规范，成为一个适应社会需要的社会人。学生要学会关心国家大事，关心国际局势，关心社会，关心朋友，体谅父母，珍惜友谊，善待爱情，以热情、积极、主动的态度介入社会生活。学会学习指学生不仅要学习书本知识，学习观察问题、解决问题的方法与途径，还要学习将书本知识转化为社会实践的能力。

(2) 逐步形成学校、家庭共同关心学生心理健康的良好氛围

目前，高校普遍认识到心理素质在人才培养中的重要作用，建立了相应的机构，加大了心理健康教育的力度，部分高校还将心理健康教育纳入课堂教学，使心理健康教育逐步走上科学化、规范化的轨道。此外，高校应营造宽松的氛围，建立良好的班风、学风、校风，消除不良文化的影响，逐步形成积极向上的校园文化。学生也逐步认识到心理健康的重要性，开始注重自身心理素质的培养与提高，以主动的心态调整自身的状态，适应社会的需要。家庭教育也逐步在重视学生的心理健康教育。

(3) 建立以发展咨询为核心的大咨询观念

很长一段时间内，人们对心理咨询的认识停留在心理疾病的治疗上。事实上，有严重心理障碍的学生毕竟是少数，多数学生面临的是成长与成才、情感与事业、日常生活事件的处理等问题，而这些问题并不构成心理疾病的主要方面，但又直接影响着学生的心理健康与健康成长。发展咨询应当成为教师教书育人职责中的重要组成部分，引导学生正确处理生活中的事情，将发展咨询贯穿于学生成才的始终是一项繁重的任务，应当引起重视。

二、心理健康的自我测量与评价

在心理健康测量与评价中，自我测量与评价是一项既科学又简便的方法。下面将Derogatis编制的症状自量表（SCL-90，表3-2）和健康生活方式问卷推荐给学生们，以便在进行健康自评时参考。(90道题目也许长了一点，但它是全球心理健康测验中应用最广泛的测验)

表 3-2 Derogatis 编制的症状自量表

序号	身体症状	无	很轻	中等	偏重	严重
1	头痛	0	1	2	3	4
2	神经过敏，心中不踏实	0	1	2	3	4
3	头脑中有不必要的想法或字句盘旋	0	1	2	3	4
4	头昏或昏倒	0	1	2	3	4
5	对异性的兴趣减退	0	1	2	3	4
6	对旁人求全责备	0	1	2	3	4
7	感到别人能控制你的思想	0	1	2	3	4
8	责怪别人制造麻烦	0	1	2	3	4
9	记忆力下降	0	1	2	3	4
10	担心自己的衣饰整齐及仪态的端庄	0	1	2	3	4
11	容易烦恼或激动	0	1	2	3	4
12	胸痛	0	1	2	3	4
13	害怕空旷的场所或街道	0	1	2	3	4
14	感到自己的精力下降，活动减慢	0	1	2	3	4
15	想结束自己的生命	0	1	2	3	4
16	听到旁人听不到的声音	0	1	2	3	4
17	发抖	0	1	2	3	4
18	感到大多数人都不可信任	0	1	2	3	4
19	胃口不好	0	1	2	3	4
20	容易哭泣	0	1	2	3	4
21	同异性相处时感到害羞不自在	0	1	2	3	4
22	感到受骗，中了圈套或有人想抓你	0	1	2	3	4
23	无缘无故突然感到害怕	0	1	2	3	4
24	自己不能控制地大发脾气	0	1	2	3	4
25	害怕单独出门	0	1	2	3	4
26	经常责怪自己	0	1	2	3	4
27	腰痛	0	1	2	3	4
28	感到难以完成任务	0	1	2	3	4
29	感到孤独	0	1	2	3	4
30	感到苦闷	0	1	2	3	4
31	过分担忧	0	1	2	3	4
32	对事物不感兴趣	0	1	2	3	4
33	感到害怕	0	1	2	3	4
34	感情容易受到伤害	0	1	2	3	4

续表

序号	身体症状	无	很轻	中等	偏重	严重
35	感到别人能知道你的私下想法	0	1	2	3	4
36	感到别人不理解你、不同情你	0	1	2	3	4
37	感到人们对你不友好、不喜欢你	0	1	2	3	4
38	做事必须做得很慢，以保证做得正确	0	1	2	3	4
39	心跳得很厉害	0	1	2	3	4
40	恶心或胃部不舒服	0	1	2	3	4
41	感到不如他人	0	1	2	3	4
42	肌肉酸痛	0	1	2	3	4
43	感到有人在监视你、谈论你	0	1	2	3	4
44	难以入睡	0	1	2	3	4
45	做事必须反复检查	0	1	2	3	4
46	难以做出决定	0	1	2	3	4
47	怕乘电车、公共汽车、地铁或火车	0	1	2	3	4
48	呼吸有困难	0	1	2	3	4
49	一阵阵发冷或发热	0	1	2	3	4
50	因为感到害怕而避开某些东西、场合或活动	0	1	2	3	4
51	脑子变空了	0	1	2	3	4
52	身体发麻或有刺痛感	0	1	2	3	4
53	喉咙有梗塞感	0	1	2	3	4
54	对前途感到没有希望	0	1	2	3	4
55	不能集中注意力	0	1	2	3	4
56	感到身体的某一部分软弱无力	0	1	2	3	4
57	感到紧张或容易紧张	0	1	2	3	4
58	感到手或脚发沉	0	1	2	3	4
59	想到有关死亡的事情	0	1	2	3	4
60	吃得太多	0	1	2	3	4
61	当别人看着你或谈论你时感到不自在	0	1	2	3	4
62	有一些不属于你自己的想法	0	1	2	3	4
63	有想打人或伤害他人的冲动	0	1	2	3	4
64	醒得太早	0	1	2	3	4
65	必须反复洗手、清点数目或触摸某些东西	0	1	2	3	4
66	睡得不稳不深	0	1	2	3	4
67	有想摔坏或破坏东西的冲动	0	1	2	3	4
68	有一些别人没有的思想或念头	0	1	2	3	4

续表

序号	身体症状	无	很轻	中等	偏重	严重
69	感到对别人神经过敏	0	1	2	3	4
70	在商店或电影院等人多的地方感到不自在	0	1	2	3	4
71	感到任何事情都很难做	0	1	2	3	4
72	感到一阵阵恐惧或惊恐	0	1	2	3	4
73	感到在公共场合吃东西很不舒服	0	1	2	3	4
74	经常与人争论	0	1	2	3	4
75	单独一人时神经很紧张	0	1	2	3	4
76	认为别人对你的成绩没有做出恰当的评价	0	1	2	3	4
77	即使和别人在一起也感到孤独	0	1	2	3	4
78	感到坐立不安、心神不宁	0	1	2	3	4
79	认为自己没有什么价值	0	1	2	3	4
80	感到熟悉的东西变得陌生或不像是真的	0	1	2	3	4
81	大叫或摔东西	0	1	2	3	4
82	害怕会在公共场合昏倒	0	1	2	3	4
83	认为别人想占你的便宜	0	1	2	3	4
84	为一些有关“性”的想法而很苦恼	0	1	2	3	4
85	认为应该因为自己的过错而受到惩罚	0	1	2	3	4
86	认为要赶快把事情做完	0	1	2	3	4
87	认为自己的身体有严重的问题	0	1	2	3	4
88	从未感到和其他人很亲近	0	1	2	3	4
89	认为自己有罪	0	1	2	3	4
90	认为自己的脑子有毛病	0	1	2	3	4

评定时间：可以评定一个特定的时间，通常是评定一周。

分析统计指标：

（1）总分

①总分是90个项目所得分数之和。

②总症状指数，也称总均分，是将总分除以90（总分÷90）。

③阳性项目数是指评为1～4分的项目数，阳性症状痛苦水平是指总分除以阳性项目数（总分÷阳性项目数）。

④阳性症状均分是指总分减去阴性项目（评为0分的项目）总分，再除以阳性项目数[（总分－阴性项目总分）÷阳性项目数]。

（2）因子分

SCL－90包括9个因子，每一个因子可以反映出测试者某方面症状的痛苦情况，通过因子分（因子分＝组成某一因子的各项目总分/组成某一因子的项目数）可了解症状分布特点。

9个因子的含义及所包含的项目如下。

①躯体化。躯体化包括 1、4、12、27、40、42、48、49、52、53、56、58，共 12 项。该因子主要反映身体不适感，包括心血管、胃肠道、呼吸和其他系统的不适与头痛、背痛、肌肉酸痛以及焦虑的其他躯体表现。

②强迫症状。强迫症状包括 3、9、10、28、38、45、46、51、55、65，共 10 项。主要指那些明知没有必要，但又无法摆脱的无意义的思想、冲动和行为，一些一般的认知障碍的行为特征也在这一因子中反映。

③人际关系敏感。人际关系敏感包括 6、21、34、36、37、41、61、69、73，共 9 项。主要指与人交往时不自在与自卑感，特别是与其他人相比较时更加突出。在人际交往中的自卑感、心神不安、明显不自在以及人际交流中的自我意识、消极的期待是这方面症状的典型特征。

④抑郁。抑郁包括 5、14、15、20、22、26、29、30、31、32、54、71、79，共 13 项。苦闷的情感与心境为代表性症状，以生活兴趣的减退、动力缺乏、活力丧失等为特征，会反映出失望、悲观以及与抑郁相联系的认知和躯体方面的感受。另外，还包括有关死亡的思想和自杀观念。

⑤焦虑。焦虑包括 2、17、23、33、39、57、72、78、80、86，共 10 项。一般指烦躁、坐立不安、神经过敏、紧张，以及由此产生的躯体征象，如震颤等。测定游离不定的焦虑及惊恐发作是本因子的主要内容，此外，还包括解体感受的项目。

⑥敌对。敌对包括 11、24、63、67、74、81，共 6 项。敌对的表现主要有思想、感情及行为三方面。其项目包括厌烦的感觉、摔物、争论直到不可控制的脾气暴发等。

⑦恐惧。恐惧包括 13、25、47、50、70、75、82，共 7 项。恐惧的对象包括出门旅行、空旷场地、人群或公共场所和交通工具。此外，还有反映社交恐惧的一些项目。

⑧偏执。偏执包括 8、18、43、68、76、83，共 6 项。本因子是围绕偏执性思维的基本特征而制定的，主要指投射性思维、敌对、猜疑、关系观念、妄想、被动体验和夸大等。

⑨精神病性。精神病性包括 7、16、35、62、77、84、85、87、88、90，共 10 项。反映各式各样的急性症状和行为，限定不严重的精神病性过程的指征。此外，也可以反映精神病性行为的继发征兆和分裂性生活方式的指征。

此外还有 19、44、59、60、64、66、89 这 7 个项目未归入任何因子，在做反映睡眠及饮食情况分析时，将这 7 项作为附加项目或其他，作为第 10 个因子来处理，以便使各因子分之和等于总分。

各因子的因子分的计算方法是：各因子所有项目的分数之和除以因子项目数。例如，强迫症状因子各项目的分数之和假设为 30，共有 10 个项目，所以因子分为 3。在 1～5 评分制中，粗略简单的判断方法是看因子分是否超过 3 分，若超过 3 分，则表明该因子的症状已达到中等以上严重程度。

【思考题】

◇简述身体健康的评价与标准。

◇影响学生心理健康的因素有哪些？如何维护学生的心理健康？

第四章　体育锻炼与健康

第一节　体育锻炼的原则与方法

一、体育锻炼的原则

体育锻炼的原则是身体锻炼基本规律的反映，也是参加者安排锻炼计划、选择锻炼内容、运用锻炼方法所要遵循的准则。为了提高锻炼的效果，达到体育锻炼的目的，在锻炼中应遵循以下几项原则。

（一）主动性原则

体育锻炼是人类的一种有目的、有意识的行为，是通过系统内外的交互作用达到身心平衡与健康发展目标的方法及过程。人在这个过程中始终处于主导的地位，从锻炼目标的确定、兴趣爱好的满足、锻炼效果的评价等方面都能体现出体育锻炼的主动性原则。体育锻炼是一个自我锻炼、自我完善的过程，锻炼者只有不断积极主动地付诸行动，才能取得预期的锻炼效果。

（二）渐进性原则

一个系统的演变与进化是一个渐变的过程，如果变化过快，系统就无法平衡与稳定。人体对内外环境变化的适应是一个缓慢的由量变到质变的过程，锻炼效果的好坏很大程度上取决于运动刺激的量和度，而运动负荷是否适宜，是贯彻这一原则的关键。因此，在锻炼中要在内容、方法和运动负荷安排上做到合理有序，本着由易到难、由简到繁、由已知到未知的原则逐步深化、不断提高。

（三）超量性原则

在贯彻渐进性原则的同时，要注意一个系统如果变化过慢，则很难在一定时间内取得明显的进展。超量性（超负荷）原则是指在进行体育锻炼时身体或特定的肌肉所受到的刺激强于不锻炼时的或已适应的刺激强度。因此，在进行体育锻炼时只有遵循超量性原则，身体素质才能在现有的基础上逐步得到提高。“百分之十”是渐进性原则和超量性原则相结合的体现，其含义为：每周运动强度或持续运动时间的增加不得超过前一周的10%，同时要有明显的提高。

（四）全面性原则

全面性原则是指体育锻炼必须追求身体形态、机能、各种身体素质和心理品质等方面的全面和谐发展。人体本是一个有机的系统，系统的结构决定其功能，各器官通过相互促进、相互制约的关系，求得身体系统的平衡与稳定。任何局部机能的提高，都必然会促进肌体其他部位机能的改善，当某一素质得到发展时，也会对其他素质有不同程度的影响。由于每一次体育活动对人体的影响都有一定的局限性，如果体育锻炼的内容和方法单一化，机体就不可能获得良好的整体效益。只有全面平衡与稳定的发展才能使系统整体功能达到最优。

（五）持续性原则

可以将人的一生理解为一个系统的发展演化过程，系统的平衡与稳定要靠内外不断地进行物质、能量与信息的交流，身心的健康也要靠持续的锻炼来保证。因此，参加体育锻炼必须持之以恒，养成良好的锻炼习惯。各种运动技能的形成和提高，人体各器官、系统的改善，身体素质水平的增强，都是通过肌肉活动反复强化的结果。体育锻炼给予机体的刺激，所产生的作用的不断积累，促进了机体结构和机能适应性的变化，从而产生了新的适应，使人的体质不断增强。

（六）安全性原则

安全性原则是体育锻炼的最低原则。没有了安全，就谈不上身心健康。它主要体现在安全和舒适的体育锻炼环境、适当的运动负荷量、科学有序的锻炼过程、运动损伤的有效预防与避免、营养与食物安全等方面。

二、体育锻炼的方法

根据体育锻炼的原则，结合学生身体发育的特点以及社会对人才需求的特点，下面对常规锻炼方法、提高身体素质锻炼方法、发展心理素质及社会适应能力锻炼方法及如何制订个人锻炼计划等方面的内容进行了阐述。

（一）常规体育锻炼方法

1. 负重锻炼法

负重锻炼法是运用重物进行身体锻炼、发展体能的一种方法。它包括物体负重练习（如杠铃、哑铃、沙袋、实心球等）和克服自身体重练习（如引体向上、双臂屈伸、立卧撑、俯卧撑、下蹲起等）。负重锻炼法多用于发展力量。

2. 重复锻炼法

重复锻炼法是在相对固定的条件下，按一定要求反复进行某一练习的方法（如 60 米跑×4 组，立定五级跳×10 次，原地投篮×30 次）。重复锻炼法的每次（组）练习之间应进行充分的休息，以使身体基本恢复。这种方法多用于提高技术、发展力量和速度。

3. 持续锻炼法

持续锻炼法是在相对较长的时间里，用较稳定的负荷强度，不间歇地进行锻炼的一种方法（如长跑、长游、长走、骑自行车、划船等周期性运动）。负荷强度的大小、持续时间、重复次数是决定锻炼效果的关键。确定和调节运动负荷，应考虑项目的特点、学生体质的差异以及不同季节气候对人体的影响，做到区别对待、因人而异。持续锻炼法多用于发展运动技术和耐力，锻炼呼吸和心肺功能。

4. 间歇锻炼法

间歇锻炼法是在锻炼过程中，根据对象、项目特点和生理负荷的大小，控制各练习之间的休息间歇，用于调节运动负荷进行锻炼的一种方法。例如，以 80％的强度进行 30 米×6 组速度跑的练习，规定每组间歇时间为 2 分钟。再如，举一定重量的杠铃共 8 组，规定每组间歇时间为 2～3 分钟。间歇锻炼的特点是在前一组运动完成后体力还未完全恢复时就进行后一组运动。因此，该锻炼既能提高速度、力量，又能发展心肺功能。间歇锻炼法对肌体产生的影响较大，较适宜具有良好身体能力的锻炼者。

5. 变换锻炼法

变换锻炼法是在锻炼过程中，变换环境、变换条件、变换要求，以提高锻炼效果的一种方法。实践中可采用不同的变换方式，如变换锻炼环境，变换动作形式及器械的高度和重量等。采用变换锻炼法，可以有效地调节运动负荷，激发增力情绪，强化运动意志，提高锻炼热情。运用该方法时，常采用辅助练习、诱导性的转移性练习，并可配合音乐，利用日光、空气和水来辅助锻炼。

6. 循环锻炼法

循环锻炼法是指选择不同类型的练习内容或动作，组成一组锻炼内容并分设若干练习点的方法。锻炼时，按一定的顺序依次循环到各练习点上，完成各自所规定的练习和负荷，循环往复。循环锻炼法所安排的各个练习点，内容搭配要选用已经掌握的简单易行的动作，并规定练习次数、规格和要求。各练习点上的动作、器械不同，练习的形式和内容不断变化，因而可激发锻炼兴趣、减轻疲劳、提高练习密度，有较好的健身价值。

7. 综合锻炼法

综合锻炼法是将上述各种锻炼方法，在实践中结合起来运用的一种方法。综合锻炼法可以根据不同的锻炼任务，组合成多种锻炼方案，以有效提高身体锻炼的效果。

（二）提高身体素质锻炼方法

1. 提高身体健康素质的锻炼方法

身体健康素质主要包括力量、耐力、速度等几个方面。

（1）发展力量素质的方法

力量是指身体或身体某部分肌肉工作时克服阻力的能力。力量素质是速度、灵敏等素质的基础。

①静力性力量锻炼方法。这种练习的特点是肢体不产生明显的位移，而是维持或固定肢体于一定的位置或姿态，肌肉做等长收缩产生力量，主要有以下几种。

a. 对抗性静力练习：根据发展某部位肌肉力量的需要，确定一定的姿势，身体姿势保持固定不变，用极限力量对抗固定的物体。

b. 负重静力练习：根据发展某部位肌肉力量的需要，确定一定的姿势，身体负有一定的重量，姿势保持固定不变（如肩负杠铃半蹲）。

c. 慢速力量练习：动作速度很慢，不能借用反弹和惯性力，而是靠肌肉的紧张收缩来完成。例如，肩负 80％～85％强度的最大负重量，深蹲慢起立。

②动力性力量锻炼方法。动力性力量是肌肉做等长收缩时所产生的力量。这种练习的特

点是身体产生明显的位移或推动别的物体产生运动。动力性力量可分为重力性力量（如举重）、速度性力量（如投掷、踢球等）。爆发力是速度性力量的一种。

a. 绝对性力量锻炼：一般以最大负重量的85%～100%进行锻炼。锻炼时，以较少的次数（1～3次）完成最大重量或接近最大重量的练习。

b. 速度力量锻炼：速度性力量是肌肉在短时间内快速收缩的能力。锻炼方法以中等或中小重量（最大负重量的60%～80%）为主，练习的重复次数少，并以最快的速度完成。

c. 力量耐力锻炼：力量耐力是指人体长时间克服小阻力的能力。一般采用最大负重量的40%～60%，重复次数要达到12次及以上，不追求速度，但要求重复的次数和坚持的时间，如俯卧撑、仰卧起坐、引体向上、举重、哑铃等，一般要练到极限。

（2）发展耐力素质的方法

耐力是指人体长时间进行肌肉活动的能力，也可以看作对抗疲劳的能力。它是人体各器官系统机能和心理素质的综合表现，也是人体机能水平、体质强弱的重要标志。从生理学角度讲，发展耐力素质主要是发展有氧耐力和无氧耐力。

①有氧耐力的锻炼。有氧耐力是指长时间进行有氧供能的工作能力。发展有氧耐力的锻炼，应多采用长跑、长距离游泳和自行车等运动项目，主要是通过锻炼来提高心肺功能水平。有氧耐力锻炼的负荷强度为最大负荷强度的75%～85%，心率一般控制在140～170次/分，锻炼时间最少5分钟，一般在15分钟以上，这要视锻炼者的体质水平而定。有氧耐力是无氧耐力的基础。

②无氧耐力的锻炼。无氧耐力是指人体处于缺氧状态下，能较长时间对肌肉收缩供能的能力。无氧耐力的锻炼可采取短时间、最大用力和短暂休息的重复运动的方法进行。研究表明，短时间剧烈运动对提高无氧耐力的效果较好。大约用1分钟的时间，持续做剧烈的运动，如快速的间歇跑、重复跑、400米跑、对抗性球类比赛等，均能提高人体的无氧耐力。

（3）发展速度素质的方法

速度素质是指人体进行快速运动的一种能力。从表现形式上可分为反应速度、动作速度和周期运动中的位移速度三种类型。

①反应速度的锻炼方法。反应速度是指人体对各种信号刺激的快速反应能力，可运用各种突发信号（哨声、击掌等）进行练习。

②动作速度的锻炼方法。动作速度是指人体完成某一动作的快慢，如起跑速度、投掷器械的出手速度和跳跃项目的踏跳速度等。可通过掌握正确的预备姿势，形成较大的工作幅度来发展动作速度；也可运用外界的有利条件（如斜坡跑）、减轻器械重量、反复进行快速练习等发展动作速度。

③位移速度的锻炼方法。位移速度是周期运动中单位时间内人体快速移动的能力。可运用短距离重复跑，加速动作频率练习（如快频率小步跑、高抬腿、摆臂等），以最快的速度反复进行练习。

提升速度素质时，要注意力量、灵敏、柔韧性等素质的发展，还要注意提高肌肉放松的能力。速度练习时，应精神饱满、体力充沛、注意力集中，以防止伤害事故的发生。

除了用以上方法外，还可用器械练习的方法。这种锻炼方法的内容最多，大多数户外健身运动都能通过室内健身器锻炼实现。其目的主要是提高心肺功能，加强机体新陈代谢，消耗过多脂肪，增强机体免疫功能和抗病能力。

2. 提高灵敏、柔韧性素质的锻炼方法

灵敏素质是指在体育运动中人体迅速改变体位、转换动作和随机应变的能力。提高灵敏素质，首先要提高大脑皮质神经过程的灵活性，可采用球类、体操、技巧、跳高、拳击等非周期项目进行锻炼。

柔韧性素质是指人的关节的活动幅度、肌肉和韧带的伸展性和弹性。提高柔韧性素质，可采用动力性伸展练习和静力性伸展练习的方法。

（1）动力性伸展练习法

本方法通过身体关节的用力摆动来达到拉长肌肉、肌腱和韧带的目的，如踢腿、摆腿、下腰练习等。

（2）静力性伸展练习法

本方法是在有意识的控制下慢慢地拉长肌肉、肌腱、韧带的方法，如压腿、压肩练习等；也可运用器械练习，如哑铃、杠铃、拉力器、联合力量训练器、按摩器等。这类锻炼方法在健身的同时能起到增加肌肉的力量和体积、塑造健美体形的作用，多为力量性运动。

发展灵敏、柔韧性素质，锻炼者可把动力性练习和静力性练习结合起来，把主动练习和被动练习（别人帮助下）结合起来，以得到更好的锻炼效果。

（三）发展心理素质及社会适应能力锻炼方法

发展心理素质及社会适应能力多采用娱乐性的项目。因此，在大自然中锻炼的众多方法成为其首选。

1. 日光浴、空气浴和冷水浴

日光中的紫外线具有很强的杀菌能力，还能使皮肤里的麦角固醇转变为维生素 D，促进钙、磷的吸收，可防止软骨病和佝偻病，增强人体调节体温的能力。

空气浴能使中枢神经、血液循环和呼吸系统的功能增强，有助于提高人体的抵抗力和预防各种呼吸系统疾病，对提高神经系统的功能和适应外界气候变化的能力也有显著的效果。

冷水浴能提高神经系统的功能，调节皮肤血管的收缩与舒张，提高人体适应外界温度变化的能力，使心血管系统的功能增强，血管弹性增加，减少血管壁胆固醇的沉积，有助于防止动脉粥样硬化。经常坚持冷水浴，还能锻炼意志，提高抵抗疾病的能力，对促进身体健康、增强体质具有良好的作用。

2. 攀岩、登山、探险、漂流

这是一类新兴的户外体育锻炼方法，可有效地提高人的适应能力以及与困难抗争的能力，对磨炼人的意志、增强社会适应性有很大的好处。

（四）制订个人体育锻炼计划

根据我国《国家学生体质健康标准（2014 年修订）》的要求和体育锻炼的原则，在教师指导下，学生根据自己的基本身体素质情况制订相应的健康目标和锻炼计划，并以运动处方的形式设计相应的表格，分阶段进行考核登记。在制订计划时，应合理搭配锻炼内容，合理安排锻炼时间，以周为单位制订锻炼计划。

一般以一年或一学期为锻炼周期。每天有 20～30 分钟的早操，上午两节课后有 15～20 分钟的课间操，下午有 1 小时的课外体育活动，每周有 2 小时的体育课。每天争取安排 1 小时的体育锻炼。

第二节　身体健康素质与体育锻炼

一、身体成分对健康的影响

身体成分主要是指人体脂肪的重量与其他组织重量的比例关系，是身体健康素质的组成部分，通过身高、体重的评价指标来间接地反映。了解身体成分，有利于通过体育锻炼或调节饮食来增减体重或将体重控制在一定的范围内，保持身体内适宜的脂肪含量。

人体内脂肪含量过多，机体做功能力就相对减小，血液中的胆固醇含量就高，容易导致人体内某些物质代谢的紊乱；脂肪过多、体重过大不仅会影响人的形体美，还会给健康带来一系列不良影响。大量的流行病学调查显示：身体肥胖与冠心病（冠状动脉粥样硬化性心脏病）、动脉粥样硬化、高血压、糖尿病、胆结石、关节炎及某些肿瘤的发生有关。肥胖还会增加心脏负担，缩短寿命。

体重过轻既是一种症状，又是一种疾病，它对人体健康有着多方面的危害。体重过轻的人容易疲倦、体力差、兴奋性低、学习和工作效率不高，常有力不从心的感觉；抵抗力差、免疫力低、耐寒抗病能力弱，易患肺结核、肝炎、肺炎等疾病，经不起疾病的折磨，对环境变化的适应能力也不强。显然，体重过轻与肥胖一样，既不是健康的标准，也不是人体健美的象征，而是身心健康的大敌。

在《国家学生体质健康标准（2014 年修订）》身高标准体重评价表中，不同的测试数值对应过轻、偏轻、适中、偏重、过重五个等级。如果得到的评价是过轻或过重，也不用紧张，通过体育锻炼、调整饮食结构、改变不良的生活习惯是可以改变身体成分的，但这需要恒心和毅力的加持，你做好准备了吗？

（一）体重过重进行锻炼的方法

最佳的降低体重的方法就是体育锻炼与调节饮食相结合，这样比只运用一种方法更能有效地降低体重。从长远的眼光看，要想成功持久地控制体重，避免降低体重后的“反弹”，必须养成体育锻炼和调节饮食的习惯，形成一个崭新的、充满着生命力的生活方式。通过体育锻炼来降低体重，应做到以下几点：

第一，选择适宜的运动方式，如果你的体重过重，最佳的运动方式应选择走、游泳、骑自行车等持续的周期性运动。体重有所减轻后，再选择其他的运动方式。

第二，保证每周的锻炼次数。锻炼的次数越多，消耗的热量也就越多，反之则达不到降低体重的目的。对于体重过重的人来说，每天早晨和下午各锻炼一次，比每天只进行一次较长时间锻炼所消耗的热量更多。下午 4：00～5：00，大多数人身体的基础代谢都处于较低的水平，这时是最好的锻炼时机，这时锻炼不但能够较多地消耗热量，还可以提高身体 20 分钟至数小时的基础代谢率，使热量得到进一步的消耗，降低体重的效果会更好。

第三，锻炼的强度是决定降低体重计划能否实现的关键。在刚开始锻炼时，应以小强度长时间的锻炼方式为宜。在体重有所下降、体质健康水平得到一定程度的提高后，再逐步增加运动强度，如慢走—快走—走跑交替—持续慢跑—持续中速跑等。

第四，持续运动的时间对降低体重最为重要。持续运动是指在运动时身体不要停下来休息，始终保持在运动的状态，如快走变成慢走、跑走交替等。

第五，大肌肉群参与运动能够消耗更多的热量。在锻炼时要尽量使四肢和躯干的肌肉参与运动，避免只有局部小肌肉群参与运动。

第六，锻炼和控制饮食相结合。要降低体重，不仅要运动，还要管住嘴。

降低体重并不是轻而易举就能做到的，除了学生自己具有坚强的控制力和毅力之外，家长的参与、监督和配合也起着非常重要的作用。

（二）通过体育锻炼增加体重的途径

增加体重最有效的途径就是摄取的热量要大于所消耗的热量。如果在身高标准体重的评价中被评为过轻，想增加体重，当然是要增加肌肉而非脂肪，可以从以下几个方面入手：

第一，去医院检查治疗。患有蛔虫病、慢性消耗性疾病，如结核病、慢性腹泻、内分泌疾病等，都会出现体重增长缓慢或下降的现象。

第二，打破旧的代谢平衡。“吃多少都不长肉”是瘦人们的共同体会，这是因为人体一旦习惯于某种生活模式，每天的入（进食）与出（消耗）就会基本保持平衡。在这种情况下，单靠多吃不起作用，要打破旧的平衡，首先要增加活动量，给身体一个需要增加能量摄入的信号，这样多吃的食物才会被消化和吸收。

第三，增加营养。蛋白质的摄入量应占20%；糖类（米饭、馒头等主食）是补充肌糖原的主要来源；粮食制品和蔬菜水果的摄入量应占55%～60%；高热量的食物的摄入量应占25%～30%。

第四，尽量少摄入咖啡、茶、可口可乐等含咖啡因的饮料和食物以及其他导致基础代谢增加的药物。因为这些物质都可以使人体的基础代谢增加，消耗体内的热量，使体重降低。

第五，保证充足的休息时间，放松精神。人在睡眠时会分泌“生长激素”，新陈代谢也处于最低水平，消耗最小，充足的睡眠是生长的重要保证。

二、心血管循环系统机能对健康的影响

心血管循环系统的机能可以说是身体健康素质中最重要的组成要素，直接影响学习效率和生活质量。人们往往把提高心血管系统的功能与预防心血管疾病联系起来，因为高血压、动脉粥样硬化、脑血栓、冠心病、心肌梗死等疾病都与心血管循环系统的机能状况有关。心血管循环系统的耐力是心血管循环系统功能高低的重要标志。体育锻炼可使专门供给心肌血液的冠状动脉供血能力得到加强、心肌纤维增粗且收缩有力、每次输出的血液量增加，从而使心脏可以减少单位时间内收缩的次数，得到充分的休息，延长它的“工作”年限。

（一）提高心血管循环系统功能的有效运动

运动可以使心血管系统的状态、功能和调节能力得到更好的循环，从而使人体处于一种很精神的状态。运动能提高心肌能量储备和舒张功能，增强心功能。心血管病患者经常锻炼还能避免原发性高血压的发生，增强动脉舒张功能，起到保护血管内皮的作用。并非所有的运动都适合心血管病患者，下面介绍几种对提高心血管循环系统功能比较有效的运动。

1. 羽毛球等挥拍运动

研究表明，挥拍运动可以降低心血管疾病的风险和死亡率，如羽毛球、乒乓球，这类运动可以提高人的视觉敏感度和身体反应能力。

2. 散步

散步可以说是最简单的有氧运动，不同疾病程度的患者有不同的步行要求。体质好的心血管病患者，每分钟 120 步左右，可以改善心肺功能，减少脂肪；而体质较弱的心血管病患者，每分钟 80 步左右，既能缓解疲劳，又能健胃助消化。

3. 太极拳

太极拳对心血管病患者有一定的益处，患者可根据自身体质选择打太极拳的方式。心血管病患者常打太极拳可以提高动脉弹性，延缓血管衰老。

4. 慢跑

慢跑可以增加携氧细胞的能量，从而降低血压，改善心脏功能。慢跑的时间可以根据自己的情况而定，如果觉得累了，应该慢慢停下来。

5. 骑自行车

经常骑自行车可以增强心肺功能，预防疾病的发生。每次骑自行车的时间可以控制在 40 分钟左右，不宜过长，以免产生疲劳，损伤身体。

（二）提高心血管系统机能的注意事项

为了有效提高心血管系统机能，应选择主要以大肌肉群参与的运动方式。除此之外，在锻炼次数、运动强度和练习时间方面应做到以下几点：

第一，每周至少进行 3 次有氧锻炼。

第二，运动强度要控制在靶心率的范围之内。在采用走步或慢跑的方式进行锻炼时，可以用下面这个简单的控制方法：如果能按每吸一口气走 3 步、每呼一口气走 3 步的节奏进行练习，说明运动强度是在“靶心率”的范围之内；如果运动的节奏变为每吸或呼一口气只能跑 2 步，就说明运动强度已经超过了“靶心率”范围，需要降低运动强度。

第三，每次有氧运动应保证持续的一定时间。除了准备活动，有氧运动一般要求在 10 分钟以上，最好 20～60 分钟。

第四，心血管病患者在运动中必须保持平稳的呼吸节奏，避免胸压升高，引发脑缺氧或心绞痛。

三、健康与肌肉力量和耐力的关系

（一）身体健康素质为什么要包括肌肉的力量和耐力

肌肉力量是学习运动技能所必需的物质基础。肌肉力量提高所引起的肌肉纤维增粗直接影响身体成分和心血管系统机能的发展与提高。提高肌肉的力量和耐力是提高生活质量的重要因素，爬山、远足等郊游活动，打球、游泳等休闲健身活动都需要肌肉力量和耐力的提高，它可以帮助人们享受更多的生活乐趣。此外，人体肌肉具有一定的力量和耐力，可以使人较好地应对日常生活中出现的突发事件，更加从容地面对社会、面对生活。

（二）发展肌肉的力量和耐力的要求

通过不断增加肌肉克服阻力大小的力量练习就可以发展肌肉的力量。不分性别和年龄的差异，只要每周进行适当的力量练习，就可以增加肌肉组织，增强健康的体魄。发展肌肉的力量和耐力应符合下列要求：

第一，每周进行 2～3 次力量练习。一般来说，力量练习隔天为好，这样可以使疲劳的肌肉在 48 小时内得到完全的恢复，力量练习也才能达到最佳的效果。

第二，注意控制力量练习时的动作速度。在进行力量练习时，动作还原阶段的速度应为主动用力阶段的速度的一半。以卧推为例，如果上举动作用时 1 秒，那么还原到开始姿势就应用时 2 秒。这样做可以通过一次负重练习使肌肉得到两次（上举和还原）锻炼。

第三，合理安排不同肌肉的练习顺序。为了保证大肌肉群承受适当的超量负荷及练习的安全，它们必须在小肌肉群疲劳前进行练习。典型的力量练习顺序模式为：大腿肌肉（股四头肌）—肩部和胸部肌肉（三角肌、胸大肌）—背肌和大腿后肌群—小腿肌—肱三头肌—腹肌—肱二头肌。

（三）力量练习的计划过程

力量练习应有短期目标和长期目标，还应有明确的目的性，最重要的是遵循渐进的基本锻炼原则最为重要。力量练习绝不能急于求成，马上看到自己锻炼效果的想法是不现实的。应该牢记，只要有了科学的、持之以恒的锻炼过程，力量练习的结果就会随之而来。一般来说，力量练习的过程分为三个阶段：开始阶段、慢速增长阶段和保持阶段。

1. 开始阶段

在开始阶段应避免举过大重量，过大的重量会增加肌肉和关节损伤的危险性。应采用较轻的重量，避免使肌肉产生过度疲劳。如果原来选定的重量能轻松自如地重复 12 次，则可以增加重量，反之，则说明该重量过重。

2. 慢速增长阶段

经过开始阶段的力量练习，如果肌肉已经适应练习动作，并能重负举起 6～8 次，就可以增加重量。每当肌肉力量进一步增强时，可再增加重量，直至达到练习者预定的目标为止。

此阶段的练习一般为每周 3 次，每次练习为 3 组，每组 6～8 次。

3. 保持阶段

根据用进废退的原理，如果停止练习，获得的力量会自然消退。保持阶段的力量练习的强度应比获得阶段小。研究表明，力量增长后，每周进行 1 次训练即可保持原增长水平，若停止训练，在 30 周后原增长水平会完全消退。

四、健康与柔韧性的关系

柔韧性是身体健康素质的重要组成部分。它是指身体各个关节的活动幅度以及跨过关节的韧带、肌腱、肌肉、皮肤和其他组织的弹性和伸展能力。经常做伸展练习可以保持肌腱和韧带的弹性。

柔韧性的好坏不仅会影响我们的学习和生活，还将对我们未来的生活质量产生影响。柔韧性差意味着缺乏运动，使关节和软组织发生变性、挛缩甚至黏连而限制了关节的运动幅度，在学习各种动作技能时容易出现错误，动作僵硬或做不到位，还容易引起肌肉和关节的损伤。

柔韧性得到充分发展后，人体关节的活动范围将明显加大，灵活性也将增加。这样就可以减少或减轻在日常生活中由于动作幅度加大、扭转过猛而产生的肌肉和关节的损伤，减轻伤痛，提高生活质量。

（一）柔韧性练习的主要手段

发展肩部、腿部、臂部和脚部柔韧性的主要手段有压、搬、劈、摆、踢、绷及绕环等练习。

发展腰部柔韧性的主要手段有站立体前屈、俯卧背伸、转体、甩腰及绕环等练习。

（二）柔韧性运动处方的制定

柔韧性练习是每次锻炼准备活动的一部分，我们经常看到有人在活动开始前没有先进行慢跑，而是错误地拉伸未经活动的肌肉群，或者未经伸展肌肉就直接进行剧烈运动，这些都是很危险的。如果事先做了热身运动，体温会上升 2～4 度，这时再伸展肌肉就比较安全。在身体锻炼结束前的整理活动中进行柔韧性练习也是正确的，它不仅可以帮助肌肉恢复到正常放松状态，而且在锻炼结束时做伸展运动，肌肉组织的温度相对较高，可以有效扩大关节伸展幅度，减少锻炼后产生肌肉酸痛的可能性。

1. 柔韧性练习强度

柔韧性练习应采用缓慢、放松、有节制和无疼痛的练习。肌肉的伸展会有酸胀的感觉，但不应过分伸展而引起不适，拉伸的强度随关节活动范围的增加而改变。随着柔韧性在锻炼过程中的提高，练习强度应逐渐加大，做到“酸加、痛减、麻停”。

2. 柔韧性练习的时间和次数

柔韧性练习的时间由采用的伸展方式决定，它主要取决于重复的次数和伸展位置上停留的时间。每个姿势持续的时间和次数是逐渐增加的，应从最初的 10 秒，经过一段时间的练习增加至 30 秒，重复 3 次以上。如果是平时体育锻炼时的柔韧性练习，5～10 分钟的时间就足够了；如果是专门为了提高柔韧性的练习或运动员的训练，则必须有 15～30 分钟的时间安排（表 4-1）。

表 4-1 柔韧性练习的时间、次数安排示例

周次	阶段	肌肉伸展持续时间（秒）	每种练习重复次数（次）	每周锻炼次数（次）
1	起始	15	1	1
2	逐步进步	20	2	2
3		25	3	3
4		30	4	3
5		30	4	3～4
6		30	4	4～5
7 周及以上	保持	30	4	4～5

3. 柔韧性练习的基本原则

（1）循序渐进，持之以恒

柔韧性的发展需要意志力。练习时锻炼者易产生酸痛感，但若停止训练，柔韧性会有所消退。第一次练习易见效，第二次练习会有痛感，而且第一次练习获得的效果会全部消退并差于第一次练习前的效果，这是由于肌肉被拉长回缩力增加，应继续将其慢慢拉开，这样才能消除痛感。经过一个时期的练习，该长度的伸展已适应，应进一步拉长肌肉、牵拉肌腱，使柔韧性的提高上升到一个新的水平。但是，如果柔韧性练习停止一段时间，已达到的效果就会有所消退。因此，柔韧性练习要持之以恒才能见效。

（2）柔韧性练习要全面

不管是准备活动中的伸展练习，还是专门发展某些关节柔韧性的练习，都要兼顾身体各关节柔韧性的全面发展。在身体活动中，完成动作不是局限于一个关节或某个身体部位，而是要牵涉到几个相互关联的部位甚至全身。如果柔韧性练习只集中在部分关节而忽视其他部位，那么完成动作会受阻甚至有受伤的可能。因此，如果发现某一关节柔韧性较差，就应采取针对性措施，使其得到改善。

（3）柔韧性练习要因人因项而异

柔韧性练习必须根据所参加锻炼项目的特点和锻炼者的具体情况做出安排，要在全面发展身体各部位柔韧性的基础上，重点练习特定项目所需要的柔韧素质。例如，跳跃项目对腿部和髋部柔韧性要求较高，游泳项目对肩关节和踝关节柔韧性要求较高等。另外，锻炼者应根据自己的情况，进行适合自己的柔韧性练习。

（4）柔韧性的发展应与力量发展相适应

力量练习是为了提高肌肉的收缩能力，柔韧性练习则是为了提高肌肉的伸展能力。因此，力量结合柔韧性的练习对提高肌肉质量最为有效，既能使力量增长，又能保证关节灵活性的提高。肌力的增长决不能因体积的增加，影响关节活动幅度。

（5）柔韧性练习要注意外界的温度和时间

外界温度过高或过低都会影响肌肉的状态和伸展能力。外界温度高，轻微的热身运动后即可做伸展练习；外界温度低，进行充分的热身运动至冒汗后方可进行柔韧性练习。一般来说，当外界温度在 18 摄氏度时，有利于柔韧性发展，因为肌肉在这个温度下的伸展能力较好。一天之内在任何时间都可以进行柔韧性练习，只是效果不同而已。早晨柔韧性会明显降低，而 10：00～18：00 人体关节能表现出良好的柔韧性，此时可进行一些强度较大的柔韧性练习。

（6）柔韧性练习后应进行放松练习

在每次伸展练习后，应做些相反方向的练习，使供血供能机能加强，有助于伸展肌群的放松和恢复。例如，压腿后做几次屈膝下蹲动作，体前屈练习后做几次挺腹挺髋动作等。

（7）柔韧性要从小培养

武术、体操、舞蹈、技巧等项目对全身各关节的柔韧性要求很高，应从小开始锻炼。柔韧性会受年龄的影响，5～10 岁是柔韧性发展的敏感期，在此时期要抓紧练习，这样能使柔韧性易于保持和巩固，不易消退。

（三）柔韧性练习的注意事项

柔韧性练习要持之以恒才能收到良好的锻炼效果。青少年时期，肌肉韧带的弹性、伸展性具有较大的可塑性，在这一时期发展柔韧素质可以获得比较理想的效果。发展身体柔韧性的基本要求如下：

第一，在做柔韧性练习之前一定要进行热身活动，以身体感到微微出汗为宜。

第二，每周应进行3～5次柔韧性练习。发展柔韧性需要一定的时间，低强度、长时间和多次数是柔韧性练习的基本特征。

第三，柔韧性练习的强度应逐渐增加。肌肉、关节的伸展强度应随着肌肉和关节活动范围的逐渐增大而逐步加大，做到“酸加、痛减、麻停”。

第四，循序渐进地安排柔韧性练习的时间。在柔韧性练习的起始阶段，每一项练习内容要重复3次，每次使肌肉和关节保持静止10秒即可。经过一段时间的练习后，重复次数和保持时间分别可以逐渐增加到3次及以上和30秒。

第五，柔韧性的练习应兼顾身体各关节、肌肉柔韧性的全面发展。

【思考题】

◇简述体育锻炼的生理学基础与心理学基础。

◇体育锻炼的方法有哪些?

◇体重过重应如何进行体育锻炼?

第五章　体育运动与卫生健康

第一节　体育锻炼的卫生保健

运动与卫生保健是研究人体运动与卫生、健康、疾病损伤的关系。讲究卫生可降低致病因素对机体的作用，从而预防疾病，保障健康和运动能力。加强体育锻炼可增强机体对疾病的抵抗力，进而达到保障健康的目的。卫生保健的目的在于运用卫生学和医学的知识与技能，对运动参加者进行医务监督和指导，使体育锻炼达到最佳效果。

下面将着重介绍人体卫生、运动环境卫生和女子体育卫生。

一、人体卫生

（一）个人卫生

1. 生活制度

稳定而有规律的日常生活制度对于促进健康，提高工作和学习效率，提高运动成绩有良好的作用。在条件允许的情况下，应尽量保持生活制度的相对稳定。当然，随着工作、学习、锻炼情况的改变，生活制度也可做相应的调整。

2. 早锻炼

早锻炼的目的在于消除因睡眠留下的抑制状态，提高机体各系统的机能活力，为一天的学习和工作做好准备。学生应养成良好的生活习惯，早晨起床后应进行锻炼。早晨锻炼的内容可根据自己的健康状况进行，如进行做操、跑步等活动，但运动量不宜过大。

3. 服装

服装应保持清洁、美观、大方、大小合适。运动时的服装应符合运动项目和运动卫生的要求。冬季运动服装应轻便保暖；夏季运动服装应宽松、吸汗，透气性能好，内衣、内裤应柔软；运动鞋大小适宜、富于弹性；在阳光直射下应戴遮阳帽。

4. 皮肤和牙齿卫生

皮肤既是感觉器官又是身体的保护器官。汗腺排出一部分代谢产物，能调节体温；皮肤里的皮脂腺分泌皮脂，保持皮肤的滑润。当汗腺和皮脂腺孔堵塞时，会出现由细菌繁殖引起的毛囊炎或疖肿。所以，皮肤必须保持清洁。脚趾间皮肤易脏，易产生糜烂，也易感染脚癣，要特别注意清洁。患脚癣要积极治疗，不要与他人共用鞋袜和洗涤用具，以免传染。牙齿上经常有食物残渣，是细菌繁殖的基础，易引起牙病和口腔疾病，应早晚各刷牙一次。刷牙时应沿着牙缝上下刷，切忌用力横刷，以免损伤牙釉和牙龈。

5. 睡眠

睡眠是生理要求，是清除机体器官疲劳最有效的方法。睡觉之前不宜做剧烈的运动；避免饮用刺激性的饮料，如浓茶、咖啡等。卧室空气应流通。学生每天睡眠时间一般是8小时左右，白昼较长、运动量较大或学习负担较重时，应适当增加午睡时间。

6．心理卫生

心理卫生是根据心理活动的规律，采取各种措施来保护和增强心理健康，提高对社会的适应能力，预防身心疾病的发生。心理健康的主要标志有以下几个方面：情绪稳定，没有压迫感和不安感；具有较强的适应能力；具有同情心和丰富的感情；能表现与生理发育阶段相适应的情绪；能够克制个人需要和受客观环境限制的欲望；热爱生活并能与人和睦相处；具有自信心和坚强的意志；等等。如果情绪变化无常，信仰破灭，有压迫感，多疑、骄傲或自卑，说谎、嫉妒、忧郁、无端恐惧等，均为心理不健康的表现。青年人讲究心理卫生，应从树立崇高的理想，陶冶高尚的情操，培养良好的情绪、感情和性格，协调人际关系等几方面着手。

7．用眼卫生

视力不良和近视发生的原因受多种因素的影响，有先天遗传的因素，也与环境条件和生活、学习习惯有关。用眼卫生，主要是注意阅读、书写、绘画卫生。阅读、书写、绘画时，眼与书本或作业的距离最好保持在20～25厘米；最好使用有120°～150°倾斜的桌面；坐姿要端正；光线要充足；时间不宜过长；每隔1小时应远眺或使眼睛休息；养成良好的阅读、书写习惯，如不躺着看书，不在走路、乘车时看书；定期进行视力检查。检查时，若双眼视力均在1.0及以上者为正常，低于1.0者为视力低下，0.9～0.7为轻度近视，0.6～0.4为中度近视，低于0.3为重度近视。

（二）自我身体检查

自我身体检查是指运动参加者在锻炼或训练过程中，主动观察自己的身体机能状态，并进行记录，以便观察锻炼的效果，根据机体的反应情况及时调整运动量。自我检查的内容包括主观感觉（自我感觉、睡眠、食欲等）和客观指标（脉搏、体重、肺活量、握力、背力、月经等）。

1．自我感觉

在运动时是精神饱满、愉快、愿意锻炼，还是精神不振，不想练；锻炼中有无肌肉酸痛、头昏、恶心、腹痛等情况；锻炼后疲劳消除的快慢，睡眠、饮食、机体反应等状况。可根据情况记录为“良好、一般、不良”。

2．睡眠

是否能迅速入睡，熟睡，多梦？早晨醒来是否感觉精神好，全身有力？可记录睡眠时间、熟睡程度等。

3．食欲

根据饮食情况，可记录为“良好、正常、一般”。

4．脉搏

正常情况下，每日早晨起床前测得的基础脉搏数大致相同或随着锻炼效果的增强而稍有减慢。如果有明显的加快或减慢，应考虑有无过度疲劳或疾病的征兆。若出现心律不齐，应查明原因。

5. 体重

一般在锻炼后的前几周，体重可下降 2～5kg，之后随着肌肉体积增加，体重会稍回升，然后稳定在某一水平，这是正常的现象。若体重持续性地下降，则提示过度疲劳、能量消耗过大而摄入不足。

6. 肺活量

正常状态下肺活量应保持在某一水平或稍有增加，机体不良时，肺活量可能持续下降。

7. 握力、背力

在系统锻炼之后，握力、背力应增加，疲劳时则下降。

8. 月经

女生进行体育锻炼时要注意观察月经周期是否正常、经期长短、经血量多少、是否有痛经等不良反应。

（三）疲劳及消除疲劳的方法

1. 疲劳的表现

活动、工作能力及身体机能暂时降低的现象称为疲劳。疲劳一般可分为肌肉疲劳、神经疲劳和内脏疲劳三类。当肌肉疲劳时，会出现肌肉僵硬、肿胀和疼痛，肌力下降等；当神经疲劳时，常表现为反应迟钝、判断错误、注意力不能集中、动作协调性受到破坏等；当内脏疲劳时，常出现呼吸节律紊乱，呼吸浅而快，心悸、胸痛、恶心、呕吐以至心电图改变等。

2. 消除疲劳的方法

合理、充足的睡眠是消除疲劳、恢复体力的最好方式。锻炼结束后进行温水浴和局部热敷是简单易行的消除疲劳的方法，按摩是消除疲劳的重要手段，积极性休息如欣赏音乐、合理摄入营养等是消除疲劳不可缺少的措施。此外，为了尽快地消除运动后的疲劳，适当地服用一些药物是必要的，如维生素 B_1、维生素 B_6、维生素 B_{12}、维生素 C 以及三磷酸腺苷（ATP）等，有条件者可吸入氧气和负离。

二、运动环境卫生

运动环境是指人们进行体育活动时的外界环境，如空气、水、场地和运动设施等，通常分为自然环境和人为环境两方面。无论在什么环境中进行体育锻炼，都应该具有空气清新、光线充足和水质洁净等卫生条件。

（一）运动与自然环境

在环境优雅、空气清新、阳光和煦的户外进行体育锻炼，会有一种心旷神怡之感。如果运动环境被粉尘、二氧化碳、氮氧化合物和一氧化碳污染，随呼吸进入人体，便会刺激呼吸道，引起呼吸功能降低和慢性支气管炎等疾病，直接危害青少年的生长和发育。特别是在雾天、人口稠密区、交通繁忙的街道和工厂，空气中含尘埃、病菌和有害气体的比重会更高。因此锻炼最好选择在湖边、海滨或树木覆盖比较浓密的地方进行。这些地方不仅空气的净化程度较好，而且负离子的数量较多，对增进健康和振奋精神都有较大的好处。

1. 运动与空气卫生

空气是人类赖以生存的条件之一，氧气是人体生命活动的重要物质，新鲜空气中含有大量负离子，它能调节大脑皮层功能，促进腺体分泌增加，改善呼吸功能，振奋精神，消除疲劳，有效提高锻炼效果。

然而，空气中一旦存在有毒气体，被人体摄入后，会引起某些器官、系统的损害和病变。例如，一氧化碳与人体内血红蛋白结合，会形成碳氧血红蛋白，导致人体缺氧；过多二氧化碳会损害肝脏。因此，体育锻炼时应注意避免在空气污浊和恶劣的环境中进行。

2. 阳光对人体的影响

室外运动时要避免强烈日光过度照射，防止紫外线和红外线对人的损害。紫外线绝大多数来自反射光，进行滑雪、滑水等运动时应加强防护。因为冰雪和水对紫外线有很强的反射作用，在强烈阳光下活动，应戴遮阳帽和太阳镜或擦一些防晒霜保护皮肤，减少太阳射线对头部和眼睛的直接照射，减少皮肤被阳光直接照射的面积。

（二）运动与人为环境

1. 运动与室内环境

在温度恒定、光线明亮的室内进行体育锻炼会给人一种温馨舒适之感，但室内环境没有受到阳光直接照射，加上锻炼人群集中，对环境条件有着更高的要求。如体育馆光线强度不能太小，应以不刺眼、均匀、不闪烁、不炫目、无浓影为准，放射光谱最好接近日光光谱；室内气温需要控制在23～25℃；有良好的自然通风条件和人工通风设备；这样才能保证室内空气含氧量足以维持锻炼者的正常生理活动；室内游泳池的水质应该为无色透明、无臭及其他异味的清洁水。

2. 运动场地卫生

田径场跑道应结实、平坦，无浮土，富有弹性。投掷区应有明确划分，一个投掷区内不允许同时进行几种投掷运动，不允许面对面投掷，铁饼和链球场应设置护笼等。球类场地的四周2.5米内不应放置任何障碍物，以免碰伤，地面应平坦、结实。体操器械要符合标准，进行体操练习时，器械下面应有垫子，注意加强保护。在江、河、湖、泊里游泳时，要清楚水是否清洁，有无污染，池底有无石块淤泥。但不能在江、河、湖、泊里游泳，以免发生危险。在游泳池游泳时要先进行淋浴、洗脚、踏经消毒池，以减少池水的污染。凡经医生检查患有肝炎、肺结核、肠道传染病、皮肤病、结膜炎、重症沙眼、中耳炎等疾病的人均不得入池游泳。

3. 运动用具和衣着卫生

运动用具是指进行体育锻炼时所需的服装、鞋袜等运动辅助物品，以及为保证安全锻炼而准备的防护用品。体育用品必须符合卫生和安全要求。

运动服装是体育锻炼必备的物品，应具有美观大方、质地柔软及不易沾污等性能，规格要合体，并以穿着舒适、便于活动为原则。夏季运动服装面料应具有透气性和吸湿性，最好选择针织内衣，外套则选用浅色、稍宽松的棉织品运动服；冬季气候较冷，运动服装应以保暖性较好的棉织品为最佳，织物厚度则可根据温度及运动需要而定。

运动器械要坚固，安装得当，并注意检查维修，防止生锈以及连接处脱落。健美、举重器械用后归于原处，体操垫要硬度适中，并保持整洁、美观。

三、女子体育卫生

（一）女生生理及其运动能力的特点

女生经常参加体育锻炼，可以促进身体器官功能的发育、增进健康，提高身体各器官系统的功能水平，以更好地担负繁重的学习任务，适应即将踏入的社会中来自各方面的压力。女生进入青春期发育后，内分泌和生殖系统的迅速发育使她们身体各方面急剧变化，如月经的周期性变化。要提高女生参与健身的主动性，应掌握科学健身的方法和知识，树立女生科学锻炼的主动体育意识；在进行体育教学和体育锻炼时应根据女生生理特点，安排练习内容和强度，并在体育教学时注意方式方法。

1. 女生生理特点

①肌肉力量较弱。女生的肌肉内水分及脂肪含量较多，含糖量较少，雄激素含量低，导致骨骼肌体积小，同时骨杠杆较短，骨骼粗隆、结节比男生的小，骨骼肌附着面不如男生的大，因此，力量比男生弱，易疲劳。

②骨骼抗压和抗弯能力较差。进入青春期后，女生的体重明显增加，皮下脂肪较多，身体变得丰满，骨密质的厚度较薄，女生长骨较男生细，骨骼重量也较男生轻，因此女生骨骼承受压力能力较差。

③肩部较窄，臂力较弱。

④重心较低、平衡性较强、柔韧性较好。

⑤心脏体积、重量较小，心肌收缩力较弱，心率较男生快，脉搏输出量和心排血量均低于男生。

⑥胸廓和肺的容积小，肺通气量、肺活量小于男生。

⑦从青春期起至生殖机能停止，女生卵巢和附属生殖器官在结构和机能上会出现周期性变化，即月经周期。每次月经持续的时间为月经期，正常情况下，一般持续2～7天。受卵巢内分泌的调节和控制，在经期，部分人有下腹部及乳房胀痛、腰酸等现象，少数人有头疼、失眠、疲倦或嗜睡、情绪波动以及便秘或腹泻等全身反应。这些反应大都与大脑皮层的兴奋性变化有关，但仍属于生理范围。

2. 女生运动能力特点

根据女生的生理特点及男女差异的客观存在，要充分估计其可训练的潜力，合理地选择运动项目。无论采用什么训练方法和手段，重要原则都是因人而异。

①女生骨盆较宽，皮下脂肪较厚（男生的2.73倍），致臀部较大，加之躯干相对较长，使其身体重心较低。由于女生下肢相对较短，肩部较窄，骨盆相对的宽度比男生大，所以女生重心低，稳定性较好，有利于从事艺术体操、高低杠、平衡木及自由体操等项目。

②女生的皮下脂肪较男生厚，有较好的保温作用，有利于参与游泳、滑冰和滑雪等长距离运动。

③女生跑步能力约为男生的86%，跳跃能力约为男生的76%，因此女生需要加强肌肉力量的训练。

④由于女生的胸廓、胸围及呼吸差均较小，呼吸肌较弱，因此女生进行运动时应以胸式呼吸为主。

（二）女生运动的卫生保健内容

1. 根据女生特点展开针对性教学

①在体育教学中，进行男、女生分组教学。教学内容与要求，对男女生应有所区别，对女生的锻炼标准、运动成绩（跑的速度、跳的高度、负重的重量等）的要求应低于男生。同时，需注意避免让女生过多地参与从高处往硬地跳下去的练习，因为这容易导致骨盆变形和盆腔内脏器移位。

②女生上肢、腹肌、腰背肌和盆底肌力量的练习。女生使用的器械应较男生轻些，应安排一些能增强腹肌和盆底肌力量的练习内容，如仰卧举腿、仰卧起坐、直立前后踢腿、摆腿以及大腿绕环等运动。

③根据女生的体型和心理特点，选择适宜运动。女生可以多做些灵巧、优美、柔软、轻快和有韵律性的动作，如乒乓球、羽毛球、韵律操、健身操、瑜伽等运动项目。这些运动项目适合女生对美的追求，有利于形体的健美。

④加强心理辅导，提高参加运动的自觉性和积极性。培养学生对体育运动的兴趣，主动引导学生体育锻炼的习惯，也可进行晨跑、跳绳、乒乓球、羽毛球等运动项目的体育锻炼，但要注意锻炼时应循序渐进，要有一定的计划性和目的性，做到持之以恒。

2. 女生经期进行体育锻炼应注意的问题

①正确认识经期进行体育锻炼的好处。月经正常的女生在经期进行适当的体育锻炼，不但不会影响身体健康，反而有利于身体的发育，提高机能水平，减少不良反应。通过体育锻炼，不仅可以改善盆腔的血液循环，减轻盆腔的充血现象，而且腹肌与盆底肌的收缩与放松活动对子宫所起的柔和的按摩作用，还有助于经血的排出，能减轻小腹下坠、腰部酸痛感等。此外，丰富多彩的体育活动可以调节大脑皮层的兴奋和抑制过程，能使人心情愉快，有助于调节经期的情绪，减少烦躁和不舒服的感觉，还能使身体更加健美。

②经期应避免做剧烈的、大强度的或震动大的跑跳动作以及使腹内压明显增高的屏气和静力性动作，以免引起经血量增多及子宫位置改变，如跳绳、疾跑、腾越、跳高、跨步跳、推铅球、仰卧起坐、体前屈等运动。应进行一些柔软、轻快、强度较小的体育运动，以促进血液循环和新陈代谢。

③避免冰冷的刺激。在冰冷的刺激下，子宫和盆腔的血管会收缩，会引起经血过少甚至闭经。所以在经期，要避免进食冰冷食物及接触冷水，尤其要注意腹部不要着凉，以免引起卵巢功能紊乱，导致月经失调。

④运动强度和运动时间的安排。一般情况下，在月经期身体的反应能力、肌肉力量、神经调节的准确性及灵活性会下降，因此，月经期运动量要适当减少，活动时间不宜过长，可根据自己的身体情况，参加一些强度较小的运动，如慢跑、太极拳、做操等，同时要放慢运动速度。一般不宜参加比赛，因为比赛时活动强度较大，精神过于紧张，体力及神经系统都不能适应，易导致卵巢功能失调，引起经血过多或月经紊乱。

⑤如有明显月经不正常（周期过频、血量过多等）、严重痛经、内生殖器官有炎症性疾病及经期周身不适等症状，应在月经期间暂停参加体育锻炼。

⑥注意经期营养和水分的补充，经血排出时，要带走大量的蛋白质，因此，在经期应注意补充蛋白质，多食含蛋白质较高的食物，如鸡蛋、牛奶、豆制品等，少食脂肪含量较高的

食物，并及时补充水分，多食蔬菜、水果等食物。

第二节 运动处方的制定与实施

一、运动处方的概述

（一）运动处方概念

“处方”在医学上指的是医生给病人开的药方，不同的病或同一种病而程度不同当然不能使用同一处方。同样，要科学地锻炼身体，提高健康水平，预防或治疗疾病，必须“对症下药”。运动处方是指导人们有目的、有计划地进行科学锻炼的一种形式。

体育运动处方，是指由康复医师、体育教师、教练员、社会体育指导员，根据锻炼者（含病人）的医学检查资料和运动试验及体能测试结果，按锻炼者的年龄、性别、健康状况、身体素质、心血管功能状况，结合生活环境和运动爱好或训练条件等主、客观条件，用处方的形式制定适合锻炼者的运动内容、运动量、运动时间及频率，并指出运动中的注意事项等，以达到健身和康复身体的目的。简言之，就是以处方的形式规定锻炼者的练习内容、运动负荷，指导人们有目的、有计划、科学地锻炼身体。

（二）运动处方的分类

1. 按目的分类

（1）健身运动处方

健康的人进行锻炼是以增强体质和提高健康水平为目的的。这类运动处方可以根据年龄分为老年人健身运动处方、成年人健身运动处方、青少年健身运动处方、幼儿健身运动处方、女子健身运动处方等；也可根据不同的工种分为企业职工健身运动处方、公务员健身运动处方、科教人员健身运动处方等。

（2）竞技运动处方

这类运动处方是指针对从事专项运动的人员，以增强其身体素质和提高运动技能水平为目的而制定的运动处方。可根据发展某项身体素质分为力量性运动处方、耐力性运动处方、速度性运动处方、灵敏协调性运动处方等；也可根据训练计划分为周期性训练处方、周训练处方、课训练处方等。

（3）康复治疗运动处方

这类运动处方是指用于慢性病患者和残疾者，以辅助治疗疾病、提高康复医疗效果为目的；也可用于某些疾病或损伤的治疗和康复，使医疗体育更加定量化、个别对待化。例如，肥胖症运动处方、高血压运动处方、糖尿病运动处方、冠心病运动处方、癌症运动处方等。

2. 按构成体质的要素分类

（1）改善身体形态的运动处方

身体形态主要通过身高、体重、坐高、胸围、腰围、臀围和皮褶厚度等指标来反映。可以制定相应的运动处方，如增加身高运动处方、控制体重运动处方、改善胸围运动处方等，

通过锻炼使身体形态得到改善。❶

（2）增强身体机能的运动处方

身体机能是人体各器官、系统及整体所表现出来的生命活动现象。制定相应的运动处方，能增强各器官、系统的功能，提高健康水平，如增强心血管功能运动处方、增强肺功能运动处方、促进消化功能运动处方等。

（3）增强身体素质的运动处方

人体肌肉活动中所表现出来的力量、速度、耐力、灵敏度及柔韧性等能力统称为身体素质，它是人体为适应环境变化所储存的身体能力要素。为增强身体素质制定的运动处方有增强力量素质运动处方、增强速度素质运动处方、提高耐力素质运动处方、发展灵敏性素质运动处方等。

（4）调节心理状态的运动处方

健康的心理可以维持人的正常情绪，保持人的正常生理功能，以适应内外环境的各种刺激。可以制定有关健心的运动处方，通过锻炼增进心理健康，如培养意志品质运动处方、增进健康情感运动处方等。

3. 按锻炼的器官系统分类

（1）心血管系统的运动处方

心血管系统的运动处方以提高心血管系统功能为主，用于各种心血管疾病的治疗和预防，如冠心病、高血压等。

（2）呼吸系统的运动处方

呼吸系统的运动处方可改善和提高呼吸系统功能，以预防和治疗各种呼吸系统疾病，如哮喘、肺结核、气管炎等。

（3）神经系统的运动处方

神经系统的运动处方可改善和提高神经系统功能，以预防和治疗各种神经系统疾病，如改善睡眠的运动处方、预防和治疗神经衰弱症的运动处方等。

（4）消化系统的运动处方

消化系统的运动处方可改善和提高消化、吸收功能，以预防和治疗各种消化系统疾病，如治疗消化不良的运动处方等。

（5）运动系统的运动处方

运动系统的运动处方以改善和提高运动系统的功能为主，以预防和治疗运动系统疾病，如治疗肩周炎的运动处方、预防关节炎的运动处方等。

4. 按实施运动处方的环境分类

（1）社区健身运动处方

社区健身是以社区为区域范围，以辖区的自然环境和体育设施为物质基础，以全体社区成员为主体，以满足社区成员的体育需求、增进社区感情为主要目的，就地、就近开展的区域性体育活动。❷ 针对社区健身特点制定的运动处方，称为社区健身运动处方。由于社区健

❶ 王政，张大志，陶玉流，等．基于大学生握力与身体形态指标相关性研究——完善《国家学生体质健康标准》的握力体重指数评价体系［J］．搏击：体育论坛，2013，10（11）：98－100.

❷ 葛振营．加强社区体育设施建设的理性思考［J］．中共青岛市委党校青岛行政学院学报，2007（5）：83－85.

身活动的内容极其丰富，形式多种多样，所以制定社区健身运动处方要综合考虑各类人群的年龄、身体状况以及社区内场地和器材的使用等情况。社区健身运动处方的应用推广，是扩大我国体育人口、增强国民体质、实现全民健身计划的重要途径。

（2）健身房健身运动处方

根据健身房的条件制定的运动处方称为健身房健身运动处方。健身房健身运动处方包含各种徒手练习、健身操和运动器械练习等。

（3）家庭健身运动处方

家庭健身是以家庭成员为主要参与者，以自己的住处为运动环境进行的一些健身练习。针对家庭健身而制定的运动处方称为家庭健身运动处方。家庭健身运动处方要充分利用家庭环境条件，结合家庭成员的年龄、性别特点来制定。

（4）学校健身运动处方

学校健身是以学校的体育设施为物质基础，以全体学生为主体，开展区域性体育活动。利用学校健身条件和环境制定的运动处方称为学校健身运动处方。学校健身运动处方的内容应依据学生身心和年龄的特点，针对学生存在的问题，根据学校场地、器材及地理环境等条件制定。[1]

运动处方的分类并不是绝对的，各种分类也互有交叉，如按实施运动处方的环境可分为社区健身运动处方、健身房健身运动处方、家庭健身运动处方和学校健身运动处方。这其中的任何一种运动处方又可以按年龄分为幼儿运动处方、青少年运动处方、成年人运动处方和老年人运动处方。任何年龄段的运动处方又可以按照构成体质的基本要素分为改善身体机能的运动处方、增强身体素质的运动处方等。不同类型的运动处方的研究角度不尽相同，侧重点也各不相同，在具体使用过程中，应根据研究或应用的目的、条件、需要和能力来选择合适的分类标准。

二、制定运动处方的基本原则

无论何种形式的体育运动来促进身心健康、预防疾病、提高身体素质等，都必须遵循人体活动的生理规律，同时要符合个人的心理特点。只有所设计的运动内容、强度、时间符合身体特点和锻炼重点的要求，才能取得良好的锻炼效果。在设计制定和实施运动处方时要遵循以下几项基本原则。

（一）个性化原则

运动处方制定的个体性由其目的性决定，不同的人通过运动所达到的效果是不同的，而每个人的身体条件千差万别，同样的运动刺激在不同人身上所产生的反应和适应是不同的，且每个人的身体或客观条件也在经常变化，因此，要按运动处方的执行情况及时调整处方的内容，必须因人而异。

（二）定期调整原则

对于书刊上介绍的运动处方，有人适用，有人不适用。即使根据个人的检查结果科学计算出来的运动处方，也不一定是本人所有时候均适合的处方。对于初步制定好的运动处方，在运动实施的过程中也要进行一次或多次微调，使之成为符合自己身体条件的运动处方。适

[1] 石颖颖．大学生体质健康评价与健身运动处方系统的设计［J］．当代体育科技，2012（7）：9，11.

合自己的运动处方，也仅仅是当时合适，运动一段时间后，随着身体条件的改善，需要重新修订处方，以求新的适应。我们应该知道，一个安全、有效的运动处方，不是别人给予的，而是锻炼者自己制定的。因此应切记，书刊上的运动处方，也只能供锻炼者参考。

（三）以全身耐力为基础原则

在制定运动处方时，全身耐力（体力）的差别比性别和年龄的差别更重要。因此，以全身耐力为基础制定出来的运动处方大体是适宜的。

（四）保持安全界限和有效界限原则

为了提高全身耐力水平，运动处方的强度必须达到能改善心血管和呼吸功能的有效强度，这就是所谓的靶心率范围。靶心率是指在运动中应当保持的心率范围，如果超过靶心率的上限，有可能出现危险，这个运动强度或运动量界限，称为安全界限；而达到靶心率的下限，才开始出现效果，称为有效界限。安全界限和有效界限之间，就是运动处方安全而有效的范围。对身体条件差的人，如年老体弱者等，运动条件的限制就多些，制定运动处方时必须严格规定各项参数；反之，身体条件好的人，限制少，运动处方的内容就不必严格规定。如高龄者只有步行是允许的运动，而健康的青少年，所有的运动都可以是运动处方的内容。体质差的人，进行强度较小的运动就能收到显著效果，而体质强的人，则要有较高运动强度的刺激，才能见效。

三、制定运动处方的基本程序

为确保健身运动的安全性和有效性，制定运动处方时应严格按照制定程序进行。首先应对锻炼者或病人进行系统的检查，以获得制定运动处方所需的全面资料。

1. 一般调查

一般调查应包括询问病史及健康状况、了解运动史、了解健身或康复的目的、了解社会环境条件等。通过运动处方的一般调查，可了解锻炼者或病人的基本健康状况和运动情况。

2. 临床检查

运动处方的临床检查主要包括运动系统的检查、心血管系统的检查、呼吸系统的检查、神经系统的检查等，目的是掌握被检查者的身体健康状况，评定其体质等级，排除体育运动禁忌证，为运动负荷试验提供有效的安全系数。

3. 运动试验

运动试验是评定心脏功能、制定运动处方的主要方法和重要依据。运动试验方法的选择应根据检查的目的和被检查者的具体情况而定。目前，最常用的运动试验是用逐级递增运动负荷的方法测定，测定时采用活动平板（跑台）和功率自行车。递增负荷运动试验（GXT）是指在试验的过程中逐渐增加负荷强度，同时测定某些生理指标，直到受试者达到一定运动强度的一种运动耐量试验。

4. 体力测验

体力测验必须是运动负荷试验无异常的人才能进行。

5. 选择运动处方的运动内容

选择运动处方的运动内容时应考虑到：①康复或健身的主要目的；②临床检查和功能检

查的结果；③受试的运动经历、兴趣、爱好和特长；④进行运动的环境、条件，是否有同伴和他人指导等。

6. 确定运动处方的运动强度

关于确定运动处方的运动强度，主要规定运动强度的安全界限和有效界限。在确定运动处方的运动强度时应考虑：①康复或健身的目的；②临床检查和功能检查的结果；③运动试验及体力测验的结果；④所选择的运动内容；⑤受试者的年龄、性别、运动经历等。

7. 确定运动处方的运动时间和运动频率

确定运动处方的运动时间和运动频率时应考虑：①临床检查和功能检查的结果；②运动试验及体力测验的结果；③运动内容；④运动强度；⑤受试者的年龄、运动经历等。

8. 运动中的医务监督

在运动处方的实施过程中，应对受试者进行医务监督，以确保实施运动处方的安全性。健康状况好的锻炼者，可在自我监督的情况下进行；运动心血管系统疾病、呼吸系统疾病、慢性病、临床症状不稳定的患者等，在实施运动处方时，应在有医务人员监督的条件下进行运动。

9. 自我监督

一般健康人实施运动处方时，可采用自我监督的方法，在运动过程中注意观察自己的健康状况和身体功能状态。观察的内容有主观感觉（包括运动心情、不良感觉、睡眠、食欲、排汗量等）和简单的客观检查（包括脉搏、体重、运动效果等）。

10. 运动处方的修改和微调

运动处方并不是固定的，首先应设一个“观察期”，使锻炼者习惯于运动，并能对实施运动处方所引起的身体反应等进行研究。接着设定一个“调整期”，对运动处方的内容反复调整、修改，逐步确定。然后在一个时期相对固定地实施。在相对固定的时期，对运动处方也要进行必要的调整。在运动处方的实施过程中，也应根据锻炼者的具体情况，对运动处方进行微调，以便使锻炼者找到最适合自己条件的运动处方。

四、健身运动处方的制定与实施

健身运动处方是指针对个人身体状况而采用的一种科学的、定量化的锻炼方法。健身运动处方的特点是因人而异，以便有针对性地达到健身和防治疾病的目的。

（一）制定运动处方的步骤

1. 确定目标

进行体育运动的目的因人而异，有的人是为了身体健康而运动；有的人是为了娱乐消遣而运动；有的人是为了减肥、健美而运动。这里所说的运动处方是为了促进身体健康和增强体质。在以增进健康、增强体质为目标的运动处方中，也有不同的情况，有些是为了提高全身耐力水平而锻炼，有些是为了减肥而锻炼，而有些是为了治病而锻炼，这些都属于确定身体锻炼目标的范畴。各个锻炼目标都是以提高人的耐力水平为主，在确定目标时要注意是为了健身而进行运动锻炼，不要刻意去追求运动技术与运动能力的高水平。

2. 选择运动项目

运动处方中的运动项目是为了增强体质而选用的，在健身运动中不要选用高难度、大负荷的竞技运动项目，不要把较量技术水平高低的竞技运动与增强体质的健身运动混在一起，要把选择运动项目与确定锻炼目标结合起来，一般不应选择体操、举重等运动项目，不应选择短跑等无氧运动项目，而应选择有氧运动项目。因为有氧运动是所有处方采用的最基本运动，这种运动要消耗大量氧，又不致产生氧债，所以可长时间进行，它能引起身体极好的变化，是增进健康、增强体质的有效方法。

3. 确定运动强度、时间、频率

运动强度是衡量运动量的重要指标之一，它对锻炼效果和人体运动安全有直接影响。合理掌握运动强度，是运动处方对症下药的关键指标。在确定运动强度时，应充分考虑身体承受能力和锻炼目的。要检查运动强度是否合理，一般以疲劳感觉、运动后食欲是否正常、睡眠是否良好、第二天精神是否振奋等自我感觉及现场即时脉率等客观测试指标为依据。以脉率指标判定运动强度，可参照按年龄划分的运动强度。

运动时间（一次锻炼的持续时间）与运动强度密切相关。强度大则时间应稍短，强度小则时间应稍长。以提高心肺功能为主的健身运动时间不应少于 5 分钟，最好能坚持 20～60 分钟。体质较弱或病后康复者锻炼时间不宜过长，强度也应减小。医疗体操和其他保健体操应视实际情况而定。

运动频率是指每周锻炼的次数，与运动效果密切相关。有关研究认为，以发展肌肉力量为主的锻炼频率每周进行 3～4 次为宜，即隔天一次的效果最好，每周 2 次以下的锻炼效果不明显。随着人体的体格、体能、适应能力的不断提高，可延长运动时间和增进频率。一般每周 3～5 次为宜，或者坚持天天锻炼，养成锻炼习惯。

（二）健身运动处方的实施

由于运动处方是一种教学过程，因此，一切教学的基本原则在运动处方教学模式中均应予以重视，只有这样，才能取得较好的效果。运动处方与运动训练有相似之处，所以在实施过程中也应重视运动训练中的基本原则。在此需要特别提出的是，有些原则应给予特殊的重视。

1. 区别对待原则

这项原则在教学与运动训练中均应给予重视。运动处方的制定是根据一个教学班与全国或省市的数据比较而得出的，因此，区别对待是指教学班与全国或省市比较而言。但在教学过程中，将教学班分成若干小组时，则可根据不同组别情况制定针对小组的运动处方。

2. 运动负荷有效性原则

日常生活中的运动多种多样，其中大部分运动并不会给人们形成超量性恢复的影响，有些运动对一部分人有影响，对另一部分人则无影响；有些运动在一定时期内对一部分人有影响。当运动负荷不断地产生影响（超量性恢复）时，则会失去影响的效果。为了保证一段时间的实效性，应始终注意运动处方的效果，即应通过经常性的测试即时了解，从而引出下一个原则，即运动负荷不断增长的原则。例如，运动负荷的有效性随着青少年的年龄增长不断变化。这就是青少年负荷（运动）的有效性，在有效性之上运动负荷越大，其效果越好，但运动负荷的增长并非无止境的，而是增长到一定程度后，其效果会降低，这称为临界点。

3. 运动负荷不断增长的原则

这是从运动负荷有效性原则延伸而来的。青少年时期的学生正处于发育期，运动负荷的有效性及临界性也处于不断发展的状态，运动负荷本身也在刺激负荷量的有效性不断增长。

为了使运动负荷的效果更加明显，必须不断增加运动负荷以保证有效性。运动负荷不能是无限度地增长，因此，又引出一个适宜运动负荷原则，就是运动负荷的最佳效果（运动处方的优化）。运动负荷的增长方式多种多样，但总结起来可分为直线上升式、平台上升式、阶梯上升式及混合式。

4. 适宜性原则

所谓适宜性即运动处方的内容、负荷实施方法等方面的综合效果应处于最佳状态，负荷量应在有效性与临界性之间而且靠近临界性，内容与方法应激发学生的最大兴趣，使运动处方在实施过程中，不但可以使学生乐于接受而且对学生有较大的吸引力。

【思考题】

◇简述体育锻炼的卫生保健。

◇阐述制定运动处方的基本原则与程序。

第六章　健康管理

第一节　健康管理概述

一、健康管理的概念和目标

（一）健康管理的概念

健康管理是20世纪50年代末从美国兴起的，随着实际业务内容的不断充实和发展，健康管理被证明可有效降低患病风险、减少医疗开支。随后，英国、德国、法国和日本等发达国家也积极效仿和实施健康管理。进入21世纪后，健康管理在中国逐步兴起和发展。

虽然健康管理在国际上出现已70多年，但目前关于健康管理的定义、内涵尚未完全统一，健康管理学在国际上还没有形成完整的学科体系，各国研究的重点领域及方向也不尽相同。目前对健康管理的概念存在着不同视角的理解，如从公共卫生角度理解：健康管理就是找出影响健康的危险因素，然后进行连续和有效的控制；从预防保健角度理解：健康管理就是通过体检及早发现疾病，并做到早诊断、早治疗；从健康体检角度理解：健康管理就是体检的延伸和扩展，健康体检加检后服务就是健康管理；从疾病管理角度理解：健康管理就是积极主动地筛查与及时诊治疾病。这些理解，无论是在概念的表述还是在内涵的界定上均存在局限性，均不能被普遍接受。

随着社会的发展和变化，传统的以疾病为中心的诊治模式——生物—医学模式已经不适应社会发展的需要，于是，以个体、群体和社会支持的以健康为中心的管理模式——生物—心理—社会模式应运而生。我国学者认为，健康管理是以现代健康观念和中医“治未病”思想为指导，运用医学、管理学等相关学科的理论、技术和方法，对个体或者群体健康状况及影响健康的危险因素进行全面、连续的检测、评估和干预，实现以促进人人健康为目标的新型健康服务过程。健康管理是以人的健康为中心，长期连续、周而复始、螺旋上升地提供全人、全程、全方位的健康服务。❶

健康管理的宗旨是调动个体和群体及整个社会的积极性，有效地利用有限的资源来达到最大的健康效果。健康管理的具体做法就是为个体和群体（包括政府）提供有针对性的科学健康信息并创造条件采取行动来改善健康。健康管理有三部曲：①健康状态的检测和信息收集；②健康风险的评估和健康评价；③健康危险因素的干预和健康促进。其中，体检是健康管理的前提，评估是健康管理的手段，干预是健康管理的关键，促进是健康管理的目的。健康管理以最优化的资源投入获取最大的健康效益。

---

❶ 中华医学会健康管理学分会，中华健康管理学杂志编委会．健康管理概念与学科体系的中国专家初步共识［J］．中华健康管理学杂志，2009，3（3）：141－147．

因此，健康管理就是在控制健康风险的基础上对个体和群体健康进行全面检测、分析、评估、提供健康咨询和指导及对健康危险因素进行干预的过程。

（二）健康管理的目标

健康管理通过对人群健康风险的管理以达到临床、财务以及生命质量的最佳结局，包括以下8个目标：①完善健康和福利；②减少健康危险因素；③预防疾病高危人群患病；④易化疾病早期诊断；⑤增加临床效用效率；⑥避免可预防的疾病并发症的发病；⑦消除或减少无效或不必要的医疗服务；⑧对疾病结局做出度量并提供持续的评估和改进。

对国家来说，健康管理是关系到经济、政治和社会的大事。对个人来说，健康管理是关系到家庭及个人的生活保障及质量的大问题。个人通过参加体检和健康筛查，并按健康的需求及个人的实际情况加入相应的健康改善及维护流程，从而达到改善健康的目的。

二、健康管理服务的特点和特性

（一）健康管理服务的特点

健康管理服务的特点是标准化、量化、个体化和系统化。健康管理的具体服务内容和工作流程必须依据循证医学、循证公共卫生的标准和学术界公认的预防和控制指南及规范等来确定和实施。健康评估和干预的结果既要针对个体和群体的特征和健康需求，又要关注服务的可重复性和有效性，强调多平台合作提供服务。

（二）健康管理服务的特性

健康管理作为一种服务类产品，具有多种特性。科学、全面、准确地了解健康管理服务的特性，为个体和群体提供健康管理服务具有现实意义。健康管理服务具有以下6个特性。

（1）无形性

健康管理服务根据个体和群体的健康信息进行评价和分析，为他们提供健康危险因素的干预，以达到健康改善的目的。整个服务过程在实施之前是无法用性状、质地、大小标准来衡量和描述的。

（2）不可分割性

在健康管理服务中，从开始到服务结束，服务的提供者和被提供者始终是实现健康效益的两个重要角色，两者缺一不可。

（3）不稳定性

健康管理是一种个性化的服务过程，是依靠医生或健康管理师和被服务者共同完成的，会因服务提供者和被服务者或者双方同时出现心理和行为变化的波动而失去稳定性。

（4）易逝性

健康管理服务是根据个人当时的健康信息数据而提出的健康管理方案，此方案会随着个人的健康指标变化而失去价值。

（5）满意标准不同

由于个人对健康管理服务的期望值不同，对提供的健康管理服务的满意度也有所不同。

（6）客户的参与程度

健康管理服务是对个体的健康危险因素进行干预的过程，所以个体必须参与其中进行健康干预，才能起到增进健康的作用。健康管理服务的每一步都会影响个体对健康管理服务质量的总体印象。

三、健康管理的基本策略

健康管理的基本策略是通过评估和控制健康风险来达到维护健康的目的的。健康管理的基本策略有 5 种：生活方式管理、需求管理、疾病管理、灾难性病伤管理和残疾管理。

（一）生活方式管理

生活方式管理主要关注个体的生活方式、行为对其健康造成的影响，并且通过专业干预手段减少由健康发展到亚健康再发展到疾病的可能性。

1. 生活方式管理的概念

生活方式管理是指通过健康促进技术来保护人们远离不良行为，减少危险因素对健康的损害，预防疾病，改善健康。目前人们进行生活方式管理的重点为膳食、体力活动、吸烟、适度饮酒、精神压力等方面。

2. 生活方式管理的特点

（1）以个体为中心，强调个体健康的责任和作用

可以通过多种方法和渠道宣传正确的生活方式，指导人们掌握改善生活方式的技巧等，但选择何种生活方式属于个体的意愿和行动，不能替代个体做出选择何种生活方式的决策。

（2）预防为主

预防是生活方式管理的核心，包括三级：旨在控制健康风险因素，将疾病控制在尚未发生之时的一级预防；通过早发现、早诊断、早治疗而防止或延缓疾病发生的二级预防；防止伤残、促进功能恢复、提高生存质量、延长寿命、降低病死率的三级预防。

（3）与其他健康管理策略联合进行

生活方式管理通常与其他健康管理策略联合进行，提高个体的健康水平。

（二）需求管理

健康管理的另一个常用策略是需求管理。需求管理包括自我保健服务和人群就诊分流服务，帮助人们更好地使用医疗服务和管理自己的健康，即个体可以更好地利用医疗保健服务，在正确的时间、正确的地点，利用正确的服务类型。

1. 需求管理的概念

需求管理是通过帮助个体维护自身健康和寻求恰当的卫生服务，来控制卫生成本，促进卫生服务的合理利用。需求管理的目标是减少昂贵的、临床并非必需的医疗服务，同时改善人群的健康状况。需求服务常用的手段包括寻找手术替代疗法、帮助患者减少特定的危险因素并采纳健康的生活方式、鼓励自我保健、干预等。

2. 影响需求的主要因素

影响个体卫生服务需求的主要因素有以下 4 个：

（1）患病率

患病率可以影响卫生服务需求，它反映了人群中疾病的发生水平。

（2）感知到的需要

个人感知卫生服务需要是影响卫生服务利用的最重要因素，它反映了个人对疾病重要性的看法，以及是否需要寻求卫生服务来处理该疾病。影响人们感知到的需要的因素有很多，主要包括个人关于疾病危险和卫生服务益处的知识、个人感知到的推荐疗法的疗效、个人评估疾病问题的能力、个人感知到疾病的严重性、个人独立处理疾病问题的能力以及个人对自己处理好疾病问题的信心等。

（3）患者偏好

患者偏好强调患者在决定其医疗保健措施时的重要作用。患者对选择何种治疗方法负责，医生的职责是帮助患者了解这种治疗方法的益处和风险。

（4）健康因素以外的动机

一些健康因素以外的因素，如个人能否请病假、残疾补贴、疾病补助等都会影响人们寻求医疗保健的决定。此外，保险中的自付比例也是影响卫生服务利用水平的一个重要因素。

3. 需求预测方法与技术

（1）以问卷为基础的健康评估

以健康和疾病风险评估为代表，通过综合的问卷和一定的评估技术，预测在未来的一定时间内个人的患病风险以及谁将是卫生服务的消费者。

（2）以医疗卫生消费为基础的评估

通过分析已发生的医疗卫生费用，预测未来的医疗卫生消费。

（三）疾病管理

疾病管理是健康管理的又一主要策略。疾病管理是一个协调医疗保健干预与患者沟通的系统，它强调患者自我保健的重要性，强调运用循证医学和增强个人能力的策略来预防疾病的恶化。它以持续性地改善个体或群体健康为基准来评价临床、人文和经济方面的效果。

疾病管理具有以下 3 个主要特点：

①目标人群是患有特定疾病的个体，如糖尿病管理项目的管理对象为已确诊的糖尿病患者。

②不以单个病例和单次就诊事件为中心，而关注个体或群体连续性的健康状况和生活质量。

③采用的医疗卫生服务及干预措施均为综合协调的措施。

（四）灾难性病伤管理

灾难性病伤管理是疾病管理的一个特殊类型，它关注的是灾难性的疾病和伤害。这里的灾难性是指对健康危害十分严重和造成医疗消费巨大的情形，常见于肿瘤、肾衰竭、严重外伤等。

灾难性病伤有其自身的特点，如发生率低，需要长期复杂的医疗卫生服务，服务的可及性受家庭、经济、保险等方面的影响较大，这些特点注定了灾难性病伤管理的复杂性和艰难性。良好的灾难性病伤管理具有以下几个特征：

①转诊及时。

②综合考虑各方面的因素，制订适宜的医疗服务计划。

③具备一支多学科及综合业务能力强的服务队伍，能够有效地应对可能出现的各种医疗

服务需要。

④最大限度地帮助患者进行自我管理。

⑤尽可能使患者及其家属满意。

（五）残疾管理

残疾管理的目的是减少工作地点发生残疾事故的频率和费用代价，具体如下：

①防止残疾恶化。

②注重功能性能力恢复。

③设定实际康复和返工的期望值。

④详细说明限制事项和可行事项。

⑤评估医学和社会心理学因素。

⑥与患者和雇主进行有效沟通。

⑦有需要时要考虑复职情况。

⑧实行循环管理。

第二节　运动与健康饮食

一、运动与营养

（一）运动与营养摄入

1. 运动前的营养

运动前应以高糖类、低脂肪的食物为主，如面包、米饭、面条和水果等，这些食物容易消化，又能提供糖类来作为运动时的能量来源。如果运动时间为60～90分钟，可以选择血糖指数较低的食物，如水果、脱脂牛奶、米饭、豆类，这些食物缓慢地被消化成糖类，能够长时间地供应糖类给运动中的肌肉使用。如果运动时间少于60分钟，可以选择高升糖指数的食物，如面包、运动饮料，这些食物能被很快消化，能够迅速地提供糖类。

高纤维的食物容易造成肚子不舒服，因为它们需要较长的时间才能被消化。有些高纤维的食物也富含糖类，如全麦面包、高纤饼干、某些高纤饮料等，如果这些食物使人在运动中感觉不舒服，就应该避免在运动前吃这些食物。

2. 运动后的营养

(1) 糖类的补充

肝糖是运动时的主要能量来源之一，存在于肌肉和肝脏中。肌肉中的肝糖只能供给肌肉细胞使用，而肝脏中的肝糖可以葡萄糖的形式释放到血液中，供给肌肉以及身体其他器官所用。体内肝糖存量不足以应付运动后所需，是造成疲劳、运动能力降低、无法持续运动的原因之一。运动后体内的肝糖存量显著地降低，若没有肝糖的补充，下次运动时会受到肝糖不足的影响。建议在运动后15～30分钟进食50～100克的糖类（大约每1千克体重需要补充1克糖类），每2小时再吃50～100克糖类。正餐以及其他运动期间的饮食也应该以摄取富含糖类的食物为主。

（2）肌肉和组织的营养恢复

即使没有身体接触的运动也会造成肌肉纤维和结缔组织的伤害，而身体接触性的运动，如篮球、足球等会造成更多的肌肉损伤。运动后迅速地补充蛋白质有助于修复受伤的肌肉和组织，受伤的肌肉合成和储存肝糖的效率也会提高，因此身体接触性运动或是比赛后受伤的运动员，需要补充更多的糖类，更需要把握运动后 2 小时的高效率时段有效地补充体内消耗掉的肝糖。

3. 运动与水

（1）运动前喝水

运动饮料主要是为训练和比赛过程中的运动员补充能量、水分、电解质及维生素等，以预防运动员在高强度运动训练下消耗能量过多而引起低血糖现象，并用以维持身体在大量出汗情况下体内水分和电解质的平衡，防止体内电解质的流失而引起的运动能力降低、心律不齐或肌肉抽筋等现象。另外，有些特殊的运动饮料还可增强体力、耐力及消除疲劳，进而有助于提高运动成绩。目前研究指出，饮用等渗电解质运动饮料比较适宜，其在体内吸收十分迅速，而且能使运动员有效地保持运动机能。在较长的运动过程中，每小时流汗量可达 2～4 升，由于缺水将使身体失去散热作用，所以在耐力性运动前的 2 小时最好饮用 600 毫升左右的水（可分两次喝）。

（2）运动中喝水

大部分研究者认为，在运动及比赛期间每隔 15～20 分钟喝 200～300 毫升的饮料为较适当的方法。❶

（3）运动后喝水

在运动后的恢复期补充饮料和运动前的准备同样重要，即使在运动员休息时正常地补充水分，体内水分依然会以汗水的形式大量流失；肌肉肝糖浓度也会降低一些，身体会感到虚弱、衰竭，此时正是恢复过程开始的时候。研究表明，运动后越早开始恢复越好，此时正确补充水分有助于体力的恢复。可在饮料中添加葡萄糖聚合物及麦芽糖糊精（容易消化的复合碳水化合物），以增加糖类，补充肌肉肝糖含量，促使恢复期缩短。

（二）运动体能与营养搭配

1. 糖与体能

运动中能量消耗的增加加大了对能量的需求。体育锻炼中提供机体能量的主要物质是糖和脂肪。在运动时并不缺少脂肪，因为即使很瘦的人也有足够的脂肪提供能量。而在大强度和长时间的运动中，肝脏和肌肉中的糖会降低到临界水平。

糖作为能源在运动中起关键作用，所以体育科学家建议参与运动的人应该增加膳食中多糖的摄入，应为摄入总能量的 58%～70%，但需将脂肪的摄入减少到总能量的 18%。❷ 在进行大强度运动时，肝脏和肌肉中的糖原消耗过大，易导致疲劳发生。运动强度决定了糖和脂肪谁是运动中的主要能量来源。

---

❶ 杨筱筠．运动前后喝水有讲究［J］．解放军健康，2018（1）：15.

❷ 王茜，侯婉莹，孙长颢．中国人群膳食总能量摄入与糖尿病关系切点研究［J］．哈尔滨医科大学学报，2019，253（1）：101-105.

2. 蛋白质与力量

在进行力量练习的人群中，一些人错误地认为必须补充额外的蛋白质才能促进肌肉生长和强壮。事实上，力量练习时消耗的大量蛋白质可以被他们正常的膳食蛋白所补充。因此，力量练习者增加的能量需要应该来自平衡膳食宝塔中的食物，而不是简单地额外补充蛋白质。总之，力量练习者不仅要补充三大营养素，而且要补充促进能量产生所需要的微量营养素。

3. 维生素与体能

一些维生素生产者声称服用大剂量的维生素可以提高运动能力，这种说法是基于以下观念，即运动增加了能量需要，而维生素具有分解食物转换为能量的作用，但是现在尚没有确切的证据支持这种说法，肌肉收缩的能量供给并没有因为维生素的补充而增加。事实上，大剂量地补充维生素可能造成维生素和其他微量营养素之间脆弱平衡的失调，也有可能产生维生素中毒反应。

4. 抗氧化剂与体能

抗氧化剂是一些化学物质，它可阻止氧对细胞的损害，即可阻止氧自由基对细胞的攻击。体内不断地产生自由基，而过多的自由基产物与癌症、肺病、心脏病和衰老过程密切相关。若在自由基产生时，抗氧化剂能够和自由基结合，这样就大大地降低了自由基的毒性。因此，增加抗氧化剂的水平对健康不仅有益，而且可以预防肌肉损伤和疲劳。几种微量营养素被认为是强有力的抗氧化剂，这些抗氧化剂是维生素 A、维生素 E 和维生素 C，胡萝卜素，锌，硒，等等。

二、主要营养素

1. 营养素含义

凡是能维持人体健康以及提供生长、发育和劳动所需要的物质都称为营养素。现代医学研究表明，人体所需的营养素不下百种，其中一些可由自身合成、制造，必须由外界摄取的有 40 余种。[❶] 精细分后，可概括为七大营养素：蛋白质、脂肪、糖、无机盐（矿物质）、维生素、水和纤维素。健康的基础是营养，不论男女老幼，皆为生而食，为了延续生命，必须摄取有益于身体健康的食物。

2. 营养素来源

现代科学研究发现，即便是同类蔬菜，如果颜色不同，营养价值也会不同。[❷] 例如，紫茄子含有丰富的维生素 P，它能增加微血管壁的抗压能力，改善血管功能，对高血压、皮肤紫斑和易发生出血倾向者大有裨益；黄色胡萝卜比红色胡萝卜营养价值高，它除含大量胡萝卜素外，还含具有强烈抑癌作用的黄碱素，有预防癌症的作用。

科学家还发现，同一株菜的不同部位，由于颜色不同，营养价值也不同。大葱的葱绿部分比葱白部分营养价值要高得多，每 100 克葱白维生素 B_1 及维生素 C 的含量不及葱绿部分的一半；颜色较绿的芹菜叶比颜色较浅的芹菜叶和茎含的胡萝卜素多 6 倍，维生素 D 多 4

---

❶ 张正修．营养素——健康的“双刃剑”［J］．长寿，2011（3）：33.

❷ 张晓蕾．蔬菜的颜色与营养［J］．健康，2007，297（4）：20－21.

倍。由于每种蔬菜所含营养素种类和数量各异，而人体的营养需要又是多方面的。所以，在选用蔬菜时除了要注意蔬菜的颜色深浅外，还应考虑多种蔬菜搭配及蔬菜和肉食混吃。

三、体育运动与合理膳食

（一）养成良好的生活习惯

1. 重视早餐

据调查，有近15%的学生（以男生居多）几乎不吃早饭，还有近10%的学生在早晨第一节课后或是课间操时吃早饭。[1] 坚持吃早餐的学生中也有很多人有“早餐马虎、午餐丰富”的饮食习惯。早餐与前一天的晚餐相隔时间比较长，此时胃中事物早已排空，应及时进餐，使血糖维持在一定的水平。人的心脏和大脑活动所需的能量是直接由血糖供给的，如果不吃早餐或吃得很少，人体会出现饥饿感，学生上课时会精力不集中，严重者还会有头晕、乏力、出虚汗等低血糖反应，尤其是上午空腹上体育课，剧烈运动时容易导致运动性低血糖的产生。早餐食品应该富含水分和营养，但应吃清淡些，油炸食品会增加胃肠的负担，并使脂肪摄入过量。主食要吃些含糖类丰富的食物，如鸡蛋、牛奶，并应保证每天进食一定量的蔬菜和水果。

2. 保证充足的睡眠

睡眠是大脑休息和调整的阶段，睡眠不仅能保持大脑皮层细胞免于衰竭，使消耗的能量得到补充，还可以使大脑皮质的兴奋和抑制过程达到新的平衡。良好的睡眠有增进记忆力的作用，青少年每天应保证8小时的睡眠时间。

3. 饮水充足

水是人体最重要的组成成分和不可缺少的营养素，保持水的摄入和排出的平衡对维持人体健康是必需的。正常情况下，成人每天摄入和排出的水量约为2500毫升。所以除进食外，成人每天应饮水约1180毫升。研究发现，饮水不足是脑衰老加快的一个重要原因。

（二）科学的营养饮食

为满足学生的营养需要，最好把效能不同的营养食物搭配成平衡膳食。实践证明，通过调整饮食可迅速改善大脑的疲劳状态，所谓健脑食物，不是指某一种食品，也不是指某一种营养成分，而是指一种平衡的营养状态。有效的健脑方法是摄入对大脑有益的含有不同营养成分的食物，并进行合理搭配，以增强大脑的功能，使脑的灵敏度和记忆力增强，并能清除影响脑功能正常发挥的不良因素。

脑的成分中有50%～60%的脂肪，其中必需脂肪酸主要有亚油酸和亚麻酸。在日常饮食中，应注意脂肪量的供给，可多选用植物脂肪。另外，磷脂也是脑细胞中重要的组成部分，可促进脑细胞发达，是健脑的理想食物。脑成分还有30%～35%的蛋白质，脑中蛋白质是智力活动的物质基础，在记忆、语言、思考、运动、神经传导等方面都有重要作用。糖是脑活动的主要能源物质，脑是消耗血糖最多的器官，脑所消耗的葡萄糖量是全身能量消耗总数的20%。每天食入的粮食中的糖已经足够了，如果过多地补充精制糖，会使脑进入过

---

[1] 孔润常．请关注学生早餐［J］．四川烹饪高等专科学校学报，2006（2）：43-44.

度疲劳状态，反而影响脑的功能。

（三）学生膳食计划与食谱的制定

学生应根据自身学习和能量消耗特点、经济条件、季节、个人的饮食特点，在大学食堂有限的条件下，多样、平衡、适宜地选择适合自己的膳食，以充分满足机体的需要。选择食物时至少应做到多样化，避免单一饮食，保证营养平衡。

学生食谱的制定应保证每天摄取2500千克的能量，其中蛋白质70～80克，脂肪75克，糖400～500克，维生素、无机盐适量摄取。在日常饮食中，要注意充分摄入维生素和无机盐，食物要多样化，培养良好的饮食习惯：不挑食、不偏食、不吃零食。

（四）饮食处方

1. 增强免疫力的饮食处方

适当多吃一些高蛋白食物（每天200克左右），如鸡蛋、瘦肉、鱼、豆类等；多吃一些富含维生素A、维生素C、维生素B_1、维生素B_2、维生素B_6和微量元素锌、硒等的新鲜蔬菜（如番茄、香菇、辣椒、蘑菇、萝卜、胡萝卜、黄瓜、菜花、白薯、马铃薯、白菜、芥菜、油菜、芹菜、菠菜、香椿、木瓜等），水果（如柑橘类、草莓、猕猴桃、大枣、梨、山楂、柁果、杏等）和其他食品如绿茶或红茶、坚果类（核桃、花生、板栗等）、杀菌食物（如葱、蒜、洋葱等）、玉米、蜂蜜等；蔬菜最好3种以上，加2种以上水果；坚持一天喝一杯牛奶，一周吃一次动物肝脏，每次30～50克；少吃辛辣、油腻食物。

2. 身体增高的饮食处方

需要身体增高者要多食用与骨骼发育关系密切的营养素，如蛋白质，钙，磷，维生素A、维生素D、维生素C及微量元素。保证充足的能量，多食用豆制品和鱼、肉、蛋类等高蛋白食物。有信心和持之以恒的毅力，并积极运动和调理营养，这样不管是在生理上还是心理上对增高都有良好的影响。

第三节 健康生活方式的养成

健康专家指出，现代人类所患的疾病中，45%以上与生活方式有关，而死亡的因素中有60%是由不健康的生活方式造成的。[1] 因此，预防疾病，最好的方法就是获得相关知识，提高对不健康生活方式的认识，掌握养成健康生活方式的必要技能，提高健康水平。

一、健康生活方式养成的影响因素

影响健康生活方式养成的因素有个人因素、先决条件因素、个人能够控制的因素、健康生活方式的维护因素。

个人因素是指年龄、性别、遗传、社会地位和健康体适能水平，这一因素是无法控制的因素。

先决条件因素不仅包括个人想改变目前不健康生活方式的意图、想法和自信心，还包括

[1] 苏华．什么是健康生活方式［J］．家庭科技，2002（7）：23－24.

方便、安全的锻炼环境。先决条件因素有助于个人从考虑阶段转入行动阶段。例如，如果身边都是健身器材或距离运动场很近的话，就可能有更多的机会参与到体育活动中去。

个人能够控制的因素是指一系列的技巧，它能够帮助个人形成健康生活方式。这些技巧包括：

(1) 目标设定技巧

如一个人想要减肥，计划减掉50磅（1磅=0.45千克）的重量是不容易实现的，那么为目标设立一个过程，即每天限制830焦的热量摄入或几个星期后每天再多消耗830焦热量，才是一个合理的目标。

(2) 自我评价技巧

如果想知道自己生活方式中的优势与不足，最好的方法就是选择一项好的测试对自己进行检测。

(3) 自我监控技巧

经常会有这样的情况：一个人明明控制了热量，但体重还是没有减轻。如果对其进行监控的话就会发现，实际上这个人摄入的热量比想象的多得多。可见，学会自我监控技巧是很重要的。

(4) 自我规划技巧

如果你既想积极参与体育活动，又想饮食合理、科学，并想很好地控制压力，自我规划技巧将帮助你合理达到目标。

(5) 操作技巧

一个人躲避参加体育活动，多数情况是因为这个人不能像同龄人那样会一项或多项体育运动技能。学习一些运动项目或掌握部分运动技巧，将会使人变得更愿意运动。

(6) 处理技巧

现代人的压力很大，容易焦虑。学习如何控制压力以及放松的技巧，可以帮助人们处理好这个问题。

(7) 消费技巧

一些人生病的时候，不是求助于科学的医疗帮助而是使用未被验证的疗法，这种消费技巧肯定是不行的。学习一些消费技巧，将会为人们做出正确的医疗决定提供帮助。

(8) 时间控制技巧

时间控制技巧有助于人们对时间进行重新安排，以把更多的时间留给个人生活中更重要的事情。

健康生活方式的维护因素是指帮助人们保持已经改变了的生活方式的技巧。家人、同事、同学的鼓励能够让个人保持一个健康的生活习惯，但是这种鼓励仅仅起到加强的作用。能够让一个人长期保持健康生活方式的因素就是不断的成功，在改变不健康生活方式的过程中，每一次成功都是保持健康生活方式的动力。

二、健康生活方式养成的步骤

(一) 明确目的

很多健康问题同个人的行为相关，要想解决健康问题，首先需要改变不健康的生活方式，这种积极的改变可以使人获得最佳的健康状态。个人控制力是改变生活方式、获得最佳健康状态的关键因素。

(二) 改变不健康生活方式的步骤

第一步，明确需要改变的不健康生活方式，如熬夜、不吃早餐、吸烟等。

第二步，制订目标。将长期目标分解成阶段性的小目标，一次只制订几个目标，制订行为目标而不是结果目标，把目标具体化。

第三步，制订可行、翔实的目标计划。一个周密的计划应包括实施的具体时间（天数和时刻）。例如，如果制订一个每周 5 天、每天做放松练习 15 分钟的目标，那么日程表应标明是哪 5 天、每天的什么时间去做。同时，提示物能帮助实施计划。例如，计划是每天晚上睡觉前做深呼吸练习，可以在台灯上贴个提醒字条。

第四步，做记录。1～2 周后检查计划是否得到实施。如果在计划时间内，计划表上大多数日期里打了钩，说明可以考虑制订下一步的计划了。如果日程表上只有几个钩，则需要找出没有完成目标的原因。常见的原因有以下几个：①目标难度大，不切合实际；②目标太多，短时间内无法实现；③计划表与日常生活不符，需要适当调整；④无法投入制订的目标中，需要他人帮助实现目标；⑤自控能力差。

第五步，评定和调整。如果已经完成计划表中的大部分行为，那么回到第二步重新制订一个短期目标，然后重复第三步和第四步。在多次完成短期目标之后，可以制订一个长期目标，此时，才真正走上向有意义的生活方式转变的正轨。一旦新行为固化成为习惯，就不必再将它们列为计划表中的目标。

如果不能完成计划，应该寻找前一个计划失败的原因，并调整计划，使之切实可行。然后回到第一步，重新开始。

(三) 寻求支持

很多时候，个人生活方式的转变离不开家人和朋友的支持。家人和朋友不仅能帮助个人坚持下去，还能督促个人的其他行为。有些生活方式的转变还需要专家的指导，如戒烟、心理咨询等。

总之，一个积极的生活方式的形成需要恒心，更需要一个好的开始。21 世纪的健康目标是延长健康生活的时间，它需要人们坚持不懈地保持健康的生活方式。只有每个人都积极行动，再加上科学知识、专业技能、社区的支持和政府的努力，人们才能发挥最大的潜力，拥有充实、积极的生活。

三、健康生活方式养成的 5 个阶段

很多人明知自己的某些生活方式不好，如吸烟、运动不足、饮食不规律等，但往往没有改变行动，或是行动以半途而废而告终。这说明仅仅了解一些知识，对健康生活方式的养成是不够的。

健康生活方式的养成首先需要健康行为的形成，这种健康行为常常和健康生活方式的逐步形成有很大关系。健康生活方式的养成非一日之功，需要有一个循环往复的过程，人们将其总结为 5 个不同的阶段。

①考虑前阶段：主要想法是“我不想变化”。

②考虑阶段：主要想法是“我想有些改变”。

③准备阶段：主要想法是“我已经准备好要改变自己的生活方式了”。

④行动阶段：主要想法是“我的生活方式已经发生了一些变化”。

⑤保持阶段：主要想法是“我的健康生活方式很有规律”。

例如，对于一个烟民来说，当他没有考虑戒烟问题时，他就处于考虑前阶段；当开始考虑戒烟时，他就处于考虑阶段了；无准备阶段，而当他采取一些措施开始有戒烟行为时，他就进入行动阶段了；当他成功戒烟（6个月不吸烟），则说明他维持在保持阶段。在现实生活当中，我们常常看到很多人都是多次戒烟，这是因为他们不停地在这5个阶段中徘徊。

处于健康生活方式养成的保持阶段时，不容易再反复经历其他阶段。此时这种行为已经融入个人的生活方式，而且变得很容易实现。例如，一个常年参加体育锻炼的人无须再经历一个刚刚参加体育运动的人所经历的思想斗争过程——这些行为已经自动化并形成了习惯。

【思考题】

◇健康管理的基本策略有哪些？

◇简述体育运动与合理膳食。

◇如何养成健康的生活方式？

中篇　体育文化与竞赛欣赏

第七章　体育文化

第一节　体育文化概述

一、体育文化的概念

体育文化是随着人类社会以及体育运动的发展而不断发展的，它是人类文化的一部分，是一种特殊形式的文化，对整个人类文明进程起着重要的推动作用。体育文化有广义与狭义之分：广义的体育文化是指体育运动本身所蕴含的、围绕体育运动所形成的一切物质文明与精神文明的总和；狭义的体育文化是指体育运动某一方面的文明因素。

在原始社会时期，就有了体育运动的萌芽，但是“体育文化”这一概念却是很晚才出现的。一般来说，体育文化包括体育物质文化、体育精神文化和体育制度文化 3 个层面。其中，体育物质文化属于最表层，像体育设备、体育器材、体育雕塑等都属于体育物质文化的内容；体育精神文化则属于内核，体育价值观念、体育行为等都属于体育精神文化的范畴；体育制度文化则属于中间部分，对体育文化的发展起着重要的保障作用，各种体育项目的竞赛规则等都属于体育制度文化的范畴。总体来看，体育文化的 3 个层面是紧密联系在一起的，它们相互联系、相互促进，共同推动着体育文化的不断发展。

二、体育文化的特征

作为人类社会的一个重要文化现象，体育文化的特征非常丰富而鲜明，总的来看，体育文化主要体现出以下几个独有的特征。

（一）主体和客体的同一性

体育文化主要包括体育物质文化、体育精神文化和体育制度文化 3 个层面，每一个层面在体育文化发展中都扮演着非常重要的角色。体育文化属于文化的一种重要形式，其作用对象是人，而人具有自然与社会两种属性，人们在参加体育活动的过程中体现出人的活动主体与客体的同一性，这是体育文化最为基本的特征。

与其他社会文化现象不同，体育文化主要以身体运动为表现形式，人们在参与体育文化活动的过程中，身心能得到改造、获得发展，这就是体育文化活动的重要内容。但是，在某些情况下，如果运动不当会给人的身心带来一定的不利影响。例如，运动员过于追求成绩而采用高强度、不合理的训练手段，采用不符合运动员年龄的训练方法等，这些都会严重影响运动员的运动寿命，甚至是身体健康。因此，我们应尽可能减少损害运动员身心的行为，采用科学的训练手段与方法来提高运动员的运动能力，将体育文化的发展导向科学、合理的轨道。另外，作为体育事业工作者，也要本着积极向上的心态和饱满的热情投入工作，实现自己的人生价值。

（二）身体的表征性与传承性

体育文化作为一种独特的文化形式，主要以身体的运动表征来传承。体育运动项目非常丰富，不同的运动项目具有不同的身体形态特征，不同的运动项目有不同的身体动作方式，这是身体表征传承的重要体现。另外，不同的运动项目导致的运动伤病也存在着一定的差别，这也属于体育运动的身体表征之一。

体育文化传承的重要形式是身体运动，各种动作就像人类语言一样促使体育文化得到传承与发展。发展到现在，体育比赛越来越多，它作为一种身体表征文化也成为体育文化传播的重要形式。正是因为体育文化的身体表征性和传承性，才使得现代多媒体成为体育文化宣传的主力军。综上所述，体育文化的身体表征性极大地促进了体育文化的传承与发展。

（三）激越与动感的竞争性

体育文化是一种身体动作文化，在各种各样的体育比赛中，运动员通过技艺的展示与对抗来获取比赛的胜利，这使得体育运动充满了竞争性。纵观当今体育竞赛的形式，不论哪一种类型，都体现出了体育运动的对抗与竞争性特点。

目前，体育运动形式越来越丰富，通过对各种高科技手段的利用，竞赛也越来越激烈，这一现象将随着时代的发展延续下去，并且仍然会具有较强的竞争性。所以说，激越和动感的竞争性是体育文化的重要特征之一。

（四）参与和实现方式的多样性

体育文化具有表现和评价直观的特征，人们在参加体育运动的过程中会通过各种手段来实现既定目标，反映在体育文化上，即为体育文化的实现方式呈现出多样性的特点。

总的来看，体育文化参与方式的多样性主要体现在以下两个方面：

①参与体育运动，人们扮演着不同的角色。作为一名专业的运动员，平时的训练活动是必不可少的；普通运动爱好者可以选择适合自己的锻炼方式；体育赛事爱好者，可以依据自己的兴趣选择观看各种体育赛事。这些参与方式因人而异、不断变化。

②体育从业人员（如体育记者、体育新闻编辑等）能在参与工作的过程中实现自身的价值；体育教师和教练员能在教导学生或运动员的过程中实现体育价值等。由此可见，体育文化极大地拓展了人们的参与范围，提高了体育文化的生命力，从而促进了人类文明的发展和进步。

（五）表现和评价的直观显性

体育文化特色鲜明、与众不同，这些特色与体育文化的身体文化特性及价值评价体系是分不开的。公平竞争是体育文化的精髓之一，科学、合理的体育评价体系能保证体育比赛的公平和公正，可确保体育赛事的顺利进行。

一般来说，体育文化的表现和评价的直观显性特征具有重要的社会心理补偿价值。人们处于社会之中，在平时的工作、学习和生活中，不可能做到完全的公平、公正和优劣分明，只能通过模糊的评价标准和道德角度来对某个人或者事物进行评价，这是一种折中的评价方式，同时显现出无奈。而体育比赛则完全不同，它的直观显性对约束人们及事物的发展具有重要的作用。

（六）格调鲜明的超越性

作为一种重要的文化现象，体育文化具有自我超越性特点。在体育比赛中，超越是普遍存在的，包括对对手的超越、对比赛成绩的超越、对运动极限的超越等多个方面。可以说没有超越就没有体育文化，超越性是普遍存在于体育文化之中的。体育运动所表现出的超越性不仅包括对身体认识的超越、对训练水平的超越、对运动科学的超越等，还表现出对人类精神和智慧的超越，这种超越本身具有鲜明的社会意义和精神意义，对于整个体育事业乃至人类社会的发展都具有深远的影响和意义。

第二节　东西方体育文化及其融合

一、东西方体育文化的特点与比较

西方体育文化，起源于古希腊、罗马的西欧文化，它是在资本主义工业革命、市场经济的社会条件下，以城市为中心发展起来的，以竞技为主要特征的一种体育文化。西方体育文化与资本主义历史条件以及竞争、冒险的哲学思想相适应，从而形成了重视“练形”、健美，讲究外在统一和激烈竞争的风格。奥林匹克运动文化便是西方资产阶级价值观的产物。西方体育文化的基本概念或范畴，如尊重、和平、友谊、团结、公平、人的全面发展等都是西方工业文明的产物。这些观念代表了社会发展和文明进步的趋势，具有进步意义。西方体育文化是一个超越体育范畴，影响波及国际政治、经济和文化的相对独立的社会现象。

随着西方物质文明的高速发展，人们越来越对现代社会中精神颓废的生活感到失望和厌倦。而东方体育强调的“养生修性”、练养结合、动静平衡的体育思想，对西方人来说具有极大的吸引力，他们试图从东方的处世之道和养生方法中寻求出路。

人们对仅追求胜负与狂热刺激的西方体育竞技日感不满，人们需要更多层面的身心体验和更深邃的高情感活动。东方体育具有注重肉体和精神统一的文化价值特征，在缓解高科技带给人类的不良影响方面，具有划时代的功能效应，成为满足人类精神需求、促进人类身心健康的高情感体育活动。

东方体育文化在儒家思想的熏陶下，逐渐形成了融养生健体、道德教育、娱乐竞技于一体的独特风格。东方的传统生命观、健康观和与此相适应的保健体育，蕴含着人体生命科学的丰富内容，对指导人类的保健活动具有十分重要的意义。在奥林匹克运动文化风靡世界的今天，东方体育文化以其特有的魅力悄然升起。在西方奥林匹克运动的巨大影响下，东方体育文化不再是封闭环境里的自足体，而是在同西方体育文化相互融合、相互竞争的汇流中迅速发展。体育的作用往往以养护生命、祛病、防病和延年益寿为主，注重保健和健康长寿。

中国、日本、印度、朝鲜等亚洲国家，大部分时间都处于一种闭关自守的封建社会条件下，使它们在古代所形成的兴旺发达的状况在近代未得到进一步充分的发展，从而使东方体育进入了一个停滞和衰落的时期。到了 20 世纪 50 年代，东方社会条件发生了根本性的改变，缩小了在经济、文化和科技发展上与西方的差距，中国、朝鲜、越南等亚洲社会主义国家的崛起和亚洲四小龙在经济、文化和科技上的高速发展，使以亚洲诸国为代表的东方体育在与奥林匹克运动为核心的西方体育的相互交汇、融合中得到迅速发展。就中国而言，经过世代的传承、嬗变和发展，逐渐形成了自己独特的风格和特质；形成了以养身健体、道德培养为主要目的，并高度吻合了中国传统文化的基本精神和由这种文化所锻造的民族性格的体育形态；形成了一个结构稳定，区别于世界上其他任何国家体育形态的独立体育文化体系。

首先，中国传统体育文化植根于“天人合一”、阴阳、八卦、五行等理论，而西方体育文化是在西方哲学重外在、分析，重与自然的斗争等观念的指导下形成和发展的；中国传统体育重人体自身的统一性及与自然界的和谐，带有某种经验、直觉、模糊的性质，西方体育重科学实验、解剖学、生理学、现代医学等的综合运用；中国传统体育重节奏、韵律、神韵、内涵、和谐、朦胧、抽象、含蓄美，西方体育重阳刚的力量、速度、外在、形体美。

其次，中国民族传统体育文化一贯向着娱乐性、表演性、礼仪性方向发展，注重个人修养，形成以追求“健”和“寿”为目的的民族内向性格，强调身心合一、动静结合，但削弱了体育运动中的竞争性；西方竞技体育文化始终向着竞争性、惊险性、公开性、健美性、趣味性方向发展，并使体育形成体系，注重人的全面发展，却忽视了人竞争中的道德教育，容易产生残忍与暴力。西方竞技体育文化追求“强与险”，而中国民族传统体育文化追求“健与寿”。

最后，中国民族传统体育文化通过身体锻炼来以外达内、由表及里、由形而下的身体有形的活动来促成形而上的无形精神的升华，实现理想人格的塑造，透射出十分明显的重人格倾向；西方竞技体育文化则重人体胜于重人格，注重人体本身的价值，更讲究从人体的培养上来考虑体育的价值，通过让人在肌肉的运动中，在各种力量的交汇中去实现完美人体的塑造，进而实现理想的人生。

（一）东西方体育精神文化的比较

在中国传统的历史文化中，不论是儒家还是道家、佛家，注重的是人的内在气质、品格、精神修养，而把人的身体视为“寓精神、气质之舍”，表现人的内在品格，这就使中国传统的体育价值观透射出十分明显的重人格倾向。中国传统体育坚持天人合一的生命观，强调和谐的运动观。其显著特点之一就是通过身体锻炼以外达内、由表及里、由形而下的身体有形活动来促进形而上。西方人心目中的理想人物是血统好、发育好、比例匀称、身手矫健、擅长各种运动的人。由此，他们更注重把体育的价值直接指向对人体的塑造和培养。

从整体上说，中国传统体育文化是追求静态美的文化；西方传统体育文化是动态文化，这就决定了东西方体育形态和体育价值观的实质性差异。

由于体育文化精神层面中的体育思想、价值观等占主导的作用，东西方体育行为制度文化也是大不相同的，主要表现在人们对体育运动手段和方法的认识上，以及体育行为和体育生活中。

中国传统体育以养生为主，尤其注重“养”。中国传统体育文化认为，认识自然的一部分，人体通过与自然的交换就能排除浊气，汲取真气，决定人健康长寿的根本原因在内不在外。所以，中国传统体育文化的目标是修身、养性，它强调整体效果和直观感受，强调意念的作用和内部修炼。对动作的把握靠直观顿悟，动作简单，但内涵深刻，讲究动作的神韵。身体运动注重体内“运气”，外形的肢体活动多为徐缓动作，并要动静结合，具有较强的仿生性。中国传统体育文化重人格的价值取向，使得中国古代对竞技性的身体运动不太重视，竞技性比赛极为受限。

（二）东西方体育行为制度文化的比较

西方竞技体育最初就是展示城邦实力的“邦际语言”，是比试体力、智力、经济能力和展现城邦精神的重要舞台。显然这种体育文化大力提倡竞争，提倡超越，其活动是在相互较量、相互比较的过程中完成的。由其主导的体育行为是激烈的抗战、追求“更快、更高、更强”；强调运动肌肉的健美，体格强壮，注重人体外形的肢体活动；提倡对人的力量、速度、耐力、柔韧和灵敏等身体素质的联系；讲究应用力学、解剖学、生理学原理进行科学训练。

（三）东西方体育物质文化的比较

体育物质文化是精神文化通过人们的体育实践在物质产品上的体现，与体育行为制度文化密切相关，因此，东西方体育文化在精神层面和行为层面上的差异必然会导致体育文化的不同演进和发展历程。

中国传统体育精神文化中占主导地位的是重人格的体育价值观，相应的体育行为是以个体活动为主，活动形式以徒手为多，而对抗激烈的、竞争性较强的、集体性的和身体接触较多的项目较少，这就使得体育专用的场地、设施、器材等体育物质文化建设在数千年的历史进程中发展极为缓慢。一切活动必须以伦理道德标准为前提，统一在和谐氛围中的观念，这对中国古代体育物质文化的影响随处可见。

西方的体育物质文化建设在公元前776年——第一届古代奥运会开始就初见端倪。圣地奥林匹亚是古代奥运会的诞生地和永久性举办地，那里有一座大竞技场，古代奥运会除赛马、赛车外，几乎所有竞技项目都在这里举行。从各种美术作品中可知，西方古代很早就有了体育运动的专用器械和装备。奥运会场地、设施的规范和发展，是西方体育物质文化高度发展的标志，也是西方现代体育得以在世界广泛传播，并成为世界体育主流的重要原因之一。

综上可知，中国传统体育文化与西方体育文化从古至今都存在巨大的差异。不过，不能以这种差异来简单判断其本身孰优孰劣。随着社会的发展以及国际体育交流的日益频繁，人们对不同民族和地区的体育文化的认识也越来越深刻。东西方体育文化必然依据各自的发展规律，在各自的发展轨道上继续前行，取长补短，共同繁荣。

在公元前5000年，东方就开始向文明社会过渡，产生于这个历史时期的东方体育不仅对后来的西方体育产生了影响，而且对整个世界体育也产生了积极的影响。

在东方体育已作为一个整体存在于人类社会并得到了充分发展的时候，即公元前11世纪—公元前9世纪，欧洲文明的发源地——地处南欧的古希腊，罗马都还处在稚气的神话时代，体育也才刚刚起步，经过公元前8世纪—公元前5世纪的创造和发展，西方才形成了不同于东方并具有鲜明西方色彩的体育类型。至此，西方体育才初步形成，世界体育也因此进入了一个由东西方两种不同类型体育交相辉映、平行而不同步发展的新阶段。

公元2世纪—10世纪，东方的国家和北非的多数国家相继进入封建社会，东方体育在良好的社会条件下继续保持其兴盛发达的状况，并越来越趋向于成熟。此时的西方体育，无论在内容还是形式上都较同一时期的东方体育远为落后和贫乏。

但是，从公元15世纪—17世纪，欧洲向资本主义社会发展，从而使西方体育开始进入一个伟大的转折时期，西方体育逐渐摆脱落后状态，并从战争和宗教活动中脱离出来，成为一个独立完整的社会现象。

以儒家思想为核心的东方文化和以新教伦理为核心的西方文化，是两股不同的文化源流，显然，东西方体育文化必须带有各自核心文化的色彩和特征。同时，随着近代自然科学的发展，人们对体育的价值观发生了改变，逐渐意识到近代体育对培养全面发展的新时代所需要的人格与体格的具体价值。

东方体育和西方体育都是人类共同的体育文化，是人类互相交往的结果。作为东方体育的代表，中国传统体育是黄河、长江文明孕育出来的；西方现代体育则是不列颠、美利坚等文化的产物，是古代希腊和意大利罗马体育文化发展的结果。

目前，世界文化在互相开放和交往中日益趋同，东西方体育文化也日渐走向融合。中国传统体育在封建制度中存在和发展，自给自足的自然经济环境形成相对独立和隔绝的体育文化，封闭性、伦理性、民俗性、宗教性、军事性较强。西方现代体育是适应现代社会生产方式而存在并发展的，呈现出竞技性、普遍化、个性化、娱乐化等发展趋势。这两种在不同时代中产生和发展的体育在人类进入近代社会以后逐渐消除了隔阂。鸦片战争以后，中国传统体育在被动与主动、自觉与不自觉中开始了与西方体育的冲突与交融。

西方体育中的平等竞争等观念也已日渐深刻地影响了中国的体育（包括中国传统体育）。一部中国近现代体育史，实际上就是东西方体育互拒互斥、互渗互融的历史。例如，中国传统武术吸取了西方体育竞赛方式，形成了散手竞技，气功引入了现代科学理论，龙舟、风筝等赋予了现代人的精神需求，这些中国传统项目成为东西皆宜的竞赛和活动方式，并逐渐得到西方人的接受和认可。这表明东西方体育逐步契合的趋势。有研究者指出，以奥林匹克主义为主的西方体育观念，如“和平与友谊”“平等、公平地竞争”“体育为大众”“重在参与”等逐渐为中国传统体育所吸收。而中国传统体育中的伦理道德观、健康长寿观、自然养生观、形神相关论、动静相关论等构成的整体体育观也被西方体育不同程度地接受；东西方体育在运动形式、方法与手段上也不断趋同，西方的摔跤、举重、拳击被中国接受，网球、橄榄球也被中国引入。

不同类型和模式的体育文化由于价值观念的不同会发生冲突，因此，体育文化的交流和传播并不是畅通无阻的，不同性质的体育文化相互碰撞时，冲突是不可避免的。中国民族传统体育文化与西方竞技体育文化的对立统一是客观的，它不仅会改变原来体育文化的性质，还会由于两者契合发展产生新的体育文化，带来体育文化的变迁。体育文化的冲突是区域性、时代性、民族性、阶级性、集团性等多种类型的综合，认识中国民族传统体育文化与西方竞技体育文化的对立统一就应在此入手，认识两者是政治、经济、地理等生存环境差异下的矛盾存在。这种矛盾存在体现了人类体育文化的丰富和世界体育文化的非成熟发展状态。对于两者的对立统一，我们应认识其是不同国度、不同地域体育文化的对立统一，中国民族传统体育文化与西方竞技体育文化由于各层次发展水平不一，西方竞技体育文化会冲击中国民族传统体育文化，发生激烈而全面的冲突。因此，我国民族传统体育文化必须做出全方位的调整才能适应西方竞技体育文化的矛盾冲突。有效利用这两种体育文化的内在统一因素，寻找两者发展的最佳结合点，这有利于消除或减少两者冲突所产生的负面因素，使其健康发展。

二、东西方体育文化融合展望

随着经济、工业技术的突飞猛进，尤其是作为东方大国的中国和印度的迅速崛起，东西方在经济上的差异已呈现出逐步缩小的趋势。政治上的两大体制——资本主义与社会主义，也都在不断异化，相互借鉴，取他之所长补己之所短，争取建立更完善的体制。其实，随着经济、政治的不断跨国化，文化层面已经不自觉地做出了反映，并一定程度地发生了融合。一种单一的文化无论如何有潜力总是有限的，只有不断地借鉴、吸收、创新，才有发展的前途，况且这种交融已经成为一种无法忽视的历史潮流。作为东方有着几千年历史的光辉灿烂的中国传统文化，是世界文化不可缺少的一部分，中国需要世界文化来创新，世界文化也更需要中国文化来丰富。

（一）体育形态上的融合

东西方体育文化差异首先表现在形态上。中国民族众多，形成了中国体育文化的多样性与复杂性，而西方体育文化结构相对较为简单，二者打破区隔进行融合时，双方要开放心态，积极探索不同表象形式背后体育和竞技思想的共同点，这样才能够相互补充、相互促进。

（二）体育价值观的融合

东西方体育文化融合是全球治理的推动力，虽然东西方体育文化价值理念有区别，但是其本质价值观的取向却是一致的。西方体育文化在世界名片——奥运会的强力推动下，体现出全球性和开放性，中国传统体育文化是中华各民族、不同地域体育文化交汇的结果，尽管其在发展过程中表现出一定的内敛性和排他性，但从本质上来讲也是开放性的。从这个层面上来说，其就为体育文化融合提供了可能，融合双方的竞争锐气与中庸平和精神，能让体育文化更加多样化，符合时代发展的需求。

（三）去糟粕取精华

东西方应通过建设体育文化命运共同体来推动人类命运共同体的建设。因此，东西方体育文化要秉承人类命运共同体的丰富内涵，务必平等相待。在发展体育文化中，一定不能丢弃我们原有的传统文化，但也要以西方体育文化为镜，多借鉴西方体育文化的优势，对于糟粕部分我们应理性对待、坚决拒绝，不能一味地在追求他方的价值观当中全面地效仿。要在继承、保护、发展好我们传统的优秀体育文化的基础上，将我们的传统体育项目发扬光大，把内在的愉悦和集体荣誉感分享给世界人民。

第三节 奥林匹克运动文化

一、奥林匹克运动文化的提出与来源

（一）奥林匹克运动文化的含义

现代奥林匹克运动是从古希腊的奥林匹克运动发展而来的，有数百年的发展历史，如今已成为举世瞩目的体育运动赛事，成为全人类体育文化的盛会。现代奥林匹克运动在全球具有广泛的影响，同时得到了全世界人民的普遍关注与积极参与，形成了引领时代潮流的奥林匹克文化。

1. 广义的奥林匹克文化

广义的奥林匹克文化包括奥林匹克运动体现出的所有思想和活动内容，是奥林匹克运动在实践中创造的一切物质与精神财富。物质财富主要是指奥林匹克运动对于人体机能的改造、发展和所建造的各类场馆、器材等物质文化设施，以及由此产生的文化形态；精神财富主要是指奥林匹克运动对于人的内心和社会行为所具有的影响，以及与此相关的各种文化艺术活动。不论是古代还是现代，奥林匹克运动始终蕴藏着丰富的物质文化与精神文化。

2. 狭义的奥林匹克文化

狭义的奥林匹克文化是指与奥林匹克运动相关的文化艺术活动以及视觉形象，包括奥运格言，历届奥林匹克运动会（以下简称奥运会）的会徽、火炬、口号等。早在古代，奥林匹克运动中就有圣火、演讲、雕塑等各种文艺活动，现代奥林匹克运动也沿袭了这一传统。

1906 年，现代奥林匹克之父顾拜旦在国际奥林匹克委员会（以下简称国际奥委会）强调了文化艺术的作用，同时选定了建筑、雕塑、绘画、文学以及音乐等主要文艺活动列入奥运会之中。

1910 年，顾拜旦再次强调奥林匹克运动要被赋予更多优雅与美感，使奥运会成为一种具有高度审美精神的文化盛典，同时采取了很多具体性措施。经过多次修订的《奥林匹克宪章》规定，奥运会组委会必须举办文化活动，要促进奥运会的参与者以及其他与会人士的和谐关系、彼此了解与友谊服务，同时规定文化活动要贯穿于奥运村开放的整个时期。奥林匹克运动将各项文化艺术活动与体育运动相结合，在很大程度上提升了竞技体育的品位，同时推动了文化艺术的繁荣发展。

（二）奥林匹克运动文化的来源

现代奥运会始于 1896 年，而古代奥运会始于公元前 776 年，绵延千年。现代奥运会的开展很多方面都受到了古代奥运会的启发。古代奥运会起源于古希腊，流传着众多传说。据传，早期的奥运会是为了祭神而举行的竞技运动会，之后又加入了很多文化艺术以及教育的相关活动，并逐渐成为古希腊的一种文化特色。古希腊文化中体现着对人类价值的追求与赞美，还提出全面发展的主张，古代奥运会就是实现全面发展的主要手段。古希腊人认为，健康的精神蕴藏于健康的躯体之中，奥运会竞技就是古希腊人追求健美的产物。

现代奥运会则是对古代奥运会的继承、发展与扬弃。顾拜旦摒弃了古代奥运会中的宗教祭祀活动，但继承发扬了其中的宗教精神。他认为不论是古代还是现代，奥林匹克精神的最基本特点是贯穿其中的宗教精神。顾拜旦解释：宗教体育的思想不仅包括国际主义和民主这两个所有文明国家建立新型人类社会的基础，还包括科学。科学的发展能不断地为人类提供增强体魄、修身养性的新方法；提供摆脱以个性解放为由而产生的使人堕落的扭曲感情的新方法。为进一步弘扬奥运精神，国际奥委会开展了多种多样的文化教育活动。

二、奥林匹克运动文化的性质

（一）以体育为载体

奥林匹克运动具体包括竞技运动、大众体育以及与之相关的各种文化活动。从古希腊的奥林匹克运动到现代奥运会，体育运动贯穿于奥林匹克运动的整个发展过程，是奥林匹克运动中最为重要的组成部分。第一届古代奥运会只有“斯泰德”这一个比赛项目，发展到现在，奥运会的比赛项目已经丰富多彩。在奥林匹克运动发展的历程中，千千万万的优秀运动员在竞技场上挥洒着汗水，在五环旗的指引和公平竞争的原则下奋勇拼搏，尽情地展现着自己的能力与精神，同时体现着人们对真、善、美的不懈追求。在奥林匹克运动精神的引导下，世界各国人民团结在一起，共同推动着人类文明的不断发展与进步。

从文化角度来分析，奥林匹克运动文化是以体育为载体的文化。体育与文化联系紧密，但有一定的区别：文化是一个庞大的体系，而体育文化是其中的有机组成部分；体育属于文化的范畴，也有属于自己的领域和特色。从狭义的角度来分析，体育与文化之间相互影响、相互促进。文化的传统、价值、措施等方面都直接或间接地对体育产生影响，而体育会对文化的形式、传播与创造等产生多方面的影响。体育促进人类物质结构机能的不断改善，是人类进行自我完善的重要物质形式。同时，体育会对人的心理与社会行为产生积极的影响，体现出文化的精神与内涵。体育运动的发展凝聚着人类的智慧，并且能够得到人们广泛的参与及关注，从而使其具备更强的文化功能。体育还是一种身体的语言，又被称为“国际通用语言”，它能够超越不同国家的意识形态，是国家之间进行文化交流的便利工具。

体育是奥林匹克运动文化的载体，但是奥林匹克运动与体育之间并不能画等号，也就是说，奥林匹克运动不仅仅是体育运动。从另一个角度来讲，体育是奥林匹克运动的重要表现形式，但是奥林匹克运动中还有体育之外的文化内容，它追求与其他文化的交融，这是奥林匹克文化与体育文化之间的根本区别。从现代奥林匹克运动创建伊始，顾拜旦就不把其简单当作纯粹的体育竞技运动来看，他倡导奥林匹克运动并非只是增强肌肉力量，它也是智力的和艺术的。中国人民的老朋友萨马兰奇也说奥林匹克主义就是体育运动与文化的结合。以体育为载体来促进文化的繁荣，推动运动员以及国家或地区之间的和平与友谊，这是奥林匹克运动对于人类文明发展的重要贡献。奥运会每隔 4 年举办一届，这不仅是一场宏大的体坛盛会，也为所有参与者提供了广阔的文化交流舞台。通过奥运盛会，世界各国的运动员以及民众就像是相亲相爱的一家人，推动着人类文明的传递与发展。

（二）以教育为核心

古代奥运会起源于宗教祭祀活动，它以人体美、竞技精神以及高超的运动技艺来表示对神灵的尊敬，这必然呈现出教育的内容与色彩。古代奥运会不仅要求运动员具备强健的体魄，还要求运动员有高尚的道德，这一切都需要靠教育来实现。运动员在获得比赛的最终胜利之后必然会成为家喻户晓的人物，这对国家、社会以及广大人民也是一种崇尚英雄、崇尚美德的教育。

顾拜旦本身也是一名伟大的教育家，其发起的复兴奥林匹克运动也是从教育出发的。顾拜旦对于古代奥运会与希腊早期的体育教育持肯定和认可的态度，他很重视体育具有的教育作用，由此也促使了他从教育出发来恢复奥林匹克运动的构思。

现代奥运会继承并发扬了古希腊的奥运精神与教育思想，奥林匹克的运动宗旨就是用奥林匹克运动精神来教育广大青年，建立一个和平美好的世界。奥林匹克运动来源于奥林匹克主义，《奥林匹克宪章》说奥林匹克主义是增强体质、意志和精神并使之全面均衡发展的一种生活哲学。奥林匹克主义谋求体育运动与文化和教育相融合，创造一种以奋斗为乐、发挥良好榜样的教育作用，并以尊重基本公德为基础的生活方式。所以，奥林匹克运动作为一种生活哲学和生活方式，被赋予了教育功能。开展奥林匹克运动的根本任务是教育，所有奥林匹克活动都要体现出教育的功能。因此，教育是奥林匹克文化的核心。

（三）以西方文化为主导

古代奥林匹克文化起源于古希腊文化，而古希腊文化则以西方文化为基础。欧洲是现代奥林匹克运动的诞生地，最开始的几届奥运会，参赛运动员主要来自欧洲与北美的10～20个国家。如今，已有百年发展历史的现代奥林匹克运动已经遍布全球，不仅欧洲和北美国家举办过奥运会，亚洲、大洋洲和南美洲国家也举办过奥运会。

如今，随着全球发展的变化，奥林匹克文化呈现出多元化，但是由于历史以及现实经济、政治等方面的原因，奥林匹克运动在内容安排、组织结构等方面依然体现出浓厚的西方文化色彩。在现代奥运会中，有一半以上是在欧洲大陆举行的，其次是美洲大陆，在亚洲只举行过3届，2021年东京奥运会成为继巴黎（法国）、伦敦（英国）、洛杉矶（美国）和雅典（希腊）后的世界第5个至少两次举办过夏季奥运会的城市，也是亚洲第一个。而国际奥委会中的委员、领导中，西方人依然占据大多数，奥运会的项目也以西方现代竞技体育为主。这表明现代奥林匹克文化还是以西方文化为主导。

奥林匹克运动文化是一个动态发展的全球性文化体系，它在发展过程中不断地从世界各民族的优秀文化中汲取营养与成果，不断扩充自己的内容。从奥林匹克运动文化体系来看，古代与现代、东方与西方的不同文化交汇在一起，并逐渐融合，五大洲的不同国家与地区丰富多彩的民族文化为奥林匹克运动文化提供了源泉，这也决定了奥林匹克运动文化的多元属性。同时，奥林匹克运动文化在发展之初与古希腊文明一脉相承，西方文化的深刻影响是无法消除的，世界各地文化与西方文化发展交融，共同打造出以西方文化为主体的多元文化属性的奥林匹克运动文化。在社会不断发展的当代，奥林匹克运动文化必须从东方体育思想、价值观与运动形式中不断吸收和借鉴，将更多有益于自身发展的成分吸纳进来，兼收并蓄。只有通过这种发展方式，奥林匹克运动文化才会更加繁荣，更有影响力，更有生命力，发展为跨文化、跨民族、跨国家的世界性的文化体系。

随着世界一体化的格局不断加深，各个国家与地区之间的联系越来越紧密。随着奥林匹克运动在全球的普及，不同文化之间的交流与融汇是不可阻挡的趋势。从文化的本质属性来看，奥林匹克运动文化具有地域性与民族性。比如，不同国家举办奥运会在开闭幕式、体育场馆、文艺活动中展现出举办国的不同文化特色，内容丰富而且形式多样。奥运会不断吸纳的新的比赛项目中也体现着十足的民族文化，如在美国盛行的篮球、巴西人为之疯狂的足球、起源于朝鲜半岛的跆拳道等都体现出各异的运动文化，这些运动项目都根植于不同民族文化的土壤当中。不同的文化之间也会彼此兼容、取长补短，并发展得更加丰富多彩。多元的文化不仅体现出新时代的文化发展特色，而且对于不同民族之间的文化交流与友谊起到巨大的推动作用，这是人类文明发展进步的重要标志。

（四）催人奋进

先进的文化要符合社会发展规律，体现出人们的愿望，在人类社会发展过程中具有良好的指导意义，是积极向上的文化。作为一种文化形态与精神文明，奥林匹克运动文化汇集了西方文化的精粹，是世界先进文化的有机组成部分。

奥林匹克运动文化作为一种全球性的先进文化，是一种符合社会发展方向与民众愿望的文化，在人类社会发展中具有积极的指导意义，对于人类文明的进步和发展具有明显的导向作用。现代奥林匹克运动文化主要凝聚了西方文化中竞争、拼搏、开拓、进取、重视个人发展、崇尚科学等精华，经过人们对自身与社会进行科学的认知，适应社会发展与个人身心发展的需求，是人类文明发展的产物。奥林匹克运动文化的核心内容是倡导不同民族、年龄、性别的人共同生存，和谐发展，友好相处，建立一个美好的世界。奥林匹克运动文化体现出全人类的理想境界，是人类社会宝贵的精神财富，它已超越了政治、宗教、种族、语言等方面的限制，在人类文明发展过程中作出了重大贡献。

从古代奥运会到现代奥运会，奥林匹克运动文化在发展过程中经历了几千年的历史考验，最终成为人们广为接受的文化。这主要是由于奥林匹克文化体现了人类的崇高理想，能看出人类对于未来的美好向往与追求，体现了人们追求的真、善、美以及公平正义。奥林匹克文化的先进性更多体现在体育领域，集中表现在奥林匹克主义、精神、原则、理想、宗旨、格言等方面。奥林匹克运动文化是人类社会宝贵的精神财富，彰显出旺盛的活力与鲜活的生命力，它对于促进人类发展、体现人类的尊严以及不同国家、民族间的和平等都具有非常重要的作用。

总之，奥林匹克运动文化始于古希腊，在现代以西方文化为发展主导，并弘扬于全世界。参与奥林匹克运动的各个国家与民族都以各自的方式为奥林匹克运动文化的发展添砖加瓦。奥林匹克运动文化是体育运动与文化和教育相互融合的产物，它以体育为载体、教育为核心，并不断发展出多元属性，成为世界先进文化的一部分。奥林匹克运动文化不断激励着人们拼搏向上、努力进取，同时体现着人类的身体美与精神美，推动着社会和平与进步，是一种伟大的优秀文化。现代奥林匹克运动是人类历史上规模最大、内容最丰富、场面最宏伟、影响最深远的全球性体育文化盛宴。

三、奥林匹克运动文化的特征

（一）观赏性

体育运动中最直观的现象就是运动美，因为人们进行体育运动的目的之一就是追求形态美，所以体育运动具有十足的观赏性。

奥运会是世界上顶级的体育运动赛事，是人们在运动中展现自我的最高形式，参赛运动员往往是本国的佼佼者，会展示出精湛的技术、出色的素养和拼搏进取的精神，并最大限度地挖掘自身潜力，向人体极限发出挑战，并创造出一种在努力奋斗中追求到欢乐幸福、身心愉悦的形象。奥林匹克运动中所展示的丰富多彩的文化艺术形式仿佛使观看者进入了一个缤纷的艺术天地，具有无穷的观赏魅力。像风驰电掣的百米赛跑的速度美，投掷项目的力量美，体操项目的艺术美，足球的热血美，等等，深深地营造出一种情感气氛、审美意境以及惊奇的文化景观，使奥林匹克运动文化具有十足的观赏性特点。这种观赏性不仅在很大程度上提升了人的美感与修养，还很好地美化了社会生活。

（二）象征性

顾拜旦说过，奥林匹克运动是一个伟大的象征，奥林匹克运动文化在长期实践中，主张的人类和谐发展的生活哲学，提倡的团结、友谊、进步的精神，规定的公平竞赛的相关原则，保持的各项仪式规范，等等，都会成为一系列独特而鲜明的艺术形式。像历届奥运会都有奥运五环旗、火炬、标志、主题曲、奖牌以及吉祥物等，这些物化的艺术形式充分体现出奥林匹克运动文化具有丰富的象征性，也是人类文明的重要体现。

（三）多元性

现代奥运会秉承平等尊重、公平竞争的精神，并且反对一切形式的歧视行为，积极遵循“体育为人人”“参与比取胜更重要”的普遍原则，这种普遍原则造就了奥林匹克运动文化的多元性。

多元性是奥林匹克运动文化持续发展的基本经验。正如前国际奥委会委员、国际奥委会文化与奥林匹克教育委员会主席何振梁所言，从一百多年奥林匹克运动的历史看，它之所以成功，原因之一是它对多种文化的兼容和尊重。这不仅确定了奥林匹克运动的多文化性，也使它更具吸引力和凝聚力。可以毫不夸张地说，多文化性正是奥林匹克运动的财富和力量所在。

（四）人文性

人文泛指人类社会中各种各样的文化现象，与之相关的人文主义则是源自中世纪末年的欧洲文艺复兴运动。人文是研究与人类发展相关的学问，从而与欧洲中世纪占主导地位的神学区别开来。古代的奥林匹克运动早已成为古希腊民族文化的有机组成部分，而现代奥林匹克运动则是人文思想持续发酵的产物，奥林匹克文化注重以人为本以及人的和谐发展。

奥林匹克运动文化在从古代到现代的长期实践中积累了非常丰富的人文精神，始终体现着人类对真、善、美的追求。奥林匹克运动文化如今已发展为一门科学的体系，属于人文科学的一部分，从其具有的人文性特征中发展出了教育性质，即教育价值。

（五）艺术性

奥林匹克运动文化内涵丰富，其具有的文化内涵使其能够体现出完美的艺术性特征。奥林匹克运动文化的艺术性具有极强的影响力与感召力，也存在着其独有的内在逻辑，使其在历史长河中经久不衰，彰显出强大的生命活力与精神动力。

国际奥委会曾经对文学艺术与奥运会的参与程度进行过深入而热烈的探讨，提倡通过绘画、雕塑、文学、建筑、音乐等艺术形式来进一步提高奥林匹克运动文化的艺术水准。《奥林匹克宪章》规定，历届奥运会的组委会必须制订文化活动计划；在奥运会的相关仪式上，要运用多种艺术手段，呈现出规模大、水平高的艺术表演盛宴；在奥运会举办期间，举办各种文艺表演、艺术展览、博览会等形式的艺术活动；在奥运场馆中，要用绘画、雕塑等艺术方式来装饰；比赛中，运动员在奋力拼搏的同时，要展现出艺术美、速度美、力量美等。从奥运会的每个角落中都可以看出现代奥林匹克运动的艺术性特征。

奥林匹克运动文化所体现的艺术性使奥运的文化内涵更为丰富与深刻的同时，也大大影响了人们的生活。通过对美的创造与欣赏，人们在一定程度上提高了自身的审美能力与修养，也有效提升了自身的情感修养与道德素养，同时实现了人格上的升华与提高，达到人与人之间、人与自然和生活环境之间的和谐，这些都对奥林匹克运动文化所具有的艺术性做出了非常完美的诠释。

（六）丰富性

从奥林匹克运动的发展历程来看，奥林匹克运动文化的内容是越来越丰富、越来越广泛的。从狭义上来看，奥林匹克运动文化内容主要包括奥林匹克运动对人类的思想、社会行为的影响和与之相关的各项文化艺术活动；从广义上来看，奥林匹克运动文化内容是奥林匹克运动以不同的文化形式来展现自身魅力的，如竞技运动、音乐、建筑、雕塑、文学、影视等，对人类中的一切美好事物进行挖掘。

由此可见，奥林匹克运动文化具有丰富性的特征。不论是物质文明还是精神文明，不论是个人还是整个社会，不论是具体的还是抽象的，各种文化形式和艺术手段都能在奥运文化中占据一席之地，它是人类文明成果的一种综合展示，体现了人类文明的发展，不断推动着人类文明的进步。

四、奥林匹克运动文化的功能

（一）奥林匹克运动对现代社会经济的影响

1. 对于经济的促进作用

现代竞技体育刺激了现代竞技体育的勃发，增强了比赛的观赏性，而奥运会正是竞技体育的巅峰盛会。现代竞技体育蕴含诸多经济因素，现代奥林匹克运动在相当长的一段时间里奉行非商业化和业余化原则，其后商业化和职业化的思想逐渐为现代奥运会所采用。在经济利益的驱使下，众多商家投入其中，从而促进了体育产业的快速发展，使社会财富得到增加。

奥运会的举办会涉及多方面的经济合作，能够产生明显的经济效益，对于举办城市经济的发展具有重要的推动作用。

另外，奥运经济的发展还能够促进相关产业的发展。从举办奥运会中受益较多的产业有建筑、交通、通信、服务、商务、房地产及旅游业。例如，2008 年北京奥运会的举办，修建了多所体育运动场馆，有效推动了房地产业的发展。奥运会举办之后，运动场馆、奥运主题公园还在一定程度上推动了旅游业的发展。

需要注意的是，奥林匹克运动的举办对于经济的发展和促进作用是相对有限的，如果不遵循经济规律，盲目扩大投资，大肆兴建体育设施，将不利于经济的发展。

2. 对于科技的发展

现代奥运会引入了众多的先进技术手段，从建筑设施到运动员的训练，从运动设备到传播技术等方面，都大量采用了先进的技术设备，对于科技的应用和发展具有重要的促进作用。2008 年北京奥运会比赛场馆就使用了数码宽频通信电子信息技术和其他计算机技术，使奥运比赛场馆更具现代化。

建筑节能、节水技术和太阳能的广泛运用，新结构体系、新型建材以及电子信息处理系统等都在场馆的规划设计中得到体现。运动员运动成绩的提高，与体育运动相关的体育场地设施的更新改进分不开，而这些都需要科学技术的强力支持，从而有效促进科学技术的进步。

（二）奥林匹克运动对现代社会文化的影响

1. 促进了国际文化的传播与交融

在全球化进程中，跨越国家和地区的经济交流与渗透对人们产生了深远的影响，人们的思想认识、价值观念等方面产生了一定的变革。不同民族、不同地区文化发展水平的差异性会造成不同文化形态间的冲突与对立。奥林匹克运动注重和平与平等，是体育文化多元融合的产物，对于解决冲突与矛盾具有积极的意义。

奥林匹克运动将和平、友谊、进步的信念置于压倒一切的地位，使世界各民族文化的冲突降至最低的程度，从而确保了传播过程的流畅。它不仅为其他形式的文化传播提供了宝贵的经验，而且为国际文化的进一步融合做了必要的准备。奥林匹克运动既是文化交流的产物，又促进和推动着各民族文化的交流与融合。

2. 促进了国际共同文化模式的形成

各个民族在发展过程中，都有其一定的发展模式，而其文化发展模式也各有特色。为了促进人类社会的和谐发展，各民族在文化发展过程中应有一种普适的发展模式，使得各民族之间实现交流与沟通。奥林匹克运动的发展成功促进了这种国际共同文化模式的形成。

体育运动项目众多，并且各自有其相应的竞赛规则，如此繁多的竞赛项目如何能够使其被各个国家和民族所接受就成了一个备受关注的问题。奥林匹克运动在这方面发挥了重要的作用。各国的大型体育活动在组织形式上都广泛地接受了奥林匹克模式，如运动员列队入场，唱会歌，升降旗仪式，设运动会吉祥物，采集火种，点燃火炬，等等。

3. 促进了其他文化形式的发展

奥林匹克运动员经常成为艺术创作的原型。在竞技运动中，运动员的运动美、精神美等给予人们艺术创作的灵感，如雕塑家罗丹就是以运动员健美的身体为模特，创造出了著名的运动员铜塑。

奥林匹克运动也促进了建筑艺术的发展，如我国的“鸟巢”和“水立方”，就是建筑史上的经典之作。奥运会运动场馆对体育建筑不断提出更新更严格的标准，促使新型现代空间结构的出现。新技术、新材料、新工艺和新设备出现智能化和信息化的发展趋势。

（三）奥林匹克运动对现代社会环境的影响

1. 奥林匹克运动所引起的环境问题

近年来，奥运会的规模逐渐呈扩大的趋势，参加比赛的人数逐年递增，并且带动了体育旅游业的发展，这就需要修建大批新的体育场馆、设施、酒店。在修建这些建筑和设施的同时，在一定程度上加快了城市的发展，但也存在着生态环境破坏、赛后大量体育设施闲置等问题。另外，交通是历届奥运会的突出问题，在奥运会期间，短时间内聚集了大量的人群，人群的集散、安全等问题一直是一大难题。并且随着人群的增加，汽车尾气污染、大气污染、噪声污染以及公共设施的大量挤占等，都会对当地居民的生产生活造成消极的影响。参赛人员的大量生活用品，观众在观看开、闭幕式及各项比赛期间造成的垃圾等，都对环境产生了巨大的破坏作用。

2. 奥林匹克运动能够唤起公众的环境意识

在奥林匹克运动中，人们对环境有着更高、更严格的要求，具有很高的环境敏感性。在奥运会举办之前，政府会加强公众的环境意识宣传，促进公众环保意识的发展。奥运会具有极为广泛的影响力，能够对公众形成广泛而深刻的影响，其在环保方面的影响有很高的社会覆盖率。在参与奥运会时，公众易于意识到环境的变化，体会到环境的价值，从而树立人们环境保护的意识。

【思考题】

◇简述东西方体育文化的区别与融合。

◇奥林匹克运动对现代社会文化的影响有哪些？

第八章 体育竞赛与欣赏

第一节 体育竞赛的定义与分类

一、体育竞赛的定义

体育竞赛是在裁判员的主持下，依据统一的规则组织与实施的运动员个体或运动队之间的竞技较量。

体育竞赛活动具有多方面的价值，如竞技价值、健身价值、观赏价值、商业价值与宣传价值。这些价值的存在是由运动竞赛的属性所决定的。同时，正是它所具有的这些价值使得运动竞赛越来越受到人们的重视，从而不断地发展。

二、体育竞赛的分类

（一）依据竞赛的标准对体育竞赛进行分类

依据不同的标准，可建立不同的体育竞赛的分类体系：

①依据竞赛参加者的年龄，可分为儿童组、少年组、成年人组、老年人组比赛等。

②依据参赛者的行业，可分为职工运动会、农民运动会、军队运动会、学生运动会等。

③依据竞赛的组织形式，可分为集中组织的竞赛和分散组织的竞赛等。

与我们的体育生活联系最多、应用最广泛的主要是依据不同的竞赛规模及不同的竞赛任务而建立的分类体系。

（二）依据竞赛的规模对体育竞赛进行分类

①基层单位竞赛：学校、厂矿、街道、机关等组织的比赛。

②地区性竞赛：按行政区划组织的区、县、市、省级比赛。

③全国性竞赛：包括全国性综合运动会，单项运动会，全国性行业、部门运动会等。

④国际竞赛：包括地区性国际比赛及组合式国际比赛。

⑤洲际竞赛：如亚运会、非运会、北美加勒比海运动会等。

⑥世界大赛：主要包括奥运会、世界锦标赛及世界杯赛，通常 2～4 年举办 1 次。另外，还有多项目的系列大奖赛及某些项目的特定比赛。

（三）依据竞赛的性质、任务对竞赛进行分类

①运动会：不同参赛国家、地区或行业竞技运动实力的综合较量，特点是项目多、规模大，大多 1 年或几年举办 1 次。

②冠军赛或锦标赛：一定范围、一定规模的单项竞赛。

③对抗赛：由2个或2个以上单位联合举办的对抗性计分竞赛，以促进强化训练，提高专项水平为主要目的。

④邀请赛：由一个单位主办，邀请其他单位参加的竞赛。通常因主办者竞技发展的需要（如准备参加世界级大赛或重点提高某一项目的竞技水平）而举办。

⑤选拔赛：为选拔高一级竞赛的参赛选手而组织的竞赛。

⑥等级赛：按竞技水平或运动等级分别定期举行的竞赛，如甲、乙级联赛等。

⑦友谊赛：为互相观摩、学习，提高竞技水平，促进友谊和团结而组织的竞赛。

⑧表演赛：为举行庆祝或纪念活动或宣传运动项目发展状况而组织的竞赛。参赛者重在演示运动技巧，而不过分追求取胜。

⑨达标赛：为争取达到对竞技水平的特定要求而组织的竞赛。既有优秀运动员争取通过大赛参赛标准的达标赛，也有群众性体育活动中争取达到各种体育锻炼标准、各种考试标准的达标赛。

三、体育竞赛项目的分类

依据不同的分类标准，可对竞技运动进行不同的分类。不同项目运动竞赛的结果是运用不同的评定方法予以确定的，这些不同的评定方法又都反映着各个项目本身固有的特点。因此，依据运动成绩的评定方法建立竞技项目的分类体系对于竞赛规则的制定与改进以及竞赛活动的组织进行都有着积极的作用。

依据运动成绩的评定方法可将主要竞技运动项目分为测量类、评分类、命中类、制胜类以及得分类5种类型。

1．测量类竞赛项目

测量类的竞技项目对运动员在比赛中所表现出来的竞技水平的高低可以客观而准确地予以测量。测量指标包括速度指标、距离指标（远度和高度）、重量指标与环数指标。其中，电子测时系统的研制与应用大大提高了竞速项目成绩判定的准确性。

2．评分类竞赛项目

裁判员根据竞赛规则确定的标准和方法对运动员在比赛中完成的动作质量给予评分，按分数的高低排列比赛名次。在水上、陆上、冰上、雪上等场地进行的技能类项目和表现技术动作难美型的项目都属于此类。武术中套路比赛也属于评分类竞赛项目。

3．命中类竞赛项目

在命中类竞赛项目中，以计算命中对方的特定目标区域的次数为依据，命中次数多者获胜。篮球的球筐，足球、手球、冰球、水球、曲棍球的球门以及击剑、拳击选手身上的有效得分区都属计分的目标区域。在大多数项目比赛中都是命中1次得1分，在篮球比赛中，为了区别不同位置及不同条件下投篮命中难度的不同，每次投中可得1～3分。

4．制胜类竞赛项目

此类项目评定运动成绩的方法较为特殊。在一般情况下，与命中类项目一样，比赛中命中对手设防的特定区域即可得分，最后按得分多少决定胜负。但若在比赛过程中出现如拳击中将对手打倒在地定时不起或柔道中的一本胜利等情况，则可判为绝对胜利，也就不再计算比较双方命中得分的情况了。

5. 得分类竞赛项目

隔网比赛的乒乓球、羽毛球、网球及排球等均属于得分类竞赛项目。依据比赛中得分的多少（表现为比赛中的一方首先获得规定的取胜分）判定比赛的胜负。

第二节　体育竞赛欣赏

体育既是人体文化，又是人本文化。体育竞赛不仅体现了健与美的结合、竞争与协调的融合，也展示着体育的精神价值，既突出了为国争光、振奋民族精神的激励价值，又发扬了竞争精神的竞争价值，宣扬了公平、公开、公正精神的道德规范价值。体育竞赛既有观赏价值，又有现实的教育意义。

一、体育欣赏的意义

（一）享受生活乐趣

大家都有这样的体会：在观赏体育竞赛时，除了可以享受各种运动美感外，还常被那绚丽多姿的文化氛围和社交环境所感染。这表明，体育竞赛有着无穷的魅力，它可以通过运动中的腾飞、旋转、冲刺和追逐等，文化中的道德、伦理、风俗、习惯等，艺术中的造型、乐感、旋律、色彩等，人际关系中的交往、举止、风度等，使观众的心理与之同步运动，从而起到满足精神需求的作用。特别是竞技有胜负之分，观众若受那些不确定的悬念所驱动，就能使自己的情绪处于兴奋之中。因此，在学习和工作之余，我们若能通过观赏体育竞赛体验在日常生活中难以涉及的复杂多变的空间感受，无疑将为我们的生活增添无穷的乐趣。

（二）领悟人生真谛

按照自然法则，人类生存与发展都是竞争的结果。体育竞赛中的竞争，实质是体力、智力和意志力的较量，它对现实生活的启迪在于为人们提供实现人生价值应具有的信念、勇气和力量。由于这些极具内涵的精神品质，通常更容易在竞技场上得到最形象化的表现，因而通过观赏体育竞赛，在享受运动美感的同时，若能进一步深刻体会运动员为争取竞赛胜利而在激烈竞争中表现出的坚定不移、临危不惧和顽强拼搏等优秀品质，内心情感就会发生变化。而由此产生的激励作用，往往可以使人从逆境中奋起，领悟唯有勇往直前、遇难也永不退缩才能实现自身价值的人生真谛。

（三）品尝体育文化

千姿百态的体育竞赛发展至今，都有极其深远的历史背景。若就文化内涵而言，它作为人类智慧的结晶，又集中反映了不同国家、民族的风俗民情和意识观念。例如，极富内向、务实和封闭性色彩的东方体育竞赛与表现外向、具有竞争性和开放性特征的西方体育竞赛就属于风格迥异的体育形式，这需要我们去细细品味。

体育文化的外在表现则反映在围绕体育竞赛而进行的文化艺术活动中，它包括竞赛期间的文艺演出、绘画展览、火炬接力、新闻报道、电视转播、发行邮票及纪念币等内容。这些活动的开展使色彩各异的体育文化形式得以在全世界传播。因此，通过观赏体育竞赛，人们除了可以了解各种人文景观外，还能欣赏独具风采的文化艺术表演。

（四）陶冶道德情操

良好道德情操的形成受内部和外部两方面因素的影响。就外部影响因素而言，体育竞赛所创造的文化环境以其特有的价值观念、道德意识和审美情趣在健康、进取、意志、信念等方面对人的行为施加影响，并为协调人际关系和化解社会矛盾创造有利条件。因此，人们通过观赏体育竞赛，不仅可以体验奥林匹克精神和原则，使自己的行为与社会保持一致，而且可以从运动员遵守道德、服从裁判、公平竞争等行为表现中接受道德情操的教育，树立良好的社会风尚。

（五）振奋民族精神

凡是重大国际比赛，均规定以国家为参加单位，为了表达对优胜者的崇敬，还有升国旗、奏国歌、颁奖杯、授金牌等礼仪。即使以个人名义参加的大型比赛，运动员也是代表着自己的国家。这表明，尽管世界各国的政治观点和生活方式不同，但是世界性体育竞赛都直接关系到国家与民族的尊严和荣誉，它必然对观众的思想、情感、精神和意志产生巨大的影响。本国运动员的胜利会使民族自尊心得到满足，自信心不断增强，爱国主义情感更加浓厚。但体育竞赛场上的胜负不能与国家的强盛与否等同起来，如果过度宣传狭隘的民族主义精神，观众面对失败就容易产生逆反心理，反而会导致行为上的越轨。因此，我们对振奋民族精神的认识要从体育竞赛的精神内涵中寻求，而决不能单纯以胜负论英雄。

二、怎样观赏体育竞赛

（一）树立正确的审美观点

在历史长河中，人类相信“美”是人类憧憬未来的动力之一，于是承认美的价值，并怀着无限的向往去追求和创造美。体育之所以有如此魅力，即在于它所表现的“体育美”以复杂多变的直观形象作用于观赏者的视听器官，进而让观赏者产生各种平日难以体验的奇特审美观点。

距今几千年的古希腊文化因受尚武精神的影响，一直以崇尚“强健的身体”为审美追求，把人体、力量和运动作为判断体育美的标准。但在现代社会中，由于物质、文化水平的提高，伦理道德观念有所变化，人们为追求现代化生活方式，在充分肯定以人体、力量和运动为外在审美对象的同时，还强调把审美的意蕴引向内部，即通过观赏体育竞赛使自己的道德情操、意志品质、审美情趣受到美的熏陶。这就是将外观与内涵结合的现代审美观。我们在感受体育美的基础上，还应注意观察运动员的内在表现力、意志力、想象力、创造力和艺术感染力，并坚持摒弃那些有碍健康、伦理、道德及缺乏价值的审美观点。

（二）对不同体育审美的欣赏

1. 形体美

美学家认为，人的美感最先产生于对“轮廓”的良好印象。这里所说的“轮廓”是指人体的外观形象，也可简称为形体，它包括人的体型、姿态和风度等内容。体育竞赛作为人体生理性对抗的一种运动方式，通常以空间活动表现人的体型、姿态和风度，故具有复杂多变、造型奇特、动态鲜明等特点。因此，由人体运动姿态、艺术造型和表演风格构成的形体美离不开对身体匀称、曲线和姿态以及肌肉形态、皮肤色泽、面部表情和气质风度等内容进行评价。特别是那些艺术造型的竞技项目，往往通过超凡的力量、动作技巧和造型艺术把运动员匀称的肌肉、矫健的身姿、优美的体型刻画得玲珑剔透；通过极富神韵的表演风格把运动员的矫健仪态和内在情感展现得淋漓尽致，使观赏者体验到朝气和青春活力。

2. 健康美

观赏体育竞赛可以体验健康美。当观众见到运动员体态匀称、肌肉强健、动作敏捷、技艺超群、肌肤滑润等外观形象时，就能产生“由表及里”的视觉效果，并把这些体育健康美的感觉印刻在心。如果按“启迪自我”的高标准要求，还可以从自我健康的对比中受到活泼、欢快、纯洁、开朗和创造热情等健康因素的感染，进一步认识体育锻炼对塑造人体健康所起的作用，由此建立追求健康的信念，从中获得改善自我健康的勇气和力量。

3. 运动美

根据体育竞赛的竞技性特点，由动作、技术和战术综合表现的运动美是观赏体育竞赛的核心内容。

动作对人体运动的影响至关重要。运动员唯有完成各种动作，才能使人体运动具有实质性内涵。观众对动作美感的体验主要从身体姿势、动作方向、幅度、力量、速度、节奏、频率的变化和起伏跌宕中获得。

为了提高运动水平，必须寻求合理有效地完成动作的方法，于是战术成为体育竞赛的关键因素。而运动员为追求理想的动作模式，在高、难、险、新技术方面所做的努力又使技术更添美的魅力。

由战术表现的美感可在比赛双方战术的选择、应用和变化中得到反映。此时，观众若能注意观察运动员根据各自情况，在合理分配体力、调节力量方面采取的措施，欣赏他们在比赛中巧施计谋，“以柔克刚”“出奇制胜”，就能从更高层次体验美的意蕴。

4. 行为美

欣赏体育竞赛中的行为美是针对运动员的行为道德、思想作风而言的。诚然，体育竞赛是以取胜为目的的一种运动方式，但如果运动员心怀集体、魂系祖国，且已竭尽全力表现出为国争光和赶超世界水平的坚定信念，即便比赛失败，观众也会对他们的执着、勇敢、顽强和拼搏精神持肯定态度。相反，若为取胜而不择手段、投机取巧，或者畏强欺弱甚至采取蛮横等手段，就必须对这种卑劣行为予以谴责。实践证明，观众对行为美的正确判断和评价不仅有助于良好社会风尚的形成，而且也是对自身文化、教育和审美修养的考验。

三、对不同体育竞赛项目的欣赏

随着竞技体育的广泛发展，作为体育竞赛的运动项目也日益增多，它们以不同的竞赛规则、独有的竞技方式和表现风格吸引着数以亿计的观众，为我们提供了丰富的文化、艺术内容。显而易见，要对众多的运动项目做全面介绍是件很难的事，但无论是何种形式的运动项目竞赛，都有其共性。我们在欣赏体育的时候，无不被运动员在比赛或表演中动作的美、力量的美、速度的美、战术的运用以及运动员们顽强拼搏、团结协作的优良品质所吸引。

（一）欣赏测量类项目

测量类项目的共性是以高度、远度、重量和通过一定距离所需要的时间确定比赛成绩的，因此，具有最大限度克服生理障碍、挖掘人体潜能的特点。

（二）欣赏评分类项目

评分类项目是按一定标准对完成动作的质量进行评分来确定比赛成绩的项目，包括竞技体操、艺术体操、竞技健美操、技巧、健美、跳水、花样滑冰、花样游泳等。它们以一连串的动作组合为基本的表现形式，具有空间运动、动静变换、神形兼备等特点。观赏这类运动项目的比赛时，应把动作准确、娴熟、协调、完美放在首位，注意编排结构、艺术造型和完整套路的变化，并从中领悟刚柔相济以及蕴含于风姿绰约中的内在魅力。

（三）欣赏得分类项目

得分类项目是根据规则按每局得分达到规定数目确定比赛胜负的项目，包括乒乓球、羽毛球、网球、排球等。由于比赛双方各占场地一方，隔网相对，并根据得失分转换，速度较快，运动员在重新发球或接发球间歇中有较充裕的时间思考。观众应针对攻、防技术和战术的灵活应用，注意观察运动员的想象力、创造性和心理自制能力。

（四）欣赏命中类项目

命中类项目是以命中目标数确定比赛成绩的项目，包括设防型和无防型两个分类。

1. 设防型项目

在设防型项目中，运动员通常按技术规范和事先布置的战术在规则的严格控制下参与比赛，具有直接对抗、攻防变换、竞争激烈等特点。为了取得比赛的胜利，运动员的个人技术和体力同样重要，但更强调勇敢顽强、集体配合和战术意识，其中包括观察、判断和预测能力，如篮球、足球等项目，具有较强的观赏性。

2. 无防型项目

无防型项目是在无人防守、干扰的情况下，运动员凭借个人技术和体力优势，以命中目标多少计算成绩的项目，具有单兵作战、内紧外松的特点。沉着冷静、耐心细致、意念集中是取胜的关键，如射击、斯诺克台球等。

（五）欣赏制胜类项目

制胜类项目决定成绩的方法比较特殊，它既含命中对方而得分的因素，又可直接制服对手而获胜。例如，在欣赏拳击项目比赛时，我们可以看到运动员是如何利用组合拳突然向对手发起进攻并给对手致命一击的精彩场面。在欣赏柔道项目比赛时，主要是欣赏运动员如何占据合理位置，使用关节技、绞技、固技和巧劲摔倒并制服对手的精彩场面。

【思考题】

◇简述体育竞赛的方法。

◇体育欣赏的意义有哪些？

下篇　体育技能及体育项目

第九章　田径运动

第一节　田径运动概述

一、田径运动的起源与发展趋势

（一）田径运动的起源

1. 跑类项目起源

据相关记载，短跑项目出现在公元前776年古希腊奥林匹亚村举行的第一届古代奥运会上。而由掷铁饼、跳远、赛跑、掷标枪、摔跤组成的五项全能在公元前708年就出现了。马拉松比赛是为了纪念雅典战士菲迪皮茨而设置的，在1896年第一届现代奥运会上，举行了从马拉松镇跑到雅典的比赛。现代长跑的发源地是英国，18世纪时，英国已有一些职业赛跑选手进行长跑比赛。跨栏项目也源于英国，1864年，在首届牛津剑桥校际对抗赛上，第一次正式举行了跨栏比赛。

2. 跳跃类项目起源

跳跃比赛出现在公元前8世纪的古希腊奥运会上，跳远在当时属于五项全能之一。现代跳远始于19世纪中叶，1896年在雅典举行第一届现代奥运会时，跳远就是正式比赛项目。三级跳远由多次跳演变而来，公元前200年，凯尔特人运动会上就有类似三级跳远的比赛。现代三级跳远的发源地是爱尔兰和苏格兰，19世纪后期，逐步形成了三级跳技术的几种流派。

3. 投掷类项目起源

链球项目的发源地是爱尔兰和苏格兰，19世纪中叶，英国一些大学里出现了链球项目；1890年前后，美国人把链球的木柄改为铁柄，后来改为钢链。铅球比赛是由炮兵投掷炮弹比赛演变而来的，因炮弹重量为16磅，即7.26千克，故此铅球的重量一直沿用至今。“投盘”指的就是掷铁饼，当时使用的是石质圆盘，后来演变成金属质圆盘。

（二）田径运动的发展趋势

1. 田径运动员职业化

20世纪80年代以来，田径运动日益商业化，田径运动员的职业化程度也日益加深。比赛市场化增强了田径运动员间的竞争，推动了田径比赛活动的开展，提高了比赛的观赏性，同时让更多人感受到田径运动的魅力。

2. 世界田径运动多极化

从近年来世界田径运动的发展看，美国田径强国的地位受到各国的挑战。欧洲运动员重新崛起，亚洲运动员在男子跨栏、马拉松等项目上实现反超，非洲运动员在长跑项目上彰显领军实力，世界田径运动不再是一枝独秀的格局，逐渐转向多极化发展。

3. 田径运动普及化

随着世界各国经济水平的提高和人们物质文化生活的丰富，越来越多的人追求健康、娱乐性的生活方式，作为各项运动中较为基础、普遍的田径运动成为很多人的健身选择。田径运动已成为各个学校必不可少的课程，也一直吸引着更多不同阶层的人参与其中。

4. 女子田径运动迎来新时期

20世纪后期，女子田径运动项目的种类日益增多，事实证明，各类男子田径项目，女子也都能参加，并取得了优异的成绩和一系列的突破，因此，女子田径运动今后势必会进入新阶段。

5. 继续加大反兴奋剂的力度

在讲究公平公正、秉承强身健体的竞技体育比赛中，应坚决反对使用既有违公平又危害健康的兴奋剂。随着科学技术水平的日益提高，兴奋剂的检测手段也日益科学化、多样化，国际田径联合会以及奥委会也加大力度打击使用兴奋剂的行为。不过，随着田径运动比赛规模的不断扩大，参赛人数不断增加，兴奋剂种类也不断增多，使用方法也会更隐蔽，兴奋剂的检测工作仍会十分艰巨。

6. 田径项目竞赛体系更加完善

随着越来越多的运动员挑战极限，各项目的纪录不断被打破，在这种情况下，需要更加精确的成绩，这就要求在规则上给予更大的发展空间。譬如，短跑可按1/1000秒计取成绩，田赛项目可按小于厘米的计量单位计取。

二、田径运动的分类与作用

（一）田径运动的分类

现阶段，田径运动教材大都将田径运动分为五大类，即走、跑、跳、投和全能运动。其中全能运动又由跑、跳、投的部分项目组成。当然，各国的分类方法不尽相同，有的国家根据其规模、需要及方便程度进行分类。例如，苏联将田径运动分为九大类，分别是竞走、平跑、自然条件跑、跨障碍跑、接力跑、跳、投、推以及全能运动。在这九大类下又详细划分项目类别，如把接力跑分为短距离接力、中距离接力、混合距离接力。按项目的类别和运动员的性别、年龄也可分出多种比赛项目。

田径运动项目作为最广泛、最基本的运动，是正规体育比赛中项目最多、参赛运动员最多的项目。“田径运动是一切体育运动项目的基础”这句话充分肯定了田径运动在竞技体育运动中的地位，也表明了其增强体质、强身健体的作用。田径运动项目的分类（表 9-1～表 9-4）。

表 9-1　走类项目

类别	成人		少年			
	男子	女子	男子甲组	男子乙组	女子甲组	女子乙组
场地跑	20000 米 50000 米	5000 米 10000 米	5000 米 10000 米	3000 米 5000 米	5000 米 10000 米	3000 米 5000 米
公路跑	20 千米 50 千米	10 千米 20 千米				

表 9-2　跑类项目

类别	成人		少年			
	男子	女子	男子甲组	男子乙组	女子甲组	女子乙组
短距离跑	100 米 200 米 400 米	100 米 200 米 400 米	100 米 200 米 400 米	60 米 100 米 200 米	100 米 200 米 400 米	60 米 100 米 200 米
中距离跑	800 米 1500 米 3000 米	800 米 1500 米 3000 米	800 米 1500 米	400 米 800 米 1500 米	800 米 1500 米	400 米 800 米 1500 米
长距离跑	5000 米 10000 米	5000 米 10000 米	3000 米 5000 米	3000 米	3000 米 5000 米	3000 米
超长距离跑	马拉松 （42.195 千米）	马拉松 （42.195 千米）				
跨栏跑	110 米栏 （栏高 1.067 米） 400 米栏 （栏高 0.914 米）	100 米栏 （栏高 0.84 米） 400 米栏 （栏高 0.762 米）	110 米栏 （栏高 1.00 米） 200 米栏 （栏高 0.762 米） 400 米栏 （栏高 0.914 米）	110 米栏 （栏高 0.914 米） 300 米栏 （栏高 0.84 米）	100 米栏 （栏高 0.84 米） 200 米栏 （栏高 0.762 米） 400 米栏 （栏高 0.762 米）	100 米栏 （栏高 0.84 米） 300 米栏 （栏高 0.762 米）
障碍跑	3000 米					
接力跑	4×100 米 4×400 米	4×100 米 4×400 米	4×100 米	4×100 米	4×100 米	4×100 米
公路赛和越野赛	包括马拉松在内的公路赛以及由大会决定的各种距离不等的公路赛和越野赛					

表 9-3 跳类项目

类别	成人		少年			
	男子	女子	男子甲组	男子乙组	女子甲组	女子乙组
高度项目	跳高 撑竿跳	跳高 撑竿跳	跳高 撑竿跳	跳高	跳高	跳高
远度项目	跳远 三级跳远	跳远 三级跳远	跳远 三级跳远	跳远	跳远	跳远

表 9-4 投掷类项目

类别	成人		少年			
	男子	女子	男子甲组	男子乙组	女子甲组	女子乙组
推铅球	7.26 千克	4 千克	6 千克	5 千克	4 千克	3 千克
掷标枪	800 克	600 克	700 克	600 克	600 克	500 克
掷铁饼	2 千克	1 千克	1.5 千克	1 千克	1 千克	1 千克
掷链球	7.26 千克	4 千克	6 千克	5 千克	4 千克	3 千克

（二）田径运动的作用

1. 健身功能

经常参加田径运动进行健身锻炼，不仅能提高人的基本活动能力，而且能促进人体正常生长发育和各器官、系统机能的发展，还能全面提高人的运动体能和健康体能。田径运动的项目较多、内容丰富，运动方式和特点各不相同，对人体的影响也各有区别。主要表现如下：

①通过短跑和跨栏跑的锻炼，可以有效地提高快速运动能力，提高人体在极限运动条件下机体器官系统的机能水平，提高人体动作的灵活性和柔韧素质，明显改善中枢神经系统控制和支配肌肉活动的能力，提高人体运动的节奏感。

②参加长距离走和跑的锻炼，能明显增强人体有氧工作的能力，提高耐力素质及心肺功能，同时能锻炼与提高顽强拼搏的精神。

2. 健心功能

（1）增进情感体验

人们的生活、工作和学习都会受到情绪的影响，随着时代的进步和科技的发展，人们面对的竞争及压力在逐渐增加，各种挫折、困难也时常发生，如果不能很好地处理和面对这些困难的话，情绪会一直处于低落的状态，进而影响到自己的生活、工作、学习以及身体。因此，人们要学会保持良好的情绪，控制情绪，不要让情绪控制我们。根据相关调查发现，体育运动可以帮助人们改善情绪，增强人们情绪控制的能力。由此可知，田径运动也具有改善、调节人们情绪的作用。

（2）培养意志品质

田径中的长跑不仅对身体的机能有积极的锻炼意义，而且在与“极点”抗衡的跑步中，也是对意志品质很好的锻炼，对培养人吃苦耐劳的精神和坚毅顽强的意志具有重要作用。障碍跑是人在跑步中采用跨越、绕过、踏上、钻过等方式通过障碍物的一种运动项目。采用障碍跑的方式进行练习，不仅可以提高快速跑通过障碍的能力，还可以锻炼不怕困难、果敢顽强的意志品质。田径比赛中的跨栏项目就是障碍跑的一种典型方式。

3. 竞技功能

在大型综合性运动会中，田径运动因项目多、奖牌数量多、参加人数多、影响最大，成为衡量一个国家竞技体育整体实力的重要项目。田径运动不仅增强了人们的体质，还对竞技运动的发展起到巨大的推动作用。田径竞技运动主要是通过走、跑、跳、投的角逐或竞争来比速度、力量和反应能力。作为一种运动文化，田径竞技运动可供人们观赏、消遣和娱乐。此外，田径运动对训练条件要求相对不高、参加人数多，而且大多是个人项目，投资小，因此一直被列为发展竞技体育的重点项目之一。

4. 教育功能

田径竞技运动有着严格的规则和要求，个人比赛和团队比赛的成绩、名次紧密联系在一起。因此，田径运动能培养人遵纪守法、合作精神、责任感和集体主义思想，也有利于形成正确的世界观、人生观和价值观。田径运动是各级学校体育课程的必修内容和重要教学内容。田径类课程作为全国普通高等学校体育教育专业的 9 门主干课程之一，在体育教育专业课程中占有重要地位。

第二节　田径运动基本技术

一、竞走和跑步类项目的基本技术

（一）竞走

竞走是两腿交替迈步前进，与地面保持不间断地接触。在任何时间都不得两脚同时离地。迈步时，后脚必须在前脚落地后才能离地；每走一步，向前迈步的脚在着地过程中，腿必须有一瞬间的伸直（膝关节不得弯曲）。特别是支撑腿在垂直部位时必须伸直。

竞走比赛项目主要有男子场地 10 千米、公路 20 千米和 50 千米，女子场地 5000 米、公路 10 千米和 20 千米 6 个项目。目前，我国竞走运动已冲出亚洲，走向世界。

竞走是一项很好的运动项目，它不受年龄、季节、场地限制，经常练习竞走能增强全身肌肉力量，提高呼吸和循环系统功能，尤其能培养吃苦耐劳、不怕困难等意志品质。

1. 竞走技术

（1）下肢动作

下肢动作是竞走技术的主要环节。在一个周期里，下肢动作可分着地缓冲、后蹬、前摆、准备着地四个阶段。

①着地缓冲：竞走时，一条腿自脚跟着地起到身体垂直支撑止为着地缓冲。其作用是减少着地时的阻力，完成缓冲。要求着地脚跟靠近运动的中线先着地，然后通过脚外侧柔和滚动过渡到全脚掌，成下扒状态，使身体重心很快移到支撑点上，此刻膝关节必须伸直。当身体与地面成垂直时，支撑腿同侧骨盆稍有升高以缓冲着地时的阻力。

②后蹬：当身体重心前移超过垂直面到脚趾离开地面支撑为后蹬阶段。其作用在于积极

扒蹬地面，使人体前移获得动力。后蹬动作过程主要有支撑腿蹬地、摆动腿前摆和骨盆沿身体垂直轴转动、髋关节积极前移等。

③前摆：从支撑腿蹬离地面到膝关节摆至最高点为前摆阶段。支撑腿蹬离地面后，小腿微向上摆，脚掌稍离地面，屈膝向前摆动，大腿不要高抬，髋部放松，骨盆沿垂直轴向前转动，腰部微前挺。

④准备着地：由膝关节前摆至最高点到脚跟即将着地止，称准备着地阶段。此时，膝关节伸直，脚尖放松稍内转，重心前移，腿和脚呈鞭打动作，积极准备着地。

（2）上体和摆臂动作

上体正直稍前倾，眼看前方，颈部肌肉放松。摆臂时两手半握拳，两臂曲肘90°于体侧配合两腿同时摆动，前摆时手接近胸骨，不超过身体中线和下颌，后摆稍向外，屈臂角度稍大于垂直时的角度。为维持身体平衡，加强后蹬效果，两肩与上体配合两腿动作，沿身体纵轴稍有转动。

（3）身体重心的移动

竞走时身体重心起伏和左右摇摆较小，身体重心轨迹接近直线向前移动。竞走中所有动作都应力求使身体重心轨迹近似直线向前移动。

2．练习方法

（1）脚着地技术

①原地两脚前后站立（前脚从脚跟着地，后脚从脚掌着地），后脚蹬伸送髋，使前脚由脚跟着地滚动为全脚着地，反复若干次。

②前摆小腿，脚跟着地放松走。

③以脚跟着地放松大步走。

（2）骨盆沿身体纵轴转动和脚着地技术

①交叉步走，体会骨盆围绕身体纵轴转动和脚着地技术。

②沿直线做普通大步走（要求脚跟先着地）。

③两脚左右开立（同肩宽），做骨盆回环转动。

④两脚左右开立（间隔一脚左右），两臂前平屈，手心向下。肩与骨盆围绕身体纵轴做方向相反的转动练习。

（3）摆臂与腿部动作配合技术

①原地摆臂练习。

②原地摆臂听信号（掌声、口令等），做不同节奏练习。

③原地摆臂，配合骨盆沿纵轴转动，反复若干次。

④行进间，臂、腿配合练习100～200米。

（4）竞走完整技术练习

①普通走过渡到竞走20～30米。

②较小步长的快步竞走。

③较大步长的快步竞走。

④中速弯道竞走200～300米。

⑤快速竞走200～400米。

⑥变速竞走（100米慢与100米快交替进行）。

（二）中长跑

中长跑是中距离跑和长距离跑的简称。中跑有 800 米跑、1500 米跑和 3000 米跑。长跑有 5000 米跑和 10000 米跑。

1. 中长跑的特征

中长跑尤其是长跑时，需要较长时间连续不断地保持较高强度的全身运动，运动员既要跑得快又要跑得持久，比赛或测验都要尽量跑出好的成绩，在一定意义上要全力以赴地奔跑。因此，对运动者提出全面而较高的要求，如明确的运动目的、坚强的意志、良好的心肺功能、完善的中长跑技术、合理的体力分配等。只有以上诸种要素协同作用，才能获得良好的效果。

2. 中长跑的技术要领

中长跑是人们有意识的主动运动，它是人体内各有关系统协同作用的外在表现。中长跑要求运动员跑步时要有合理的姿态和运动方法。

（1）明确坚定的中长跑意识

人的一切运动都是人内在意识的体现，想跑和不想跑会产生两种截然不同的结果，因此，忽视建立中长跑意识是不科学的。中长跑意识是中长跑的先导，是无形的力量。中长跑时要有明确的运动目的，强烈的运动欲望，跑好、跑快的必胜信念，完善的中长跑技术，完美的运动形象，坚定不移、从容不迫的运动气概。

（2）中长跑运动技术

各种距离跑的技术基本上是相同的，因为跑速和强度的不同，在跑的技术细节上会有不同程度的差异。

①起跑及起跑后的加速跑技术：起跑一般用站立式起跑。起跑前，运动者在起跑线后 3 米的集合线上准备。

当运动者听到“各就各位”时就走到起跑线后，两脚前后开立，有力的脚在前，紧靠起跑线的后沿，后脚用前脚掌着地。听到枪声后，两脚用力蹬地，两臂配合积极摆动，使身体迅速向前冲出，力争在短时间内获得跑速。

②途中跑技术：途中跑时，上体保持正直或稍前倾，两眼平视，上臂与前臂弯曲约 90°，以肩为轴，自然摆动，当摆动腿前摆时，支撑腿迅速伸展髋、膝、踝关节并蹬地。进入腾空后，大腿向前上方摆动，大小腿顺惯性自然折叠，摆动腿落地时，脚落地点更靠近身体重心投影点。脚与地面接触后，落地腿、膝、踝关节做缓冲动作；在垂直阶段，脚跟稍向下沉，缓冲脚落地时产生的冲击力为过渡到后蹬创造良好条件。在弯道跑时，身体内倾，左臂靠近身体摆动，后摆时，用力较大。途中跑时，必须合理地分配体力，灵活地运用各种战术，如领先跑、跟随跑、变速跑等。

③终点冲刺跑技术：终点冲刺跑是指临近终点时的最后一段距离的拼跑。冲刺跑的时机根据项目、个人的能力以及战术要求而定，一般情况下，800 米跑可在最后 200～250 米开始加速跑，1500 米跑可在最后 300～350 米开始加速跑。3000 米以上跑可在最后 400 米，甚至更长距离开始加速跑。

④中长跑的呼吸技巧：中长跑时的呼吸是很重要的，没有良好的呼吸技巧就难以取得优异的成绩。呼吸应以满足跑步时身体的需要为主，与跑速相一致，做到深沉有力，用鼻与半

张开口吐吸气，呼吸节奏一般是三步一呼、三步一吸或两步一呼、两步一吸。中长跑出发后就应注意呼吸的方法、深度和节奏，以防氧债提前出现和加剧。轻视呼吸、被动呼吸和表浅呼吸都是错误的。

⑤中长跑时的战术：中长跑时，实施正确的战术是取得优异成绩的要素，战术的失误将导致整体的失利。理论与实践都证明匀速跑是最好的战术，它有利于创造好成绩。为了战胜对手，有时也可运用变速跑战术。通常耐力好者采用领先跑，而速度好者往往采用跟随跑，即伺机夺取战术。合理的战术一定要知己知彼，切合气候、场地等实际情况。最不明智的方式是开始跑得太快，后越跑越慢，甚至半途而废。鲁莽不行，胆怯也不行。只有勇敢、理智，善于控制自己的速度，具备顽强的作风，才能运用好战术。

（三）短距离跑

短距离跑（以下简称短跑），是400米及400米以下距离跑的通称，是一项典型的极限运动。它要求人在最短的时间内，以最快速度跑完规定的距离。短跑比赛，必须使用起跑器，采用蹲踞式起跑。起跑前必须安装好起跑器。安装起跑器的目的是：符合规则要求，有利于人体摆脱静止状态快速起跑。起跑器的安装方法一般有普通式、接近式和拉长式3种。

1．短跑技术

短跑技术包括起跑、起跑后的加速跑、途中跑、终点跑、弯道起跑和弯道跑等。

（1）起跑技术

它的任务是使身体迅速摆脱静止状态，获得向前的最大冲力，尽快地发挥速度转入途中跑。起跑过程包括“各就各位”“预备”“鸣枪”3个环节。

①听到“各就各位”口令时，运动员两脚蹬紧起跑器，两手四指并拢，与拇指成八字形，两手稍宽于肩支撑在起跑线后。肩在起跑线的垂直上方，颈、背自然放松，目视前方，镇静听候“预备”口令。

②听到“预备”口令时，从容抬臀，稍高于肩，两臂伸直，身体重心前移，身体肩线超过起跑线，稳定这种姿势，静听枪声。

③听到枪声，两手迅速推离地面，同时屈肘，两臂有力前后摆，两脚迅速蹬离起跑器，以较大前倾姿势跑出。

（2）起跑后的加速跑技术

起跑后，立即转入加速跑，加速跑的距离一般为20～30米，用11～13步跑完。起跑后，两臂加快摆速，两腿交替用力蹬伸，逐渐加大步长和加快步频，上体逐渐抬起，进入途中跑。

（3）途中跑技术

途中跑是短跑的主要部分，其距离最长、速度最快。

①前摆和后蹬阶段：当身体重心移过支撑垂面，即进入前摆与后蹬阶段。后蹬动作，首先从伸髋关节开始，当身体重心远离支撑点时，迅速有力地伸直膝关节和踝关节，最后用脚趾蹬离地面。在后蹬结束时，膝、踝关节迅速伸直，使后蹬的反作用力有效地通过身体重心，更快地推动身体重心向前运动。

②腾空阶段：摆动腿以髋关节为轴积极下压，膝关节放松，小腿随摆腿下压，顺惯性自然向前下伸展，同时脚做背屈动作，准备着地时，踝关节做有力的扒地动作。这时，当蹬地腿蹬离地面后应放松刚刚参加后蹬活动的肌肉，大腿积极向前上方摆动，小腿放松，顺惯性

向上和大腿自然折叠，以缩小前摆半径，增加向前摆动的速度。

③着地缓冲阶段：着地动作应是非常积极的。前脚掌着地时，支撑腿部各关节主动缓冲，同时背屈的踝关节应积极地做背伸，完成扒地动作，随即转入后蹬阶段。

在途中跑中，头应正对前方，上体正直或稍前倾，两臂的摆动要积极有力。以肩关节为轴，手前摆不超过鼻子，后摆至最大限度。

(4) 终点跑技术

终点跑是短跑的最后一段，技术和途中跑基本相同。终点跑应力求在疲劳状态下保持途中跑的正确技术，动员全部力量，以最快的速度跑过终点。这时，上体可适当前倾，并注意加强后蹬和两臂的同时摆动。到离终点最后一步时，上体迅速前倾，用胸部冲过终点线。

(5) 弯道起跑和弯道跑技术

①弯道起跑和起跑后的加速跑：为了便于加速，起跑后的开始阶段应沿着直线跑进，因此，起跑器应安在跑道的右侧，正对弯道内侧切点方向。

②弯道跑技术：弯道跑近似圆周运动，应采用身体向左倾斜的姿势，沿弯道内侧快速跑进，跑速加快，向左倾斜的程度相应增大。后蹬时，右脚用内侧脚掌着地，左脚用外侧脚掌着地。腿摆动时，右膝稍向内，左膝稍向外，右臂摆幅大于左臂。

2. 短跑的练习方法

短跑的成绩主要取决于反应时间、加速能力、最大速度能力、维持最大速度的时间。上述4项都与神经反射速度、强度、均衡性、灵活性和神经细胞工作的耐久力有关。因此，所有练习都应围绕短跑神经系统进行。此外，还应注意短跑的技术动作，如后蹬角度、肩横轴与髋横轴的转动、躯干姿势和摆臂动作等。再就是注意发展肌肉力量，提高肌肉力量的柔韧性、关节的灵活性及身体的协调能力。

(1) 反应时间练习

反应时间是人们听到信号后快速反应所用的时间，练习方法有听到枪声启动、听击掌或门铃启动等。

(2) 加速能力练习

加速能力是人体从静止状态快速奔跑起来至最大速度的能力，练习方法主要有30米加速跑、单足加速跑、原地快速小步跑接15米加速跑等。

(3) 最大速度能力练习

最大速度能力是一个动态指标，主要是指本人的绝对速度，随着人们各方面素质的提高，绝对速度也可不断地提高。练习方法是反复冲15米标记（插两根标枪，间隔15米，当起跑至最快速度时再全力跑15米）。辅助练习有各类跳跃练习，如三级跳、跨步跳、两跳一换等。负重力量练习有负杠铃深蹲、半蹲、单腿蹬台阶交换跳、挺举、抓举等。

(4) 速度耐力练习

速度耐力是指维持最大速度的时间，严格地讲，100米、200米、400米的速度耐力练习在长度上是不同的。对于没有参加过短跑训练的人可进行一个月的短跑（100米）集训。训练总课次8～10次，每次训练时间2小时，每周训练2～3次，训练间隔2天，每次练习6～8趟100米，每趟间隔18～20分钟。

二、跳跃类项目的基本技术

跳跃是运用人体自身能力或借助一定的器材按所需方向，通过一定的运动形式，使人体腾跃尽可能高的高度或跳跃尽可能远的远度的一种运动。

（一）跳高

跳高是田径运动中的一个越过垂直障碍的跳跃项目。现阶段其技术的发展已使背越式跳高替代了其他跳高方式。

背越式跳高技术：人体通过弧线助跑、起跳，以背对横杆的姿势越过横杆的方法叫背越式跳高。背越式跳高能更好地利用水平速度使重心向上腾起，并能合理地利用腾起高度做过杆动作，技术含量高且容易掌握。

1. 助跑

背越式跳高是用“弧线”内侧脚起跳的，因此从左侧起跳的运动员用右脚起跳，从右侧起跳的运动员用左脚起跳。起跳点与横杆垂直投影点的距离是50～80厘米。起跑点和起跳点连线与横杆成70°左右的夹角，跑弧线时身体向内侧倾斜，跑得越快，倾斜度越大。

走步丈量助跑弧线法：先确定起跳点，从该点向助跑一侧平行于横杆的方向自然走5步，然后向起跑点方向自然走6步，并做一个标志，即直、弧段交界点，再继续向前走7步做一个标志，即起点。由直、弧段交界点向起点画一抛物线，即四步助跑弧线。直段跑4步，弧段跑4步，全程共8步。

2. 起跳

助跑最后一步，起跳脚顺弧线切线踏上起跳点，用脚跟外侧先着地并迅速滚动到全脚掌着地，同时身体由倾斜转为垂直，双臂配合摆动，腿和膝一起用力上摆，起跳腿蹬伸起跳。

3. 过杆和落地

在起跳腾空过程中，身体转向背对横杆，重心升到最高点时，摆动腿一侧的髋关节放松并展开，膝放松、腿自然下放，并向后仰头，肩过杆后下沉，髋部充分展开并上顶，使身体成反弓形，此刻肩部位置低于髋部，背与横杆成正或斜交叉状态。借助反弓形的“反弹”作用，把未过杆的两腿上举，以肩背落在跳高垫上。

（二）跳远

跳远由助跑、起跳、腾空和落地4个环节组成，其中助跑和起跳是跳远的关键。

1. 助跑

助跑的距离：男子为40米左右（18～24步），女子为35米左右（16～21步）。助跑由启动、加速跑、高速跑、准备起跳组成。

（1）启动

两腿微屈，两脚左右平行或前后站立于起跑标志点上，躯干前倾。当身体重心前移时，开始蹬地、摆臂、摆腿向前跑去。

（2）加速跑

启动后，在逐渐增大步长的情况下加快步频，身体微前倾，蹬地、抬腿、摆臂的用力程度逐渐加大，动作放松自然。

（3）高速跑

一般为助跑的最后8步，跑时后蹬充分，大腿高抬，躯干正直，两臂摆幅大而有力，步幅大，动作协调，身体重心移动平稳。

(4) 准备起跳

准备起跳是指助跑的最后两步，倒数第二步时，步幅稍大，身体重心略有降低，最后一步步长较上一步稍短（约 30 厘米），身体重心略有升高。为缩短腾空时间，起跳腿应抬得稍低些，以利于快速前伸小腿，用足跟触板。

2. 起跳

(1) 起跳放脚

助跑最后一步，起跳大腿前摆时应抬得略低一些，积极下压，在腿接近伸直的情况下快速上板；先以足跟触板，然后滚动至全脚掌。此时，躯干与地面保持垂直，摆动腿积极折叠，大、小腿加速向前摆动，两臂协调配合。着地角度 65°～70°，以尽量减小制动，为缓冲蹬伸做好准备。

(2) 起跳缓冲

起跳脚全脚掌着地后，快速屈膝、屈踝进行缓冲。在两臂配合下，摆动腿向起跳腿靠拢，髋部迅速前移，在身体重心投影点与着地点重合时结束。

(3) 起跳蹬伸技术

缓冲结束后，起跳腿迅速伸髋、伸膝、伸踝，直到足尖蹬离地面，同时，配合快而有力的提肩、拔腰、挺胸、抬头、摆臂、摆腿等动作起跳。离地时，起跳腿同侧臂向前上方摆出，异侧臂向后侧摆，摆动腿向前上方摆出，异侧腿向后摆，形成腾空开始动作。

3. 腾空

腾空是起跳后人体在空中的飞行阶段。人体在空中保持平衡，尽可能推迟落地时间，为伸腿落地创造有利条件。腾空初期，身体保持跨步姿势，形成“腾空步”，然后以不同姿势在空中飞行并落入沙坑。腾空姿势一般有蹲踞式、挺身式和走步式。

(1) 蹲踞式

起跳形成腾空步后，上体正直，摆动腿继续高抬，两臂向前挥摆，起跳腿向前摆举，与摆动腿靠拢，在空中形成蹲踞姿势。落地时，两臂由前向下后摆，同时上体前倾，前伸小腿落地。

(2) 挺身式

起跳形成腾空步后，摆动腿下放，向下、向后摆动，与起跳腿靠拢，使髋关节伸直，臀部前移，胸、腰稍向前挺出屈体，同时，两臂向后摆振，继而从下至上至后做弧形摆动，收腹，摆腿，前伸小腿准备落地。

(3) 走步式

形成腾空步后，继续在空中做大幅度的迈步，两臂配合两腿动作，以肩为轴，做协调的大幅度绕环、摆动，以维持身体平衡，然后双腿前伸，准备落地。

4. 落地

着地前，上体不宜过于前倾，以免引起前旋、收腹、举腿，膝关节主动向胸部贴近。即将着地时，膝关节迅速伸直，使小腿前伸，在两臂的配合下，以足跟先接触沙面，双脚触沙后，立即屈膝，骨盆前移，两臂前伸，使身体重心迅速移过落点，并向前或侧倒体，避免后坐。

第三节 田径竞赛规则

一、径赛主要规则

在跑道上举行的田径竞赛项目，手动计时应判读到较差的1/10秒。停表时如果指针停在两线之间，应按较差的时间计算。当百分位秒不是零时，应进位至较差的1/10秒，如10.11秒应进位到10.2秒。在3只秒表中，两只秒表所计的时间相同而第3只秒表不同时，应以相同的两只秒表所计时间为准；如3只秒表所计时间各不相同，应以中间时间为准；如只使用两只秒表，所计时间不相同时，应以较差的时间作为正式成绩。计时应从发令枪发出闪光或烟开始，直至运动员躯干（不包括头、颈和四肢）的任何部位抵达终点线后沿垂直面的瞬间为止。

400米及400米以下（包括4×100米和4×400米接力的第1棒）的项目，运动员应采用蹲踞式起跑（正式比赛必须使用起跑器）。在“各就各位”口令之后，运动员双手和一个膝盖必须触地，双脚必须接触起跑器。发出“预备”口令时，运动员应立即抬高身体重心，做好最后的起跑姿势。此时，运动员的双手必须与地面接触，两脚不得离开起跑器。运动员已就位时，其双手或双脚不得触及起跑线或起跑线前地面。如运动员做好预备姿势之后到鸣枪之前做起跑动作，应判起跑犯规。国际田径联合会从2010年开始实施零抢跑赛制，即任何一位选手，不论是世界纪录保持者还是普通运动员，如果抢跑犯规必须被红牌罚下。

跨栏跑运动员在过栏瞬间，其脚或腿低于栏顶水平面，或者跨越他人栏架，或者裁判长认为该运动员有意用手推或用脚踢倒栏架，应该取消其比赛资格。

接力跑运动员必须持接力棒跑完全程。如发生掉棒，必须由掉棒人捡起。允许掉棒运动员离开自己的分道捡棒，但不得因此缩短比赛的距离，如果捡棒时缩短比赛距离或侵犯其他运动员，则取消其比赛资格。在所有接力赛跑中，必须在接力区内传递接力棒。仅以接力棒的位置决定是否在接力区内完成接力，而不取决于运动员的身体或四肢的位置。

4×400米接力的第3和第4棒运动员应在指定裁判员的指挥下，按照同队传棒运动员跑完的先后顺序（由内向外）排列各自的接棒位置。

二、田赛主要规则

跳高比赛应抽签决定运动员的试跳顺序。运动员必须用单脚起跳，试跳后，由于运动员的试跳动作致使横竿未能留在横竿托上，则判为试跳失败。在越过横竿前，身体的任何部分触及立柱前沿（离落地区较近的边沿）垂直面以外的地面或落地区，也判为试跳失败。如果运动员在试跳中一只脚触及落地区，而裁判员认为其并未从中获得利益，则不应判为试跳失败。在任何高度上，只要运动员连续3次试跳失败，即失去继续比赛的资格，因第1名成绩相等而进行的决名次赛的试跳除外。比赛时，运动员可以在横竿升高计划中的任何一个高度开始试跳，也可在之后任何一个高度根据自己的愿望决定是否试跳或请求免跳。但在某一高度上请求免跳后，不准在该高度上恢复试跳。丈量高度时，需使木尺与地面垂直，从地面量至横竿上沿的最低处。

田赛远度项目的比赛应抽签决定运动员试跳或试掷的顺序。运动员超过8人，则每人先试跳或试掷3次，成绩最好的前8名运动员再试跳或试掷3次，试跳或试掷的顺序与前3次试跳后的成绩排名相反。如果在第3次试跳或试掷结束后出现第8名成绩相等，按田赛远度项目成绩相等处理办法处理。当比赛人数只有8人或少于8人时，每人均可试跳或试掷6次。

跳远比赛时，在未做起跳的助跑或起跳中，运动员以身体任何部位触及起跳线前面的地面；从起跳板两端之外的起跳线的延长线前面或后面起跳；在落地过程中触及沙坑以外地面，而沙坑外触地点较沙坑内最近触地点更靠近起跳线；完成试跳后，向后走出沙坑。以上情况均属于试跳失败。

三级跳远比赛时，第1跳（单足跳）是用起跳腿落地，第2跳（跨步跳）是用另一腿（摆动腿）落地，第3跳（跳跃）是用双脚落入沙坑，才算完成试跳。运动员在试跳中摆动腿触地不应视为试跳失败。其余同跳远比赛规则。跳跃远度项目测量成绩的方法应从运动员身体任何部位触地的最近点量至起跳线或起跳线延长线，测量线应与起跳线或其延长线垂直。

铅球比赛时，运动员应在投掷圈内从静止姿势开始试掷。推铅球时，应将铅球抵住或靠近颈部或下颌，用单手从肩部将球推出，在推球过程中持球手不得降到肩部以下。不得将铅球置于肩轴线后方。运动员进入投掷圈内开始投掷后，如果身体任何部位触及圈外地面，或触及铁圈，或以不符合规定的方式将铅球推出，均判为一次试掷失败。运动员在铅球落地后方可离开投掷圈；离圈时，必须从后半圈走出；铅球完全落在落地区角度线以内，试掷方为有效。每次有效试掷后，应立即测量成绩。从铅球落地痕迹的最近点取直线量至投掷圈内沿，测量线应通过投掷圈圆心。其他投掷项目比赛，除场地、器械和投掷方法与铅球比赛有差异外，比赛规则基本相同。

【思考题】

◇简述田径运动的项目与分类。
◇中长跑的动作要领是什么？
◇简述跳跃类项目的基本技术。
◇请简要说明田径竞赛的主要规则有哪些。

第十章　足球运动

第一节　足球运动概述

一、足球运动的起源与发展

一直以来，关于足球运动的起源有很多传说。国外研究足球历史的学者认为：足球可能起源于中国古代的“蹴鞠”、日本的“克马瑞”（Kemari）、罗马的“哈巴斯托姆”（Habas-tom）、希腊的“埃佩斯卡洛斯”（Episkaros）、意大利的“吉奥库迪·卡利西奥”（Giocodel Calcio，一种踢球的动作）。其中，前3种说法都能在历史遗留的线索中找到依据。1901年，朱塞兰德（Jusserand）提出：英国和法国的乡间足球有很多相似之处，它们的起源很可能相同。据法国的相关文字记载，足球是在11世纪由诺曼底人带到英国的。[1] 另外，还有学者推断，在历史发展的某个阶段，中国、日本、希腊、意大利、古罗马、英国、法国等国家，基本上都有人从事一种球类运动，这种球类运动被认为与原始的足球有着某种必然的联系。因此，有一种假说认为，足球运动很可能是多元化的起源。[2]

最古老的足球游戏起源于中国战国时期，当时把这种游戏称为“蹴鞠”。“蹴”是踢的意思，“鞠”是用皮革做外壳、中间塞满毛发的球状物。“蹴鞠”历史悠久，有很丰富的文化内涵，不仅在我国古代的诗赋杂谈中多有记载，而且出版过许多专门论述“蹴鞠”的书籍，这些书籍对球的制作、游戏场地、游戏方法和规则等都有极为详尽的介绍。

在足球运动的发展过程中，球的制作工艺、技术的发展以及军事上对此项活动的需要使得比赛的方式变得多种多样。哈巴斯托姆的比赛分为上、下半场，双方的目的是把球带过对方的底线。在法国，比赛方式同哈巴斯托姆基本一样，只是球场非常大，可以有一条街长，或把临近两个村的教堂或公共建筑物作为场地的两条底线。据有关文献记载，这种运动在民间继续发展着，并在1490年被正式定名为足球（Football）。

1681年，英国国王查理二世废除禁令，这种类似足球运动的活动重获自由。到十八九世纪，英国不少大学开始盛行足球活动。19世纪中期，足球活动不仅在学校中很快发展，社会上也有很多人参加。

1848年，足球运动的第一个文字形式的规则在剑桥大学产生。1848年以及1856年、1863年相继出现了新的规则。但只有1863年的规则（剑桥规则）最有影响，并具有深远意义。

进入19世纪，随着划船、板球和拳击运动在英国被公众广泛接受后，足球也因其推广的显著进步被引入公共学校，从而被接受并发展起来。由于没有统一的规则，各学校根据自

---

[1] 汤硕．浅论足球在英国的起源及其演变［J］．菏泽学院学报，2018，40（2）：87－91.

[2] 王崇喜．球类运动——足球［M］．2版．北京：高等教育出版社，2009.

己的特点制定自己的规则，导致比赛中各自采取自认为合法的动作或行为。1862 年 J. C. 思林出版了一本自称为“最简的比赛”的规则，共 10 条，其中第 2 条规定可以用手抓球和用脚踢球。1863 年 10 月 26 日，由伦敦 11 个最主要的俱乐部和学校，在伦敦的弗里森酒店举行会议，创立了英格兰足球协会，与此同时，产生了世界上第一个统一的足球规则，共有 14 条。这一天被世界公认为现代足球的诞生日，世界各国也公认现代足球起源于英国。

2004 年 5 月 21 日，中国与英国、瑞士、法国一起组织了“国际足联成立 100 周年”庆典活动。2004 年 7 月 15 日，国际足球联合会（以下简称国际足联）主席布拉特宣布：中国是足球的故乡，足球最早起源于山东省淄博市的临淄。2005 年 5 月 21 日，布拉特在国际足联总部向淄博临淄颁发了足球起源地认定证。

二、足球运动的特点和健身价值

（一）足球运动的特点

1. 整体性

足球参赛队由 11 人上场比赛。场上的 11 人整体配合，攻则全动，守则全防，整体参战意识很强。只有形成整体的攻守，才能取得比赛的主动权。

2. 对抗性

足球运动是竞争激烈的对抗性项目，比赛中将球攻进对方的球门且展开短兵相接的抢截。尤其是在两个罚球区，争夺更是凶猛。一场高水平的比赛，争夺和冲撞倒地次数可多达 200 次。

3. 多变性

足球运动在技术上、战术上变幻莫测，胜负结局难以预测，在比赛中运用的技、战术会受对方的直接干扰、限制和抵抗。

4. 耐久性

足球比赛中，运动员要在近 8000 平方米的足球场上奔跑 90 分钟，奔跑距离约 6000 米，多则 8000 米以上。一场比赛下来，若平局需继续决定胜负的比赛则要加时 30 分钟，如仍无胜负结果，则以点球决定胜负。

5. 易行性

足球比赛规则比较简单，对器材设备的要求不高。一般性足球比赛的时间、参赛人数、场地和器材也不受严格限制，因此足球是一项十分受人们喜爱的体育运动项目。

（二）足球运动的健身价值

1. 健体价值

足球运动是一项能全面锻炼和健全体魄的运动。在全民健身活动中，开展足球运动可以增强人的体质和健康，提高运动的力量、速度及灵敏度，提高弹跳、耐力、柔韧性等素质。特别是对增强心血管系统、呼吸和消化系统等的功能非常有益，能使人体的高级神经活动得到改善。据测定，一名优秀足球运动员的肺活量比正常人要多 2000～3500 毫升；安静时的心率比正常人要低 15～22 次/分。

2. 健心价值

经常参加足球运动，可以培养人勇敢顽强、机智果断、勇于克服困难的优秀品质，可以培养人敢于斗争的战斗作风，以及发扬团结协作的集体主义精神。观赏高水平的足球赛事，能给人们带来斗志和快乐。拼劲实足、力量型的北欧及英格兰足球和以巴西桑巴舞足球为代表的艺术足球，会使足球场上充满生气、惊险，使人们从中品味到无穷的哲理，这对形成人良好的性格、品质、心态以及营造健康的氛围有积极的影响。

第二节　足球运动基本技术

一、足球技术的基本概念

足球技术，是运动员在足球比赛中所采用的合理动作的总称，它是在比赛实践中逐步形成、发展和完善起来的。

随着足球运动的不断发展，现代足球在追求胜负结果的同时，以攻守平衡为原则，以时空控制权的激烈争夺为特点，把激烈的攻防、有效的配合、扣人心弦的进球等内容作为重要组成部分。为此，运动员只有熟练地掌握足球技术，才能在比赛中有目的地采取行动，正确合理地处理球，以达到战术的要求。技术是完成战术配合的基础，战术的发展又促进了技术的不断提高。现代足球运动全攻全守的打法，对进攻和防守技术都提出了较高的要求。因此，足球技术不论是在内容上，还是在难度上以及教学与训练的方法要求上，都向着全面、快速、准确、实用的方向发展。

二、传球技术训练

（一）脚内侧踢球技术

脚内侧踢球的基本动作要领：直线助跑，最后一步要大，支撑脚向前跨步，支撑时脚掌要稍离地面，快速积极落地支撑。落地时以脚后跟先落地，滚动式向前过渡到全脚掌支撑。支撑腿的膝关节要适当弯曲，以保持身体重心的稳定。支撑脚与球的前后距离以支撑脚的脚尖与球的前沿保持平齐为准，支撑脚与球的左右距离，以支撑脚的内侧沿与球的外侧沿保持在10～15厘米为适宜。在支撑脚落地支撑的同时，踢球腿的大小腿折叠靠拢（在大腿后伸状态下），以大腿带动小腿由后向前摆动。在前摆过程中，大腿向外旋转带动膝关节向外侧移动，使踢球脚的脚内侧正对出球方向，小腿加速前摆，踝关节保持适当紧张，使脚掌与地面保持平行并保持住这种脚形，用脚内侧（脚弓上方）部位触球的正中后部，将球踢出。踢球后身体重心随踢球腿的前摆向前移动。

（二）脚背内侧踢球技术

脚背内侧踢球的基本动作要领：斜线助跑，助跑方向与出球方向约成45°角。助跑最后一步要大一些，一般保持在本人跨一大步的距离较好。支撑脚落地时以脚跟及脚掌的外侧沿先着地，然后过渡到全脚掌。支撑脚脚尖指向出球方向，膝关节微屈，支撑身体重心，上体略向支撑脚一侧倾斜并稍侧转体（支撑脚一侧的肩部稍向前，踢球脚一侧肩稍向后）。支撑脚与球的位置以支撑脚脚尖与球的前沿保持平齐较好，左右距离以支撑脚的内侧沿与球的外侧沿保持15～20厘米较好（不同骨盆宽度的人可以适当调整支撑脚与球的左右距离，但一般不要超过25厘米）。在支撑脚着地的同时，踢球腿以髋关节为轴，大腿带动小腿由后向前摆动（大小腿折叠要紧），当踢球腿的膝关节摆至球的内侧垂直上方时，小腿做爆发式前摆（大小腿突然打开），脚尖稍向外侧转，脚尖指向斜下方，脚背绷紧固定，以脚背内侧部位踢球的正中后部（踢高球时，可踢球的中下部）。踢球后身体重心随踢球腿的前摆向前移动。

（三）脚背正面踢球技术

脚背正面踢球的基本动作要领：直线助跑，最后一步要大一些，成跨步，支撑脚要积极跨步落地，以脚后跟先着地，形成滚动式着地支撑。支撑脚的位置是左右距离为支撑脚的内侧沿与球的外侧沿距离在10～15厘米，一般不应超过20厘米；前后距离以支撑脚的脚尖与球的前沿保持平齐为好，过前过后都会影响踢球的效果。在支撑脚落地支撑的同时，踢球腿的大腿带动小腿（大小腿折叠紧的状态）由后向前摆，当膝关节摆到球的垂直上方前的瞬间，大腿制动减速而小腿爆发式突然加速前摆，以脚背正面部位触踢球的正中后部位。踢球后自然向前跟出，以保持身体重心的平稳。

三、接球技术训练

（一）脚内侧接地滚球、反弹球、空中球技术

脚内侧接地滚球技术动作要领：支撑脚正对来球，膝关节微屈，稳固支撑身体重心，保证身体重心的平衡稳定。接球腿屈膝外转并前迎，接球脚以脚内侧部位触球，在球与脚接触的瞬间开始向后回撤，缓冲来球力量，在后撤过程中将球控制在下一个动作需要的范围之内。

脚内侧接反弹球技术动作要领：支撑脚在球的落点的侧前方（根据接球的方向不同，可以调整支撑脚的位置），膝关节屈曲稳定支撑身体重心，保证身体重心的平衡。上体稍向接球方向倾斜并稍前倾。接球脚提起，踝关节适当紧张（脚尖适当勾起），用脚内侧部位对准球的反弹路线。当球落地反弹刚离地面时，用接球脚的脚内侧触压球的外侧中上部，将球接在支撑脚的附近位置，以便连接下一个动作。

脚内侧接空中球技术动作要领：支撑脚的位置一般在球的侧方适当距离，支撑腿屈膝稳固支撑身体重心，两臂自然张开，以维持身体平衡。根据来球高度和位置，接球脚举起，以脚内侧部位对准来球，接球脚踝关节保持适当紧张，以控制脚形并适当前迎，当球与脚接触前的一瞬间，接球脚向后回撤缓冲来球力量，在后撤过程中将球控制在下一个动作需要的范围之内。

（二）脚背正面接空中球技术

脚背正面接空中球技术动作要领：支撑腿屈膝，稳定支撑身体重心，支撑位置一般在球的侧后方适当位置。接球腿屈膝抬脚，踝关节保持适当紧张，以脚背正面正对来球，在球下落触到脚背的瞬间前接球，脚向下回撤，在下撤过程中将球控制在下一个动作需要的范围之内，并快速完成下一个连接动作。

另一种方法是接球脚基本不向上抬起，而是脚背向上勾起，踝关节保持中度紧张，在接近地面高度5～10厘米处触球，通过球下落的冲击力将勾起的接球脚背砸下去，从而缓冲球

的力量，将球控制在下一个动作需要的范围之内，并快速完成下一个连接动作。

（三）脚背外侧接地滚球、反弹球技术

脚背外侧接地滚球技术动作要领：面对来球，支撑腿屈膝，稳定支撑身体重心，支撑脚位置常常在球的侧面。接球脚稍提起，膝关节和脚尖稍内转（向支撑脚一侧靠近），以脚背外侧正对来球。用支撑脚的前侧方触球外侧部位（球体靠近支撑脚一侧的部位）。在脚触球时踝关节要适当紧张，并伴有向接球方向推送的拨球动作，将球控制在下一个动作需要的范围内，并快速连接下一个动作。

脚背外侧接反弹球技术动作要领：面对来球，支撑腿屈膝，稳定支撑身体重心，支撑脚位置常常在球的侧面。接球脚稍提起，膝关节和脚尖稍向支撑脚一侧靠近，脚尖稍向内上方勾起（脚内翻状态），以脚背外侧正对来球。使接球腿的小腿及接球脚与地面形成一个夹角，在球刚反弹离地时，接球脚脚背外侧于支撑脚的前侧方触球外侧上部位（球体靠近支撑脚一侧的部位）。在脚触球时踝关节要适当紧张，并伴有身体重心向接球方向倾斜移动的动作，将球控制在下一个动作需要的范围内，并快速连接下一个动作。

四、运球技术训练

（一）脚内侧运球技术动作要领、易犯错误与纠正方法

脚内侧运球技术动作要领：脚内侧运球是运球技术中最慢的一种。它是在边线附近或者死角区域需要用身体掩护球时常采用的运球方法。以侧身转体的姿势，挤靠住对方的防守队员，以保证球不被对方队员抢去。另外，常常用脚内侧走“之”字形路线。

运球时，支撑脚稍向前跨，踏在球的前侧方，膝关节弯曲，上体前倾并向运球脚一侧转体（形成侧身运球的状态），运球脚提起，用脚内侧部位推拨球的后中部。

易犯错误：上体侧转不够，身体重心降不下去，护不住球。

纠正方法一：转压肩运球。每人一球，脚内侧运折线球。

要求：在运球时要求队员支撑脚屈膝的同时，同侧的肩向运球脚一侧转压。

纠正方法二：挤靠对手运球。两人一组，一人在运球队员支撑脚一侧的侧前方进行阻挡，另一人脚内侧运球走折线并用身体挤靠住防守的队员。

要求：防守队员先做消极防守，再逐渐加大防守的力度。运球队员用身体挤靠住防守队员的同时将球向前运，并走折线。左右脚均要练习，两人交替练习运球与防守。

（二）脚背内侧运球技术动作要领、易犯错误与纠正方法

脚背内侧运球技术动作要领：跑动时，身体自然放松，步幅要小些，上体前倾并稍向运球方向转动。运球脚提起时，膝关节稍弯曲，脚跟提起，脚尖稍外转，在向前迈步的过程中用脚背内侧推拨球向前。脚背内侧运球常常是在变向时运用，运球时常走“之”字形路线。

易犯错误一：上体没有向运球方向侧转和前倾，触球时用力过猛，形成踢球。

纠正方法：“之”字形走动运球。每人一球，在“之”字形路线中走动运球。

要求：脚触球时踝关节要适当紧张，触球动作要柔和，努力使脚与球的接触时间延长一些。同时，上体向有球方向转动并使身体重心前倾。左右脚均要练习。当走动中能够较正确地完成练习时，可逐渐加大运球的走动速度直至可以在跑动中完成运球练习。

易犯错误二：向内扣球变向时，踝关节没有控制动作，扣球部位不当（球没有扣回来）。

纠正方法：运直线接扣停球练习。每人一球，用脚背正面运直线球，听教练员口令，用脚背内侧将球扣停在自己的脚下。

要求：扣球后，球的运行路线必须改变角度超过 90°（至少是横向改变运行路线）。扣球脚要扣球的侧前方，脚尖下指，踝关节要适当紧张用力，有所控制。将球扣在支撑脚脚尖外侧前方 20 厘米以内位置。左右脚均要练习。

（三）脚背外侧运球技术动作要领、易犯错误与纠正方法

脚背外侧运球技术动作要领：跑动时，身体自然放松，上体稍向前倾，步幅要小。运球脚提起时，膝关节弯曲，脚跟提起，脚尖稍内转，在向前迈步的过程中用脚背外侧部位推拨球的后中部向前。

脚背外侧运球多在前方纵深距离较大需要快速运球跑或突破时在快速跑动中运用，另外就是在需要向外侧转身变向时运用。

易犯错误一：脚触球时，踝关节没有保持适当紧张，造成触球部位不当。

纠正方法：大步走运球。每人一球，在走动中向前运球。

要求：每次向前走的步幅要尽可能大，且脚与球的接触时间尽可能延长。

易犯错误二：触球时用力过猛，形成踢球。

纠正方法：限制性运球练习。在 20 米长的直线上均匀地摆放标志物，每个标志物之间的距离为 1 米。每人一球，慢跑中运球。

要求：每到一个标志物位置点运球脚必须触球一次。触球时踝关节要适当紧张，用力要柔和，要推拨球向前。左右脚均要练习，之后逐渐加大运球跑动的速度。

五、射门技术训练

（一）正面迎球射门技术

1. 正面迎球射门练习要点

比赛中的正面射门常常是施射队员面对边路传中（包括下到罚球区内底线）的来球、对方解围争顶出来的球，以及其他情况下的传球等，球从施射队员的“前面”而来的射门。这种射门的要点在不同的区域有不同的侧重点。在罚球区内越靠近球门，越需要快速射门，越需要射得巧妙；离球门越远，越要侧重力量和准确性。

2. 正面迎球射门练习方法

（1）回垫球射门

方法：每人一球，教练员位于罚球区弧顶处，射门队员距离教练员 5～6 米远，传球给教练员，教练员向左右两侧回垫拨球，射门队员快速插上射门。

要求：射门队员传球后要快速插上，起脚要快速有力。以脚背正面、脚背外侧射门为主，左右脚均要练习。射门时，踢球脚背要绷紧固定，踢球腿的膝关节不要向上抬，而要向前平推。大力射门时要强调踢球腿的小腿后摆充分，前摆要有爆发性。练习射门的角度可以逐渐向两侧移动，直到罚球区的两个上角附近。让队员练习在射门角度不断缩小的情况下的射门动作与技巧。

（2）迎球射反弹球或凌空球

方法：一名队员站在球门前罚球点附近，另一名队员站在球门网后掷界外球给站在门前的队员，站在门前的队员快速迎上去踢反弹球或凌空球射门。

要求：射门队员迎球跑动要快速积极，起脚要果断，注意踢球部位要正确。左右脚均要练习，两人交替练习。

（3）迎斜线球射门

方法：队员分为三组，两组队员分别在球门柱的外侧球门区线与罚球区线交点附近，另一组队员在罚球弧顶处。在球门柱的外侧球门区线与罚球区线交点附近的队员每人一球，将球向罚球点附近靠近后门柱一侧的位置传地滚球，在罚球弧顶处的队员快速迎上去射门。射门后与传球队员交换位置。

要求：射门队员起脚射门要快速、突然，传球队员传出球的速度与弧度要不断变化，以提高射门队员射门的难度。射门队员射门后快速捡球并运球到传球队员的位置与传球队员交换位置。左侧传来的球用左脚射，右侧传来的球用右脚射，左右脚均要练习。

（二）侧身迎球射门技术

1. 侧身迎球射门技术练习要点

侧身迎球射门常常是球从身体侧面而来，或者是射门队员身体侧对进攻方向的射门。射门的要点是脚法要快速变化，支撑脚的脚尖要尽量转到与出球方向一致，踢球时要以小腿摆动为主，突然发力。射凌空球时，上体要向出球方向轻压，踢球腿的大腿与支撑腿的大腿之间的角度应当保持在 90°左右或更大，小腿要水平向侧前方摆动，不要由下向上摆动。

2. 侧身迎球射门技术练习方法

（1）左右开弓射门

方法：一名队员站在两个球门之间，另两名队员分别在射门队员的两侧向射门队员传不同速度与弧度的球，射门队员不断用左右脚快速向身体两侧的球门射门。

要求：传球队员传出的球要有多方位的变化，如速度、高度、落点变化等，以训练射门队员快速判断来球情况及正确选择射门位置与方法的技巧。不断交替进行射门与传球的练习。要保证有足够的足球以保证训练的连续。

（2）争抢射门

方法：左右开弓射门，只是增加一名队员对射门队员进行消极防守。

要求：防守队员逐渐加大防守力度，以增加射门队员在对抗下射门的能力与技巧。

六、抢球技术训练

（一）正面抢球技术

正面抢球技术要点：选择位置要恰当，抢球前一般保持在与对手一大步的距离之内；判断要准确，行动要果断，掌握好抢截球的时机。当对手背对自己时，要快速上前逼紧不让其转身；当对手运球接近自己时，要小心，不要猛扑对手抢球，而要伺机抢球。一般在对手运球脚触球后落地瞬间前抢球较好，且要紧密衔接下一个动作。

正面抢球时易犯错误：抢球脚在触球时踝关节没有紧张用力固定，造成抢球无力；抢球出脚时机不当，造成失误；支撑脚离防守队员身体位置较远，抢球脚的有效抢截范围不能大部分甚至完全覆盖控球队员的控球范围；支撑脚没有迅速跟上，影响衔接动作。

（二）侧面抢球技术

侧面抢球技术要点：要利用身体进行合理冲撞，掌握好合理冲撞抢截球的时机，一般是在对手异侧脚支撑时冲撞对手较好，或者是在对手向前迈步，身体成纵向保持平衡时冲撞对手较好；冲撞后要紧密衔接下一个动作。

侧面抢球时易犯错误：抢球时支撑脚距离控球队员位置较远，抢球脚的抢截范围不能有效地覆盖控球队员的控球范围；进行身体冲撞时身体没有紧张用力，造成冲撞无力；不合理地冲撞造成侵人犯规；抢球出脚时机不当，造成失误。

第三节　足球运动基本战术

一、足球战术概述

足球战术的实质就在于根据比赛多变的情况，运用自己已有的足球知识、技能，最有效地发挥自己身体和技术潜力，战胜对手。要使这种潜力得以发挥，必须具有较高的战术意识，根据比赛中随时变化的情况，灵活机动地改变预定的战术方案，运用战术变化，最终达到预期的比赛目的。

足球战术意识是指在比赛复杂、多变、困难的情况下，及时准确地掌握场上的情况，随机应变，迅速而又准确地决定自己的行动方案和与同伴配合的能力，也可称为战术素养。从心理学的角度来看，战术意识实际上是一种“战术思维”能力的表现，也可以说战术意识很大程度上是一种心理活动在战术上的反映。

二、进攻战术

（一）个人进攻战术

在足球进攻战术中，个人进攻战术是指在比赛中为了战胜对手采取的符合整体进攻目的的个人行动。个人进攻战术是构成局部和整体进攻战术的环节。个人进攻战术行动水平的高低直接影响着局部和整体进攻战术的质量。个人进攻战术包括传球、射门、突破对方防线后对守门员的攻击。

1. 传球

传球是整体战术配合的基础，是组织进攻、变换战术、迅速逼近对方球门、创造射门机会的主要战术方法。传球是足球比赛中运用最多、最重要的技术手段。运动员接球后 80％是将球传给同伴，20％是射门和运球。历届世界杯足球赛统计显示，平均每场比赛传球可达 1000 次。一场比赛的 70％～80％是通过激烈争夺获得持球权的，而绝大部分失误都是传球失误造成进攻权的转换。传球的水平代表一名运动员和一支球队整体能力的高低，传球成功率往往决定着比赛的胜负。

传球在比赛中的表现形式是多种多样的，按传球方式可分为直接传和间接传。按传球距离可分为短传（15 米以内）、中传（15～25 米）和长传（25 米以上）。按传球高度可分为地滚球、低球（膝部以下）、平直球（膝以上，头以下）和高球（头以上）。按传球方向可分为直传、斜传、横传和回传。按传球目标可分为向同伴脚下传和向空当传。按旋转可分为上旋球、下旋球、侧旋球和混合旋球。

2. 射门

射门是一切进攻战术配合的最终目的，也是进攻得分的唯一手段，是进攻战术最重要、最振奋人心的环节。在现代足球比赛中，要想在对方严密防守和紧逼拼抢的情况下有效地完成射门，必须要有强烈的射门欲望，善于抓住射门时机，选择合理的射门方法。射门突然、快速有力、出球准确，才能将球攻入对方球门。

3. 突破对方防线后对守门员的攻击

进攻队员在突破对方防线后遇到仅剩守门员一人的情况时，继续攻击的任务并不像看上去那样易于完成。也许进攻机会显得非常容易把握，每个人都期盼进攻队员会破门得分且为这种期盼兴奋不已。但事实上，此时进攻队员有强大的心理压力。进攻队员此刻的态度是非常重要的——必须冷静地保持清醒的头脑，似乎将周围的一切都已忘却。当进攻队员懂得做什么和能做什么的时候，就可以达到这一境界。

（二）局部进攻战术

在足球进攻战术中，局部进攻战术是指进攻中两名或几名队员之间的配合方法，它是集体配合的基础。基本配合形式有传切配合、交叉掩护配合和二过一配合。

1. 传切配合

传切配合是指控球队员将球传给切入的进攻队员的配合方法，是局部进攻战术中运用最多的方法。传切配合的形式有局部传切和转移长传切入。

（1）局部传切配合

按传切的线路可分为直传斜切、斜传直切和斜传斜切。边路进攻多采用直传斜切和斜传直切的配合方法。中路进攻多采用斜传直切和斜传斜切的配合方法。

①斜传直切配合，如图 10-1 所示。

②直传斜切配合，如图 10-2 所示。

③斜传斜切配合，如图 10-3 所示。

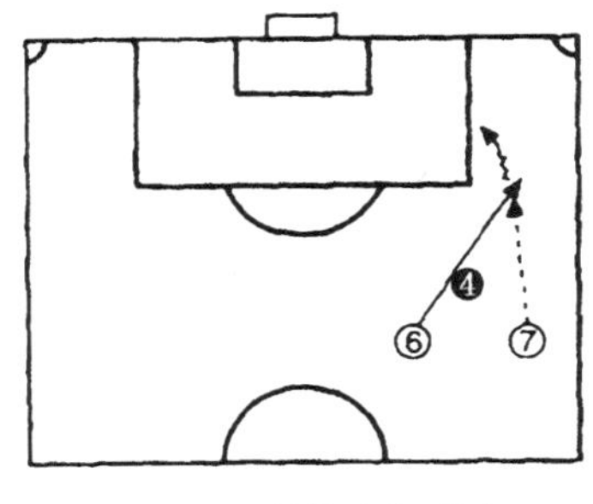

图 10-1　斜传直切配合

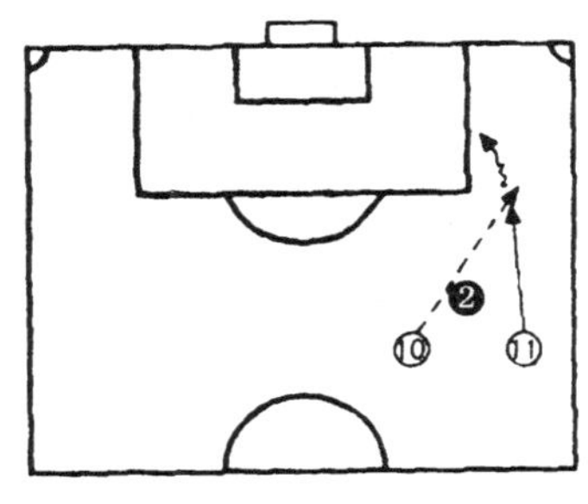

图 10-2　直传斜切配合

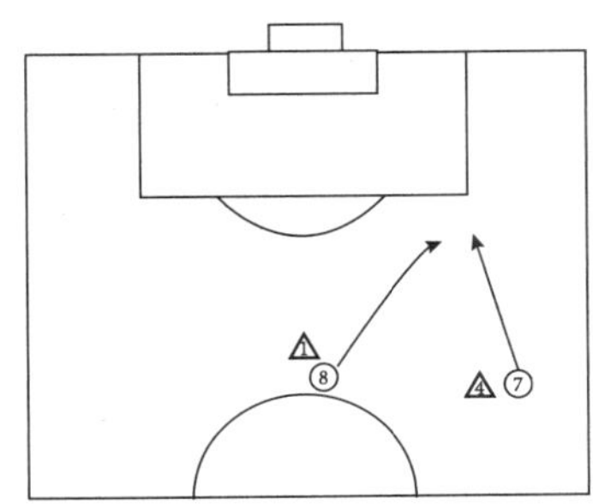

图 10-3　斜传斜切配合

(2) 转移长传切入

一侧进攻受阻，长传转移到另一侧，切入队员的球后展开进攻，如图 10-4 所示。

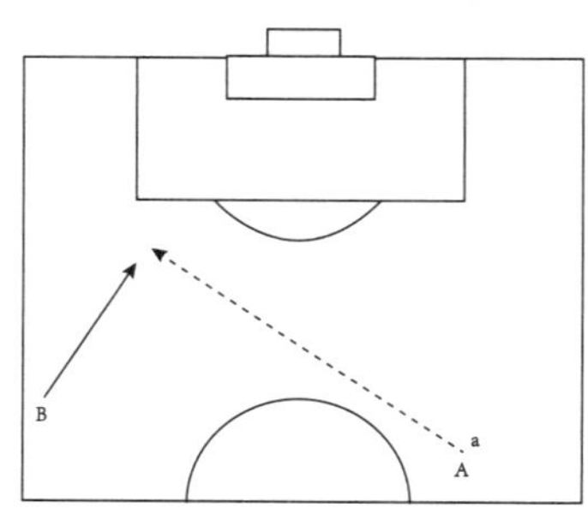

图 10-4 转移长传切入

传切成功的要素：一是控球队员要把握准传球的时机，并控制好传球的方向和力量；二是跑位队员要明示切入的方位、时间，启动突然、快速，并用身体掩护住球。

2. 交叉掩护配合

交叉掩护配合是指在局部两名进攻队员在运球交叉换位时，以自己的身体掩护同伴越过防守队员的配合方法。

交叉掩护配合成功的要素有以下两个。

要素一：运球队员必须用自己的身体护住球并挡住防守队员，将球传递给同伴后，要继续向前跑动。

要素二：接球队员必须主动迎面跑向运球同伴，交叉距离贴近，接球后快速向前运球。

3. 二过一配合

二过一配合是指在局部两名进攻队员通过两次连续传切配合，越过一名防守队员的配合方法。二过一配合的形式根据传球和跑位的路线分为直插斜传二过一、斜插直传二过一、斜插斜传二过一、回传反切直传二过一。

(1) 二过一配合要点

①直插斜传二过一。当防守队员身后有一定的空当，防守队员距插入队员较近时采用此种二过一配合效果较好，斜传多采用踢墙式。

②斜插直传二过一。当防守队员身后有较大的空当，防守队员移向接应队员时采用此种二过一配合效果较好，直传球力量要适当。

③斜插斜传二过一。当防守队员身后空隙较小或采用连续二过一时可采用此种二过一配合。

④回传反切直传二过一。当接应队员与控球队员有一定的纵深距离，而且防守队员贴身逼抢时可主动向后扯动，拉出空当并采用此种二过一配合。

(2) 二过一配合图示

①传直线二过一（图 10-5）。图中进攻队员⑩传球给同伴⑨后，突然启动，快速斜插防守队员❷的身后，接⑨的直传球。

②回传反切二过一（图 10-6）。图中进攻队员⑩往回运球，以吸引防守队员②跟上，将球回传给队员⑨，突然转身启动，快速反插防守队员❷的身后，接⑨的传球。

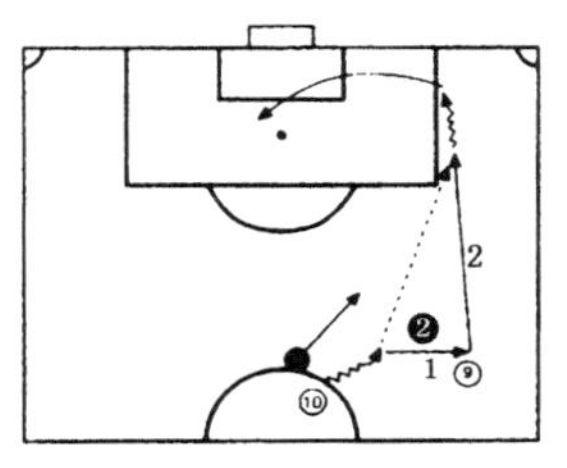

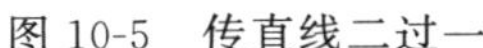

图 10-5　传直线二过一

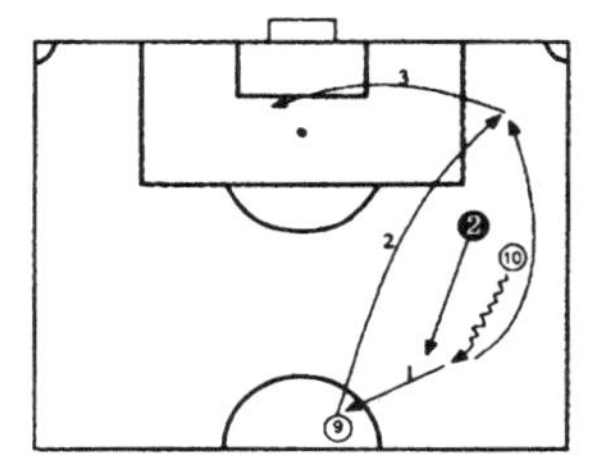

图 10-6　回传反切二过一

③套插二过一（图 10-7）。图中进攻队员⑩从持球队员⑨的身后快速插上，接⑨的传球，以时间和速度差突破防守队员❷。持球队员⑨可根据⑩插上的速度快慢，决定传出球力量的大小或距离的远近。

④连续二过一（图 10-8）。图中进攻队员⑩与⑨配合完成二过一之后，再与接应队员⑧完成连续二过一配合。

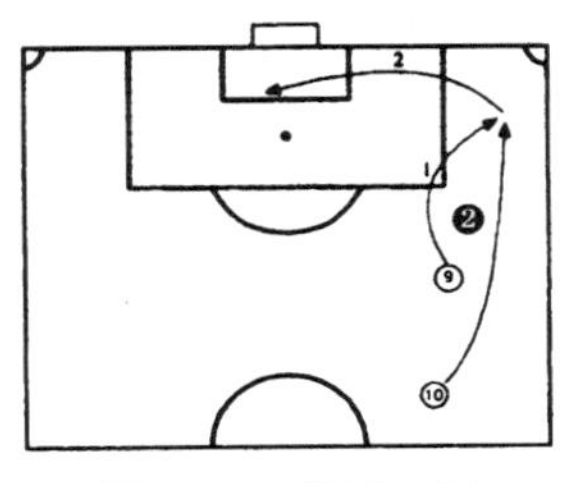

图 10-7　套插二过一

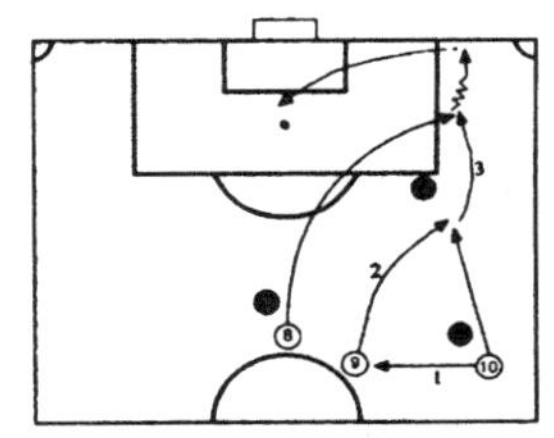

图 10-8　连续二过一

⑤偏重一边二过一（图 10-9）。图中当攻、守人数相当时，进攻队员可集中优势兵力，偏重一边进行二过一突破，突破一点即突破整个防线。如⑩与⑨先对防守队员进行二过一突破，进攻队员⑧插上，接⑩的传球。

⑥间接二过一（图 10-10）。所谓间接二过一是指当两名进攻队员进行二过一配合时，有第三名进攻队员隐蔽参与。图中间接二过一的隐蔽性强，容易造成防守位置混乱，且很难补救。⑩与⑨做二过一时，使防守队员的注意力集中在⑩、⑨身上，第三名进攻队员⑧隐蔽插上接⑨的传球。

⑦踢墙间接二过一（图 10-11）。图中进攻队员⑩将球传给做“墙”的进攻队员⑨，⑨以“墙”的反弹原理将球回碰给进攻队员⑧，⑧将球传给隐蔽插上的⑩，即达到突破的目的。应注意的是，⑩将球传给⑨时，力量不要太轻，以便⑨借助来球力量能将球回碰给⑧。另外，⑧的传球应根据当时情况采用多种方法，如将球搓过头顶或传弧线球等。

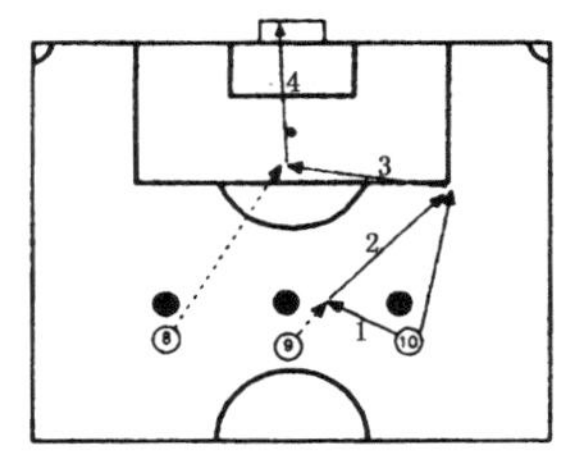

图 10-9　偏重一边二过一

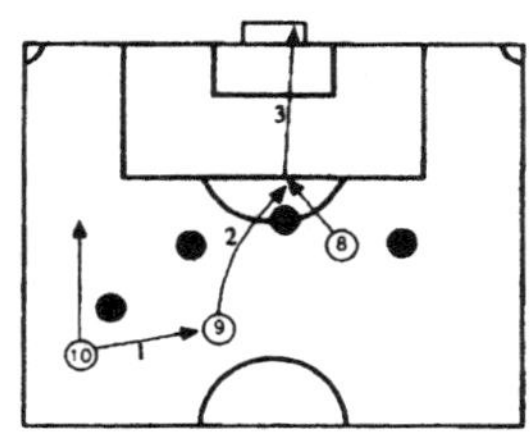

图 10-10　间接二过一

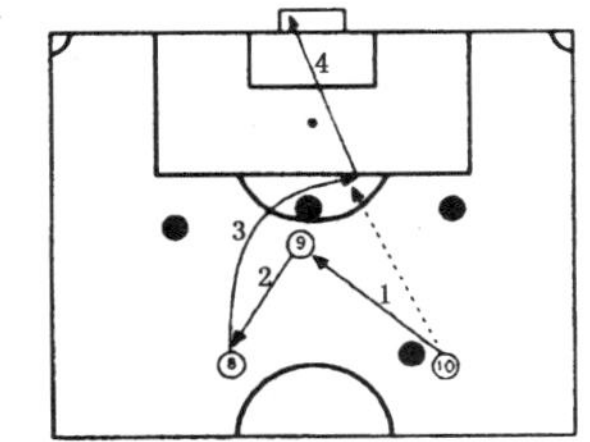

图 10-11　踢墙间接二过一

（三）整体进攻战术

在足球运动中，整体进攻战术是指为了完成进攻战术任务所采用的全局性的进攻配合方法。整体进攻战术涉及的人员比较多，是全队协调一致的行动，能够体现一支球队的进攻实力和配合能力。

在足球进攻战术中，一次完整的整体进攻是由发动、发展和结束3个阶段组成的。发动阶段是获得球、控制球、传球的进攻阶段；发展阶段是整体的无球跑动和有球配合迅速展开的全面进攻阶段；结束阶段是传中、运球突破、传切配合等形式创造的射门和包抄、补射等攻击对方球门的进攻阶段。

足球整体进攻包括边路进攻、中路进攻、转移进攻、快速反击进攻和层次进攻等。

1. 边路进攻

边路进攻是指在对方半场两侧地区发展的进攻。边路进攻的特点是充分利用场地的宽度，拉开对方的防线。边路场区防守队员较少，防守的纵深保护较差，可利用的空当较大，较容易突破对方防线并采用传中等手段创造中路射门得分机会，但直接射门角度小，很难射中球门。

2. 中路进攻

中路进攻是指在对方半场中部发展与结束的进攻。中路进攻的特点是进攻投入的人数多，层次深，配合点多、面广，射门角度大，破门机会多。但防守人员较密集，纵深保护有力，突破难度较大。中路进攻方式有运球突破、踢墙式二过一配合、运球交叉掩护配合、回撤反切突破、横扯插上突破、头球摆渡和定位球配合等。

3. 转移进攻

转移进攻是指中路进攻受阻转移到边路组织进攻，以及边路进攻受阻转移到中路或另一侧边路组织进攻。转移进攻的特点是：充分利用场地的空间和进攻没有时间和传球次数限制的规则，及时转移攻击点，迫使对方防线横向扯动，出现空当，从而成功地突破防线。

4. 快速反击进攻

快速反击是指在本方后场得球后，趁对方防线压至中场，后场有较大空间时，快速将球传给插向前场空当的攻击队员，或者在攻守频繁转换时在中、前场争夺到球后快速突破或传球，创造射门机会的进攻。

5. 层次进攻

层次进攻是指在对方已组织好防守队形的情况下所采用的有组织、有步骤的进攻战术配合方法。层次进攻的特点是：有较充裕的时间和随机选择的空间通过配合来寻找对方的防守漏洞，进行逐层突破，以获取进攻的成功率。层次进攻有边路进攻、中路进攻和转移进攻。

三、防守战术

防守战术是比赛中为了阻止对方进攻和重新获得球权所采取的个人和集体配合方法。进攻与防守是矛盾的两个方面，二者相互制约、相互促进。没有稳固的防守，再锐利的进攻也不能保证比赛的胜利，而只守不攻亦不能获胜。因此，在稳固防守上的快速进攻已成为现代足球攻守战术的战略指导思想。

（一）个人防守战术

个人防守战术是指为了控制对手所采用的个人战术行动。个人战术行动包括选位、盯人、抢球、断球等，是整体战术的基础，体现着整体战术的特征。

1. 选位

选位是指防守队员在防守时选择占据合理防守位置的行动。防守队员应在本方失球后快速回位，并站在对手与本方球门中心所构成的连接线上，随时观察对手和球的位置。与对手的距离要根据场区以及球所处的位置来决定（图 10-12）。

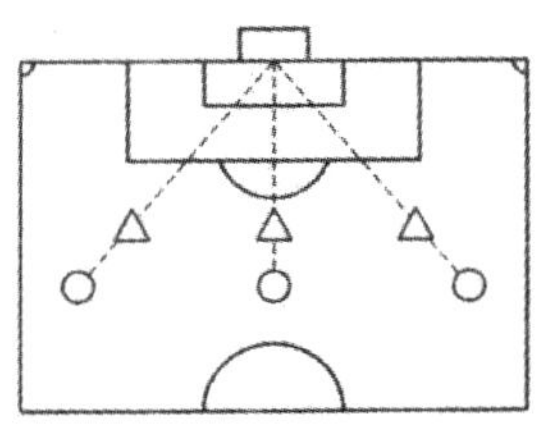

图 10-12　选位

选位可以通过下面两种方法练习。

（1）结合位置的诱导性有球练习

在半场内，全队按比赛阵型在各自位置分别站好，一名队员做多方向控运球，其他队员在各位置随球方向的变化做选位练习。

（2）诱导性有球练习

进攻队员在离球门 16～20 米做横向运球，防守队员练习选位。

2. 盯人

盯人是指防守队员为了限制进攻队员所采取的行动。盯人分为紧逼盯人和松动盯人两种。紧逼盯人时，要做到向前可以抢断球或不给对手自己处理球的机会，向后能抢先于对手得球或破坏对手接球。松动盯人时，要做到既能补充邻近同伴的位置，又能防止对方向背后传球或切入背后。

盯人可以通过以下两种方法练习。

（1）一对一盯人练习

在半场内两人一组，进攻队员向球门做变向与变速运球，防守队员进行盯人练习（图 10-13）。

（2）无球结合球门的练习

两人一组，面对面站立，相距 2 米左右，一攻一守，进攻队员做摆脱跑动，防守队员做选位盯人练习（图 10-14）。

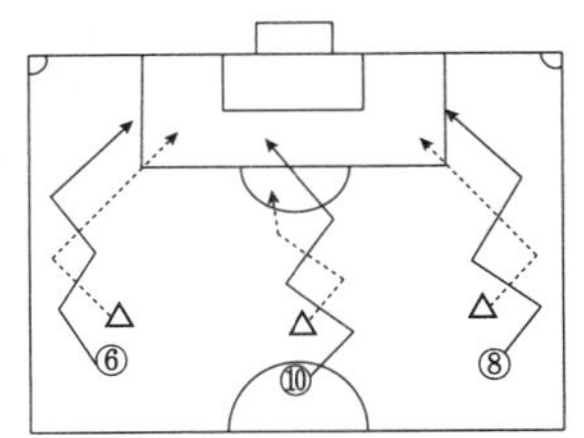

图 10-13　一对一盯人练习

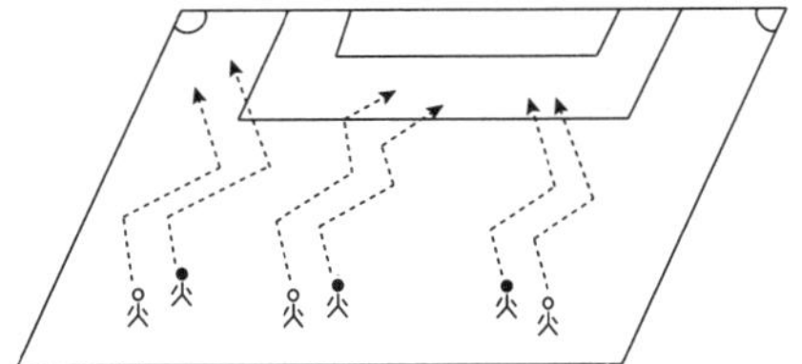

图 10-14　无球结合球门的练习

3. 抢球

抢球是指将对方控运的球抢过来或破坏掉的战术行动。抢球是重要的个人战术，是个人防守能力的重要标志。

（1）抢球的要素

①正确的站位。抢球首先要选择在持球对手与球门中点之间站位，这是对方运球突破的必经之路。对方运球向两侧扯动时，即抢球的有利机会。

②合理的距离。通过移动与持球对手保持最适宜的距离。

③准确的时机。在对手接控球未稳或控、运球两个触球动作之间的时机，将球抢下来或破坏掉。

（2）抢球的注意事项

①抢球时要站稳，不要受对方假动作的迷惑，盲目出脚导致被对方突破。

②如果抢球不成功，要快速转身，及时换位回防。

③抢球动作要勇猛，既抢球又卡位。

④抢球时可主动采用向一侧假抢，诱使对方向另一侧运球而实施真抢。

⑤抢球后衔接动作要快，及时控球发动进攻。

4. 断球

断球是指将对方的传球从途中截下来或破坏掉的战术行动。断球是转守为攻最主动、最有效的战术行动，能在对方来不及反抢的情况下进行快速反击。

（1）断球的要素

①恰当的时机。在对方传出球的一刹那，先于对方接球队员快速插向传球路线，将球截断。

②正确的判断。要正确判断对方持球队员与对方接球队员的意图，预测传球的时间和路线。

③合理的位置。在正确选位的基础上，偏向有球一侧移动，并“松动”防守。

（2）断球的注意事项

①顾全防守全局。断球前要分析攻防全局的态势，以少防多时，断球一定要慎重，一旦失误，将造成全局的被动。

②断球后反击。断球后要抓住时机，发动快速反击。

③隐蔽断球意图。不要紧逼盯防对方接球队员，这样既可以防止对方传切自己身后空当，又可以诱使对方向自己身前的对手传球，陷入自己断球的圈套。

（二）局部防守战术

局部防守战术是指两个或几个防守队员之间的配合方法，它是集体配合的基础。基本的配合形式有保护、补位和围抢 3 种。

1. 保护

保护是指在防守队员身后，选择适当位置协防并阻止对方突破的战术配合行动。保护者给予防守队员心理上的支持，使其无后顾之忧、全力以赴紧逼对手。一旦被持球对手突破，保护者可及时补防，堵住对方进攻路线或夺回控球权，如同伴夺回控球权，保护者可及时接应并发动进攻。

2. 补位

补位是指防守队员弥补同伴在防守中出现漏洞时所采取的相互协助的战术配合。在比赛中，通过同伴间的相互补位，可以有效地遏制和破坏对方的进攻行动，变被动为主动。

3. 围抢

围抢是指比赛中在某局部位置上，防守一方利用人数上的相对优势（通常是两三个队员）同时围堵对方的持球队员，以求在短暂时间内达到抢断或破坏对方的目的。

（三）整体防守战术

当本队失去对球的控制便是防守的开始，为此要求全队立即转入防守。目前，整体防守战术有区域防守、盯人防守、密集防守。

1. 区域防守

每个防守队员负责防守一定区域，当进攻队员进入该区域就由该队员负责盯防。进攻队员离开这个区域就不再跟踪盯防。这种防守战术较节省体力，但是在同一区域出现两名进攻队员时就会比较被动，而且在邻近位置的结合部容易漏人。

2. 盯人防守

盯人防守分全场盯人、半场盯人以及门前 30 米盯人。采用盯人防守战术是指被盯防的对手跑到哪个位置就盯防到哪个位置。其特点是分工明确，容易实行，但体力消耗大，对身体训练水平要求高，一旦一人被突破就容易带来防守的混乱。

3. 密集防守

密集防守是一种缩小防范区域、集防守主要力量于门前危险地带而仅留一名至两名队员于中场的防守形式。它的主要防范区域是门前的“倒漏斗”。

第四节 足球竞赛规则

一、场地

足球比赛场地为长方形，任何情况下宽度不得超过长度。长度（边线）必须在 90 米与 120 米之间，宽度（球门线）必须在 45 米与 90 米之间（图 10-15）。

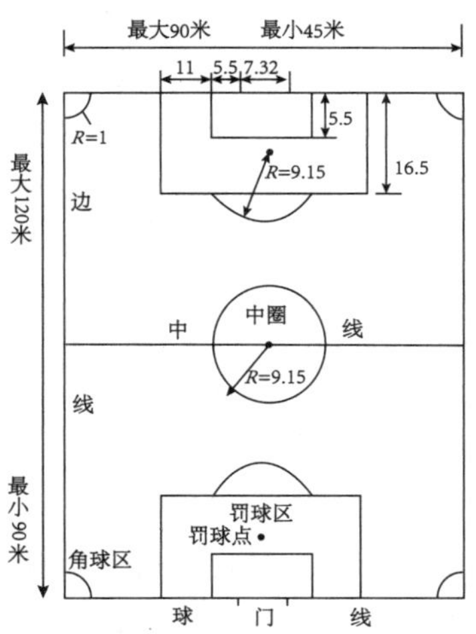

图 10-15 足球场地

国际足球比赛场地长度必须在 100 米与 110 米之间，宽度必须在 64 米与 75 米之间。不论比赛场地的大小，场地上的各个区域的面积以及足球门的高度（2.44 米）和宽度（7.32 米）在任何情况下都不得更改，必须符合规则。国际足联还规定，世界杯足球赛决赛阶段的比赛场地为长 105 米，宽 68 米。

二、队员人数与比赛时间

每队上场队员不得多于 11 人，其中必须有一名守门员。如果任何一队少于 7 人则不得开始比赛或不再继续比赛。

比赛分为上、下两个半场，每半场时间 45 分钟，并根据裁判员的判断，扣除每半场中损失的所有时间。中场休息时间不得超过 15 分钟。

三、越位

队员较对方倒数第二名队员更接近于对方球门线时，即处于越位位置；但队员在本方半场或齐平于对方倒数第二名队员时，即不处于越位位置。

队员处于越位位置本身并不是犯规。在同队队员踢或触及球的一瞬间，裁判员认为处在越位位置的队员就下列情况参与了现实的比赛时才判为越位犯规：干扰了比赛或干扰对方队员以及利用越位位置获得利益。直接接得球门球、掷界外球、角球，队员处在越位位置，但同队队员踢或触击球的瞬间没有干扰比赛，且未干扰对方，也没有获得利益，则没有越位犯规。

对于越位犯规，应判对方在越位地点踢间接任意球。

四、犯规与不正当行为

裁判员认为，队员草率、鲁莽地使用过分的力量，有下列 6 种犯规行为之一者，将判对方踢直接任意球：①踢或企图踢对方队员；②绊摔或企图绊摔对方队员；③跳向对方队员；④冲撞对方队员；⑤打或企图打对方队员；⑥推对方队员。

队员有下列犯规行为之一者，也判对方踢直接任意球：①为了得到对球的控制而抢截对方队员；②于触球前触及对方队员；③拉扯对方队员；④向对方队员吐唾沫、故意手球。

比赛中如果队员在本方罚球区内有上述 10 种犯规行为之一者，应被判罚球点球。

守门员在本方罚球区内有下列 5 种犯规行为之一时，将判对方踢间接任意球：①当手控制球时，在发出球之前行走 4 步以上；②在发出球之后未经其他队员触及，再次用手触球；③用手触及同队队员故意踢给他的球；④用手触及同队队员直接掷入的界外球；⑤拖延时间。

队员有下列情况时，也将判对方踢间接任意球：①动作具有危险性；②阻挡对方队员；③故意阻挡对方守门员从其手中发球；④违反规则的其他犯规而停止比赛被警告或罚令出场。

队员有下列 7 种犯规行为之一者，将被警告并被出示黄牌：①有非体育道德行为；②以语言或行动表示异议；③持续违反规则；④延误比赛重新开始；⑤当以角球或任意球重新开始比赛时，不退出规定的距离；⑥未得到裁判员许可进入或重新进入比赛场地；⑦未得到裁判员许可故意离开比赛场地。

队员有下列 7 种犯规行为之一者，将被罚令出场并出示红牌：①严重犯规；②暴力行为；③向对方或任何人吐唾沫；④用故意手球破坏对方的进球或明显的进球机会；⑤用可判为任意球或点球的犯规行为破坏对方向本方球门移动着的明显的进球得分机会；⑥使用无礼的、辱骂性的语言；⑦在同一场比赛中得到第 2 次黄牌警告。

五、任意球

任意球分为直接任意球和间接任意球两种。无论是直接任意球还是间接任意球，踢球时必须将球放定。踢球队员将球踢出后，在球未经其他队员触及前，不得再次触球。

直接任意球直接踢入对方球门，判为得分；如直接踢入本方球门，判给对方踢角球。

间接任意球直接踢入对方球门，判为球门球；如直接踢入本方球门，判给对方踢角球。

六、掷界外球

掷界外球是重新比赛的一种方法，当球的整体从地面或空中越过边线时，判给最后触球的对方队员从球越出边线处掷界外球。界外球不能直接进球得分。

队员掷界外球时应面向场地，任何一只脚的部分站在边线或边线外的地上，使用双手将球从头后经头上掷出。掷球队员在其他队员触球前不得再次触球。球进入比赛场地，比赛即开始。

【思考题】

◇简述足球运动的特点。

◇简述足球运动的健身价值。

◇传球技术包括哪些内容？

◇简述抢球的注意事项。

◇概述任意球与掷界外球的定义。

第十一章　篮球运动

第一节　篮球运动概述

一、篮球运动的起源

1891 年冬，美国的马萨诸塞州斯普林菲尔德基督教青年会训练学校（今春田体育学院）的教师詹姆斯·奈史密斯先生，根据学校指示要设计一个冬季可以在室内运动的体育活动。受儿童向桃篮内投石游戏的启发，詹姆斯·奈史密斯先生发明了篮球游戏。

詹姆斯·奈史密斯先生找来了两只桃篮，分别钉在健身房内看台的栏杆上，桃篮上沿距离地面 3.05 米，用足球作为比赛工具，将全队分成两组进行比赛，向篮内投掷足球，投球入篮得一分，按得分多少决定胜负。之后逐步将竹制桃篮改为活底的铁质球篮，后又在铁篮上挂了线网。到 1893 年，形成了近似现代的篮板、篮圈和篮网。因起初使用的是桃篮和球，就取名为"篮球"。

经过几次体育课试验后，1891 年 12 月 25 日圣诞节之夜，詹姆斯·奈史密斯先生将培训班的 18 名学生分成两队，用足球作为比赛工具进行了表演比赛，并把游戏介绍给观众。从此，篮球运动诞生了。

为了保证当天的比赛顺利进行，詹姆斯·奈史密斯先生制定了最初的 5 项篮球比赛规则：

①使用足球式的柔软圆形球。

②必须用手传递，不得用脚踢、拳打和头顶，也不得抱着球跑动。

③避免粗野动作，不得打、拉、推对方。

④任何队员在任何时间都可占据场上的任何位置。

⑤投掷的目标应设置在空中，呈水平状态。

最初制定的 5 项规则始终没有变。1908 年美国制定了全国统一的篮球规则，并用多种文字出版，发行全世界。

二、篮球的传播与发展

篮球运动产生后很快传播起来，先是在美国许多地方开展，1892 年传入墨西哥，1893 年传入法国，1895 年传入英国和中国，1896 年传入巴西，1897 年传入捷克斯洛伐克等国家。1904 年第三届奥运会在美国圣路易斯举行，美国青年会男子篮球队首次进行了表演。此后，篮球运动逐步在中美洲、亚洲、欧洲和大洋洲开展起来。

在篮球运动向世界传播的同时，美国人不仅极力发展篮球技术、战术，而且在篮球市场的开拓上进行着尝试和努力。1898 年，美国新泽西州特伦顿的一支球队用 25 美元租用了当地一家礼堂进行比赛并向观众售票。在赛后的分红中，队长库珀组织比赛有功，首先领到了

1美元。这场“有偿篮球赛”被《不列颠百科全书》认定为第一场“职业篮球赛”，而库珀则成为第一个从篮球比赛中得到收入的“职业选手”。

1932年6月18日，在瑞士的日内瓦成立了国际业余篮球联合会（Federation Internationale de Basketball Association，FIBA，简称“国际篮联”），由葡萄牙、阿根廷等欧美的8个国家组成，现已发展到157个成员，遍布五大洲。国际篮联专门设立了规则研究机构，同年以美国大学生篮球规则为蓝本，略加修改，正式出版了第一本《国际篮球规则》。以后每四年国际篮球技术委员会将提交世界代表大会修改并通过新的篮球规则。

1936年第十一届奥运会将男子篮球列入正式比赛项目。

1946年6月6日，由美国11家冰球馆和体育馆的老板们共同发起成立了“全美篮球协会”（Basketball Association of America，BAA）。其目的有以下两方面：一方面是使体育馆在冰球比赛以外的时候不至于空闲；另一方面是争夺当时被成立于1937年的，最好的职业篮球联盟——美国篮球联盟（National Basketball League，NBL）占据的职业篮球市场。篮球成为娱乐和体育新的消费热点。BAA在经营不到两年的时间里就合并了NBL，更名为美国职业篮球联赛（Nation Basketball Association，NBA）。如今，NBA已经家喻户晓，风靡世界，无论是NBA的技术和战术，还是NBA的经营理念都为当今世界篮球的发展树立了榜样，领导着世界篮球运动的发展潮流，使篮球运动成为深受人喜爱的体育运动项目之一。

现今已有30支球队的NBA，在其发展的各个时期均涌现出耀眼的球员，如20世纪60年代的张伯伦和拉塞尔，70年代的贾巴尔，八九十年代的约翰逊、迈克尔·乔丹，21世纪的科比·布莱恩特、勒布朗·詹姆斯等。同时NBA的教练们为篮球运动的理论发展作出了突出贡献。

1948年小篮球运动开始萌芽，许多国家纷纷在少年儿童中开展这项运动。国际篮联对此十分重视，于1968年成立了国际小篮球委员会。

1950年和1953年分别举行了第一届世界男、女篮球锦标赛。

1976年第二十一届奥运会增加了女子篮球赛。

20世纪90年代，国际奥委会为了使奥运会比赛更加精彩和有吸引力，允许职业篮球队员参赛。自1992年在西班牙巴塞罗那举行的第二十五届奥运会以来的历届奥运会上，美国的“梦之队”把篮球比赛变成了篮球的技巧表演，使这项运动的技艺展现得更加完美，战术打法更为精练、多变、实用。

随着男子篮球职业化的发展，女子篮球也在向职业化的方向努力。美国于1996年率先组织了国家女子篮球联盟（Women′s National Basketball Association，缩写为WNBA），举办了女子职业篮球联赛。在欧洲、亚洲等地也陆续出现了女子职业篮球俱乐部，开始举办女子职业篮球联赛。

第二节　篮球运动基本技术

篮球技术是篮球比赛所必需的专门动作方法的总称，它是完成战术配合的重要因素。篮球技术分为进攻和防守两大部分，包括脚步动作、传球、接球、投篮、运球、持球突破、防守、抢篮板球等。

一、脚步动作

(一) 基本站立姿势和启动

两脚依据场上需要，平行或前后开立，距离约与肩同宽，两膝自然弯曲，身体重心的投影点在两脚之间，上体正直稍前倾，两眼平视，时刻保持启动状态。

(二) 跑和跳

跑主要有侧身（弧线）跑、变速跑、后退跑、变向跑等；双脚起跳多用于跳起投篮、抢防守篮板球等情况，单脚起跳多用于行进间投篮及抢断球等情况。

(三) 急停、转身、跨步

急停的方法有跳步急停和跨步急停两种。跳步急停指停步之前以一脚蹬地跳起并腾空，采用双脚同时落地的方法；跨步急停为双脚依次落地的方法。

转身是以一只脚为轴，另一只脚蹬地、转体并改变身体朝向，从而改变与对手的关系的技术方法，包括前转身和后转身两种。

跨步是在基本站立姿势的基础上，以一脚为轴，另一脚向侧或前方跨出的技术方法，包括同侧步和异侧步两种。

(四) 防守步法

防守步法分为侧滑步、前滑步、后滑步、后撤步等。向左侧滑步时，右脚前脚掌内侧蹬地，左脚向左（移动方向）跨出，在落地的同时右脚紧随滑动，向左脚靠近，两脚保持一定的距离，左脚继续跨出。在滑步时，要保持屈膝低重心的姿势，身体不要上下起伏，重心保持在两脚之前，眼要注视对手，向右侧滑步方法相同，只是两脚前后站立，向前（后）方移动。后撤步的方法为前脚蹬地，在转腰的带动下前脚变为后脚的防守脚步动作。

二、传球和接球

(一) 传球

持球时，两手五指自然分开，两拇指相对成八字形，用指根以上部位握球的侧后方，手心空出，两肘自然弯曲于体侧，将球置于胸前。肩、臂、腕肌肉放松，两眼注视传球目标，身体成基本姿势。传球时，后脚蹬地，身体重心前移，同时两臂前伸，手腕由下向上翻转，同时拇指用力下压，食指及中指用力弹拨，将球传出。出球后手心和拇指向下，其余手指向前。

(二) 接球

1. 双手胸前接球

双眼注视来球，两臂迎球伸出，双手手指自然张开，两拇指成八字形，当手指触球时，双手将球握住，两臂顺势曲肘后引，缓冲来球的力量，两手持球于胸前腹间。当接高部位来球时，双手向前上方迎球；当接中部位来球时，双手向前方迎球；当接反弹球时，双手向下迎球。

2. 单手接球

单手接球时，接球手自然伸出迎球，五指自然分开，掌心对球，手指触球后，迅速收臂，将球引至体前，另一只手迅速扶球。

三、投篮

投篮的方式多种多样，要提高投篮命中率就必须了解投篮技术动作的结构，正确掌握投篮技术。在学习投篮技术时，必须掌握以下技术要素。

投篮技术动作包括两个方面：一是投篮时的身体姿势，二是持球手法。

原地投篮时，要两脚前后自然开立，两膝微屈，上体稍前倾，重心落在两脚之间。这样，既便于投篮集中用力，也利于变换其他动作。移动中接球跳投、运球急停跳投或行进间投篮时，跨步接球与起跳动作既要连贯衔接，又要迅速制动，使身体重心尽快移到支撑面的中心点上，以保证垂直起跳。身体姿势正确能保证身体重心移动与投篮出手的方向一致，就能保持身体平衡。控制身体平衡是保证出球方向准确的基本条件。

投篮的时候，无论是单手投篮还是双手投篮，持球时五指都应该自然张开，掌心空出，用指根及指根以上部位触球，增大与球的接触面积，以保持球的稳定性，控制球的出手方向。原地投篮是最基本的投篮方法，是行进间投篮和跳起投篮的基础。原地投篮可以更好地保持身体平衡，便于全身协调用力，比较容易掌握，一般在中远距离投篮和罚球的时候运用较多。

（一）原地双手胸前投篮

原地双手胸前投篮方式虽然出球点较低，但出手前稳定性好，出手力量大，便于与传球、突破相结合，多用于远距离投篮。

双手持球基本同双手胸前传球。两肘自然下垂，将球置于胸前，目视瞄准点。两脚前后或左右开立，两膝微屈，重心落在两脚之间。

投篮时，两脚蹬地，腰腹伸展，两臂向前上方伸出，两手腕同时外翻，拇指稍用力压球，食指、中指拨球，使球从拇指、食指、中指指端飞出。球出手后，脚跟提起，身体随投篮出手方向自然伸展。

要点：投篮时，蹬伸踝、膝、髋，双手用力均匀，手腕外翻，手指拨球。

（二）原地单手肩上投篮

以右手投篮为例，由双手持球开始，然后将球引至右肩前上方，右臂屈肘，肘关节稍内收，上臂与肩关节约成水平，前臂与上臂大约成 90°。右手五指自然张开，手腕后屈，掌心空出，用手掌外缘以及指根以上部位托住球的后下方，左手扶住球的左侧。单手肩上投篮时，随着下肢蹬伸和腰腹伸展，投篮臂向前上方抬肘伸臂，最后力量集中到手腕和手指上，由手腕前屈和手指拨球的动作，使球通过食指、中指的指端柔和地飞出。出手后，全身随球跟送，手臂自然伸直。通常投篮距离越近，身体其他部分用力越小，多以手腕和手指用力为主；投篮距离越远，身体协调用力越大，对手腕、手指调节力量的能力要求也越高。

（三）行进间单手肩上投篮

行进间单手肩上投篮又称行进间单手高手投篮，是在比赛中切入篮下时常用的一种投篮方法。以右手投篮为例，右脚向前跨一大步时接球，接着上左脚蹬地起跳，右腿屈膝上抬，同时双手举球于右肩前上方。腾空后，上体稍后仰，当接近高点时，向前上方抬肘伸臂，用手腕前屈和手指拨球的力量将球投出。跨步一大二小向上跳，节奏要清楚。出手时，手腕、手指用力要柔和。

（四）行进间单手低手投篮

行进间单手低手投篮是在快速跳动或运球超越对手后，在篮下的一种投篮方法。它具有伸展距离远和出球平稳的优点。以右手投篮为例，右脚向前跨出一大步的同时接球，左脚跨第二步时用力蹬地向前上方起跳，右腿屈膝自然上提。腾空到最高点时，右手五指自然张开，掌心向上，托球的下部，右臂向前上方伸展，接近球篮时，利用手腕上挑和手指的拨动，使球向前旋转进入球篮。腾空时身体向前上方充分伸展，举球后保持托球的稳定，手腕、手指的上挑动作要柔和、协调。

四、运球

（一）高运球

运球时，球反弹的高度在腰、胸之间的叫高运球。它是在没有防守队员阻挠的情况下，为了加快向前推进的速度或在进攻中调整进攻速度和攻击位置时所采用的一种运球方法。高运球时，上体稍前倾，抬头看前方，以肘关节为轴，用手拍按球的后上方，把球的落点控制在身体侧前方。手脚协调配合，使球有节奏地向前运行。

要点：拍按球的部位正确，手脚协调配合。

（二）低运球

运球时，球反弹的高度在膝关节以下的运球叫低运球。当受到对手紧逼或接近防守队员时，常采用这种运球方法保护球和摆脱防守。低运球时，两膝迅速弯曲，重心降低，抬头看前方，上体前倾，靠近防守队员一侧，用上体和腿保护球。同时，用手腕、手指短促有力地拍按球，以便更好地控制球和摆脱防守，继续前进。

要点：两膝弯曲迅速，降低重心，上体前倾；拍按球短促有力，手脚协调配合。

（三）运球急停急起

运球急停急起是运球时利用速度的突然变化来摆脱防守的一种方法。多用在对手防守较紧的情况下，在快速运球中突然停止前进，迫使防守队员被动减速停住，趁其重心不稳时，再突然加速启动运球，摆脱防守。运球急停时，用手快速拍按球的前上方，同时，两脚做跨步急停，并转入低运球，用臂、上体和腿保护球。运球急起时，后脚用力蹬地，同时拍按球的后上方，加速超越对手。

要点：拍按球的部位正确；停得稳，起得快。

五、持球突破

持球突破是持球队员合理运用脚步动作与运球技术，快速超越防守队员的一项攻击性很强的进攻技术。在比赛中，及时地把握突破时机、合理地运用突破技术是直接切入篮下得分的重要手段。持球突破还可以打乱对方的防御部署，为同伴创造更多、更好的投篮机会。突破若能巧妙地与投篮、传球等结合运用，使突破技术灵活多变，就能更好地发挥突破技术的攻击力。持球突破根据采用的步法，可分为原地持球同侧步突破和原地持球交叉步突破两种。

（一）原地持球同侧步突破

原地持球同侧步突破也称顺步突破，其优点是突破时启动突然，初速度快，但球暴露较多，容易被对手将球打掉。以左脚做中枢脚，从防守队员左侧突破为例。突破时，上体积极前倾的同时，右脚迅速向右前方跨一大步，同时上体右转，左肩积极下压。左脚内侧用力蹬地，在左脚离地前，用右手推按球于右脚外侧前方，然后左脚迅速跨步抢位，加速运球超越对手。

要点：启动要突然，跨步、运球要快速连贯，中枢脚离地前球要离手。

（二）原地持球交叉步突破

原地持球交叉步突破的优点是跨步后与防守队员接触面较小，能更好地利用跨步抢位保护球。以左脚做中枢脚，从防守队员右侧突破为例。突破时，右脚向右侧前方迈出一小步，把防守队员引向自己右侧的同时，用右脚前掌内侧迅速蹬地，向左侧前方跨一大步，上体稍左转，右肩向前下压，重心向左前方移动，将球推引至右侧，用左手推按球于右脚左侧前方，接着左脚蹬地，加速超越对手。

要点：积极蹬地，启动突然；转体探肩应与跨步相连；推按球离手必须在中枢脚离地之前；跨步脚尖指向突破方向；整个动作协调连贯。

六、防守

防守是防守队员合理地运用脚步移动和手臂动作，积极抢占有利位置，阻挠和破坏对手投篮、传接球、突破等进攻意图以争夺控球权，转守为攻。防守包括对无球队员的防守和对持球队员的防守。

（一）防守无球队员

根据对手、球、球篮来选择有利位置，有球紧，无球松；近球紧，远球松；积极移动，控制对手。

要做到球、人、区兼顾，与同伴协同防守，破坏对方进攻配合，加强防守的集体性。

防守时应以人（各自防守的对手）为主，人球兼顾，时刻注意人、球、对手、球篮等的方位，随时调整自己的防守位置，并注意协助同伴防守，干扰和破坏自己附近对手的球和进攻队员。

全队要有良好的配合意识，思想统一，配合默契，前后呼应，行动迅速，积极抢占有利位置，争取在气势上占据主动。

防守无球队员时，以防止或减少对手接球为主，特别要防止对手在有威胁的区域接球，人球兼顾，及时准备补防和断球。

（二）防守持球队员

首先要防止对手的投篮和突破，干扰其传球。对手运球时，要迫使其向边、角方向移动并使其停球。对手停球后，要立即贴近，进行紧逼防守，封堵传球。在整个防守有球队员的过程中，要积极利用抢、打、封、抹、盖等技术和各种假动作，破坏和夺取对方的控球权。

七、抢篮板球

抢篮板球时，要设法抢占对手与球篮之间的有利位置。抢进攻篮板球时要判断球的落点，利用各种假动作冲抢；抢防守篮板球时要注意用转身挡人的动作先挡人后抢篮板球。不论抢进攻篮板球还是防守篮板球，都要抢占对手与球篮之间的位置。

起跳动作：起跳前两腿微屈，重心降低，上体稍前倾，两臂屈肘，举于体侧，重心置于两脚之间，注意观察判断球的反弹方向，及时起跳。起跳时两脚用力蹬地，同时两臂上摆，手臂上伸，腰腹协调用力，充分伸展身体，并控制身体平衡。

抢球动作分双手、单手和点拨球 3 种。双手抢篮板球时，指端触球瞬间，双手用力握球，腰腹用力，迅速将球拉至胸腹部位，同时两肘外展以保护球。单手抢篮板球，跳起达到最高点时，指端触球后，迅速屈指、屈腕、屈肘、收臂，将球下拉，另一只手扶球护于胸腹部位。点拨球是在跳起达到最高点时，用指端点拨球的侧方、侧下方或下方。进攻抢到篮板球时，或补篮，或投篮，或迅速传球给同伴，重新组织进攻；防守抢到篮板球时，或在空中将球传出，或落地后迅速传出，或运球突破后及时传给同伴。

第三节　篮球运动基本战术

一、篮球战术的概述

（一）篮球战术概念

篮球战术，是指在比赛中为了战胜对手，队员个人技术的合理运用和队员之间相互协调的组织形式。

（二）组成篮球战术的因素

无论是攻、守基础配合，还是攻、守战术，都包含位置（落位）、任务、路线、技术、时间五个因素。

（1）位置（落位）

任何战术都有一定的落位队形，每个队员按一定阵形站位，这就是位置。

（2）任务

在完成战术配合的过程中，每个队员都必须有明确的角色意识（知道自己是什么角色），并各尽其职，共同完成任务。

（3）路线

组织任何技术，人和篮球都应有固定的移动路线。根据战术要求和每个人的任务，队员和篮球有计划、有目的地移动，这就形成了一定的路线。

(4) 技术

技术是战术的基础，每个队员都必须有全面的技术。在执行全队战术配合时，每个队员根据具体职责，以娴熟的技术去保证战术配合的完成。

(5) 时间

在完成战术配合时，必须根据战术的结构、组成情况，严格地按一定程序去完成，这就是时间上的要求。

以上五种因素互相联系、相辅相成，任何一个因素解决不好都会影响战术的质量。

(三) 组织战术原则

①根据战略指导思想、技术风格和本队的具体条件，确定适合本队情况的战术。

②应贯彻“积极、主动、勇猛顽强、快速、灵活、全面准确”的技术风格。

③组织进攻战术：第一，组织快攻要体现快速、灵活的风格，并具有本队的特点；第二，组织阵地进攻要坚持“点面结合”“内外结合”“左右结合”“主攻与辅攻结合”“组织抢进攻篮板球与退守结合”，组织好战术配合的连续性、队员之间配合的协调性以及队员在场上行动的统一性，充分发挥每个队员的攻击性。

④组织防守战术要贯彻攻势防守的原则。重视由攻势转守势的意识和速度，确定各种防守的固定队形和不固定队形，确定由攻转守时的紧逼、找人和封堵的分工、边堵边退的配合以及分布阵等，贯彻以集中优势兵力打歼灭战的原则。组织夹击，回防区域，积极进抢、打、断和堵防、补防的结合，组织内外线防守力量和防守重点队员的分配，积极组织拼抢篮板球，积极反攻。

二、篮球战术基础配合

战术基础配合是两三名队员之间协同动作组成的简单配合。

(一) 进攻战术基础配合

1. 传切配合

传切配合是两三名队员利用传球和切入组成的简单配合。

传切配合的要点：

①合理选择进攻位置，队形要拉开，按战术路线跑动。

②持球队员运用投篮和突破等假动作吸引对手，以便及时把球传给切入的同伴。

③切入的队员要先靠近对手，然后突然快速侧身跑，摆脱对手向篮下切入，随时注意接球进攻。

2. 掩护配合

掩护配合是选择正确的位置，运用合理的技术，以身体挡住对方防守队员的移动路线，给同伴创造摆脱防守、获得进攻机会的一种配合方法。

掩护配合的要点：

①掩护队员要站在对方防守队员的移动线上。

②掩护配合行动要突然、快速，运用假动作造成对方防守队员的错觉，完成掩护配合。

③同伴之间必须掌握好配合动作的时间。

④当对方防守队员交换防守时，掩护队员要运用掩护后的第二个动作，突然转身切入篮下或寻找其他的进攻机会。

⑤在进行掩护的过程中，掩护队员和同伴都要做一些进攻动作，吸引住对手，达到隐蔽掩护配合的目的。

3．突分配合

突分配合是持球队员运用突破打乱对方防守部署或吸引对方防守，并及时将球传给同伴，使同伴获得进攻机会的配合方法。

突分配合的要点如下：

①突破队员的动作要突然、快速。在突破过程中，既要有传球的准备，又要有投篮的准备。

②突破队员在突破过程中，要始终注意观察场上攻、守队员的位置变化，及时分球或投篮；场上其他进攻队员要掌握时机，跑到有利的进攻位置接球。

4．策应配合

策应配合是指进攻队员背对或侧对球篮接球，并以他为枢纽，与同伴相互配合而形成的里应外合的进攻方法。

策应配合的要点如下：

①正确选择策应点，迅速摆脱防守，抢占策应的位置。

②策应队员接球后，应两脚开立，两腿弯曲，上体稍前倾，两肘微屈，两手持球于腹前，用臂和身体保护好球；要随时注意观察场上情况，以便及时将球传给有进攻机会的同伴或自己伺机进攻。

③策应队员在策应过程中，运用好跨步、转身来调整策应方向和位置，以便协助同伴摆脱防守或为自己创造进攻机会。

④同队队员传球给策应队员后，要及时摆脱、接应或切向篮下进攻。

（二）防守战术基础配合

防守战术基础配合是两三名队员在防守中运用协同防守配合的方法，包括挤过、穿过、交换防守、关门、夹击、补防等防守配合，这是组成全队防守的基础。

1．挤过配合

挤过配合是当掩护队员在进行掩护的一刹那，被掩护的防守队员主动上前，靠近自己的防守对象，并随其移动，从两名进攻队员之间侧身挤过去，继续防守自己对手的配合方法。

挤过配合的要点如下：

①掩护队员应及时提醒同伴注意对方掩护，自己随移动应稍向后撤，以便补防。

②被掩护的防守队员要及时、主动上步，贴近自己的对手。

2．穿过配合

当进攻队员进行掩护时，防守掩护的队员主动后撤一步，让同伴（被掩护的防守队员）及时从自己和掩护队员之间穿过去，以便继续防守住对手，称为穿过配合。

穿过配合的要点如下：

①当对方掩护时，防守掩护的队员要主动、及时后撤一步。

②被掩护的队员要快速穿过堵住的进攻路线。

3. 交换防守配合

交换防守是当对方进行掩护或策应时，两名防守队员及时交换防守对象的一种配合方法。

交换防守配合的要点如下：

①交换防守前，防守掩护的队员要及时把换人信号告诉同伴并积极堵截对方切入队员的路线。

②被掩护的防守队员接到换人的信号后，积极堵截对方掩护队员向内线切入的移动路线。

4. 关门配合

关门配合是当进攻队员持球突破时，防守突破的队员向侧后滑步。同时，临近突破一侧的防守队员迅速向进攻队员的突破路线滑动，向防守突破的队员靠拢，像两扇门一样地关起来，堵住持球突破队员的一种配合。

关门配合的要点如下：

①防守突破队员要积极防守，堵住进攻队员的突破路线，临近突破一侧的防守队员及时、快速地向同伴靠拢，进行关门，不给突破队员留有空隙。

②关门后，突破队员一停球，协助关门的队员迅速回防自己的对手。

5. 夹击配合

夹击配合是两个防守队员利用有利的区域和时机，封堵对方持球队员的传球路线，造成对方持球队员传球失误或违例的一种协同防守的配合方法。

夹击配合的要点如下：

①正确选择夹击的区域和时机。

②夹击配合时，行动要果断、突然，两名夹击队员应充分运用身体、两臂严密固守持球队员，两人的双脚位置约成 90°角，不让其对手向场内跨步。

③夹击时，防止身体接触或抢球造成的不必要的犯规动作。

④防守的两名队员在夹击配合过程中，其他防守队员要紧密配合，放弃远离球的进攻队员，严防接近球的进攻队员接球。

6. 补防配合

当防守队员被对手突破或绕过时，临近的其他防守队员主动放弃自己的防守对象，去补漏防守的配合方法，称为补防配合。

补防配合的要点如下：

①当同伴被对方突破后，临近的防守队员要大胆放弃自己的防守对象，果断、突然、快速地补防。

②补防时，应合理运用技术，避免犯规。

③被对手突破而漏防的队员应积极追防，补防同伴的防守对象，注意观察对手的传球路线，争取断球。

（三）快攻与防守快攻

快攻是指在由防守转入进攻时，以最快的速度、最短的时间，在人数上造成以多打少的优势，或者在人数相等以及人数少于对方的情况下，趁对方立足未稳，果断而合理地进行攻击的一种快速进攻战术。

快攻战术是全队战术的主要组成部分，是篮球比赛中得分的重要方法，为国内外篮球队所重视。因此，在快攻训练中，必须加强快攻基础战术的练习以及攻防转化意识的练习，培养勇猛顽强的意志品质和勇于取胜的集体主义精神，不断提高快攻战术质量。

1. 发动快攻的时机

①抢到防守篮板球时发动快攻。

②抢、打、断球，获球时发动快攻。

③掷界外球时，要想到发动快攻。

④跳球，获球后发动快攻。

2. 快攻战术的形式

快攻战术的形式分为长传快攻、短传快攻和运球突破快攻3种。

（1）长传快攻

长传快攻是防守队员在后场获球后，立即快速地用一次或两次传球给迅速超越对手的同伴进行投篮的一种配合方法。

长传快攻的要点：全队要有快攻意识；由攻转守的获球队员迅速观察场上情况，机警、快速地传球；快攻队员要全力快跑，超越对手，并准确判断来球的方向和落点，在跑动中完成接球和投篮。

（2）短传快攻

短传快攻是防守队员获球后，立即以快速的短传推进和快速跑动获得投篮机会的一种进攻方法。

（3）运球突破快攻

运球突破快攻指防守队员获球后，利用运球技术超越对方防守，自己投篮得分或传球给比自己投篮机会更好的同伴进行攻击的方法。

运球突破快攻的要点：快攻发动的时机有抢到后场篮板球时发动快攻、掷后场界外球发动快攻、抢断球后发动快攻、跳球时发动快攻。

3. 防守快攻

防守快攻是防守战术的主要组成部分。它是在进攻转入防守的刹那间，快速地、有组织地制约对方的反击速度和破坏对方快攻路线的配合方法。

防守快攻的要点如下：

①提高投篮命中率，拼抢篮板球：从比赛规律看，抢篮板球时发动快攻的次数最多。因此，提高投篮命中率，减少对方抢篮板球的机会很重要。即使投篮不中，也要拼抢篮板球，破坏对方在空中点拨球发动第一传。

②封第一传，堵接应：当对方控制了篮板球时，离对方持球队员最近的队员要迅速上前封锁对手的传球路线，其他队员应判断好接应点，阻挠对方接应第一传和有组织地退守。

③堵中路，卡好两边：除封第一传，堵接应外，还应组织力量堵截中路，迫使对手沿边线推进。同时，卡好两边，以防对方偷袭快攻。

④提高以少防多的能力：防守快攻结束阶段，若遇以少防多时，防守队员要沉着冷静，有信心，充分发挥防守的积极性，判断准确，积极移动，合理运用技术，及时补位，提高防守效果。

（四）防守战术的基础配合

防守战术的基础配合有挤过、穿过、补防、关门、夹击和换防配合等形式。

①挤过、穿过配合。当对方进行掩护时，如果防守队员发觉，可根据对方掩护队员和被掩护队员的距离远近，决定向前一步挤过还是后撤一步穿过来及时防住对手。

②补防配合。补防配合是两三名防守队员之间的一种协同防守的配合。当同伴失去有利防守位置，对方进攻队员有直接得分的可能时，临近的防守队员要立即放弃自己的防守对象进行补防。

③关门配合。关门是临近的两个防守队员协同防守突破的配合方法。

④夹击配合。夹击配合是两名防守队员运用合理的防守战术，积极防守一个对方进攻队员的配合方法。

⑤换防配合。换防配合是为了破坏对方的掩护配合，防守队员之间及时地交换自己所防守的对手的一种配合方法。

（五）区域联防

区域联防，是在防守时每个人分工负责防守一定的区域，严密防守进入该区域的球和进攻队员，并与同伴协同防守的集体防守战术。

区域联防要求合理地分配队员的防守区域，在分工负责防守区域的基础上，5 名队员必须协同一致，积极随球移动，加强对有球一侧的防守，做到近球者紧，远球者松；有球者上，无球者补。常用的区域联防战术队形有“2—1—2”“2—3”“3—2”“1—3”等。

区域联防应该根据进攻队的特点以及本队的条件来决定采用哪种站位队形进行防守。“2—1—2”联防是区域联防的基本形式，5 名队员的位置分布较均衡，移动距离短，便于相互协作，能相对减少犯规。

（六）半场人盯人防守

半场人盯人防守是指在后场每个防守队员盯住一个进攻队员，同时协助同伴完成集体防守任务的全队防守战术，分为有球一侧防守与无球一侧防守两种。

有球一侧防守：球在正面圈顶一带时，要错位防守，以防守对手接球为主。球在 45°角一带时，要侧前防守。

无球一侧防守：球在圈顶一带和 45°角一带时，无球侧防守队员应回缩球，注意协防和篮下。进行人盯人防守时有各种阵形打法，主要是由传切、掩护策应等局部配合组合而成。

半场人盯人防守的特点是以盯人为主，分工明确，能有效地控制对方进攻重点。

第四节　篮球竞赛规则

一、场地设备与比赛通则

（一）场地设备

篮球场为长方形，无障碍物。球场长 28 米，宽 15 米，球场的测量方法是从界线的内沿量起。篮圈的内径最小为 45 厘米，最大为 45.7 厘米，距离地面的高度为 3.05 米（图 11-1）。篮球的外壳由皮革、橡胶或合成物质制成。球的圆周不得小于 74.9 厘米，不得大于 78 厘米；重量不得少于 567 克，不得多于 650 克。充气后，球从 1.8 米的高度（从球的底部量起）落到球场的地面上，反弹起来的高度不得低于 1.2 米，不得高于 1.4 米（从球的顶部量起）。

（二）比赛通则

每场比赛由两支球队参加，每场每支球队出场 5 名队员，如果某队在场上准备比赛的队员不满 5 名，那么比赛就不能开始。

比赛由 4 节组成，每节 12 分钟。第 1 节和第 2 节、第 3 节和第 4 节之间的休息时间为 2 分钟，第 2 节和第 3 节之间的休息时间为 15 分钟。如果第 4 节结束时得分相等，要延长 5 分钟作为决胜期继续比赛，必要时要延长几个决胜期，直到分出胜负为止。

对于 4×12 分钟的比赛，每队每半场（两节）的比赛时间内允许请求 3 次暂停，每一决胜期内允许 1 次暂停。

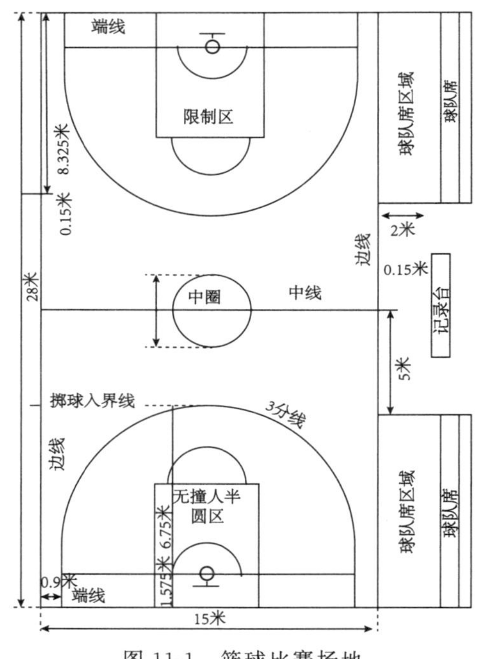

图 11-1　篮球比赛场地

二、违例部分

违例指违犯规则。队员违例时，应罚其失去球权，将球判给对方在最靠近发生违例的地点掷界外球。

（一）带球走规则

①确定中枢脚。队员静立时接到球或双脚同时着地接到球，可用任何一只脚作为中枢脚。一只脚抬起的一刹那另一只脚就成为中枢脚，队员在移动过程中接到球，如果脚分先后着地，只能用先着地的脚作为中枢脚。

②确定中枢脚后，在传球或投篮时可抬起中枢脚，但中枢脚必须在球离手后才能落回地

面。开始运球时，在球离手前不能抬起中枢脚。

（二）运球规则

1. 运球开始

队员控制球后，将球掷、拍或滚在地面上，并在球触及另一名队员前再触及球为运球开始。

2. 运球结束

在运球过程中，队员用双手同时触球或使球在一手或两手间停留的瞬间即运球结束。

运球结束有以下几种情况：

①投篮。

②球被对方队员触及。

③传球或漏接，然后球触及了另一队员或被另一队员触及。

（三）球回后场规则

1. 如何划分前、后场

对方球篮的端线与中线的场区（不包括中线）是本方的前场；本方球篮的端线与中线之间的场区（包括中线）是本方的后场。

2. 如何判断球回后场

①前场控制活球队的队员使球进入后场。

②球进入后场后，最先触球的是控制球的球队的队员，则构成球回后场违例。

（四）罚球规则

1. 罚球队员规则

①罚球队员可用任何方式投篮，但在处理球时，必须在5秒钟内投球出手；投篮的球必须从篮圈上方进入球篮或触及篮圈。

②在球触及篮圈前不得触及罚球线或罚球线前的地面。

③若球已在飞向球篮的途中，则不得触及球。

判罚：违犯规则，罚中不得分；如果是仅有的一次罚球或最后一次罚球，则将判对方队员在罚球线的延长部分掷界外球。

2. 非罚球队员规则

①不得占据非罚球队员无权占据的位置区。

②在球离开罚球队员的手之前不得进入限制区、中区区域或离开位置区。

③不得干扰罚球队员。

④在球飞向球篮的途中不得触及球，当球与篮筐接触时不得触及篮球或篮板。

判罚：

①双方同时违例，球投中得分；罚球不成功，判对方队员掷界外球。

②罚球队员的对方队员违例，球投中得分；罚球不成功，判罚球队员重罚一次。

(五) 时间规则

(1) 3 秒规则

某队在场上控制球并且比赛计时正在继续时，该队的队员不得在对方的限制区内停留超过 3 秒。

(2) 8 秒规则

当一名队员在后场获得一个控制活球时，该队必须在 8 秒内使球进入前场。

(3) 24 秒规则

当一名队员在场上获得一个控制活球时，球队应在 24 秒内设法投篮，并且投篮的球只有在进入篮圈或触及篮圈时，24 秒装置才能恢复。

(六) 干扰球规则

①当投篮的球在飞行下落，并完全在篮圈水平面时，进攻或防守队员都不得触及球，在投篮中，当球碰击篮板后并完全在篮圈水平面时，也不可以触及球。

②当投篮的球接触篮圈时，进攻或防守队员都不得触及球篮或篮板。

判罚：

①如果进攻队员违例，不能得分，将球判给对方队员在球线的延长线部位掷界外球。

②如果防守队员违例，判投篮队员得 2 分；如在三分区投篮，则判得 3 分。

三、犯规部分

犯规是违反规则的行为，包括与对方队员的身体接触和违反体育道德的举止。

(一) 犯规的类型及其判罚

1. 侵人犯规及其判罚

(1) 一般性侵人犯规

一般性侵人犯规主要有阻挡、非法用手、拉人、推人、非法掩护和持球撞人等。在上述情况下都要登记犯规队员的每一次侵人犯规。如果对没有做投篮动作的队员犯规，判侵人犯规；如果对已在做投篮动作的队员犯规，投球进篮计分并判给一次罚球；如果两分投篮没有成功，则判给两次罚球，如果三分投篮没有成功，则判给 3 次罚球。如果是控制球队的队员犯规，由非犯规队在犯规处的界外掷界外球。

(2) 双方犯规

双方犯规指两名对抗的队员大约同时发生犯规的情况。登记每个队员一次侵人犯规，不判给罚球；如果犯规时某队已经控制球或未控制球但已拥有球权，则应判给该队发界外球；如果犯规时，两队都没控制球，则由裁判根据轮流进攻的原则判罚；如果犯规时投篮有效并得分，则由得分队得分队员在端线掷界外球。

(3) 违反体育道德的犯规

违反体育道德的犯规指队员蓄意、过分地对对方队员造成侵人犯规。登记犯规队员违反体育道德的犯规，判给非犯规队两次罚球再加一次中线界外球。

(4) 取消比赛资格的犯规

取消比赛资格的犯规指侵人犯规、违反体育道德的犯规及技术犯规中任何十分恶劣的违反道德的犯规。登记一次取消比赛资格的犯规，判给非犯规队两次罚球再加一次中线处掷界外球。

（5）特殊情况下的犯规

特殊情况下的犯规指在一起犯规或一起违例后的同一个停止比赛计时期间，又发生一起或多起犯规。登记每个犯规队员一次犯规。如果几乎同时宣判双方球队多起犯规，裁判员必须确定犯规发生的次序。若双方球队的犯规涉及相同的判罚，要互相抵消；若双方球队的犯规不涉及相同的判罚，要按犯规发生的次序判罚和执行。

2. 技术犯规及其处罚规则

技术犯规是指所有不与对方队员发生接触的犯规，主要包括队员、教练员、替补队员或随队队员的技术犯规及比赛休息时间的技术犯规。

（1）队员技术犯规

登记违反者一次技术犯规，判给对方一次罚球再加一次中线处掷界外球。

（2）教练员、替补队员或随队人员的技术犯规

登记教练员一次技术犯规，判给对方两次罚球再加一次中线处掷界外球。

（3）比赛休息时间的技术犯规

如果是队员技术犯规，则登记该队员一次技术犯规，判给对方两次罚球，该犯规要计入全队犯规之中；如果是教练员或随队人员技术犯规，则对教练员进行登记，判给对方两次罚球，该犯规不计入全队犯规之中。

（二）全队犯规的处罚规则

①在每节比赛中，当一支球队的犯规累计达到 4 次时，之后该队队员再次发生犯规时要判给对方两次罚球。

②如果是控制球的球队的队员犯规，则判给对方掷界外球。

③在任何一决胜期内发生的所有全队犯规要看作第 4 节发生犯规的一部分。

【思考题】

◇简述篮球技术动作的分类。

◇分析双手接球与单手接球的技术要点。

◇分析高运球的动作方法与动作要点。

◇概述快攻与防守快攻的概念。

◇时间规则分为哪几种？具体指的是什么？

第十二章 排球运动

第一节 排球运动概述

一、排球运动的起源与发展

现代体育运动的许多项目都起源于英国，而篮球和排球则是美国人创造的。1891 年，詹姆斯·奈史密斯发明了篮球运动，篮球运动风靡一时，特别受青年人的喜爱。但是篮球运动太激烈，网球运动的活动量又太小，因此，需要寻求一种运动量适当、富于趣味性、男女老少都能参加的娱乐性项目。在这种情况下，韦廉姆·G. 摩根于 1895 年发明了排球游戏。他在青年会的体育馆中进行了试验，把球网架在了约 2 米高度上，然后让人们用篮球胆隔着网来回拍打。发现篮球胆太轻又改用篮球，篮球又太重。最后制作了与现代排球相近的、外表是皮制的、内装橡皮球胆的球，圆周为 63.5～68.6 厘米，重量为 225～340 克。

1896 年，美国开始有了排球比赛。排球在美国很快受到国内各教会、学校和社会的广泛重视，同时也被列为军事体育项目。其第一部规则发表在 1896 年 7 月出版的美国《体育》杂志上。最初的排球比赛没有人数规定，赛前由双方临时商定，只要双方人数相等即可。

排球运动在美国问世后，由美国的传教士和驻外国的军官、士兵带到了世界各地。由于排球运动传入的时间及采用的规则不同，世界各地排球运动的形式也不同。

美国是排球的故乡，因此六人制排球传入美洲的时间比较早。1900 年首先传入加拿大，1905 年传入古巴，1912 年传入乌拉圭，1914 年传入墨西哥。排球传入亚洲的时间也比较早，约在 1900 年传入印度，1905 年先后传入中国、日本和菲律宾等国。

欧洲的排球是第一次世界大战时由美国士兵带去的。1917 年最早出现在法国，后才传到苏联、捷克斯洛伐克、波兰等国。排球传入欧洲虽晚，但传入的是六人制，且其竞技性已渐成熟，所以发展较快。

美国虽然是排球的故乡，但没有把排球作为一种竞技项目来发展，主要用于休闲和娱乐，所以技术水平发展较慢。

国际排球联合会（International Volleyball Federation，FIVB，简称国际排联）的成立，标志着排球已成为世界性的竞技体育运动。到 1956 年国际排联的会员已发展到 80 多个，参加世界锦标赛的队伍也明显增加。同时，由于排球自身的魅力——技战术发展较快，比赛中对抗越来越激烈，吸引了大量的观众。这些都为排球进入奥运会打下了坚实的基础。

为了能使排球比赛在 1964 年东京奥运会上成为正式比赛项目，除了国际上许多排球界人士的努力外，日本在此期间也做了艰苦的努力。经过奥委会的表决，排球成为 1964 年东京奥运会的正式比赛项目。1964 年东京奥运会规定男队为 10 支参赛队，女队为 6 支参赛队。从此，排球运动成为奥运会正式比赛项目，进入了一个崭新的发展时期。

在排球运动的发展过程中，根据各种群体的需求，又派生出其他休闲排球运动方式，现在排球已成为“大家庭”，除了奥运会的室内六人制排球、沙滩排球，还有软式排球、气排球、九人制排球、小排球以及残疾人排球等休闲排球运动。国际排联明确规定，室内六人制排球即为“排球”。

二、排球运动发展的阶段及其特点

排球运动发展百余年来大体经历了3个阶段，即从娱乐排球向竞技排球过渡阶段，竞技排球迅速发展阶段，竞技排球的多元化和娱乐排球再兴起阶段。

（一）从娱乐排球向竞技排球过渡阶段

排球运动起源于为中老年人锻炼身体而创造的一种娱乐性游戏活动。初时，人们对球进行隔网拍打，相互嬉戏，以使球不落地为乐趣，无技术可言，双方只是争取用手一次将球击过网，若不能一次将球击过，会有同伴再击。人们在游戏过程中逐渐体会到，一次击球过网不一定是最佳方式，有时从前场近网处甚至跳起击球过网，反而能创造更好的获胜机会。这样便出现了多次击球的打法，人们用这种方法寻找最佳时机或为技术更好的同伴创造得分机会，形成了集体配合战术的雏形。后来人们又感到，一方无休止地击球也不合理，于是产生了每方击球至多3次必须过网的规定。这一规定的产生使单一的拍击动作开始分化为传球和扣球两种技术。富有攻击性的扣球技术的出现吸引了更多的年轻人参加，故使单纯以娱乐、游戏为目的的排球运动逐渐增添了激烈对抗的色彩。为应对扣球又产生了拦网技术，发球也采用了增加力量的侧面上手球，至此排球运动产生了质的飞跃。

排球运动的竞技性、对抗性的加强，引起了人们对比赛规则的重视。1921—1938年，排球规则进行了多次修改和完善，发球、传球、扣球和拦网已成为当时的四大基本技术。在运用各项技术的同时，人们形成了有意识、有目的、有组织的战术配合，场上队员也出现了位置分工。到了20世纪30年代末和40年代，排球战术进一步发展，为了应对集体拦网，产生了与扣、吊结合的打法相适应的拦网保护战术系统。这一阶段，排球运动的特点是从娱乐游戏排球逐渐向竞技排球过渡，但国际上的排球比赛还没有统一的竞赛规则、竞赛制度和竞赛组织。

（二）竞技排球迅速发展阶段

第二次世界大战后，一些国家相继成立了排球协会。人们希望国际上有一个统一的组织来开展排球竞赛与交流。1946年由法国、捷克斯洛伐克、波兰倡议成立国际排联。1947年国际排联在巴黎成立，有14个国家排协负责人出席了会议，选举了法国的保尔·黎伯为第一任国际排联主席。此次大会制定了国际排联宪章，成立了技术委员会、竞赛委员会和裁判委员会，并正式出版了通用的排球竞赛规则。国际排联的成立标志着排球运动从此摆脱了娱乐游戏的性质而进入竞技排球的新阶段。

国际排联成立后组织了一系列国际性的大赛，如第一届欧洲男子（1948年）、女子（1949年）排球锦标赛，第一届世界男子（1949年）、女子（1952年）排球锦标赛，第一届世界杯男子（1965年）、女子（1973年）排球赛，第一届世界青年男、女排球锦标赛（1977年）和奥运会男、女排球赛（1964年）。这些国际比赛每隔4年举行一次，一直延续至今。

此外国际排联下属的各洲联合会也定期组办锦标赛、洲运动会排球赛、洲青年锦标赛等。在众多大型比赛和广泛的国际交往的促进下，排球运动的技战术得到了蓬勃发展。20 世纪 50 年代，东欧一些国家排球技术水平较高。苏联男、女排均以身强体壮、扣球力量大且凶狠作为当时“力量派”的代表，曾多次蝉联世界冠军。捷克斯洛伐克男排是当时“技巧派”的代表，他们以扣球线路变化和控制球的落点为特色，扣球轻重结合，是“力量派”的主要对手，但在实际抗衡中仍是“力量派”占上风。

20 世纪 60—70 年代初是排球技战术发展较快的一个时期，世界排坛呈现不同流派各显特色、不同风格先后称雄的局面。20 世纪 60 年代初，日本女排在大松博文教练的带领下创造了滚动救球、小臂垫球及勾手飘球技术，突破了以苏联、东欧为标准的技术模式，从此改写了苏联女排独霸世界冠军的历史。日本女排在技术上的三大发明是排球技战术史上的一次重大革命，为排球运动的发展作出了极大贡献。这一时期的女子排球，是以日本为首的“防守加配合”和以苏联为首的“进攻加力量”打法的抗衡，两国平分了 8 届大赛的金牌，世界女排进入了日苏对垒的时代。

1965 年，国际排联对规则进行了修改，“允许手可过网拦网”，这一规则的改变使突破拦网、提高网上控空权成为比赛取胜的关键，当时男子“力量派”打法已不占优势，德意志民主共和国队则因以突出高大队员的“超手扣球”解决了这一问题并连续两年取得了世界冠军而被称为“高度派”。当时中国男排针对拦网规则的变化，创造了“盖帽拦网”和“平拉开扣球”技术，开创了“小个子打大个子”的先河，引起了世界排坛的重视。日本男排很快在学习中国“平拉开扣球”和“近体扣球”的基础上创造了“短平快”“时间差”“位置差”等进攻打法。1972 年在第二十届奥运会上，日本队击败了以高度著称的德意志民主共和国队，为亚洲夺得了首枚奥运会男子排球赛的金牌。至此，以中国队和日本队为代表的“速度派”开始形成。这一时期，男子排球四大流派的对峙，繁荣了排球的技战术打法。这时的排球运动逐渐以其激烈的对抗性和高度的技巧性展现自己的魅力。国际排联为了推动排球运动的发展，1977 年再次修改了规则，即拦网触手后仍可击球，这样又给组织进攻提供了更多的机会，进一步提高了攻防的激烈程度。20 世纪 70 年代后期，中国男排首创的“前飞”“背飞”等空间差系列打法、中国女排发明的“单脚背飞”技术、波兰男排创造的后排进攻战术，使排球运动进攻战术配合从二维空间发展到三维空间，从平面配合发展到立体配合的新阶段。这一阶段美洲的排球运动也得到迅猛发展，古巴男、女排和美国女排迅速崛起并跻身于世界强队之列。随着国际交往的不断增多，各种流派在相互取长补短中逐渐融合。欧洲各队吸取了亚洲的快攻打法，向强攻加快攻、力量加技巧的方向发展。亚洲各队在进一步发展快变战术的同时，重视提高运动员的高度以增加进攻威力。总之，20 世纪 70 年代是竞技排球战术发展速度最为突出的时代，各种快变战术应运而生、争奇斗艳，装扮得竞技排球运动更加绚丽多彩。

（三）竞技排球的多元化和娱乐排球再兴起阶段

1. 竞技排球攻防战术的全方位化

进入 20 世纪 80 年代，竞技排球已渡过了它的成长发育期而逐步走向成熟，当初那个只要在技战术的某一环节能够超群的队就有可能问鼎的时代已一去不复返了。中国女排之所以从 1981 年到 1986 年连续 5 次夺冠，正是因为她们是一支既有高度又有灵活性，既能攻又能防，既能快又能高的全面型球队，练就了一套攻防全面、战术多变、以高制矮、以快制高的技战术打法，在世界排球运动中为我国写下了最光辉的篇章。这一时期，美国男排创造性地运用了沙滩排球中的二人接发球战术，发明了摆动进攻战术。在比赛中队员还大胆运用跳发球和后排进攻战术，使前排的快变战术与后排的强攻有机结合成纵深立体进攻战术。由于美国男排队队员不仅文化素养高，善于改革创新，而且防守积极，作风顽强，终于使这支过去一直默默无闻的球队接连获得了 4 次世界冠军。

中国女排和美国男排的成功，标志着排球运动技战术观念的革命，预示着排球运动进入了全攻全守的新时代。全攻全守已不仅是个人攻防技术全面的称谓，还指整体的全方位的攻和整体的全方位的守。全攻首先从观念上打破了传统的进攻模式，即全攻意味着进攻的手段是从发球和拦网开始的。西欧男排继美国男排崛起后，在职业联赛的交流中进一步发展了美国男排的攻防体系，使跳发球和纵深立体进攻战术达到了运用自如且很少失误的程度，尤其是意大利、荷兰等国，跳发球时球在空中飞行时间仅为 0.5 秒，且成功率很高，因此进攻已不再是第 3 次击球的专利了。

全攻还意味着进攻的变化已不局限在网前的二维空间内，而是充满整个场地的三维空间。意大利、荷兰等国男排不仅有高快结合的前排进攻，而且在前排进攻的配合下，从二传出手到扣球仅用 0.8 秒的背平快后排进攻，形成了高快结合、前后结合的全方位进攻的局面。

全守即体现全方位的防守，首先，体现为技术动作的全方位。当今由于进攻水平的不断提高，单纯依靠手和手臂击球的动作要防迅雷不及掩耳般的扣球是相当困难的。为了促进攻防平衡，国际排联本着积极鼓励防守技术的发展，又不消极地限制进攻技术的原则，从 1984 年开始，先后从规则上放宽了对运动员第一次击球时判定连击犯规的尺度，1992 年将合法的触球部位从髋关节以上改为膝关节以上，1994 年又由膝关节以上改为身体的任何部位均可触球。于是出现了手、脚、身全方位的防守动作，扩大了个人的防守面积，提高了防守质量。其次，体现为当代防守观念的转变，即由预判的“出击防守”代替了固定位置的“等待防守”。“高位防守”的取位则更需要运动员具有高水平的判断、反应及控制球的能力。最后，全方位的防守还体现在针对对手的进攻特点随时调整拦网与防守的配合，打破原有防守阵型模式，而从兼顾防守效果和防后的反攻进行布阵。

2. 竞技排球的社会化、职业化和商业化

进入 20 世纪 90 年代，意大利、荷兰男排以惊人的速度在国际上确立了领先的地位，这些西欧男排的崛起标志着竞技排球走向社会化、职业化的时代已经到来。意大利男排的突飞猛进是因为意大利排协从 20 世纪 80 年代就开始实行运动员职业化和俱乐部制度。意大利的各俱乐部都有不同的工商巨头资助，他们高薪招募世界各国的优秀教练员、运动员为各自的俱乐部效力。由于俱乐部中聚集了各国的明星选手和优秀教练员，所以意大利的排球运动水平飞快提高，尤其是男排在 1988 年以后的历次大赛中 5 次荣登冠军宝座，1 次获得亚军。意大利男排的成功影响着西欧各国，随后法国、荷兰、希腊、德国、比利时、西班牙等国也都得益于排球俱乐部的作用，使整个西欧排球运动水平迅速提高，相继跻入世界强队的行列。

阿科斯塔先生 1984 年开始担任国际排联主席，从他一上任就决心把排球运动发展为世界最受欢迎的体育运动项目。在这些年里，国际排联围绕这一奋斗目标，从把竞技排球运动推向社会，使之进入和占领市场，到利用电视转播媒介吸引观众等方面做了大量的工作。国际排联利用运动员转会制度支持各国排球俱乐部的发展。1990 年出资 400 万美元举办了第一届世界男排联赛，1993 年出资 100 万美元举办了第一届世界女排大奖赛，并决定以后每年举办一次，奖金逐年递增。为了更利于电视转播，国际排联几次修改竞赛规则，从而把竞技排球运动彻底推向市场。排球运动的商业化带来运动员的高薪、高出场费、巨额奖金和巨额转会费，激励着排球运动技术水平的更快提高，明星运动员就是排球运动社会化、职业化和商业化的必然产物。

3. 娱乐排球的再兴起

一百多年前，排球运动起源于一种娱乐游戏活动。随着时间的推移，排球运动的娱乐游戏性逐渐被其竞技性所取代。进入 20 世纪 80 年代后，竞技排球的技战术发生了质的变化。全方位的攻、防更增加了比赛的观赏性，但随着现代经济的发展，人们对物质上的需求增加的同时对精神上的需求也在不断提高，健身娱乐逐渐成为人们消除疲劳的有效办法。人们在从观看比赛中获得赏心悦目的享受之余，也渴望体验亲身参与这项运动的乐趣。排球运动本身的高度技巧性，往往使参加运动的人们高兴而来，扫兴而去。因此，人们希望有大众都能够参加的排球运动尽快诞生，于是人们开始从球的性能、比赛规则上进行适合各自需要的修改，全球性的娱乐排球便应运而生。

国际排联在竞技排球中的一系列改革，虽然吸引了更多观众，但不能成为吸引更多人参与的活动，这无疑会影响人们对该项运动的喜爱，于是国际排联对这些适合大众开展的排球运动给予了积极的支持和重视。20 世纪 90 年代，国际排联把沙滩排球列入了整体发展规划，并成立了沙滩排球委员会，1993 年出版了第一部正式竞赛规则。1996 年，沙滩排球成为亚特兰大奥运会正式比赛项目。目前，国际排联对软式排球、迷你排球（小排球）都组织过世界性的青少年比赛。总之，娱乐排球的再次兴起标志着现代排球运动进入竞技排球和娱乐排球共存的新时代。

第二节　排球运动基本技术

一、排球运动基本技术的概念

排球运动基本技术是指运动员在比赛规则允许的条件下，所采用的各种合理的击球动作和配合动作的总称。这些击球动作和配合动作应符合人体解剖学、生物力学原理；符合个人特点并能最大限度地发挥人体技能水平；能在比赛中取得良好的效果。在完成动作时，应协调、轻松、省力，能充分反映个人特点和特长，充分利用时间和空间的变化。

排球技术是排球各种战术的基础，任何战术的组成都必须有相应的技术做前提。在现代排球比赛中，攻防的转换越来越快，网上、网下的争夺更加激烈，对运动员的时空感要求极高，打破了前后排技术的界限。因此，运动员必须掌握并熟练运用网上、网下、进攻和防守技术，只有这样才能适应当今排球运动的发展趋势。

二、排球运动基本技术的分类

排球运动基本技术有两种：一种是无球技术，包括准备姿势、移动等；另一种是有球技术，包括发球、垫球、传球、扣球和拦网。排球运动基本技术主要由步法和手法组成，同时与视野活动、躯干活动和意识活动配合融合为一体。

（一）无球技术

1. 准备姿势

运动员在启动、移动和击球前所采用的合理的身体姿势，称为准备姿势。合理的准备姿势既要使身体重心处于相对稳定的状态，又要便于移动和完成多项击球动作，为迅速起动、快速移动和击球创造最好的条件。依据比赛中或练习中完成各项技术动作的需要，按照身体重心的高低，准备姿势可分为一般准备姿势、后排防守准备姿势、前排保护准备姿势 3 种。

（1）一般准备姿势

技术要点：两脚左右开立，与肩同宽，一脚在前，两膝微屈，身体重心位于两脚之间，并稍靠近前脚，后脚跟稍提起，上体稍前倾，两臂放松，自然弯曲置于腹前。两眼注视球并兼顾场上情况，两脚保持微动状态。

技术运用：一般准备姿势主要用于当对方正在组织进攻或球虽在本方但离自己较远不需要及时移动击球时，以及在进行二传、扣球和接速度较慢、弧度较高的发球处理球时。

（2）后排防守准备姿势

技术要点：两脚开立，略比肩宽，两膝弯曲，脚跟自然提起，上体前倾，重心靠前，膝部的垂直线应在脚尖前面，两臂放松，自然弯曲置于腹前，两眼平视，注意来球，两脚始终保持微动。

技术运用：后排防守准备姿势是排球比赛中最基本的准备姿势，在接发球时运用最多，在传球、拦网时也常运用。同时可为短距离移动和防较低的来球做准备。

（3）前排保护准备姿势

技术要点：身体重心比后排防守准备姿势更低、更靠前，两脚左右、前后的距离更宽一些，膝部弯曲的程度大于后排防守准备姿势，身体重心要更靠前，肩部垂直线过膝，膝部垂直线越过脚尖，两手臂置于胸腹之间。

技术运用：前排保护准备姿势主要运用于后排防守（接扣球）、前场保护（接拦回球）以及接低远球和衔接各种倒地动作的接球，以扩大防守范围。

2. 移动

运动员从启动到制动之间的位移和动作称为移动。移动的完整过程包括启动、移动、制动三个环节。启动是移动的开始，它是在准备姿势的基础上变换身体重心的位置，破坏准备姿势重心的稳定，使身体便于向某一方向移动。移动则是在启动的基础上，利用脚步动作来改变运动员在场上的位置，完成技术动作和战术配合的行动。制动是移动的结束，及时克服身体的惯性冲力，保持好击球前的身体姿势。

移动的目的是及时接近球，保持好人与球的位置关系以便击球，也可以迅速占据场上的有利位置。

（1）启动

启动是指从静止到移动发力动作的过程。

技术要点（以向前起动为例）：在正确的准备姿势的基础上，迅速抬起前腿，收腹使上体向前探出，同时，后腿迅速用力蹬地，使整个身体急速向前启动。启动的快慢是移动的关键，启动的速度取决于反应能力和腰腿部的速度力量。

（2）移动

启动后，应根据临场技术战术的需要，灵活地采用多种移动步法进行移动。移动的主要步法和动作方法如下：

①并步。

技术要点：两脚前后站立，与肩同宽，两膝微屈，上体稍前倾，两手自然放松置于腰腹。并步时，前脚向来球方向跨出一步，后脚迅速蹬地跟上，并做好击球前的姿势。并步的特点是容易保持身体平衡，便于做击球动作。并步可向前、后、左、右各方向移动。

技术运用：并步主要用于近距离的移动，如传球、垫球、拦网等技术。同时，经常与跨步或其他倒地击球技术结合使用。

②滑步。

技术要点：连续并步就是滑步。

技术运用：滑步主要用于短距离移动，即来球距体侧稍远，并步不能接近球时运用滑步移动接球。

③交叉步。

技术要点：两脚左右开立。向右侧交叉步移动时上体稍向右转，左脚从右脚前向右交叉迈出一步，然后右脚再向右侧方向跨出一大步，同时重心移至右脚，身体转向来球方向，保持击球前的姿势。交叉步的特点是步子大、动作快，便于制动。

技术运用：交叉步主要用于应对体侧 2～3 米的来球或二传手和拦网者在网前移动及防守两侧来球。

④跨步。

技术要点：跨步前膝部弯曲，上体前倾，身体重心移至跨出脚上。跨步时，一腿用力蹬地，另一腿向来球方向跨出一大步，后腿随重心前移，自然跟上，两臂做好迎球动作。跨步的特点是跨距大，便于向前、斜前方降低重心，进行低点击球。

技术运用：跨步移动可以单独运用，也可与滑步、交叉步、跑步的最后一步结合运用。当来球低、速度快、距离身体 1 米左右时运用较多。

⑤跑步。

技术要点：跑步时一只脚蹬地启动，另一只脚迅速向前迈出，两脚交替进行，两臂配合摆动，不要过早做击球动作的准备，以免影响跑步速度。球在侧方或后方时，应边转身观察球边跑步。跑步的特点是移动速度快，便于随时改变方向。

技术运用：跑步移动经常与交叉步、跨步等结合起来运用。如向侧方跑步时，常运用交叉步转身的方法来启动，在接近球时，又常运用跨步、倒地和各种跳跃动作来制动，使之完成击球动作。

（3）制动

由快速移动转为突停状态的过程称为制动。制动是移动的结束，也是击球动作的开始。制动的方法有一步制动法和两步制动法。

①一步制动法。

技术要点：一步制动时，在移动的最后跨出一大步，降低身体重心，膝部和脚尖适当内转，全脚掌横向蹬地，以抵住身体重心继续的惯性力。同时以腰腹力量控制上体，使身体重心的垂直线停落在脚的支撑面以内。

②两步制动法。

技术要点：两步制动时，以倒数第二步开始做第一次制动，接着跨出最后一步做第二次制动，同时身体后倾，回膝弯曲，重心下降，双脚用力蹬地，使身体处于有利于做下一个动作的状态。

（二）有球技术

1. 发球技术

（1）发球技术概述

队员在发球区用一只手将自己抛起的球直接击入对方场区的技术动作称为发球。发球是排球比赛的一项重要的进攻性技术，它随着排球运动的发展而不断创新与提高。20 世纪 50 年代，大多采用勾手大力发球和正面上手发球，其特点是发出的球力量大、弧度低，带有上旋。60 年代初，飘球开始出现，正面上手和勾手发飘球的方法被广泛运用。发出的球飞行轨迹不固定，有上下或左右飘晃现象，给接发球带来很大的威胁。70 年代，在发球方法上没有大的创新和变化，但在发球技术的运用上有所发展，如采用同一种发球姿势，发出几种不同性能变化的球。80 年代，跳发球技术问世，远距离发飘球和高点平冲飘球的方法被广泛运用，加强了发球的攻击性。进入 20 世纪 90 年代后，跳发球技术已被世界男、女排强队广泛运用，并由单一的跳发大力球发展为跳发飘球和跳发各种变化的旋转球，还能根据接发球阵容的特点，选择发球区的不同位置进行有针对性的跳发球，以提高发球的得分率和破攻率。

发球是比赛的开始，也是进攻的开始。准确而有攻击性的发球，不仅可以直接得分或破坏对方进攻，还可减轻本方防守压力，为防反创造有利条件。有威力的发球，还可以鼓舞全队士气，不断扩大战果，从而打乱对方阵脚，在心理上给对方造成威胁，起到破坏对方部署和挫伤对方士气的作用。反之，如果发球攻击性不强或失误较多，不但不能直接得分或破攻，还会失分和失去发球权，也容易使对方轻松地组织进攻，大大增加本方防守的难度。因此，发球要强调攻击性和准确性，但首先要保证稳定性。

（2）发球技术的种类

发球技术根据动作结构大体可分为 6 种。其中正面上手发球是最基本的和运用最多的发球方法；正面和侧面下手发球是初级技术，适合于初学者或力量小的少年儿童使用。应该把正面上手发球作为重要技术来训练，掌握了正面上手发球后再练习其他发球技术。

①正面上手发球（以下均以右手击球为例）。正面上手发球是指发球队员面对球网站立，利用收腹转体动作带动手臂加速挥动，在头的右前上方用全手掌击球过网的发球方法。这种发球击球点高，可以充分利用胸腹和上肢的爆发力，加之运用手掌的推压动作使球呈上旋飞行，不易出界。因此，正面上手发球具有较大的攻击性和准确性。

②正面下手发球。正面下手发球是指发球队员面对球网，手臂由后下方向前摆动，在体前腹部高度击球过网的一种发球方法。其特点是动作简单，容易掌握，准确性高。但击球点低、球速慢，攻击性不强。正面下手发球，在比赛中已很少使用，适合初学者进行接发球练习和训练比赛时使用。

③侧面下手发球。侧面下手发球动作较简单，容易掌握，可借助转体力量来击球，便于用力，适合女子初学者。此方法发球失误少，但攻击性不强。

④正面上手发飘球。正面上手发飘球是指采用近似正面上手发球的形式，击球力量通过

球体重心使发出的球不旋转而不规则地飘晃飞行的一种发球方法。这种发球方法使接发球队员难以判断球的飞行路线和落点。由于发球队员是面对球网站立，便于观察情况和瞄准目标，因此，正面上手发飘球的攻击性和准确性较高，目前在各类水平的比赛中被男女队员广泛采用。

⑤勾手发飘球。勾手发飘球是指发球队员侧对球网站立，利用转体动作带动手臂挥摆，使发出的球不旋转而飘晃不定地向前飞行的一种发球方法。由于发球队员采用侧面站立，可充分利用腰部扭转带动手臂加速挥摆，便于发力，对肩关节负担较小，因此，勾手发飘球具有较强的攻击性，适合各种距离的发球。

⑥跳发球。跳发球是指发球队员在端线后，利用助跑跳起在空中，像扣球似的将球击入对方场区的一种发球方法。跳发球是近些年来世界排球强队越来越普遍采用的一种攻击性很强的发球技术。由于队员跳起在空中，身体能充分展开并向前移动，不仅可以升高球点，而且缩短了击球点与球间的距离，从而增强了发球的力量和攻击性。但与其他发球技术相比，跳发球的技术难度和体力消耗较大。

2. 垫球技术

(1) 垫球概述

除手指弹击动作外的身体任何部位击球的动作都称为垫球，完成垫球的方法称为垫球技术。垫球技术是排球运动的基本技术之一，最常用的是前臂垫球技术。

垫球技术出现于 20 世纪 50 年代，当时叫下手传球，是用手掌、虎口、手腕等部位来击球，主要用来接各种大力发球和扣球。60 年代初，飘球技术的问世和普及，为了对付接飘球，便出现了前臂垫球技术。前臂垫球不仅适用于接飘球、接扣球和吊球，而且大大提高了垫球的准确性，使排球运动的进攻与防守进入了一个新的平衡阶段。90 年代以来，由于规则修改后允许队员身体的任何部位均可击球，给垫球技术的运用和发展开辟了一个新的领域。规则修改后不但可用手、臂、头、肩等部位来击球，还可用大腿、脚背、脚内侧以及其他任何部位来击球，使垫球的实用性、应变性更强，技术种类更趋多样。随着排球运动的发展，垫球的方法和技术动作也将会不断地创新和发展。

垫球动作简单易学，由于可用身体任何部位来击球，因此，垫球控制范围大，在迎击各种困难的来球时使用比较方便。垫球在比赛中主要用于接发球、接扣球、接拦回球以及防守和处理各种困难球。接发球是组织一攻的基础，对得分夺权、争取少失分具有重要意义。接扣球是组织反攻的基础，是争取得分、由被动转为主动、稳定情绪、鼓舞士气、促进排球攻防平衡的重要手段。此外，在比赛中有时还可用垫球来组织进攻，从而弥补传球的不足，辅助进攻。

(2) 垫球技术的种类

①正面双手垫球技术。正面双手垫球技术是指运动员移动对正来球后，用双手在腹前将球垫起的动作方法。它是最基本的垫球方法，是各项垫球技术的基础，适合于接各种发球、扣球和拦回球，有时也用于不能用上手做二传时的垫二传。正面双手垫球在轻垫球、垫中等力量球和垫重球时，其动作方法具有差异性。

②体侧双手垫球技术。在身体侧面用双手垫球的击球动作称为体侧双手垫球。当来球飞向体侧，队员来不及移动对正飞来的球时，可采用体侧双手垫球技术。其特点是伸臂动作快、控制范围大，但不易控制垫球方向，准确性不及正面垫球效果好。

③背向双手垫球技术。背对垫球方向和目标，从身前向背后双手垫球称为背向双手垫

球，完成背向双手垫球的方法即背向双手垫球技术。在接应同伴垫的飞得较远的球而又无法进行正面垫球时，以及须将球处理过网时运用较多。其特点是垫击点较高，准确性稍差，如果可以快速移动到位时，尽可能采用正面垫球而不用背垫。

④跨步垫球技术。向前或向侧跨一步垫球的动作称为跨步垫球，完成跨步垫球的方法就是跨步垫球技术。跨步垫球是当来球离身体前方或斜前方较远而低时，队员来不及移动对正来球时采用，在接发球和防守中运用较多，它又是各种低姿垫球动作的基础。跨步垫球时，在判断来球落点后，同侧脚迅速向来球方向跨出一大步，上体顺势前倾下压，身体重心落在跨出脚上，同时两臂前伸，插入球下，用蹬地、提肩抬臂动作击球的后下部。

⑤让垫技术。当来球弧度平、速度快、前冲而追胸时，队员将身体向侧移动，正面避开来球的飞行路线，让球飞向体侧，用体侧垫球的方法将球垫起叫作让垫技术。让垫技术主要是在接弧度较高的平冲飘球时采用。

⑥单手垫球技术。当来球快速飞向体侧较远距离，来不及用双手垫球时，可采用单手垫球技术。单手垫球动作快，手臂伸得远，击球范围大。但由于触球面积小，控制球的能力比双手差，故在能用双手垫球时，尽量不用单手垫球。

运用单手垫球时，应迅速移动接近球。如球在体侧远处，来不及移动步法时，也可向击球方向跃出，用前臂内侧、掌根或掌心击球后下部。如来球很低，也可用手背贴近地面插入球下，做铲球动作，将球垫起。

⑦低姿垫球技术。当来球低且落点在身体附近时，队员采用深蹲，双手贴近地面向上垫球的方法叫低姿垫球技术。低姿垫球的方法主要有前排防守垫球、半跪垫球和全跪垫球3种。

a. 前排防守垫球。当来球在身体附近较低部位时，队员迅速移动到球的落点上，随即快速降低重心，上体前倾，两臂贴近地面插入球下。跨出腿膝部充分弯曲并稍外展，蹬地腿自然弯曲，脚内侧着地，主要靠球的反弹力将球垫起。有时还可用屈肘、翘腕动作将球垫起。前排防守垫球的特点是身体重心下降快，两臂插入球下和垫球后的还原动作快，故宜于接低而重的球，在接扣球和接发球时运用较多。

b. 半跪垫球。当来球低、速度快、落点离身体稍远时，宜采用半跪垫球方法。垫球时，在前排防守垫球的基础上，继续向前移动身体重心，上体充分前压，塌腰塌肩，后腿以膝部内侧和脚弓内侧着地，两臂贴近地面向球下伸出，用翘腕动作以双手虎口部位将球垫起。其特点是上体前倾大、击球点低、支撑稳，便于防各种低而快速的来球。

c. 全跪垫球。当来球低而快，落点离身体较远，采用半跪垫球方法难以击到球时，则在半跪垫球方法的基础上，上体继续向前压出，使两膝前倾的投影点明显超过脚尖，随着身体重心前移、降低姿势用两膝内侧跪地，以膝、小腿和脚弓内侧部位支撑地面，跪地后可顺势向前滑动，两臂迅速前伸插入球下，以小臂、虎口或翘腕动作将球垫起。垫球后可用前臂和手掌撑地，迅速起立。

全跪垫球特点是移动距离比半跪垫球大，向前下方伸臂动作快，击球点低，支撑稳，有时还可在向前滑行中垫球。女队员和后排防守队员在前冲保护时常用这种技术。

⑧侧倒垫球技术。接体侧低远来球时，身体向侧伸展，击球后身体侧转，以侧卧姿势向前滑动着地的动作方法叫侧倒垫球技术。击球前，以同侧脚向来球方向跨出一大步，身体重心落在跨出腿上，臀部下降，两臂向下方直插球下。击球时，以跨出脚的前脚掌为支撑向内

转动，在向内转体转肩的同时两臂上抬击球下部。击球后，迅速以同侧大腿的外侧臀部、背侧依次着地倒。倒地结束后，以收腿和两手撑地帮助快速起立。侧倒垫球的要领可归纳为“一跨、二转、三倒地”。

侧倒垫球除双手垫球外，在来球更远，双手难以够到球的情况下，还可采用侧倒单手垫球的方法。其动作方法与侧倒双手垫球动作大致相同。但要求同侧脚跨出的步幅更大，身体重心下降前压的幅度也更大。垫球时，跨出腿要继续用力蹬地，使身体向来球方向伸展腾出，击球手臂前伸插入球下，以单手垫球的方法将球垫起，同时身体向内转动。击球后，手臂不收回，并以体侧着地，成侧卧姿势向前滑动。

⑨前扑垫球技术。当队员来不及移动接前方或斜前方低远来球时，身体向前下方扑出，击球后失去平衡，向前手臂屈肘撑地扑在地上的垫球方法叫前扑垫球技术。特点是重心下降快，前扑距离远，但要求运动员有一定的手臂力量基础。根据来球的情况，前扑垫球可用双手或单手击球。

前扑垫球的准备姿势要低，上体前倾，重心偏前，利用两脚先后蹬地，使身体向前下方伸展扑出。同时两臂前伸插入球下，用前臂将球垫起。击球之后，首先要求两手必须做到迅速撑地，然后两肘顺势弯曲以缓冲身体下落的重量，膝关节伸直以免碰地，最后以胸腹和大腿接触地面。

当来球较远，用双手垫球不能击到球时，可用单手前扑垫球。击球时，手臂应尽量前伸，用手背、虎口或小臂击球下方，另一只手屈肘撑地缓冲，并以击球手一侧的胸腹部先着地，顺势向前滑行。

⑩滚翻垫球技术。当来球距身体远而低时，可采用滚翻垫球。它可以充分发挥移动速度，控制更大的防守范围，保护身体不致受伤，还可迅速起立转入下一动作。目前，它在防守中运用较多，尤其是在女排比赛中经常使用。

滚翻垫球可分为肩滚翻垫球和横滚翻垫球两种，均可用双手或单手击球。

a. 肩滚翻垫球。做肩滚翻垫球时，应迅速向来球方向移动，最后跨出一大步去接近球，重心随之下降并落在跨出脚上，上体前倾，使胸部靠近大腿，手臂伸向来球方向。同时两腿用力蹬地，使身体向来球落点方向伸展，前臂插入球下，用双手或单手的小臂、虎口或手腕部位击球的后下部。击球后，在身体失去平衡的情况下顺势转体，依次用大腿外侧、臀部外侧、背部、跨出脚异侧的肩着地，同时低头、收腹团身，做一后滚翻动作，并迅速起立。肩滚翻垫球的要领可归纳为“一跨、二蹬、三滚翻”。

b. 横滚翻垫球。滚翻前的动作方法与肩滚翻大致相同，但身体应向来球方向充分伸展，可用类似前扑或鱼跃的动作跃出击球。击球后，在空中迅速转体，顺向前之势用身体侧面滑动着地，并向侧做横向滚动，经仰卧后转髋收腹，双手撑地立起。

横滚翻垫球的优点是手臂前伸远，重心下得快，还可避免前冲距离过大而造成越过中线或与其他队员碰撞，但击球后起立动作较慢。

⑪鱼跃垫球技术。在来球低而远来不及移步垫球时，采用向前猛然跃出，在空中完成击球动作，然后双手撑地缓冲，使胸腹部着地向前滑行的动作方法，称为鱼跃垫球技术。

鱼跃垫球技术的特点是防守的控制范围大，但动作难度较大，需要队员有勇敢的精神，较强的腰背、手臂肌肉力量和灵敏的素质。

做鱼跃垫球时，应用半蹲准备姿势，上体前倾，前脚掌用力蹬地（大多是在向前移动一到两步后再蹬地），使身体向来球处腾空跃起，在空中手臂向前伸展插入球下，用单手或双手击球后下部。击球后，双手在体前着地支撑，两肘缓慢弯曲，以缓冲身体下落力量，同时抬头、挺胸、展腹，向后自然屈腿，使身体成反弓形，胸腹、大腿依次着地，顺势向前滑行。

为了防止受伤，在落地动作时，两手着地的支撑点应在身体重心向前下方运动方向的延长线上。支撑点太靠后，易造成身体前翻折腰；支撑点太靠前，易造成身体平落，使腹部或膝部碰地受伤。

为了扩大防守范围，还可采用单臂滑行鱼跃技术。动作与上述鱼跃垫球动作相似，在空中用单手的虎口或手背击球后，以击球手掌的外侧和前臂先着地缓冲，另一只手屈肘在体侧撑地协助支撑，随之胸、腹、腿依次着地，顺势向前滑行。

3. 传球技术

(1) 传球技术概述

所谓传球技术，指的是利用全身来协调力量，并通过手指、手腕的弹力将球传至一定目标的一种击球动作，既是排球运动中的一项重要的基本技术，也是排球比赛中组织进攻战术的基础。自排球运动诞生以来，传球技术就被广泛采用。20 世纪 60 年代前，由于前臂垫球技术还没有出现，传球技术是比赛中主要的击球技术之一，许多现在用垫球来完成的击球都要靠传球技术来解决。垫球技术出现之后，传球技术运用的范围便减小了，但是它在比赛中的地位仍十分重要。

传球技术也随着排球技术的不断进步和战术的日趋丰富而不断发展。现代排球比赛中，除正面传球外，背传、侧传、跳传、单手传及各种传快球的广泛采用，使各种进攻战术丰富多彩，防不胜防。二传手被现代排球界认为是全队的“核心”“灵魂”。

传球是用双手的配合动作来完成击球的，触球的面积大，加上手指手腕灵活、感觉灵敏，容易掌握传出球的方向、速度、弧度和落点，准确性高，变化多。由于传球技术的上述特点，在排球比赛中，传球主要用于二传。另外，传球也常常被用来接对方推攻球、被拦回的高球和接轻发球及轻扣球，还可用于二传吊球和处理球。

(2) 传球技术的分类

①正面传球。面对目标的传球称为正面传球。它是传球中最基本的方法，是掌握和运用其他传球技术的基础。

②背向传球。背对传球目标的传球称为背向传球，是传球技术中的一种基本方法，在比赛中运用较多。

③侧向传球。身体侧对传球目标，在不转动身体的情况下，靠双臂向侧方传球的动作称为侧向传球。技术动作要点：侧向传球的准备姿势、手形及迎球动作同正面传球一样，但击球点应偏向传出方向一侧。迎球时，通过下肢蹬地使身体重心向上伸展，上体和双臂向传球方向一侧伸展。异侧手臂动作的幅度要大些，伸展的速度也应快些，以双臂和上体侧屈的协调动作将球传出。

(3) 传球技术的运用

①二传。传球在组织进攻中一般是第二次击球，故称为二传。二传是从防守转入进攻的桥梁和纽带，二传的好坏直接影响着进攻技术和战术的发挥。二传质量好，可以弥补一传和防守的不足，还可用假动作迷惑、牵制对方，达到助攻的目的。有时还可用二传直接吊球，起到出其不意、攻其不备的作用。

②其他运用。

a. 一传。在接轻发球、接推送过来的球以及接吊球较高和拦回较高的球时，采用传球的方法更能保证一传的准确到位。接速度较快的来球时，手指、手腕应适当紧张，伸臂动作要及时、快速，两手必须同时触及球体，以防止漏球和“倒轮”现象的产生。接对方推过来或吊过来的高球以及拦起的高球时，可用正面上手传球的方法将球准确送到位，还可直接传两次球进攻或突然直接将球快速传入对方空当。

b. 二传吊球。二传吊球是指二传队员在进行二传前的瞬间，突然改变传球动作和方向，将球传入对方空当。它是二传队员应该掌握的一项攻击性很强的传球技术。二传吊球可分为双手吊球和单手吊球两种。

双手吊球以侧传吊球效果更好。当迎球动作开始时，突然改用侧传或背传的动作，将球传向对方空当。传出的球弧度要低，应紧挨着球网上沿飞向对方。

单手吊球指在双手二传动作开始前的瞬间，突然高举一只手臂，五指稍并拢，轻拨球的侧下方，使球落入对方空当。单手吊球击球点应稍靠近球网并尽量升高，吊球的速度快，攻击性才大。

c. 第三次传球。当第三次击球无法组织进攻时，常用传球的方式将球推向对方场区。传球时，手指、手腕要适度紧张，用蹬地、伸膝、伸臂和压腕的动作将球快速地传入对方空当或后场区。

4. 扣球技术

(1) 扣球技术概述

扣球是指扣球队员跳起在空中，用一只手或手臂将本场区上空高于球网上沿的球击入对方场区的一种击球方法。

扣球技术随着排球运动的发展而不断创新和提高。20 世纪 50 年代，一般采用正面扣球和勾手扣球，在扣快球中采用近体快球和半快球，扣球方法比较单一。60 年代，我国创造了平拉开快球，丰富了扣球内容，提高了扣球攻击性。70 年代，是扣球技术发展迅速的时期，先后出现了短平快、背平快、时间差等扣球方法。我国在此基础上又创造了空间差扣球技术，如前飞、背飞、拉三、拉四等自我掩护的扣球，之后又出现了单脚起跳扣球和快抹球技术，使扣球变化更多、威力更大，进攻战术更加丰富。80 年代以来，扣球的发展和特点主要体现在打破队员位置分工的限制上，立体进攻配合被普遍采用，充分利用网长和纵深，前后排融为一体，更多运用变向、变步的助跑起跳方法，使扣球技术向着高度、速度、力量及各种假动作的方向发展，女子向男子的方向发展。

扣球是排球的基本技术之一，也是排球技术中攻击性最强的一项技术，在比赛中占有十分重要的地位。扣球是得分的主要手段，是一支球队争取主动、摆脱被动、鼓舞士气、抑制对方的最积极有效的武器。因此，扣球的水平最能体现一支球队的进攻质量和效果，是取胜的关键。扣球的攻击性主要是由于它具有击球点高、速度快、力量大、变化多的特点，可以扣出任何不同性能、不同时间、不同角度、不同落点的变化球，使扣球更具进攻威力。

(2) 扣球技术的分类

扣球技术按动作可以分为正面扣球、勾手扣球、单脚起跳扣球，按区域可以分为前排扣球、后排扣球，按用途和变化可以分为快球类、自我掩护扣球类和其他变化类（表 12-1）。

表 12-1　扣球技术的分类

按动作分类	按区域分类	按用途和变化分类		
		快球类	自我掩护扣球类	其他变化类
正面扣球 勾手扣球 单脚起跳扣球	前排扣球 后排扣球	扣近体快球 扣短平快球 扣背快球 扣背平快球 扣 4 号位平拉开球	时间差扣球 位置差扣球 空间差扣球 （前飞、背飞、拉三、拉四）	转体扣球 转腕扣球 打手出界 超手扣球 轻吊球、 轻扣球

扣球是身体在空中完成的击球动作，每一次扣球需要经过助跑、起跳、空中击球和落地四个相互衔接的过程。扣球要求扣球者必须具有弹跳高度、腰腹力量、手臂挥击速度、手腕控球能力、人球正确关系以及在空中的时空感和滞空力。此外，扣球的效果很大程度上又依赖于二传的密切配合以及扣球的个人技巧和战术运用水平。

在这里我们重点介绍正面扣球技术和单脚起跳扣球技术。

①正面扣球是扣球技术中最基本的一种方法。由于运动员面对球网，便于观察，准确性较高，加之正面扣球挥臂动作灵活，能根据对方防守情况随时改变扣球的路线和力量，控制落点，进攻效果较好。初学者必须在掌握好正面扣球后再学习其他扣球技术。

②单脚起跳扣球是指助跑的最后一步以单脚踏地，另一只脚直接向前上方摆动帮助起跳的一种扣球方法。由于现代排球中各种冲跳扣球的大量采用，单脚起跳扣球有了更新的发展前景。单脚起跳后第二只脚不再落地，而是直接上摆，且起跳腿下蹲较浅，因而它比双脚起跳动作快 0.2 秒左右。还由于它能充分利用助跑速度，加上右腿积极上摆的协调动作，比双脚起跳冲得更远，跳得更高，它既能高跳扣定点高球，又能追球起跳扣低弧度球，有利于控制时间和空间，兼有位置差和空间差的特点，这对突破和避开拦网有较大作用。单脚起跳扣球可采用一步、两步或多步助跑。助跑的路线与球网的夹角宜小，以免造成前冲力过大而碰网或过中线犯规。助跑到最后，以左脚向扣球点位置跨出一大步，身体重心稍后倾，在右脚向上摆动时，左脚用力蹬地起跳，两臂积极配合上摆，起跳后的扣球动作与正面扣球动作基本相似（图 12-1）。

图 12-1　单脚起跳扣球

5. 拦网技术

(1) 拦网技术概述

靠近球网的队员，将手伸向高于球网处阻挡对方的来球并触及球，称为拦网。拦网是排球运动的基本技术之一。

拦网技术是随着排球运动的发展和规则的变化而不断改进和创新的。20 世纪 50 年代，规则规定手不得超过球网垂直面拦击球，因此，普遍采用手腕后仰拦网，目的以把球拦起、拦高为主。拦网是被动的、防御性的，力求削弱对方的进攻。60年代中期，规则修改为可以过网拦网后，我国创造了“盖帽式”拦网技术，将拦网由被动的防守技术变为带有进攻性的技术，在当时的国际比赛中取得了良好的效果。70年代起，随着排球运动水平的迅速提高和运动员身高及弹跳能力的增加，拦网普遍采用攻击性拦网，强调以拦死、拦回为主。各队都把身材高大的队员放在拦网的重点位置上，力争以拦网来直接得分。如当时被称为“屋檐式”的拦网（拦网者将手臂伸过网去，像屋檐一样罩在球的上方），具有很强的攻击性和威胁性。网上争夺十分激烈时，进攻上打破了定位和前排三点的限制，大量运用跑动、活点和纵深进攻打法，个人的扣球能力和技巧也大大提高，这无疑给拦网出了难题，从而促进了拦网技战术的进步发展，出现了许多拦网新方法，如对付快攻战术的连跳拦网；对付强攻的助跑摆臂高跳后充分展肩、伸臂的拦网技术；对付换位和空中移位进攻的人盯人、人盯区和重叠拦网（两名或三名队员前后呈重叠状站立，前面队员定位拦网，后面队员根据情况变化向两侧前方跨步起跳拦网，尽量组成双人拦网配合）；对付个人扣球战术的空中移位拦网；等等。

拦网是排球比赛中的第一道防线，也是第一道进攻线。现代排球比赛中，网上精彩激烈的争夺战就是在扣球与拦网这对矛盾中展开的。高水平的排球比赛中，如果没有有效的拦网，后排防守将是非常困难的。拦网不仅可将对方的扣球拦回、拦起，减轻后排防守的压力，而且可直接将球拦死，从而成为得分的重要手段。此外，拦网还能干扰和破坏对方进攻战术的组织，削弱对方进攻的士气，动摇对方的信心，给对方造成心理上的压力。因此，拦网水平的高低直接影响着比赛的胜负。拦网技术的提高和创新，对促进排球运动的发展有着重要的作用。

（2）拦网技术的分类

拦网技术按人数可以分为单人拦网、双人拦网、三人拦网，按运用与变化可以分为原地拦网、移动拦网、拦强攻、拦快攻、拦后排攻等。

第三节　排球运动基本战术

一、排球运动基本战术的种类

（一）个人战术

个人战术是指在集体战术配合的基础上，队员根据个人的特点和战术的需要，巧妙地运用个人战术的变化，以达到有效进攻和防守目的的行动方法的总称。有效、合理地运用个人战术可以提高个人技术动作的效果和弥补集体战术的不足。

①发球个人战术的运用：主要运用变换发球方法，变化发球力量，落点和飞行幅度；对方正处于进攻较弱的轮次时，应注意发球的稳定性；找人发球时，发给连连失误、信心不足、情绪急躁或刚上场的队员；得分困难或比分落后较多的情况下，采取攻击性较强的发球。

②扣球个人战术的运用：避强打弱，避重就轻，从对方身体矮、弹跳力差或拦网能力差的队员的拦网区域进行突破。扣球落点尽量找人、找点，向防守技术差的队员或对方空当扣球。

（二）进攻战术

①“中一二”进攻战术：由站在 3 号位的人担任二传手，其他 5 人接球，将球垫至 3 号位，由 3 号位的二传手将球传至两边，由 4 号位、2 号位的人进行扣球，它的特点是易于掌握，但战术掩护变化少，对方容易组织集体拦网（图 12-2）。

②“边一二”进攻战术：二传手站于 2 号位，将球传给 3、4 号位的人进攻。它的特点是攻击手位置相邻，便于掩护配合，战术多变（图 12-3）。

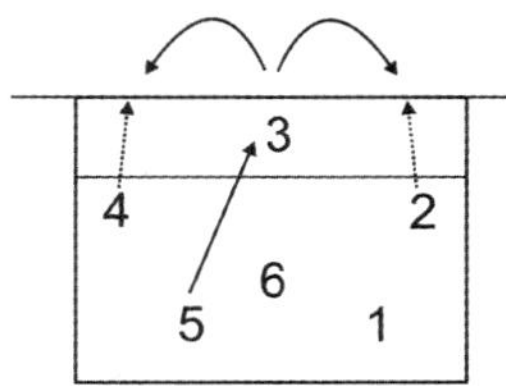

图 12-2 “中一二”进攻战术

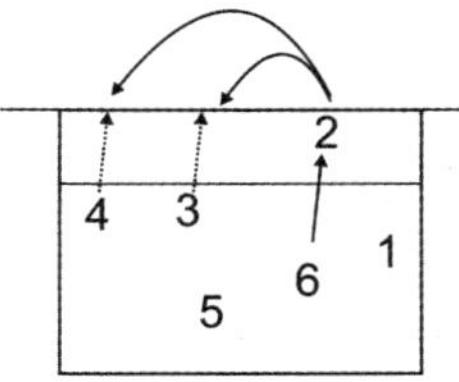

图 12-3 “边一二”进攻战术

③“插上”进攻战术：可使前排始终有 3 名进攻手，它的特点是进攻点多，可利用网长，有利于进行战术的变化，但这种战术需要全面精细的各项基本技术和良好的战术意识（图 12-4）。

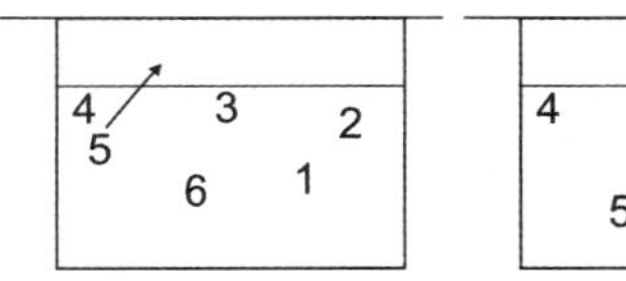

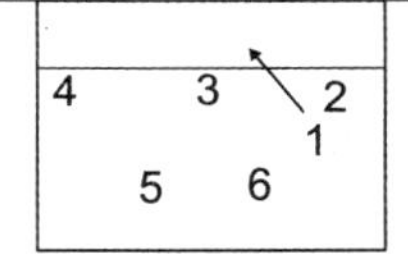

图 12-4 “插上”进攻战术

（三）防守战术

①接发球站位阵形，除站在网前的 1 名二传队员或由后排“插上”的二传队员不接发球外，其余 5 名队员都按接发球的阵形站位。

“W”形站位：前排 3 名队员负责接前场区的球，后排两名队员负责接后场区的球，也称“一三二”站位（图 12-5）。

“一”字形站位：5 名队员“一”字形排开，左右距离较近（图 12-6）。

“M”形站位：前排 2 名队员负责接前区球，中间队员负责接中区的球，后排两名队员负责接后区球，也称“一二一二”站位（图 12-7）。

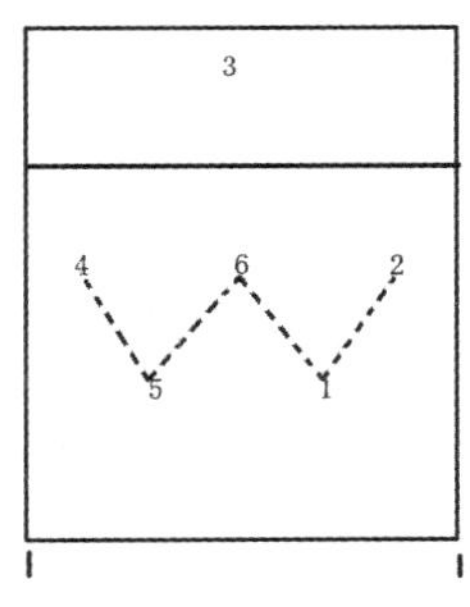

图 12-5 “W”形站位

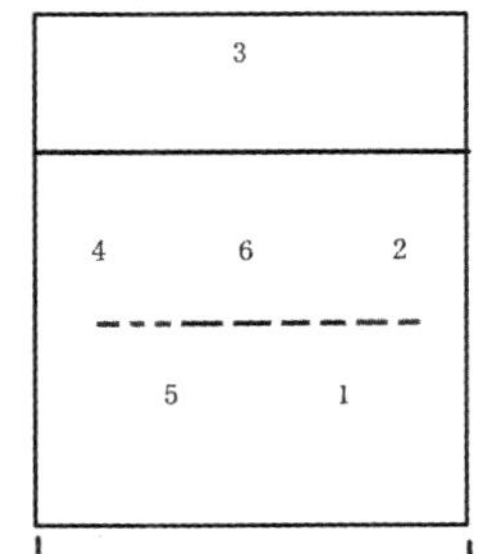

图 12-6 “一”字形站位图

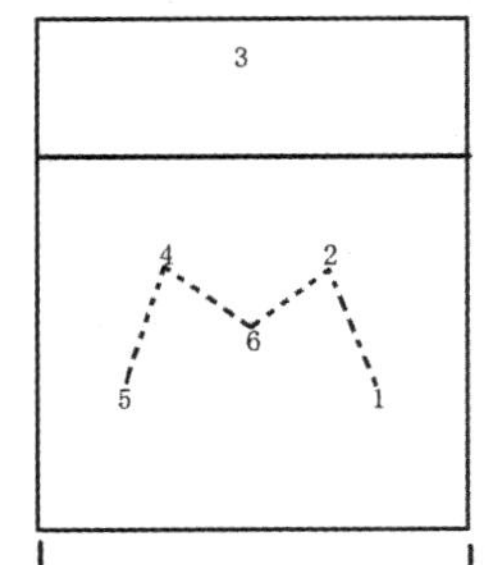

图 12-7 “M”形站位

②单人拦网防守阵形：若对方扣球较少，吊球较多，可以主动采用单人拦网的防守阵

形，由不拦网的人后撤防前区，后排队员防后区（图 12-8）。

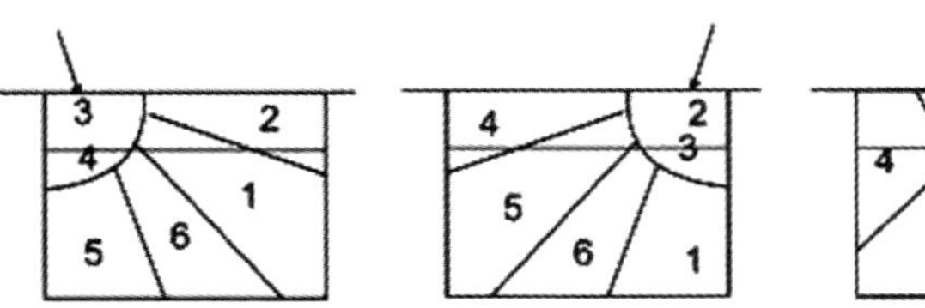

图 12-8　单人拦网防守阵形

③双人拦网防守阵形：双人拦网防守是最常见的一种防守阵形。根据后排跟进的情况分为“心跟进”“边跟进”。

“心跟进”防守的优点是加强了前排拦网保护和防吊能力，弱点是后场较空（图 12-9）。

“边跟进”防守的优点是加强了后排的防守力量，根据对方进攻战术或者吊球等情况，跟进队员可以采用“死跟”“活跟”等方法灵活地变化布局，缺点是中场较空（图 12-10、图 12-11）。

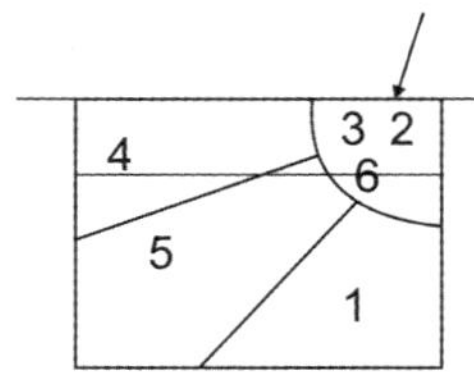

图 12-9　“心跟进”阵形

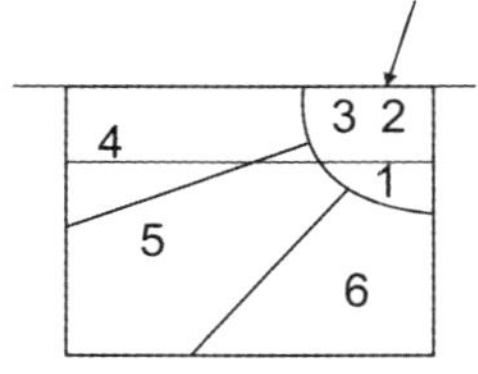

图 12-10　“边跟进”阵形（1）

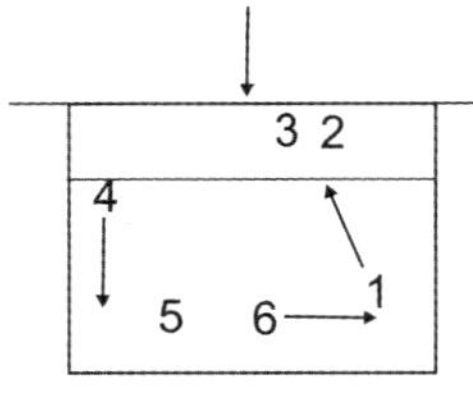

图 12-11　“边跟进”阵形（2）

（四）进攻战术的各种打法

（1）平快掩护（图 12-12）

2、4 号位平拉开进攻，3 号位短平快进攻。

（2）交叉进攻（图 12-13）

两名队员用交叉跑动路线换位进攻，目的在于扰乱对方盯人拦网的布置。

（3）重叠进攻（图 12-14）

两名队员几乎守在同一点上进行不同时间的进攻成重叠之势，使拦网人难以判断真假。

（4）“夹塞”进攻与串平进攻（图 12-15）

短平快为掩护，另一名队员跑动“夹”在传球手与快攻手之间的进攻，称“夹塞”进攻。扣球队员在短平快掩护队员的背后打平拉开快球的进攻，称为串平进攻。

（5）双快一跑的进攻（图 12-16）

两名队员进行快球进攻，第 3 名队员进行大范围跑动进攻。

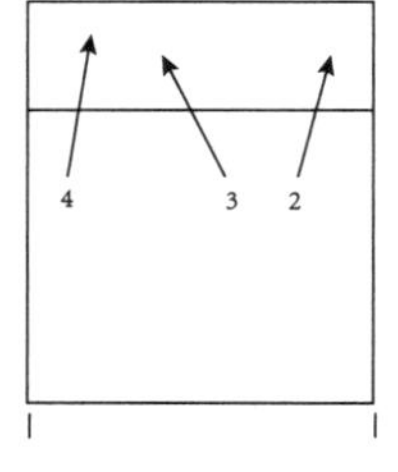

图 12-12　平快掩护

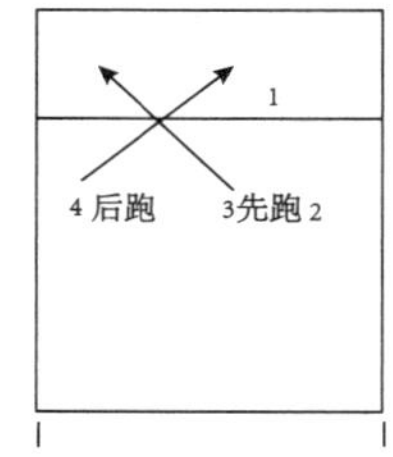

图 12-13　交叉进攻

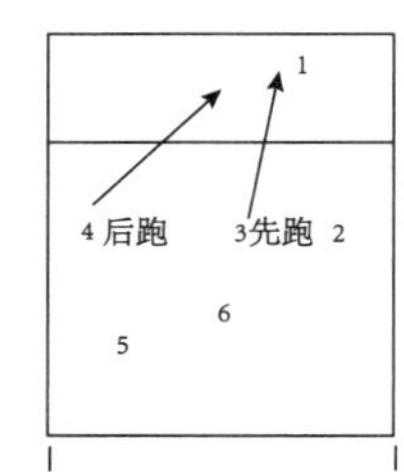

图 12-14　重叠进攻

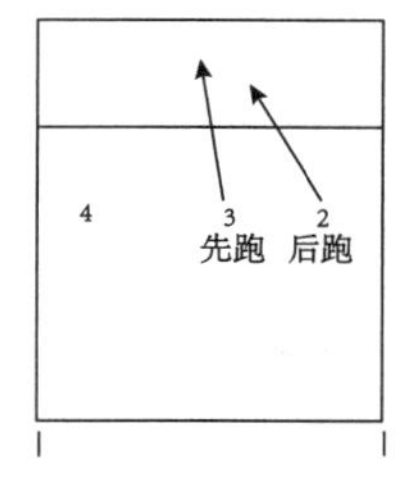

图 12-15　“夹塞”进攻与串平进攻

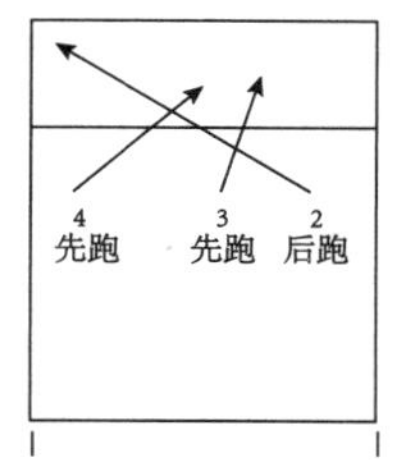

图 12-16　双快一跑的进攻

二、排球运动基本战术的重要环节

（一）阵容配备

阵容配备是根据队员技术水平和特长，充分发挥其优势，为有效地组织进攻和防守战术而安排的主攻、副攻和二传手的位置及人数。比赛中常见的阵容配备是“四二”配备和“五一”配备。

①“四二”配备是指把 4 名攻手和两名二传手分别安排在相对称的位置上。这种配备可以使每个轮次都有不同类型的攻手，而且二传手在前排攻守均衡；也可让后排二传手插上传球，使每轮前排都能保证三点进攻（图 12-17）。

②“五一”配备由 5 名攻手和 1 名二传手组成，进攻战术的变化更丰富。二传手是场上的核心，在其对称位置上的队员称为“接应二传”。“接应二传”在二传手由于防守或其他原因不能组织进攻的情况下，充当二传角色（图 12-18）。

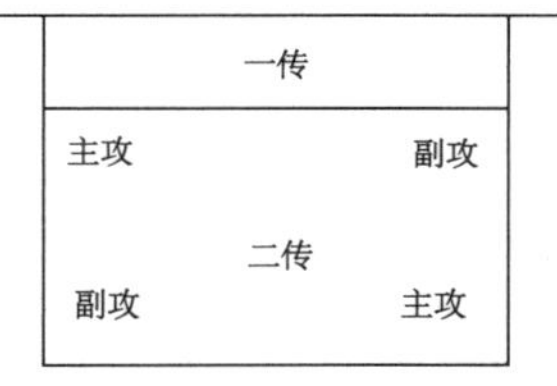

图 12-17　“四二”配备

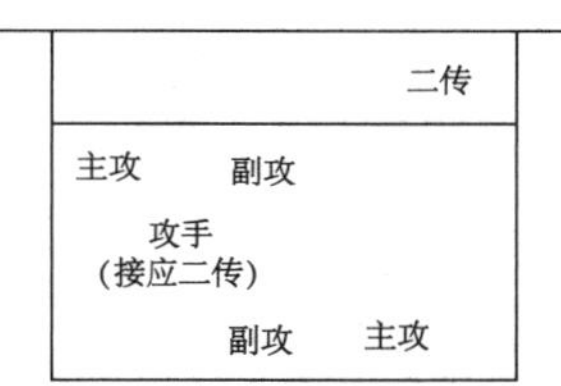

图 12-18　“五一”配备

（二）位置交换

①位置交换的目的是调动攻防力量，弥补阵容配备上的不足和比赛队员技术上的限制，以充分发挥每个人的身体条件和技术特长，在规则许可的情况下进行的位置变动。

②换位的规律是把前排的主攻手换到 4 号位，把拦网好、移动快、连续起跳能力强的副攻手换到 3 号位，二传手换到 2 号位，在后排的主攻手换到 5 号位，防守灵活且防守能力较好的队员换到 6 号位（一般由防守自由防守队员在此位置上），二传队员换到 1 号位。

③当本方发球队员击球后，应迅速换到预定的位置上，做好接球准备。

④对方发球时，应打完一攻后再迅速换位，在成死球后立即回到原位。

（三）排球基本战术的练习方法

①6 名球员在场上站好位置，教练讲解站位形式，球员按教练的讲解站好具体的防守位置，并轮转 6 轮，使队员明确每一轮、每一位置的具体站位形式及职责分配。

②教练向对方场内发球，球员接一传，了解每个位置的站位方式和进攻战术形式，熟悉

"中一二""边一二"等进攻战术。

③球员分两组，一组发球，另一组接发球，组织进攻练习。

④组织教学比赛，进行攻与防的练习。

第四节　排球竞赛规则

一、场地、器材

排球比赛场地包括比赛场区和无障碍区，其形状为 18 米×9 米的长方形（图 12-19）。球网的高度，男子为 2.43 米，女子为 2.24 米。比赛用球可是单一的浅色球或国际排联批准的多色球，圆周为 65～67 厘米，重量为 260～280 克。

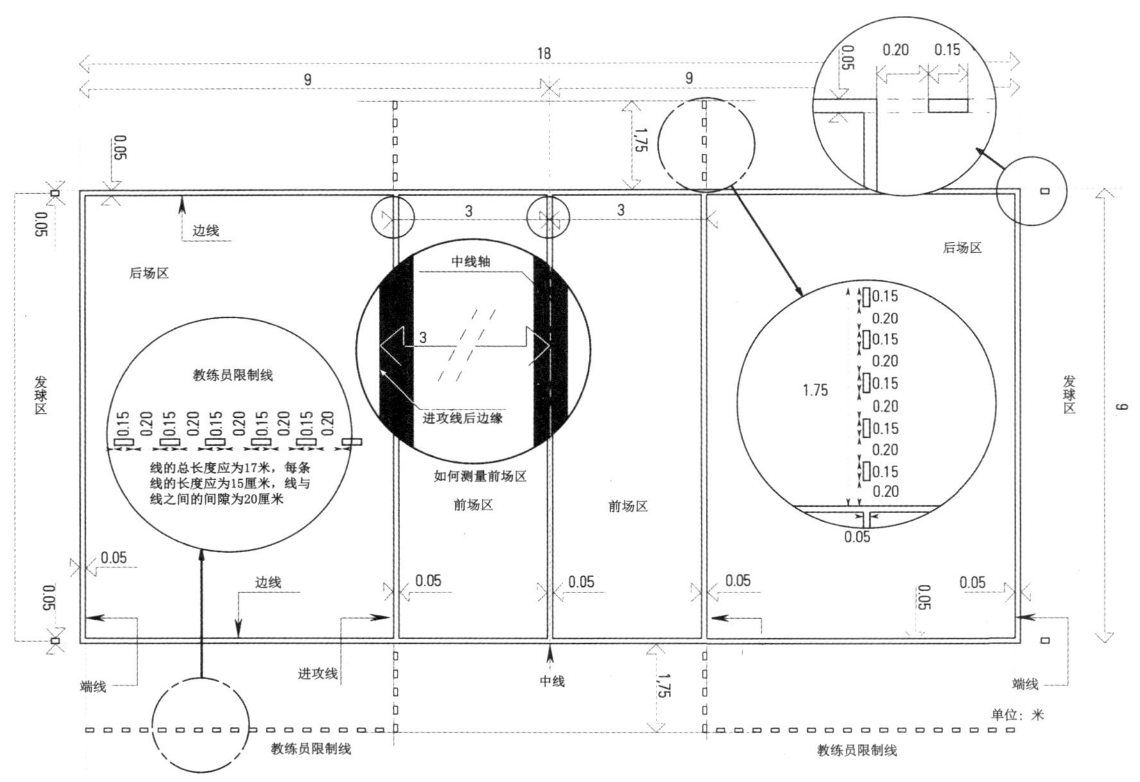

图 12-19　排球场地

二、主要规则及裁判方法

（一）胜一分、胜一局和胜一场

比赛采用每球得分制，胜一球即得一分。

比赛的前 4 局以先得 25 分，并同时超出对方 2 分的队为胜一局。当比分为 24∶24 时，比赛继续进行至某队领先 2 分为胜一局（如 26∶24、27∶25）。决胜局以先得 15 分，并同时超出对方 2 分的队获胜。当比分为 14∶14 时，比赛继续进行至某队领先 2 分为止（如 16∶14、17∶15）。

（二）犯规与判罚

排球运动中属于犯规的情形有以下几种。

（1）发球击球时的犯规

①发球次序错误；②发球区外发球；③发球击球时球未抛起或持球手未撤离；④发球超过 8 秒。

（2）发球击球后的犯规

①发出的球触及发球队队员、球网或未能通过球网垂直面；②界外球；③发球掩护。

（3）位置错误

发球击球瞬间，双方任何一名队员不在规则规定的位置上，则构成位置错误犯规。

判断位置错误必须明确以下 3 点：

①位置错误犯规只在发球击球瞬间才有可能造成，发球击球前、后两队队员可在本场区任意移动或交换位置，不受任何限制。

②队员的场上位置应根据脚的着地部位来确定。

③明确“同排”与“同列”的概念及位置关系，1、6、5 及 2、3、4 号位队员为同排队员。1、2 号位，3、6 号位，4、5 号位队员为同列队员。规则规定同排左边或右边队员的一只脚的某部分必须比同排中间队员的双脚距离同侧边线更近。同列队员中，前排队员的一只脚的某部分必须比同列后排队员的双脚距离中线更近（图 12-20）。

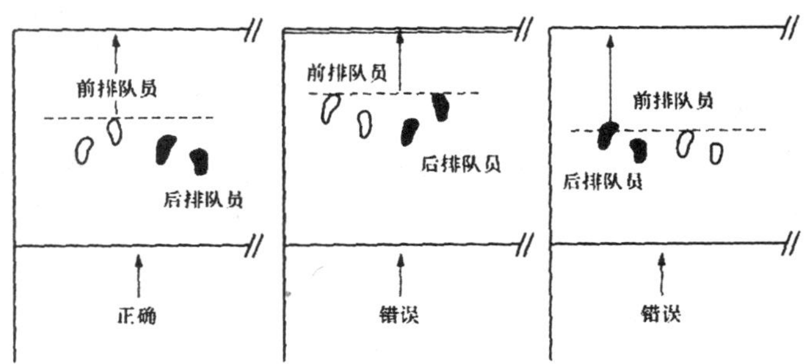

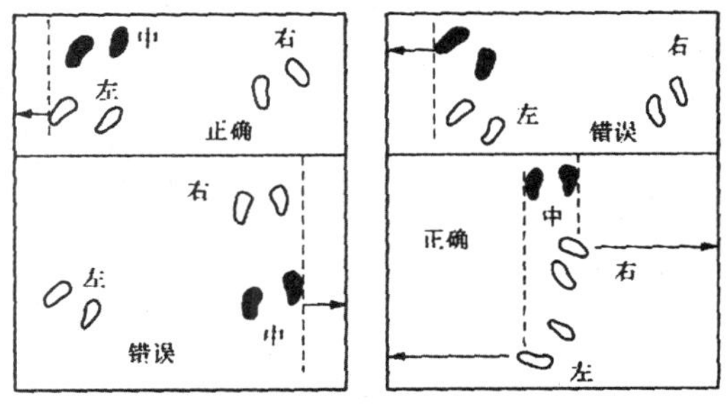

图 12-20 错误位置判断

(4) 击球时的犯规

击球时的犯规包括四次击球、持球、连击、借助击球。

(5) 队员在球网附近的犯规

球网附近的犯规包括过网击球、过中线、网下穿越进入对方空间并妨碍对方比赛、触网。

(6) 拦网犯规

拦网犯规包括过网拦网、后排队员拦网、拦发球、从标志杆外伸入对方空间拦网并触球。

(7) 进攻性击球犯规

进攻性击球犯规包括后排队员进攻性击球、在前场区对发过来的并且高于球网的球进行进攻性击球(如扣发球、吊发球等)。但在后场区起跳,击跳后仍在后场区落地不犯规。

(8) 不符合规定的请求间断

不符合规定的请求间断包括超过规定次数请求普通暂停,超过规定次数请求换人,同一队未经比赛过程再次请求换人,无权请求的成员提出请求,在比赛进行中或裁判鸣哨发球的同时或之后提出请求。

判罚:判犯规一方失去球权,同时判对方获得一分。

三、裁判组的组成及其职责

(一) 裁判组的组成

正式比赛的裁判组应由第一裁判员、第二裁判员、记录员和两名司线员组成。正式的国际比赛要求有 4 名司线员。

(二) 裁判员的职责

1. 第一裁判员的职责

第一裁判员自始至终是比赛的领导者,可以对所有裁判员和参赛队成员行使权力。在比赛中,第一裁判员的判定是最终判定,如果发现其他裁判员的错误,他有权改判,有权决定涉及比赛的一切问题,包括规则中没有的规定。

比赛前,第一裁判员应检查场地、器材和比赛用球,主持抽签,掌握准备活动时间。

2. 第二裁判员的职责

第二裁判员是第一裁判员的助手,负责掌握比赛间断的时间及各队暂停、换人的次数;在每局比赛开始、决胜局交换场地及任何必要的时候,第二裁判员要检查场上队员的实际位置是否与位置表相符。第二裁判员对第一裁判员的手势要重复,进行配合。

3. 记录员的职责

登记有关比赛和参赛球队的情况,登记各队的上场阵容,记录得分;掌握并记录暂停和换人次数;记录最终结果。

4. 司线员的职责

①司线员用旗(40cm×40cm)的旗示执行职责。

当球落在司线员所负责的线的附近时,示意“界内”或“界外”;触及接球队员身体后出界的球，示意“触手出界”；示意球触及标志杆、发球和第三次击球后球从过网区外过网等；示意发球击球时队员脚踏出场区（发球队员除外）；示意发球队员脚的犯规；队员击球时或干扰比赛情况下，触及司线员一侧标志杆高于球网上沿 80cm 的部分；球从标志杆外过网，并进入对方场区或触及司线员一侧的标志杆。

②在第一裁判员询问时，必须重复旗示。

【思考题】

◇简述排球运动的起源与发展。

◇排球的基本技术有哪些?

◇简述一般准备姿势的技术要点。

◇简述拦网的种类。

◇第一裁判员的职责是什么?

第十三章　羽毛球运动

第一节　羽毛球运动概述

一、羽毛球运动的起源

相传羽毛球运动最早出现于14—15世纪的日本。球拍是木制的，球用樱桃核插上羽毛制成。由于球托是樱桃核，太重，球飞行速度太快，使得球的羽毛极易损坏，加之球的造价太高，所以该项运动时兴了一阵子就慢慢消失了。

大约在18世纪，印度出现了一种被称为普那的与早年日本的羽毛球极相似的游戏。球用直径约6厘米的圆形硬纸板中间插羽毛制成（类似我国的毽子），球拍是木板，玩法是两人相对站着，手执木板来回击球。

现代羽毛球运动形成于英国，大约在1800年，由网球派生而来。我们可以注意到，现今的羽毛球场地和网球场地仍非常相似。1870年，出现了用羽毛、软木做的球和穿弦的球拍。那时的活动场地是葫芦形，两头宽中间窄，窄处挂网，直至1901年才改为长方形。

据记载，2000多年前，原始羽毛球游戏活动在世界一些地区就已经流行了。不过由于民族、地区及语言的差异，对这项游戏活动的叫法也不一样。例如，法国称“羽毛球”（Feather Ball），英国、瑞典、丹麦等国称“毽子板球”（Battledore and Shuttlecock），印度称“普纳”（Poona）。这些就是羽毛球运动的前身。

从一份英国王室的记录中得知，早在12世纪，英国就有人玩羽毛球游戏。后来又从一幅14世纪的英国木刻画中见到了当时玩这个游戏的情形，画中展示出由两人相对而立，使用坚实的小木板来回击打一个异状物体。起初这项游戏活动是在孩子们中进行的，他们没有任何目的，只是想尽量把物体击向空中，使其不要过早地落地。那时所用的拍子全是木制的，一般出自家庭制作，球多半是用布、羊毛、线团等裹成球托，用软质的家禽羽毛压插在球托上制成的。球的规格大小一般是随人意愿而定，游戏可在户外任何一块空旷地上进行。至于世界其他国家，当时玩这种游戏的活动形式、所用器材同英国的这种游戏相似。

中国是世界上较早就有这项游戏活动的国家之一。据《民族体育集锦》记载，中国在远古时期就有类似羽毛球游戏活动的存在，其玩法、性质以及所用的一些器材同世界上较早有这项游戏活动的国家相比没有太大的差异，只是对这种游戏活动的称法不同而已。这种游戏活动主要分布在我国的西南地区（云南、贵州、广西等地），至少有7个少数民族玩过这项游戏活动。《中国少数民族传统体育》❶ 一书也证实了这项游戏活动的存在。具体是苗族、基诺族、壮族、仡佬族、哈尼族、瑶族、拉祜族的苦聪人等。由于我国少数民族人民受历史、社会以及文化等的影响，很多活动难以找到文字记载，所以难以准确地考证出这项游戏

---

❶ 崔乐泉．中国少数民族传统体育［M］．贵阳：贵州民族出版社，2011.

活动出现在我国的时间。

另据记载，原始的羽毛球游戏活动至少在2000年前，在中国、日本、印度、泰国等国就开始流行了。❶

根据上述文献记载可以认为，中国古代的类似羽毛球游戏的活动在公元前已在我国的少数民族和民间流传了。

二、中国羽毛球运动发展概况

（一）20世纪50年代起步

中华人民共和国成立前，在我国沿海少数城市虽有羽毛球活动和小型比赛，但范围很小，水平也很低。中华人民共和国成立后，1956年在天津举行了第一次全国羽毛球比赛，参加的有11个城市的男运动员49人，女运动员29人。以王文教、陈福寿为代表的一批华侨羽毛球好手的归国，给我国的羽毛球运动带来了当时世界上的先进技术和战术，使我国的羽毛球运动水平有了长足的进步。第一届全国运动会，羽毛球即被列入正式比赛项目，共有21个省、市和自治区参加了比赛。

（二）20世纪六七十年代世界羽坛的"无冕之王"

第一届全国运动会后，汤仙虎、侯加昌、陈玉娘等一批优秀羽毛球青年选手又相继回国。我国羽毛球教练员、运动员刻苦训练，认真钻研，敢于创新。当时在技术上提倡百花齐放，初步形成了几种先进打法，使我国的羽毛球运动在以快为主、以攻为主的方向上迈出了一大步。在竞技能力上出现了一个跨时代的飞跃。1963年，连获两届世界男子团体冠军的印度尼西亚羽毛球队来访，我国国家队、青年队和一些省队都在对抗赛上获胜。1964年，印度尼西亚队在蝉联三届汤姆斯杯羽毛球赛冠军后再次访问我国，又铩羽而归。1964年，在北京召开了全国第一次羽毛球训练工作会议，明确提出了我国羽毛球运动"快、狠、准、活"的技术风格和"以我为主，以快为主，以攻为主"的发展方向。1965年，中国羽毛球队出访了欧洲羽毛球王国——丹麦和另一羽毛球强国——瑞典。中国羽毛球运动员以其先进的技术、快速的打法和灵活多变的战术取得34场比赛全胜的辉煌战绩。在这种情况下，欧洲舆论评价中国羽毛球队为世界羽坛的"无冕之王"。

1973年12月，中国香港羽毛球总会举办了一次规模盛大的羽毛球国际邀请赛，印度尼西亚没来参赛。1974年，为了使中国羽毛球运动员有机会与世界冠军印度尼西亚羽毛球队交手，泰国在曼谷举办了国际羽毛球邀请表演赛，印度尼西亚尽管派运动员参加，但羽坛传奇人物梁海量没有出现。1974年，伊朗首都德黑兰举行了第七届亚运会，梁海量再次回避。失去了这样几次难得的机会后，汤仙虎与侯加昌这两位耀眼的世界羽毛球明星最终未能与梁海量切磋球技。

（三）20世纪80年代独领风骚

1981年7月，在美国圣克拉拉举行的第一届世界运动会羽毛球比赛的5个项目中，中国运动员一举夺得男子单打、男子双打、女子单打和女子双打4枚金牌，这是我国羽毛球运

❶ 王志远．简析羽毛球运动的起源、特点及技术训练［J］．当代体育科技，2012（5）：28－31，69.

动员首次在世界性羽毛球比赛中亮相。在此之后，中国羽毛球队于 1982 年首次参加汤姆斯杯羽毛球赛，经过艰苦奋战，最终以 5：4 获胜，从印度尼西亚队的手中夺得世界羽毛球男子团体冠军。1984 年，中国女子羽毛球队把世界女子羽毛球团体锦标赛（尤伯杯）的奖杯又捧入怀中。1986 年，中国的男女羽毛球队在印度尼西亚首都雅加达把汤姆斯杯和尤伯杯双双举起。

1987 年，在北京举行的第五届世界羽毛球锦标赛的 5 个单项比赛中，中国羽毛球运动员囊括了全部冠军。至此，中国羽毛球创造了并保持了一个国家同时获得世界羽毛球比赛男女团体赛和 5 个单项个人赛的全部 7 项冠军这一国际羽坛史无前例的纪录。

（四）20 世纪 90 年代再度辉煌

当羽毛球项目被列为奥林匹克运动的正式比赛项目时，中国的羽毛球水平却跌落到低谷，世界大奖赛的冠军与中国运动员极少结缘，第二十五届奥运会的羽毛球比赛，中国运动员一枚金牌都未得到。1992 年，中国男子羽毛球队在汤姆斯杯羽毛球赛半决赛时以 2：3 不敌马来西亚队，连决赛权都未能取得，直至 1998 年已连续 3 届都未能取得决赛权。中国女子羽毛球队也在 1994 年和 1996 年的尤伯杯赛中两度被印度尼西亚队夺去奖杯。这种状况不是中国队放松所致，而是我国对羽毛球运动员职业化趋势带动其他国家羽毛球运动迅速发展的势头估计不足。在采取了一系列相应措施后的 20 世纪 90 年代后期，局面开始有了转机。1996 年亚特兰大奥运会女子双打中，葛菲、顾俊摘取了金牌，董炯也取得了男子单打银牌的好成绩。1998 年中国女子羽毛球队夺回尤伯杯，在代表男女羽毛球整体实力的苏迪曼杯比赛中，又实现了 1995 年、1997 年和 1999 年的三连冠，2000 年中国女子羽毛球队蝉联尤伯杯冠军。

（五）21 世纪初无人能敌

2005 年 5 月，苏迪曼杯再次回到中国，这已经是中国队第 5 次夺取此奖杯，加上 2006 年的汤姆斯杯和尤伯杯，中国羽毛球队成为首个在一个赛季里独享三杯的球队。2007 年，中国羽毛球队再次摘得苏迪曼杯。同年世锦赛，中国队夺得三金；全英羽毛球公开赛中，中国队又得四金。2008 年中国队再次包揽汤姆斯杯和尤伯杯，又于 8 月举办的北京奥运会中，夺得男子单打、女子单打和女子双打 3 枚金牌。2012 年伦敦奥运会，中国羽毛球队又获得了 5 金 2 银 1 铜的好成绩。在 2016 年里约奥运会上中国队获得 2 金 1 铜。在 2020 年东京奥运会上中国队获得 2 金 4 银。

第二节　羽毛球运动基本技术

一、握拍法

羽毛球握拍法正确与否，对于掌握和提高羽毛球技术水平有着重要的影响。羽毛球技术中的握拍法是多样的，但是基本的握拍法有两种，即正手握拍法和反手握拍法。

（一）正手握拍法

握拍之前，先用左手拿住球拍，使拍面与地面垂直；再张开右手，使手掌下部靠在球拍的握柄底托部位，虎口对着球拍柄。小指、无名指、中指自然并拢，食指与中指稍稍分开，自然弯曲并贴在拍柄上。

（二）反手握拍法

在正手握拍的基础上，拇指和食指将拍柄稍向外转，拇指顶点在拍柄内侧的宽面上或内侧棱上，中指、无名指和小指并拢握拍，柄端靠近小指根部，使掌心留有空隙。球拍斜侧向身体左侧，拍面稍后仰。

二、发球技术

发球技术是运动员在发球区将球由静止状态用球拍击出，使之在空中飞行，落到对方的接发球区的技术动作。

发球可分为正手发球和反手发球两种。若按球在空中飞行的弧线，又可分为高远球、平高球和网前球。在单打比赛中，以上几种发球技术应用得较普遍；而在双打比赛中，则以发网前球结合发平快球或平高球较多。

（一）正手发球

1. 正手发高远球

准备发高远球时，站在离前发球线 1 米左右的发球场区中线附近，面对球网，两脚自然开立。左脚在前，右脚在后。身体重心放在右脚，身体微微向后仰，右手向右后侧举起，肘部稍弯曲，左手拿球置于胸前。发球的时候，左手将球落下，右手的上臂带动前臂，从右后方往左前上方挥动。上臂开始挥动的同时，身体重心随势由右脚移到左脚。当球落到击球人手臂向下自然伸直能触到球的一刹那，握紧球拍，并利用甩手腕的力量，向前上方鞭打击球，在把球击出的同时，手臂向上方挥动，击球之后，身体重心也由右脚移至左脚，身体微微向前倾。

2. 正手发平高球

发平高球时，动作过程大致与发高远球相同，只是在击球的一刹那，前臂加速带动手腕向前上方挥动，拍面要向前上方倾斜，以向前用力为主。

3. 正手发网前球

发网前球时，握拍要放松，上臂动作要小，主要靠前臂带动手腕向前切送，球的弧线要贴网而过，落点在前发球区。

（二）反手发球

1. 反手发网前球

站位靠近前发球线，左脚或右脚在前均可，身体重心在前脚，上体前倾，后脚跟提起。右手反手握拍柄的稍前部位，肘关节提起，手腕稍前屈，球拍低于腰部，斜放在下腹前方；左手持球在拍面前方。发球时，球拍由后向前推送击球，使球运行的弧线最高点略高于网顶，球拍触球时，拍面呈切削式击球，使球落到对方场区的前发球线附近。

2. 反手发平球

反手发平球与正手发平球的球路、角度、落点一样。发球时，球拍的挥动方向也与反手发网前球一样，只是在击球的一刹那，手腕要有弹性地击球，拍面与地面角度接近垂直，将球击到发球线以内的区域。

三、接发球技术

还击对方发过来的球叫接发球。接发球技术和发球技术一样，都是羽毛球最基本的技术，在比赛中同样起着重要的作用。如果说发球发得好是走向胜利的开始，那么也可以说接发球接得好是走向胜利的第一步。发球方利用多变的发球来打乱接发球方的阵脚，争取主动；接发球方则是通过多变的接发球来破坏发球方的企图。

（一）接发球的站位和姿势

1. 单打站位

单打站位一般是在离发球线 1.5 米处。在右发球区要站在靠近中线的位置，在左发球区则站在中间位置，主要是防备对方直接进攻反手部位。一般左脚在前，右脚在后，双膝微屈，收腹含胸，身体重心放在前脚上，后脚脚跟稍抬起，身体半侧朝向球网，球拍举在身前，两眼注视对方。

2. 双打站位

由于双打发球区比单打发球区短 0.76 米，发高远球易被对方扣杀，所以双打多发网前球为主。接发球时要站在靠近前发球线的地方。双打准备姿势和单打的接发球姿势基本相同，略有区别的是身体前倾较大，身体重心可放在任何一只脚上，球拍举得更高些，在球来到网上最高点时击球，争取主动，但要注意右场区对方发平快球突袭反手部位。

（二）接发各种来球

对方发来高远球或平高球时，可用平高球、吊球或杀球还击。一般来说，接发高远球是一次进攻的机会，还击得好就掌握了主动。一些初学者常因后场技术没掌握好，还击球的质量较差，以致遭到对方的攻击。图 13-1 中虚线为对方发来的高远球，“1”表示还击平高球，“2”表示还击吊球，“3”表示还击杀球。

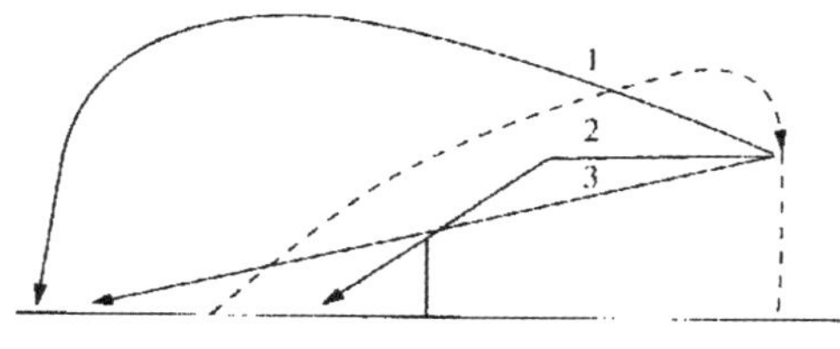

图 13-1　接发来球种类

对方发来网前球时，可用平高球、高远球、放网前球、平推球还击，如对方发球质量不好，也可用扑球还击。要洞察对方发网前球的意图，如果是要发球强攻，而自己的防守能力又不强，那么就放网前球或平推球还击，落点要远离对方的站位，控制住球，不让对方进攻。当对方连续发球强攻时，接发球一定要冷静、沉着，若疏忽麻痹，回球质量稍差，就可能让对方强攻得手。

对方发来平快球时，可用平推球、平高球还击，以快制快。由于接球方还击的击球点比发球方高，下压得狠些可以夺取主动。另外，可以用高远球还击，以逸待劳。不能仓促还击网前球，如果击球质量稍差，就有可能遭到对方的抢攻。

至于接发球中的球路和落点变化，以及如何以己之长、攻彼之短，就关系到战术的运用问题了。

四、击球技术

羽毛球击球技术包括击高球、吊球、杀球、搓球、推球、勾球、扑球、抽球、挑球等，每一种技术又可分为正手和反手击球法。依据球路战术的需要，也可击直线球或斜线球来。

(一) 高球

高球是自后场经过高空飞行打到对方后场端线的球。击高球分为正手、反手和头顶3种。

1. 正手击高球

首先要判断好来球的方向和落点，侧身后退，使球处在自己的右肩前上方的位置。左肩对网，左脚在前，右脚在后，重心在右脚上。左臂屈肘，左手自然高举，右手执拍，手臂自然弯曲，将球拍举在右肩上方，两眼注视来球。击球时，右上臂后引，肘关节随之上提，明显高于肩部，将球拍后引至头部，自然伸腕（拳心朝上）。然后在后脚蹬地、转体收腹的协调用力下，以肩为轴，上臂带动前臂快速向前上方甩腕，在手臂伸直的最高点击球。击球后，持拍手臂向左下方挥动并收拍至体前，与此同时，左脚后撤，右脚向前迈出，身体重心由后脚移至前脚。正手高球也可起跳击球，按上述要求做好准备动作，然后右脚起跳，随即在空中转体，并完成引拍击球动作。击球动作在球将从空中最高点落下的瞬间完成。

2. 反手击高球

当对方将球击到己方左后场区时用反手击高球。首先判断好对方来球的方向和落点，迅速将身体转向左后方，移动步法，最后一步用右脚前交叉跨到左侧底线，背对网，身体重心在右脚上，使球处在身体右上方。击球前，迅速换成反手握拍法，持拍于右胸前，拍面朝上。击球时，以上臂带动前臂，自下而上地甩腕，将球击出。在最后用力时，要注意拇指的侧压力与甩腕的配合以及两腿蹬地转体的全身协调用力。

3. 头顶击高球

动作要领与正手击高球基本相同，只是击球点偏左肩上方。准备击球时，身体向左倾斜。击球时，上臂带动前臂，使球绕过头顶，从左上方向前加速挥动，注意发挥手腕的爆发力。落地时左脚向左后方摆动幅度大些。

(二) 吊球

吊球是自后场打到对方前场向下坠落的球。吊球技术分为正手、反手和头顶3种手法。按球的飞行弧线和击球动作的不同又分为劈吊、拦截吊和轻吊。

1. 正手吊球

击球准备和前期动作同正手击高球。只是击球时拍面稍向内倾斜，手腕快速做切削下压动作，击球托的后部和侧后部。吊斜线球时，球拍切削球托右侧并向左下方发力；吊直线球时，拍面正对前方向下切削。

2. 反手吊球

击球准备和前期动作同反手击高球。不同点在于击球时对拍面的掌握和力量的运用。吊直线球时，用球拍反面切削球托的后中部，向对方的右半场网前发力；吊斜线球时，用球拍反面切削球托的左侧，朝对方左半场网前发力。

3. 头顶吊球

击球准备和前期动作同头顶击高球。吊斜线球时，中指、无名指和小指屈指外拉拍柄，使拍子内旋，拍面前倾，以斜拍面击球托左侧部位；吊直线球时，球拍击球托的正中部位。

（三）杀球

杀球是把对方击来的球在尽量高的击球点斜压下去。这种球力量大、弧线直、落地快，给对方的威胁很大，是进攻的主要技术。

1. 头顶扣杀球

准备姿势、击球动作与头顶击高球相似。当球恰好落在头顶上方或左肩上方适当高度时，持拍手臂向上举拍并绕头至左肩上，突然加快前臂、手腕的“闪”动并下压，同时右脚向左后方蹬地跳起。左脚后撤，身体成背弓形，利用腰腹力量和手部力量协调地向前下方用力将球击出。左脚着地时，要快速蹬地起步回位，准备回击下一个来球。

2. 反手扣杀球

准确判断对方来球，迅速移动到合适的击球位置，最后一步右脚向左后侧跨出，背对球网，反手握拍，持拍手屈臂将球拍举至左肩上方准备击球。当球落到右肩上方适当高度时，以肘关节为轴，用左脚蹬力、腰腹力、肩力及上臂带动前臂，手腕、手指快速用力向后击球。击球瞬间握紧球拍，手腕快速用力向前下方扣压。

（四）搓球

搓球是用球拍搓击球的左侧或右侧下部与球托底部，使球向右侧或左侧旋转与翻滚过网。搓球有正手搓球和反手搓球两种。

1. 正手搓球

侧身对右边网前，正手握拍。球拍随着前臂伸向右前上方斜举。当球拍举至最高点时，前臂向外旋转，手腕稍后伸并稍内收闪动，握拍手的食指和拇指夹住球拍，中指、无名指和小指轻握拍柄，使球拍挥摆用力，搓击来球的右下底部，使球旋转翻滚过网。

2. 反手搓球

击球前臂稍往上举，手腕前屈，手背约与网同高，而拍面低于网顶，反拍面迎球。搓球时主要靠前臂的前伸外旋和手腕由内收至外展的合力，搓击球的右侧后底部，使球侧旋滚动过网。

（五）推球

推球是把对方击来的网前球推击到对方后场两底角去。球飞行的弧线较低平，速度较快。

1. 正手推球

站在右网前，球拍向右侧前上举。在肘关节微屈回收时，前臂稍外旋，手腕稍向后撤，球拍也随之往右下后摆，拍面正对来球。这时，小指和无名指稍松开，使拍柄稍离开鱼际肌，拇指和食指向外捻动拍柄，使拍面更为后仰。推球时，身体稍往前移，右前臂往前伸并带内旋，手腕和手指控制拍面角度，手腕由后伸至伸直并闪腕，食指向前压，小指和无名指突然握紧拍柄，球拍急速地由后经前上至左地挥动推球，使球沿边线飞向对方后场底角。在手臂回收过程中，球拍回收。

2. 反手推球

站在左网前，反手握拍前伸往前上方伸举。在前臂稍向左胸前收引、肘关节微屈、手腕外展时，变成反手推球的握拍法，球拍松握，反拍面迎球。当前臂前伸并带外旋、手腕由外展到伸直闪腕，中指、无名指和小指突然握紧拍柄，拇指顶压，往右前方挥拍时，推击球托的左侧后部，使球沿对角线方向飞行。击球后，手臂回收，恢复击球前的准备姿势。

（六）勾球

勾球是把在本方右（左）边的网前球击到对方左（右）边网前的技术动作。勾球分为正手勾球和反手勾球两种。

1. 正手勾球

用并步加蹬跨步上右网前，球拍随着前臂往右前斜上举。在前臂前伸时稍有外旋，手腕微后伸，握拍手将拍柄稍向外捻动，使拇指贴在拍柄的宽面上，食指的第二指关节贴在拍柄背面的宽面上，拍柄不触掌心。球拍随之向右侧前挥动，拍面朝着对方右网前。击球时，靠前臂稍有内旋往左拉收，手腕由稍后伸至内收闪腕，挥拍拨击球托的右侧下部，使球向对方网前掠网坠落。击球后，球拍回收至肩前。

2. 反手勾球

站在左网前，反手握拍前平举。在身体前移的过程中，球拍随着手臂下沉至离网顶20厘米处，握拍法变成反拍勾球握拍法，拍面正对来球。当来球过网时，肘部突然下沉，同时前臂稍外旋，手腕由稍屈至后伸闪腕，用拇指内侧和中指把拍柄往右侧拉，其他手指迅速握紧拍柄，拨击球托的左侧后部，使球沿对角线飞越过网。击球后，球拍往右侧前回收。

（七）扑球

对方发网前球或回击网前球时，在球刚越到网顶即迅速上网向斜下扑压，谓之扑球。扑球分为正手扑球和反手扑球两种。

1. 正手扑球

右脚蹬步上网，身体右侧前倾，手举球拍于右肩上方。击球时，利用手腕由后伸到前屈收腕的力量，带动球拍向下击球。如果球离网顶较近，靠手腕从右前向左前“滑动”击球。

2. 反手扑球

右脚跨至左前再蹬跳上网，身体右侧前倾，反手握拍举至左前上方。击球时，前臂伸直外旋带动手腕内收至外展，拇指顶压加速挥拍扑球。若来球靠近网顶，手腕可外展由左向右拉切击球，一面触网。击球后，右脚着地屈膝缓冲，回收球拍于体前。

（八）抽球

抽球是把在身体两侧、肩以下腰以上的来球平扫回去。有正手抽球和反手抽球两种。

1. 正手抽球

站在右场区中部，两脚平行开立，稍宽于肩，重心在两脚间，微屈膝收腹，正手握拍举于右肩前。击球前，肘关节前摆，前臂稍往后带外旋，手腕稍外展至后伸，引拍至体后。击球时，前臂内旋，手腕伸直闪动，手指抓紧拍柄，球拍由右后往右前方高速平扫盖击来球。击球后，手臂左摆，左脚往左前方迈一步，右脚跟一步回到中心位置。

2. 反手抽球

右脚前交叉在左侧前，重心在左脚上，右手反手握拍在左侧前。击球前，肘部稍上抬，前臂内旋，手腕外展，引拍至左侧。击球时，在髋的右转带动下，前臂外旋手腕由外展到伸直闪动，挥拍击球托的底部。击球后，球拍随身体回收到右侧前。

（九）挑球

挑球是把对方击来的吊球或网前球挑高回击到对方后场去，这是在比较被动的情况下采取的一种防守性技术。挑球有正手挑球和反手挑球两种。

1. 正手挑球

正手握拍举在胸前，右脚向网前跨出一大步，左脚在后，侧身向网，重心在右脚上，同时右臂向后摆自然伸腕，使球拍后引。然后以肘关节为轴，屈臂内旋，并握紧球拍，用食指及手腕的力量，将球向前上方击出。

2. 反手挑球

反手握拍举在胸前，右脚向左前方跨出一大步，重心放在右脚上，同时右肩向网，屈肘引拍至左肩膀。然后以肘关节为轴，握拍经体前由下往上，用拇指第一指关节压住拍柄的宽面，用力将球击出。

第三节　羽毛球运动基本战术

一、单打战术

（一）发球战术

①保持发球技术动作的一致性。做到各种发球技术的前期动作一致，就能使对手无法预先把握自己发球的时机和意图，迫使对方接发球队员多方防备而造成回球质量差，使自己有机会发动主动进攻。

②掌握发球的时间差。每次发球，从准备发球到球发出去（球从拍面弹出）的时间长短可有差异，这样，往往会造成对手判断错误而被动接球或接球失误（但应注意不要出现击球违例的现象）。

③机动地变换发球点和发球的弧线。将球发向对手接球能力最薄弱的部位，诱使其失误、失分。

④善于发现和把握对手接发球的习惯球路，重点防范，抓住战机，争取尽快结束比赛。

（二）接发球战术

在接球时能一拍制胜是最理想的，但也不要在条件不允许的情况下勉强进攻。接发球要力争不让对手有直接进攻的机会，要把球回击到远离对手所站位置的落点，或者回击到对手移动方向相反的位置，或者回击到对手击球技术薄弱的部位，迫使对手被动回球。为此，要求在接发球时做到思想高度集中、见机行事、出手果断，全面掌握接发球技术，充满信心地迎击各种发球。

（三）发球抢攻战术

发球抢攻战术一般以发网前球结合发平快球、平高球开始，以高质量的发球和发球线路的变化迷惑对手，使其判断失误，一旦对手接发球质量较差，第三拍就应主动进攻，夺取主动权。

（四）压后场战术

对后场还击能力较差的对手，可以攻击对手后场底线两个角落（尤其是反手场区），待对手回球质量差时，果断发动进攻，或者趁对手注意力只顾及后场时突然吊网前球。

（五）攻前场战术

对网前技术较差的对手，可多以吊球和放网前球为主，使其在网前的对抗中失误，或者在对手勉强回击成高球时进攻其后场。

（六）四方球结合突击战术

若对手步法较慢，体力较差，技术又欠全面，可以用平高球压对方后场底线两角和吊对手网前两角来调动对手，当对手回球质量差或站位不当时发动进攻。

（七）“杀上网”及“吊上网技术”

当对手击来后场高球时，即以杀球或吊球把球下压，回球落点要选择在场地两边，使对手被动回球。对手还击网前球时，迅速上网以贴网搓球，或勾对角，或快速平推，创造半场扣杀机会；若对手在网前挑高球，可在其向后退的过程中把球直接杀向他的身上。

（八）过渡球战术

首先要明确过渡球是为了摆脱被动，为下一拍的反攻积极创造条件。变被动为主动是比赛中的重要一环，在被动时要做到争取时间调整好自己的位置和控制住身体的重心。从网前或后场底线击出高远球是被动时常用的手段。当处于不停地跑动追球的状态或身体重心失去控制时，都可以打出高远球，以赢得时间，恢复身体重心，调整自己的处境。另外，可以利用球路变化打乱对手的进攻步骤。在接杀球或接吊球时要把球还击到远离对手位置的地方，以破坏对手吊、杀上网的连续快速进攻。如果对手吊、杀球后盲目上网，而自己位置较好，则可把球还击到对手底线。

二、双打战术

双打比赛不仅是竞赛双方在技术、战术、体力上的较量，也是双打同伴相互间配合默契程度的较量。因此，在学习双打战术之前，首先要了解两人之间站位形式上的配合。

一般情况下，有两人一前一后站位和两人分边（左、右）站位两种形式。一前一后站位即站在后场的人负责后半场的球，站在前场的人负责前半场的球。这种站位形式有利于进攻，而不利于防守，所以，一般在本方进攻时多采用此站法。分边站位多在防守时采用，每人分管半个场地，在防守时就没有什么空当了。站位形式不是固定不变的，它在比赛中随着进攻与防守的不断转换而变化。

（一）发球、接发球战术

双打的发球往往是决定胜负的关键。发球要根据对手的情况，选择好站位，注意球路、落点、变化，争取主动。双打接发球区比单打短 0.76 厘米，不利于发高球，往往以发网前球为主。接发球时，如果对方发网前球弧线较高，最好能快速上网扑杀，不能扑杀的则争取以搓、推技术回击，迫使对方向上挑球，为后场进攻创造机会。接发球应尽量不用挑高球，以避免发球方的进攻。接发球的球路要有变化，不要只用习惯的固定球路回击。

（二）攻人战术

集中攻击对方有明显弱点的人，并伺机攻击另一人因疏忽而露出的空当或对此人偷袭。双打比赛中的配对选手的技术，一般是一人好，另一人稍差，即便两人水平相差不多，但若能集中力量攻击其中一人，也可给其造成很大的心理压力，从而使其出现失误。

（三）攻中路战术

当对方分边站位防守时，将球攻击到对方两人的中间；当对方前后站位时，可将球下压或平推至两边半场。这样可使对方防守时因互抢或互让出现失误。

（四）攻后场战术

遇到对方后场扣杀能力差的对手，可采用平高球、平推球、挑底线球，把对方一人紧逼在底线两角移动。当对方还击被动时，大力扑杀。若另一对手后退支援，即可攻网前空当。

（五）后攻前封战术

当本方处于主动进攻前后站位时，后场队员逢高球必杀，迫使对方接杀球于网前，为本方前场队员创造封网扑杀机会。前场队员要积极封锁前场，迫使对方被动挑高球，遇挑高球不到后场，就会为本方创造再进攻的机会。

第四节　羽毛球竞赛规则

一、场地

羽毛球场地长 13.4 米，单打场宽 5.18 米，双打场宽 6.10 米，网柱高 1.55 米，中央顶端离地面 1.524 米。从中线到端线 1.98 米处有一条与端线平行的“前发球线”，双打“后发球线”在端线内 0.76 米处。两边线正中，自端线到前发球线，有一条与边线平行的“中线”，中线右侧为“右发球区”，左侧为“左发球区”。

二、竞赛规则

(一) 比赛种类

正式比赛有男女单打、男女双打、男女混合双打和男女团体赛。男女团体赛采用五场三胜制。

(二) 计分方法

①一场比赛采用三局两胜制。

②对方违例或球触及对方场区内的地面成死球,则本方胜这一回合并得一分。

③先得 21 分的一方胜一局。

④比分 20 平后,先超过对方 2 分的一方胜该局。

⑤比分 29 平后,先到 30 分的一方胜该局。

⑥一局的胜方在下一局首先发球。

(三) 交换场区

以下情况,运动员应交换场区,如果运动员未按规定交换场区,一经发现,在死球时立即交换。已得比分有效。

①第一局结束。

②第二局结束(如果有第三局)。

(四) 发球和接发球

(1) 单打比赛

如发球方分数是 0 或双数,双方运动员必须站在右发球区内发球或接发球;如发球方分数为单数,双方运动员必须站在左发球区内发球或接发球。

(2) 双打比赛

双打比赛运动员的发球区与接发球区与单打比赛一样,都以发球方分数的单数和双数来决定,运动员只有发球方在本方得分时才交换发球区。除此以外,运动员继续站在上一回合的原发球区不变,以此保证发球员的交替。每局比赛的发球权必须如下传递。

发球顺序:①第一是由首先发球员从右发球区发球;②第二是首先接发球员的同伴,从左发球区发球;③第三是首先发球员的同伴;④第四是首先接发球员;⑤第五是首先发球员,如此传递。

(五) 合法发球

①一旦发球员和接发球员做好准备,任何一方都不得延误发球开始。发球员球拍的拍头做完后摆,任何迟滞都是延误发球开始。

②发球员和接发球员应站在斜对角的发球区内,脚不得触及发球区和接发球区的界线。

③发球开始至发球结束,发球员和接发球员的两脚都必须有一部分与场地的地面接触,不得移动。

④发球员的球拍击中球的瞬间,整个球应低于发球员的腰部。腰部指的是发球员最低肋

骨下缘的水平切线。

⑤发球员的球拍击中球的瞬间，球拍杆应指向下方。

⑥发出的球向上飞行过网，如果未被拦截，球应落在规定的接发球区内（落在界线上或界线内）。

⑦发球员发球时，应击中球。

（六）违例

①不合法发球。

②球发出后，停在网顶或过网后挂在网上。

③球发出后，接发球员的同伴接到球。

④比赛进行中，球落在界外（未落在界线上或界线内）。

⑤比赛进行中，球未从网上越过。

⑥比赛进行中，球被击时停滞在球拍上，紧接着被拖带抛出。

⑦比赛进行中，球被同一运动员两次挥拍，连续两次击中（但一次击球动作中，球被拍框和拍弦面击中，不属违例）。

⑧比赛进行中，球被同方两名运动员连续击中。

⑨球触及运动员球拍，而未飞向对方场区。

⑩运动员的球拍、身体或衣服，触及球网或球网的支撑物。

⑪球拍或身体，从网上侵入对方场区（击球时，球拍与球的最初接触点在击球者球网这一边，而后球拍随球过网的情况除外）。

⑫运动员妨碍对方，即阻挡对方紧靠网的合法击球。

⑬运动员球拍或身体，从网下侵入对方场地，导致妨碍对方或分散对方的注意力。

⑭比赛时，运动员故意分散对方注意力的任何举动。

【思考题】

◇简述中国羽毛球运动的发展概况。

◇简述接发球的站位与姿势。

◇简述羽毛球运动的竞赛规则。

第十四章 乒乓球运动

第一节 乒乓球运动概述

一、乒乓球运动的起源

乒乓球运动起源于19世纪末的英国。据说，在19世纪末的一天，伦敦出现少有的闷热天气。两个英国贵族青年看过温布尔登网球锦标赛后，到一家饭馆去吃饭。他们先是用雪茄烟的木盒盖当扇子，继而讨论网球技战术，后又捡起香槟酒的软木酒瓶塞当球，以大餐桌当球台，中间拉一细绳为网，将烟盒盖当作球拍打球。侍者在一旁喝彩，闻声赶来的女店主见此情景不禁脱口喊出“table tennis”，于是，乒乓球便被命名为“桌上网球”。

中国的乒乓球运动是从日本引进的。1916年，自上海基督教青年会开展乒乓球运动后，这项运动逐渐在北京、上海、天津等城市开展起来。1925年，在上海举行了中华队与旅华日侨队的“秋山杯”比赛。1935年，成立了中华全国乒乓球协进会，还举行了全国比赛，但当时只有几支球队参加。

中华人民共和国成立后，乒乓球运动得到了迅速发展。1952年，在北京举行了第一次全国乒乓球锦标赛。1959年4月5日，在第二十五届世界乒乓球锦标赛中，容国团为我国夺取了第一个男子单打世界冠军；1961年4月，中国乒乓球协会在北京承办了中国历史上第一个世界锦标赛——第二十六届世界乒乓球锦标赛。

自1988年汉城❶奥运会乒乓球首次成为正式比赛项目以来，中国几乎完全垄断了这一项目的金牌，乒乓球成为中国体育代表团的优势项目。中国乒乓球队取得了辉煌的战绩，创造了世界体坛罕见的长盛不衰的历史。乒乓球也被世界公认为中国的“国球”。

二、乒乓球运动的特点

乒乓球运动是一项动作精细，技术复杂多变，并且对抗激烈的竞技项目。当今世界乒乓球运动已发展到一个很高的水平，它不仅要求运动员具有成熟的技术、灵活多变的战术，还需要良好的身体素质来适应现代乒乓球技术发展的需要。

（一）设备简单而项目独特

乒乓球器材设备简单，室内室外都可以进行，运动量可大可小，适合不同年龄、性别和身体条件的人参加，很容易被大众所接受；速度快、变化多，要求练习者在短时间内对瞬息万变的击球有较强反应能力和应变能力，能提高人体神经系统的灵敏性、协调性。它具有广泛的适应性和较高的锻炼价值。

---

❶ 汉城：今首尔。

乒乓球项目有单项、双打、团体3种。团体项目通过个体来实现，所以乒乓球项目既可以培养人独立思考、单独作战的能力，又有利于发挥集体主义精神。

（二）竞技能力全面和常规训练

乒乓球运动是以速度、爆发力、灵敏性等能力为主的有氧代谢和非周期性的运动项目。常规训练以技术训练为核心，以战术训练为重点，技术与战术训练紧密结合，并没有明确的区分，身体素质训练以专项素质训练为主。乒乓球运动是技能、体能、智能有机结合、密不可分的高速度、强对抗的运动项目。

1. 体能是乒乓球运动的基础

体能起着影响技能发展和比赛水平发挥的重要作用。随着乒乓球运动的迅速发展，其对体能方面的要求日益提高。身体训练以专项素质训练为主，主要是速度、爆发力、灵敏度、耐力等。技术训练与身体训练的比例为7∶3左右。

2. 技能是乒乓球运动的核心

技能以体能为前提，通过战术和智能得到体现。根据乒乓球运动的特点及其实践运用和发展创新的要求，其技能包含的内容繁多而复杂。

3. 智能是乒乓球运动的灵魂

智能依赖于技能和体能，同时对技能和体能的发展、提高有着极大的作用。乒乓球运动的智能分为训练智能和比赛智能，其特点是随机性和对抗性。

（三）专项突出和灵活多变

1. 球体轻、球速快

乒乓球仅有2.7克重，但它的飞行速度最快可达24米/秒，最高转速可达168转/秒。在速度和旋转的牵制下，如何准确地击球，对运动员各方面的感觉、反应、控制和调节能力有着极高的要求。

2. 打法多样

乒乓球的打法有快攻、弧圈球和削球之分。球拍有正胶、反胶、长胶、生胶和防守型之分（正胶海绵拍：弹性好，击球稳且速度快，适合近台快攻型的球员；反胶海绵拍：反胶打球的旋转力特别强，适合打法以旋转为主的球员；长胶海绵拍：主动制造旋转的能力很差，适合技术水平高的球员；生胶海绵拍：击球有下沉，搓球旋转弱，适合近台选手；防守型海绵拍：一般以削球为主，属于旋转型打法，横拍削球手多以反胶为主，因其反手花样多）。技术风格有狠、稳、变之分，并且每名选手都具有自己的特色，因此参加乒乓球比赛的选手需要有很强的适应、调节和应变能力。

3. 技术种类多，动作结构差异大

乒乓球运动主要技术大约有11大类81项，而且旋转变化的种类也比较多，典型的旋转就有26种（基本旋转6种、混合旋转20种），这些变化常常使运动员感到棘手。

4. 专项技能要求高且技术动作要高度协调、灵敏、精确

乒乓球运动在击球时要求全身各关节、肌肉高度协调，手腕、手指动作技巧细腻、准确。在指导思想方面既要求技术全面，没有明显漏洞，又要求特长突出；在技术上有速度与

旋转的结合。攻与防的转换，速度、力量、节奏落点的变化，要求运动员需要具备扎实的基本技术和灵活多变的战术，并能随机运用。因此，多项技战术的掌握、组合和综合能力就显得非常重要。

5. 意志品质要求高

要成为一名优秀的乒乓球运动员，必须具备强烈的上进心和表现欲，优异的技战术能力，冷静、灵活、积极的思维，以及顽强的意志和稳定健康的心理素质，这些意志品质缺一不可。

第二节　乒乓球运动基本技术

一、握拍

(一) 直拍握拍法

(1) 快攻型握拍法

快攻型握拍法方法如下：拍前食指第二指关节和拇指第一指关节在球拍的前面呈钳型，两指间的距离为 1～2 厘米，拍柄贴住虎口，另外三指自然弯曲，贴于球拍后的 1/3 上端。

(2) 弧圈型握拍法

弧圈型握拍法与快攻型握拍法基本相同，其区别是：拇指和食指形成一个小环状，扣住拍柄，其他三指在球拍背面自然重叠，由中指的第一指关节顶于拍柄的延长线上。

(二) 横拍握拍法

横拍握拍法如同握手一样。中指、无名指、小指自然弯曲握住拍柄，大拇指在球拍正面靠近中指，食指自然伸直，斜放于球拍背面。正手攻球时，食指稍向上移动；反手攻球时，拇指稍向上移动。

二、准备姿势

①进攻型打法的基本姿势（以右手握拍为例）：两脚开立与肩同宽或比肩稍宽，左脚在前，右脚稍后，脚后跟微提，前脚掌内侧有力着地，两膝弯曲，上体稍前倾，略含胸收腹，重心在两脚之间，两肩放松，执拍手自然弯曲置于身体右侧，两眼注视来球。

②削球型打法与进攻型打法的准备姿势基本相似，不同之处在于两脚间距稍宽，重心略低，右脚在左脚前，身体稍前倾，执拍手位于胸腹前。

三、步法

(一) 单步

以一只脚为轴，另一只脚视需要向某一方向移动，移步完成时身体重心也随之落到移动脚上。

单步通常在来球离身体较近的小范围内运用，如回击近网短球和削切追身球。移步简单灵活，重心转换较平稳，各种打法都适用。有时，为了移动脚更好地启动，作为轴的脚往往先要在原地轻跳或踮一下，以便调整重心。此外，用单步上前回接近网球时，容易出现重心跟不上去、臀部落在后面的问题，从而影响击球效果。

（二）跨步

以远离来球的一脚蹬地，靠近来球的脚向移动方向跨出一大步，身体重心随即落到跨出的脚上（攻球时可落脚、击球同时进行），蹬地脚迅速跟上半步或一小步，也称换步。

跨步幅度较单步大，常会降低身体重心（后移动脚跟上慢时尤其明显），故而打借力球好、发力球差。随着乒乓球技术的发展，弧圈打法中跨步的使用已很少见，近台快攻打法中也主要在需要快速回击时运用，如正手“打回头”。以跨步横向移动时常与并步或跳步结合运用，因跨步与跨步衔接会令身体重心越来越低，所以不利于连续击球。

（三）跳步

以远离来球的一只脚用力蹬地为主，使两脚同时或几乎同时离地向来球方向跳动，蹬地用力大的脚先落地，另一只脚跟着落地站稳。

跳步移动范围较跨步略大，但速度不如跨步。移动中常会有短暂的腾空时间，对于保持身体重心的稳定会有一定影响，通常靠膝关节和踝关节的缓冲来减少重心起伏。跳步多用于来球距离身体较远且速度不是很快时，利于主动连续进攻。弧圈打法常用侧身移动或在中台左右移动；快攻打法侧身时用跳步也较多，但左右移动时常会将跳步与跨步结合运用，如往右移动先用跨步，接着往左移动时用跳步。

（四）并步

并步与跳步基本相似，但不做腾空跳动。远离来球方向的一只脚向来球方向迅速蹬地启动，先并一小步，同时另一只脚向来球方向跨出一步。先启动的远侧脚，其移动幅度不超过另一只脚。移动速度较快时，并步也称为滑步。

并步移动范围比跳步略小，但较之跳步更有利于保持身体重心的稳定。快攻或弧圈打法中，在攻削球做小范围移动时也经常运用。

（五）交叉步

近来球方向的脚先做一小垫步并用力蹬地启动，身体向来球方向转动，远离来球的脚越过靠近来球方向的脚跨一大步，两脚在身前形成交叉。远离来球的脚在即将落地时击球，同时上体顺势面向球台（不要左肩对着球台），靠近来球方向的脚随之落在另一只脚的侧后方。

交叉步移动范围大，多用于侧身攻后扑打右方大角度球，或从右大角回到反手攻时，削球手在回接两大角球时也会用。击球时使用交叉步能充分发挥转体的加速力量，但在连续进攻时会不方便。

四、发球技术

发球技术动作包括发球前的选位、引拍、迎击球、击球后动作。一般发球前的选位和引拍是固定的，发球主要的变化在迎击球的环节，是通过摩擦球的部位、球拍对球的力量和拍面对准击球的方向的改变使球从旋转、速度、落点这几个方面发生变化。

发球的站位一般有正手位发球、反手位发球、侧身位发球和下蹲发球。

正手位发球的动作要领：左脚稍前，右脚靠后，身体略向右转，左手掌心托球置于身体右侧前方，两膝微屈，上体稍前倾，持拍手自然放于身前，左手将球向上抛起。同时右臂内旋前臂，手腕自然下垂，肘关节高于前臂，使拍面稍前倾，向身体右后方引拍。击球后还原准备动作进行下一拍击球。

反手位发球的动作要领：斜对球台，右脚在前，左脚在后，身体略向左偏斜，左手掌心托球置于身前偏左侧，左手将球向上抛起，同时右臂向身体右后方引拍，右臂以肘关节为轴心，前臂向左前方横摆，腰部配合从左向右转动。击球后还原准备动作进行下一拍击球。

侧身位发球的动作要领：站位时侧身站在球台左侧边线位置，左脚在前，右脚在后，两膝弯曲，抛球前身体重心基本在左脚上。抛球后，右手持拍引拍至身体右后方，身体重心转移至右脚。右脚蹬地的同时带动腰部发力，腰部带动持拍手前臂、手腕收缩发力摩擦击球，球拍由右后方向左腹下方挥拍击球，同时以左脚前脚掌为轴心，右脚还原为击球前的准备动作。

下蹲发球一般为横拍运动员所采用，其站位一般面对球台。

发球按旋转来分一般有下旋球、上旋球和不转球，从落点上来分有长球和短球，从线路上来分有斜线和直线。

（一）平击发球

1. 正手平击发球

特点及作用：速度一般，略带上旋，是初学者最基本的发球方法，也是掌握其他复杂发球方法的基础。对方容易回接，便于衔接正手攻球或反手推拨的练习。

动作要领：发球一般采用正手发球方法，站位中近台偏右，左脚稍前，身体稍右转，球向上抛起，收腰带动持拍手由右后向前挥动，击球中部，拍面稍前倾，第一落点在本台中区。

2. 反手平击发球

特点及作用：出球性质与正手平击发球类似，但技术动作与之差异很大。主要为日后掌握高质量的反手发球打下基础。

动作要领：站位左半台，离台 30 厘米，右脚稍前，身体略向左转，左手掌心托球，右手持拍于身体左侧，持球手轻轻向上抛球，同时持拍手向后引拍，上臂自然靠近身体右侧，待球下落至球网高度时，持拍手以肘关节为轴心，前臂前迎发力，由左后向右前挥拍击球中部，拍面稍前倾。第一落点在本台中区。

（二）奔球

奔球技术的特点是球速快、落点长、冲力大，球的飞行弧线低，突然性强。常常通过偷袭对方正手位来牵制对方侧身抢攻的战术意图。

1. 正手斜线奔球

动作要领：采用正手发球动作或侧身发球动作，左手将球向上抛起，同时右臂内旋前臂。手腕自然下垂，肘关节高于前臂，同时使拍面稍前倾，向身体右后方引拍；击球前，当球下降至稍高于或近于球网高度时，手腕从右后方向左上方抖动击球，腰同时向左扭转；击球时，拇指压球拍的左侧，手腕同时从后向前用力抖动，球拍沿球的右侧中部向侧上摩擦，落点靠近本方端线；击球后，手臂继续向左前方随势挥动，然后迅速还原。整个动作以前臂、手腕为主要发力部位。身体重心由右脚移至左脚。

2. 正手直线奔球

动作要领：与正手斜线基本相同，不同的是身体的侧向位置比打斜线时大。手臂由身体的右后下方向前上方用力。

3. 反手斜线奔球

动作要领：右脚稍前，左脚稍后，身体向左侧偏斜，向身体的左后方引拍。拍面保持适当前倾，当球回落至网高时，以前臂发力为主，向右前上方挥动，击球中上部。球的第一落点是在本方近端线处，同时重心由左脚移至右脚。

4. 反手直线奔球

动作要领：身体向左侧偏斜更大，手臂由左侧后方向前上方用力击球，右脚稍前，以肘部为轴，由左侧后方向前上方用力挥拍，发力击球。

（三）下旋加转球与不转球

1. 正手发下旋加转球与不转球

特点及作用：动作相似，旋转差异大，常合称为“转不转”发球。由于发球手法近似，能通过旋转变化迷惑对方，从而直接得分或为第三板进攻创造机会。

动作要领：左手将球向上抛起，同时右臂外旋，直握拍手腕作伸，横握拍手腕略向外展和伸，向右后上方引拍。发下旋加转球，当球从高点下降至稍高于网或与网同高时，前臂加速向前下方发力，同时手腕作屈并内收，以球拍远端（拍头）触球，击球中下部向底部摩擦。正手不转发球与下旋加转发球区别在于：发不转球时手臂外旋幅度小，减少拍面后仰角度，以球拍中后部偏右的地方触球，击球中部或中下部，减少向下摩擦球的力量，近似将球向前推出，使作用力线接近球心，从而形成不转球。

2. 反手发下旋加转球与不转球

特点及作用：相比于正手“转不转”发球，反手“转不转”发球更注重落点变化，多为直、横拍两面攻打法的选手所采用。

动作要领：左手将球向上抛起，同时右臂内旋，直握拍手腕作屈，横握拍手腕略向外展，使拍面稍后仰，向左后方引拍。发下旋加转球，当球从高点下降至稍高于网或与网同高时，前臂加速向右前下方发力，同时直握拍手腕作伸，横握拍手腕内收，以球拍远端（拍头）触球，击球中下部向底部摩擦；反手不转发球与下旋加转发球的区别与正手“转不转”发球类似。

（四）发右侧上（下）旋球

发右侧上（下）旋球的特点：右侧上（下）旋球力强，对方挡住后，向其左侧上（下）反弹。发球落点以左方斜线长球配合中右近网短球为佳。

1. 正手侧身发右侧上（下）旋球

动作要领：选位与正手发左侧上（下）旋球相同。抛球同时持拍手迅速向胸腹部引拍，同时手腕内收，抬肘，身体随即向右转，击球时收腰，前臂带动手腕自腹部向右上方弧线挥摆。摩擦球的中上部为上旋，摩擦球的底部为下旋。

2. 反手发右侧上（下）旋球

动作要领：站位和准备姿势同反手平击发球，抛球的同时持拍手向左后方引拍。用前臂带动手腕向右前上方挥动，拍面逐渐向左稍前倾，拇指压拍，手腕内转，从球的中部向右侧上摩擦，第一落点在本方端线，第二落点在对方左角。若发落点短的球，减小前臂向前力量并增强手腕摩擦力量，第一落点在本方中区。若发下旋球，击球时拇指加力压拍，使拍面略后仰，从球的中部向侧下摩擦。

五、接发球技术

乒乓球比赛中，接发球的机会与发球大致相同，如接发球不好，除直接失分外，还会制约自己的战术发挥，造成心理压力而处于被动。随着乒乓球技术的发展，接发球技术日益细腻丰富，接发球的水平也反映了运动员掌握各项技术的全面程度。

（一）选择站位

合理的站位有利于提高接发球的质量。

1. 根据对手发球位置来决定自己的站位

如果对手准备用正手在球台的右角发球，可能发出右方斜线球或右方直线球，考虑到右方斜线来球角度大，直线球相对而言角度要小些，接发球时的站位应在中间偏右；如果对手用反手或侧身在球台左方发球，则接发球的站位应偏左一些。

2. 根据自己的习惯打法来决定基本的站位

正手进攻多的运动员，常会站在球台左角接发球，以利于直接侧身运用接发球抢攻或抢拉；左推右攻打法和两面进攻较为均衡的运动员，往往选择站位居中偏左，便于正、反手控制或抢攻来球；攻、守结合的运动员，站位多在中路，且离球台稍远，以利于接发球时控制旋转和落点。

3. 针对不同的对手调整站位

如有的对手喜欢打相持球，以发长球为主，自己站位应离球台稍远，但要留意突然性的近网短球；有的对手喜欢抢攻，以发短球为主，自己站位应稍近些，但要防备对手以长球偷袭。与左手持拍的运动员对阵时，站位要比平时略偏右，以防斜线大角度来球。

（二）判断来球

及时、准确地判断来球是接好发球的前提。

1. 从对手发球时的拍面方向和挥臂方向判断来球的斜、直线

对手如发斜线球，拍面方向则向侧偏斜，手臂向斜前方挥击；对手如发直线球，拍面方向则向前，手臂由后向前挥出。

2. 从对手发球时球拍触球的移动方向判断来球的旋转性能

关键是观察对手球拍与球接触瞬间球拍的移动方向，千万不能被对手触球前后的一些假动作所迷惑。一般情况下，球拍从上向下移动是下旋，从下向上移动是上旋，从左向右移动是右侧旋，从右向左移动是左侧旋。这种单一性能的旋转发球比较容易判断，如果是两种旋

转相结合的侧上、下旋和转与不转的发球，要判断清楚它们的性能就比较困难，除了理论知识外，还要在实践中反复练习，从而逐步熟练掌握回击各种性能不同来球的方法。

3. 从对手发球时摆臂振幅大小和手腕用力程度判断来球落点远近和旋转强弱

一般来讲，凡是摆臂幅度大的发球，其落点比较长、力量比较大、速度比较快；摆臂振幅小的则相反。凡是在发球时手腕抖动比较厉害，用力摩擦球，旋转就比较强，反之旋转较弱。

4. 从来球弧线和球的运行判断来球落点和旋转性能

从弧线判断来球落点长短比较容易。如果来球飞行弧线最高点是在对方台面上空或靠近网前，来球落点就短；反之则长。下旋加转球在空中飞行时，表现出来的现象是前段快后段下沉，不转球则是前段慢后段快（球落台后向前冲）。球在空中飞行时，飞行弧线向左偏拐是右侧旋球，飞行弧线向右偏拐是左侧旋球。

5. 从对手击球的声音判断来球旋转性能

当遇到使用两面不同性能球拍的对手时，可以听对方球拍击球时的声音来区别不同的旋转球。一般来讲，击球声音较响的一面是长胶拍，声音不大响的那一面是反胶或正胶拍。

（三）合理回接

接发球的基本方法是由点、拨、带、拉、攻、推、搓、削、摆短、撇等各种技术综合而成的。已经掌握了以上接发球方法的优秀运动员，则可以根据自己技术打法的特长和战术的需要，打破一般接发球的规律去回接对手的任何来球。所以，要提高接发球的能力，必须提高各项基本技术。

下面是一般接发球的规律和最基本的回球方法。

1. 接急球

急球速度快，带有上旋。接左方急球不宜移动过大，可采取侧身回接，一般用反手推挡或用反手攻回击。右方急球用正手快带、快攻借力回接。如果用削球回接，则必须移动步法向后退一些，等来球力量减弱时再回接。如对手发过来的是急下旋球，由于来球急并带有一定的下旋，所以用推或攻回球时，应使拍面稍后仰，以增加向上的力。用弧圈球回接时，应增加向上提拉的力量。用搓球回接时，首先向后退一些，拍面角度不宜后仰过大，击球中部向前下发力以抵消来球的前进力。

2. 接下旋球

下旋球球速较慢，触拍后向下反弹，用搓球回接时，注意拍面后仰，以增加向前上方的发力。用拉攻或弧圈球回接时，一定要增加向上提拉的力量。

3. 接左（右）侧上旋球

接左（右）侧上旋球一般采用推、攻回击为宜。回接时，拍面角度要稍前倾，拍面所朝方向向左（右）偏斜以抵消来球的左（右）侧旋；向前下方用力要相对加大，防止球触拍时向自己右（左）上方反弹。如用搓削回接，除注意拍面角度和所朝方向外，还要加大向下摩擦球的力量。用弧圈球回接时，要加大拍面前倾角度，多向前发力，少向上提拉。

4. 接左（右）侧下旋球

接左（右）侧下旋球一般采用搓、削回击较为稳健。回接时，拍面角度要稍后仰，拍面所朝方向向左（右）偏斜以抵消来球的左（右）侧旋；稍向上用力，防止球触拍时向自己左（右）下方反弹。如用推、攻回接，除注意拍面角度和所朝方向外，还要加大向上摩擦球的力量。用弧圈球回接时，要注意拍面角度不宜过于前倾，多向上提拉，少向前发力。

5. 接短球

回接短球时最主要的是应及时向前移步，以获得最适合的击球位置。同时要控制好身体的前冲力量。接发球后要迅速还原，准备下一拍来球。无论采用搓、判、攻、拉哪一种方法回接短球，都应特别注意来球是在台内，受台面影响会阻碍引拍，因此要充分依靠前臂和手腕发力，同时要根据来球的旋转性能，调节拍面角度、击球部位、击球时间和用力方向。

六、攻球技术

（一）正手近台攻球

特点与运用：站位近台，击球时间早，球的速度快，动作幅度小，是近台快攻打法的主要技术之一。常用于还击正手位的发球、推挡球、一般的上旋球等，使对手措手不及。在对攻中以线路、落点、变化相结合，调动对手，伺机扣杀。

要点：①充分利用全身协调用力（蹬地、转腰、移重心）；②前臂发力为主，手腕辅助用力；③击球点在身体右前侧（大约为前臂的长度）。触球瞬间以向前方打为主，略带向上摩擦。

（二）正手中远台攻球

特点与运用：站位稍远，动作幅度大、力量重，进攻性强，但步法移动的范围较大，多用于对攻中，以力量配合落点变化直接得分或为扣杀创造条件，也用于侧身后扑正手打回头，防御时，在相持中寻找机会；还用于削球选手的削中反攻。

要点：①加大向右手方向引拍幅度，是为了增大击球的动作半径；②上臂带动前臂发力，上臂向前，前臂和手腕向上发力为主；③身体其他部位协调用力。

（三）正手扣杀

特点与运用：动作幅度大、力量重、球速快、攻击性强，是得分的重要手段。常用来对付着台后弹起比网高的机会球或前冲力不大的半高球。

要点：①击球点离身体稍远，球拍应与球同高；②在高点期击球，不宜打“落地开花球”；③击球瞬间，整个手臂应发挥最大力量，配合腰部转动及蹬地的力量；④如来球带有下旋，球拍应略低于来球，触球瞬间手腕向上抖动发力。

（四）正手拉球

特点与运用：站位近、速度快、动作小、线路活和稳健性好，是回击发球、搓球、削球等下旋球的一种必备技术。常用于接发球抢位，对搓中抢位；对付削球时稳拉，观察落点、弧线和旋转程度的变化，伺机进行突击。

要点：①身体重心略下降，右肩稍下沉；②在球的下降前期击球，不可过于低于台面；③触球时应尽量增大摩擦球体的面积和时间。

（五）正手台内突击

特点与运用：站位近、动作小、速度快、突击性强，是处理近网短球的一项重要技术，是我国快攻打法运动员掌握的特有的进攻技术。常用于还击弹跳不出台的下旋球，或在对搓中突击起板，或在对付削球时，利用这一技术直接得分或为扣杀创造机会。

要点：①击球前持拍手臂不宜伸得太直；②用中等力量击球较为合适；③应根据来球的旋转性质与强度调节好拍面角度、击球的部位和发力的方向。

（六）侧身攻球

特点与运用：侧身攻的特点是速度快、力量重、攻势强，它是不同类型打法的运动员都必须掌握的一项重要技术。侧身攻球运用的多少在很大程度上标志着运动员进攻能力的强弱。

要点：①侧身后，要保持上体与球台的合适角度，既能攻斜线，也能打直线，同时不妨碍下一次击球；②要有足够的击球空间（收腹）；③应尽量避免在移动过程中击球；④攻球时要利用右脚蹬地的力量，重心适当前移，前臂稍向前发力。

第三节 乒乓球运动基本战术

一、发球抢攻战术

发球抢攻战术是20世纪我国乒乓球运动员最擅长、最经典的战术。随着发球规则的改变，发球直接抢攻的机会变少，逐渐转向反控制后进行抢攻。所以发球抢攻战术现在包括发球后直接抢攻和发球后反控制后抢攻以及抢攻后的衔接。

（一）特点

发球抢攻战术是以旋转、线路、落点以及速度不同的发球来增加对方回击的难度，使其出现机会球或降低回球质量，然后抢先进攻，以争取主动或直接得分，这是乒乓球所有打法特别是进攻型打法的主要战术和得分手段。发球抢攻是力争主动、先发制人的主要战术。主要的发球抢攻战术因打法的类型不同而存在一些差异。各种类型打法的运动员都普遍采用发球抢攻来抢占每个回合的上风。发球战术运用的效果主要取决于发球的质量和第三板进攻的能力，这就是经典的“前三板”技术。由于技术的发展和比赛规则的改变，“前三板”技术已经上升为前四板、前五板，甚至更多，这使得发球后的技术衔接更加重要，也包括被控制后的抢攻。

（二）方法

1. 发正、反手侧上、下旋球结合落点进行抢攻

以发侧下短球为主配合侧上旋至对手右方近网处，使发出的球在对手台面上两跳甚至三跳不出台，使对手难抢攻，从而为自己抢攻或抢拉创造机会。在此基础上，突然发出角度大的长球（以免下旋为主）至对手左方台区，使对手难以发力先拉或攻，为自己侧身或正手位抢攻创造条件。这种发球抢攻战术与左长右短相反，运用得当往往会取得很好的效果。左长右短、右长左短的发球抢攻战术，可以在旋转变化的基础上交替变化线路与落点。

2. 发下旋转与不转结合落点抢攻

转与不转发相同落点，以不出球台为主，可先发转后发不转或先发不转后发转，进行抢攻。转与不转发不同落点，连发短球后突发长球进行抢攻。丁松是我国乒乓球防守型削球打法的优秀代表。他发球以长为主，能发左方、右方，当对手不能立即判定是转与不转球时，他就能直接抢“冲”。

3. 发正、反手奔球结合侧身用正手发高、低抛左侧上（下）旋球后抢攻

发急球或急下旋球与侧上、下旋短球相结合。以发急球为主配合短球。发侧上、下旋球与急球结合发不同落点，以侧身发侧上、下旋球（包括高抛球）为主配合右角急球，正手发奔球到右角配合发急球到左角。

二、接发球战术

接发球战术与发球抢攻战术同样重要，在某种意义上讲，接发球水平的高低可以反映运动员的实战能力以及对各项基本技术的运用程度。事实上，接发球者只是暂时处在被控制状态，如果破坏了发球者的抢攻意图或者为他制造了障碍，减弱了发球者抢攻的质量，也就意味着接发球者已经脱离被控制状态，变被动为主动。控制与反控制是辩证统一的。当今的接发球技术由于比赛规则的变化也变得积极主动，能够采取进攻性的手段进行接发球，加大了在比赛中直接得分的概率，提高了发球一方抢攻的难度。

（一）常用的接发球战术

1. 接发球抢攻

接发球抢攻是最积极主动的接发球方法，在无遮挡发球规则下，世界各国的优秀选手越来越重视接发球抢攻战术的重要性。其中，短球可用“快点”，长球或半出台球可抢攻或抢冲。两面攻的选手则可发挥其两面抢攻的特长。

在运用接发球抢攻战术时需要注意：对于对手发球的旋转要判断清楚，步法移动要迅速，以保证用最佳的击球点和击球时间击球。

2. 稳健控制法

稳健控制法一般在攻对削、削对攻或削对削时采用，利用拉、推、拱、搓、削等技术接发球，主要注重接发球的命中率，以稳为主，但也需加强手法、落点的变化和对弧线的控制，以防对手抢攻。

3. 接短球

接短球战术是在对手为控制我方的抢攻而发短球时，我方所采用的积极回球的方法，可分为以下两种。

（1）快摆结合劈长

在对手发较转的短球时，可以快摆为主结合劈长。

（2）挑打或晃撇

在对手发侧上或不转短球时，可大胆挑打。对于不转球还可以利用身体的晃动，将球撇至对手反手大角。伴有身体的晃动，对手不敢轻易侧身。

（二）接发球战术的注意事项

①由于接发球抢攻是在对手主动发球、自己处于被动的接发球地位时所采取的进攻性打法，所以接发球抢攻难度较大。接发球抢攻一般不可过凶，要看准来球的旋转方向、旋转强度和旋转高度，采用适当的方法进攻。例如，对手发加转下旋球，接发球抢攻时要采用高吊弧圈球，以免下网。同时，攻球的力量不可过大。

②接发球抢攻动作结束后，要立即做好对攻或连续攻的准备，以便继续处于主动地位。

③接发球抢攻、抢冲的力量越小，越应注意球的路线或落点，一般应多打在对手反手。若对手反手强而正手弱，则可从对手正手突破。

三、搓攻战术

搓攻战术是利用搓球旋转及落点的变化来取得比赛的主动的战术。搓攻战术是进攻型打法的辅助战术之一，主要利用搓球旋转的变化和落点的变化为抢攻创造机会。这一战术在业余比赛中被普遍采用。搓攻战术也是削球型打法争取主动的主要战术之一。

（一）特点

搓攻战术的特点是主要运用“转、低、快、变”的搓球控制对手，以寻找战机，然后采用低突、快点或拉攻等技术展开攻势并连续进攻；在搓球中遇到机会球时进行扣杀，因带有突然性，往往可以直接得分。搓攻战术是乒乓球各种打法中都不可缺少的辅助战术。

（二）常用的搓攻战术

1. 先搓对手反手大角，再变直线，伺机反攻

这种战术主要用于对付反手攻击力不强的对手，先搓对手的反手位大角，待其准备侧身或已将注意力放到反手时，则变其正手，伺机反攻。

运用此战术时需注意：搓反手时角度要大，变线的动作尽量隐蔽，弧线要低，落点尽量靠近边线。

2. 以摆短为主，配合劈两大角长球，伺机进攻

这种战术主要用于对付擅长抢攻长球的对手，目的是先用短球控制住对手，把对手引上来，再搓下去，使其来不及抢攻或抢攻质量下降，从而伺机进攻或反攻。

运用此战术时需注意：摆短的质量要高，即弧线低，不出台，旋转尽量强，否则易被对手挑打；劈长时要突然，角度要大，落点要靠近端线，才容易制造抢攻或反攻的机会。

3. 搓转与不转球，伺机抢攻

这种战术一般先以搓加转球为主，然后用相似的动作搓不转球，利用旋转的差别，为进攻制造机会，伺机抢攻。在运用此战术时，在旋转变化的基础上结合落点的变化，效果会更好。

4. 搓球转快攻

这种战术可分为以下几种情况：

①对搓中先拉一板弧圈或小上旋，迫使对手打快攻。擅打相持球的选手常用此战术。

②搓中突击，突然性强，是正胶、生胶类进攻型选手的主要得分手段之一，可大胆

运用。

③搓球至对手进攻质量不高的一边，让其先把球拉起来，自己则准备好反攻（反撕、反拉、反冲）。运用此战术一要具备反攻（反撕、反拉、反冲）的能力，二要提高搓球的质量，以防对手高质量的抢攻造成自己的被动。

（三）注意事项

①搓攻战术既要尽可能早起板，以争取主动，又不能有急躁情绪，否则，起板容易失误。

②在搓球中遇到机会球时要大胆扣杀，这是搓攻战术的主要得分手段。

③在搓短中摆短，可使对手不易抢先进攻，故有利于创造进攻机会，以便伺机用正、反手或侧身进攻。

四、攻两角战术

攻两角战术是靠攻击对手左右两个大角，使其顾此失彼，从而占据主动。一般用于对付步法较慢、动作较慢的对手。可以采用对角攻击，即以两条斜线调动对手；也可以采用双边直线攻击，即先以直线攻一角，再以直线攻另一角。

注意事项有以下几点：

①打斜线角度要大，能超出边线最好，充分发挥斜线的威力。

②打直线出手要快，突然性要强，线路要直。

③调右压左。所谓调右压左就是先打对手正手位，将其调动到正手位并被迫离台后，再打其反手位。这种战术，主要是牵制擅长侧身进攻的对手；在对手左半台进攻能力强，压对手反手位不占便宜时也可采用此战术；或者用来对付正手位进攻能力不很强，反手位只能近台、不擅离台的直拍快攻对手（欧洲选手现常采用此战术对付不会反手攻球的直拍快攻选手）。

④加、减力压对手反手、中路后，迅速抢攻。此战术用于对付站位中台的两面拉（攻）选手。一般先用加力推（攻）将对手压下去，再用减力挡将其诱上来，然后伺机扣杀。

运用此战术时应注意：一定要先加力使对手退离球台后再减力挡，如果只有减力挡，没有加力推，就容易变得被动。

⑤连压对手中路或正手，伺机抢攻。这是对付两面攻或横拍反手攻较强的对手所采用的对攻战术。这类打法的运动员往往是反手进攻技术好，正手相对较弱，中路更是其弱点中的弱点。故可先用推挡或反手攻，压住对手的中路或正手，待其攻势较弱时，伺机侧身抢攻。

运用此战术时应注意：连压对手正手或中路的球一定要凶狠、有力。

五、拉攻战术

拉攻战术是进攻型打法对付削球打法的主要战术，即用拉球（包括一般拉球、小上旋和弧圈球）找机会，然后伺机突击（包括扣杀和抢冲）。为了发挥拉攻的战术效果，首先要具备连续拉的能力，并有线路、落点、旋转、轻重等变化；其次要有拉中突击和连续扣杀的能力。常用的拉攻战术主要有以下几种。

（一）拉一角为主

伺机突击自己的特长线路或中路追身。具体拉哪一角，可从两方面考虑：

①选择对手削球较弱（不稳或旋转变化不强）的一角。

②拉对手攻势较弱的一角。

选择这样的拉球线路，既容易寻找突击的机会，又可避免（或减少）对手的反攻。突击的难度比拉球大，以自己最擅长的线路突击可以提高命中率。中路追身，是削球手的共同弱点，易出高球或直接失误。所以，突击中路又是更有效的线路。但是，突击中路的技术难度较大，应注意在平时训练中狠抓这一技术的训练。

（二）拉中路杀两角或拉两角杀中路

拉中路杀两角，是从中路找机会，然后杀两角得分的战术。此战术对付站位较近或控制落点较凶的削球手效果尤好。中路球不好削，更难以削出落点很凶的球，所以突击的机会比较少。

拉两角杀中路，是从两角找机会，然后突击中路得分或是突击中路后，使对手削出更高的机会球，再大力扣杀两角。

（三）拉左杀右或拉右杀左

这两个战术实际是拉一角杀另一角。一般拉对手削球或反攻较弱的一角，杀另一角。由于拉与杀线路的变化，常使对手不适应而变被动或失误。

（四）拉直杀斜或拉斜杀直

这两个战术各具特点。拉斜线，比较保险、稳健；杀直线，突然性强、速度快，但技术难度较大。拉直线，仅从线路讲技术难度较大，但拉球本身技术难度小、较稳健；杀斜线，比杀直线容易，命中率也高。比赛中，具体采用哪个战术，还需根据对手和个人的情况而定。一般来说，拉斜杀直比拉直杀斜运用得多。

（五）拉长球配合拉将出台的球，伺机突击

拉长球配合拉将出台的球战术，在具体运用中有两种方法：

①先拉长球至对手端线处（包括小上旋和弧圈球）。迫使对手后退削球，再突然拉一板中路偏右的短球（将出台），使对手难以控制而削出高球，突击得分。

②先拉将出台的轻球，再发力拉接近端线的长球。使对手因来不及后退而削出高球或失误。若能拉出将出台的强烈上旋的弧圈球，再配合前冲的长球，效果更好。

（六）变化拉球的旋转，伺机突击

拉弧圈球的选手，可拉真（强烈上旋）、假（不转）及侧旋弧圈；一般拉球的选手可拉上旋和侧旋球，用旋转的变化来增加削球的难度。如能将侧旋球拉至对手中路，效果更好。

（七）拉搓、拉吊结合，伺机突击

运用此战术时，一定不要搓、吊过多，否则会越搓（吊）越软，对手还会利用此机会反

攻。为防对手的反攻，搓和吊球的弧线一定要低并讲究落点。一旦对手反攻，应坚决回击好第一板，使其难以连续进攻。

（八）拉、搓、拱结合，伺机突击

此战术多为一面使用长胶、一面使用反胶球拍的运动员在对付削球打法时运用。一般先用弧圈球（包括小上旋及一般拉球）将对手拉下台削球，然后用搓球将其引上台来，对搓中再突然用拱球找机会，伺机发力突击。

第四节　乒乓球竞赛规则

一、场地、器材

乒乓球台长 2.74 米，宽 1.525 米，高 76 厘米，网高 15.25 厘米。乒乓球直径为 40 毫米，重 2.68～2.76 克，颜色为白色或橙色。乒乓球场最好在室内，室内空间应在 3.5 米×3.5 米以上，并配置灯光设备。球拍的大小、形状、重量不限，但底板应平整、坚硬，底板厚度至少应有 85％的天然木料。用来击球的拍面必须覆盖颗粒胶或海绵胶。

二、发球、接发球和方位的次序

①选择发球、接发球和方位的权利用抽签来决定。中签者可以选择先发球或先接发球以及先选择在某一方位。

②在每获得两分之后，接发球方即成为发球方，以此类推，直至该局比赛结束，或者直至双方比分都达到 10 分实行换发球法。这时，发球和接发球次序仍然不变，但每人只轮发 1 分球。

③在双打的第一局比赛中，先发球一方确定第一发球员，再由先接发球方确定第一接发球员。在之后的各局比赛中，第一发球员确定后，第一接发球员应是前一局发球给他的运动员。每次换发球时，前面的接发球员应为发球员。

④在双打的决胜局中，当一方先得 5 分时，双方应交换方位。接发球方应交换接发球次序。

⑤发球、接发球和方位出现错误时，应立即暂停比赛，并按该场比赛开始时确立的次序，按场上比分由应该发球或接发球的运动员发球或接发球；在双打中，则按发现错误时那一局中首先有发球权的一方所确立的次序进行纠正，再继续比赛。

⑥一旦发现运动员应交换方位而未交换，应立即暂停比赛，并按该场比赛开始时确立的次序，对运动员按场上比分应站的正确方位进行纠正，再继续比赛。

⑦在任何情况下，发现错误之前的所有得分均有效。

三、合法发球

发球时，运动员必须将球置于不持拍手的手掌上，手掌张开，保持静止。将球几乎垂直向上抛起，并不得使球旋转，球离手的高度不应低于 16 厘米，当球从最高点下落时方可击球。

击球时，球和球拍应在台面的水平面上，以便让对手进行判断和让裁判员看到是否符合发球规定。

裁判员如怀疑发球人有犯规行为，可向其提出警告但不予以判分；在同一场比赛中发球人再次受到裁判怀疑则被判失 1 分；如发球人明显不按规定发球，则无须警告而直接判其失 1 分。

四、合法还击

对方发球或击球后，本方运动员必须击球，使球直接越过或绕过球网装置，或者触球网装置后再触及对方台区。

五、重发球

出现下列情况应判重发球：

①在接发球一方未准备好的情况下发球，且接发球一方的队员并未做出接球动作。

②发生了无法控制的外界干扰而使运动员无法合理发球或合理还击。

③裁判员要求中断比赛。

④要实行轮换发球制或要警告、处罚队员时。

⑤比赛环境受到干扰。

六、计分方法

在比赛中，运动员未能合法发球、发球失误、未能合法击球、击球失误，均应被判失 1 分。在比赛中，先得 11 分者为胜一局。但如果打到 10 平以后，则先胜出 2 分者为胜一局。如采用三局两胜制、五局三胜制、七局四胜制，则先胜两局、三局、四局者为胜一场。

七、轮换发球

每局比赛实行轮换发球法，具体方法是每个运动员轮流发 2 分球，到 10 平时，轮流发 1 分球，直到该局结束。如果接发球方进行了 1 分当中的第 13 次合法还击，则判发球方失 1 分。

八、裁判员职责

根据规则规定，每场比赛均应有 1 名裁判员和 1 名副裁判员参加执法工作。

（1）裁判员职责

检查比赛区场地、器材和比赛区条件；决定比赛用球；控制方位和发球、接发球的次序；决定每一个回合为得分或重发球；按规定和程序报分等。

（2）副裁判员职责

协助裁判员掌握赛前的练习时间；判定球员的发球是否符合规定；判定发出的球是否擦网（网球）等。

裁判员和副裁判员均可进行判决，且其他工作人员不得否决。

【思考题】

◇乒乓球运动具有哪些特点？

◇乒乓球的基本技术有哪些？

◇简述正手近台攻球的特点与要点。
◇乒乓球的基本战术有哪些？
◇简述发球抢攻战术的特点与注意事项。
◇裁判员的职责是什么？

第十五章　网球运动

第一节　网球运动概述

一、硬式网球运动的来源与演变

网球运动的起源可以追溯到12—13世纪的法国。当时，法国传教士为了调节单调的生活，消除无聊的情绪状态，常常开展一种用手掌击球的游戏。游戏方法是在教堂的回廊里，两人中间用一条绳子隔开，用手掌来传接用布包着毛发制成的球，这就是最初的网球运动。后来，欧洲人利用橡胶技术做出了有弹跳性能的球。当时，人们公认的是埃及坦尼斯所产的球皮为最佳，所以网球被称为“坦尼斯”（tennis），并一直沿用至今。球拍也用弦线替代了羊皮。14世纪中叶，这种游戏从法国传入英国，法国王储曾送网球器材给英王亨利五世，这种供贵族消遣的室内活动，平民百姓不可能涉足，只被贵族们在茶会或宴会中作为游戏，因此，网球运动和当时的马术、击剑等运动被看作贵族运动。

网球运动孕育在法国，诞生在英国。1873年，掌握了古式网球游戏的英国人温菲尔德少校设计了一种男女均适合的户外活动，被称为草地网球，同年出版了一本《草地网球》小册子。1874年，又进一步确定了场地大小和球网的高度。1875年，随着草地网球运动在英国球场的风靡，英国板球俱乐部制定了网球比赛规则。温菲尔德由于对近代网球运动所做的贡献，获得了英国女王授予的勋章。

1877年，英国在温布尔登举办了第一届网球锦标赛，共有22名男选手参加。亨利·琼等人为这次比赛制定了全新规则：发球失误一次不判失分；每局采用0、15、30、40计分方法，为现代网球的盘、局、分制奠定了基础。当时，球场为长方形，长23.77米，宽10.97米，至今未变。

1884年，网球运动增加了女子项目，首届女子网球单打比赛在温布尔登举行，共有13名女选手参加，决赛在一对姐妹中进行，结果姐姐成了第一位世界女子网球赛冠军。当时，女选手必须穿英国当局规定的统一服装：头戴滚花宽边帽，身着长衫、长裙，足蹬皮靴，裙长必须遮住足踝，胸口还要打上一条细丝领带。

网球运动在广大爱好者中普及并形成热潮是在美国。1874年，在英属百慕大度假的美国人玛丽·奥特布里奇看见英国军官打网球后，被网球这项运动所吸引，并如饥似渴地学了起来。她克服了海关扣留拍子和球的困难将它们带到美国。一回纽约，就和她的哥哥埃米勒斯在纽约斯特誉岛的一个板球俱乐部里设置了网球场并练起了网球。当时，美国只有女子打网球，因此男子认为网球是女子运动。但网球运动凭借其独特魅力在美国斯特誉岛上广泛开展起来。不久，网球运动很快在纽约、波士顿、费城等大城市传播开。

罗斯福担任美国总统时经常邀请他的朋友在白宫球场上打网球，所以人们称他为“网球内阁”。美国还在全国修建了很多网球场，举行网球比赛，这个时期是网球运动发展最迅速的阶段。在第二次世界大战中，很多国家的网球比赛都停了，但是在美国，网球运动非但没有停下来，还出现了发展的高峰。在极盛时期，竟有4000万人参加网球运动，其普及率非常高，这为美国网球运动的发展奠定了坚实的基础。直到今天，在世界网球大型比赛中，美国运动员的比赛成绩一直处于领先地位。

1912年3月1日，英国、澳大利亚、法国等12国的网球协会在巴黎召开会议，成立了世界网球的最高组织——国际网球联合会（International Tennis Federation），总部设在伦敦。

1919年，法国的S. 伦莱恩取代了曾获4届温布尔登网球锦标赛冠军的兰伯特·钱伯斯，创造了夺取6届冠军的荣誉。她首次穿上了无袖的短衣、短裙，打破了英国规定的传统服装，为改革传统女子网球服装作出了巨大的贡献。

20世纪50年代，双手握拍击球技术被网球运动员采用，比赛时间越来越长，争夺也越来越激烈。

二、软式网球的起源和在中国的发展

软式网球是从网球运动衍生出来的一种运动。19世纪80年代，网球被一些西方的传教士和商人引进了日本。由于当时日本资源较匮乏，还不能在本国制作网球和球拍，只能使用价格昂贵的进口球拍和用作为玩具的橡胶球进行活动。由此，在日本诞生了软式网球。

经过百余年的不断发展，软式网球逐渐完善了竞赛规则，并形成了一套与一般网球不同的技战术体系。

软式网球使用的球为需要充气的橡胶球，并对气压有一定要求，即从1.5米的高处落下，球若能反弹50～80厘米即符合比赛要求。按照规定，球的直径为66毫米，重量为28～31克。

软式网球球拍比网球拍要小，重量也轻，但材质和网球拍几乎一样，使用的材料大多是钛合金。相比之下，软式网球的球拍要便宜得多。

二者的记分规则也存在很大差别。软式网球单打比赛实行七局四胜制，每局4分。如果小分出现3∶3平，则相当于网球中的“平分”，一方必须胜出2分才算取胜；如果局分战成3平，则第七局要像网球比赛一样“抢7”。双打比赛为九局五胜制，每局也是4分。局分战成4平之后也直接在第九局进行“抢7”。与网球相比，软式网球比赛时间较短，要求队员能够及时调节比赛状态，对队员心理素质水平要求较高。

1986年4月，日本东京女子体育大学与沈阳体育学院建立校际关系，软式网球作为两所学校之间的交流项目传入中国。1986年下半年，在国家体委有关部门的重视与扶持下，软式网球运动在全国各大体育院校中迅速得到推广。从此，软式网球不仅在我国扎了根，而且在各方面的浇灌下不断地成长、开花、结果。1987年成立中国软式网球协会。日本以推广软式网球为宗旨，也对中国软式网球给予了很大帮助，为我国软式网球运动培训了很多优秀的教练员和运动员，提供了许多器材等。

1987年8月20—25日，在昆明海埂体育训练基地举办了首届全国软式网球邀请赛和中日大学生对抗赛。北京体育学院（现北京体育大学）、西安体育学院、武汉体育学院、成都体育学院、天津体育学院、北京体育师范学院（现首都体育学院）、沈阳体育学院等单位的121名男、女运动员积极参加了本届比赛。赛会进行了男、女团体和男、女单项（双打）比赛，并选出优秀运动员联合组成中国大学生代表队与日本大学生代表队进行了对抗赛。这次比赛使两国队伍交流了技艺、锻炼了队伍、培养了裁判员，使得软式网球运动在各高校中得到普及发展，在技战术交流学习中取长补短，为中国软式网球运动的进一步发展奠定了基础。

中国软式网球协会为了促进软网运动的普及，决定每年举行一次全国锦标赛。从1995年开始，又增设了全国青少年软式网球锦标赛和全国软式网球冠军赛两个赛会，旨在为队员之间的球技交流提供良好的机会和平台，使得运动员的水平得到快速提高。这些举措为中国软式网球的进一步发展和软式网球运动水平的提高创造了良好的条件。

中国软式网球协会为加大促进软式网球发展的力度，还采取了请进来、走出去的措施，与各国运动员进行广泛交流：经常派出教练员赴日学习先进技术，经常聘请日本专家来国内讲学、任教。这些交流措施使得中国教练员水平得到快速提高，软式网球运动的技术水平也在不断上升。在第十届世界软式网球锦标赛上，中国男单取得第3名，女单取得冠、亚军的优异成绩，充分显示了中国软式网球运动的普及和技术水平的提高。

在1990年北京亚运会上，软式网球成为亚运会的表演项目之一。在1994年日本广岛亚运会上，软式网球被列为正式比赛项目。目前世界上有许多国家和地区开展这一运动，其中以韩国、日本和中国台北水平最高。

三、短式网球运动的起源与发展

短式网球是在世界网球运动进入高速发展时期后，针对儿童生理、心理发育和负荷能力等方面的发展特点，遵循网球原理而推出的一种儿童网球运动。短式网球诞生于20世纪70年代后期的瑞典，之后在欧美各国广泛流行，具有网球运动的全部内涵。它的训练对象为5岁以上的儿童，是对儿童进行网球启蒙训练的有效方法和措施，也是通过基础训练和正规网球运动接轨的有效途径。儿童在接受正确完整的短式网球训练之后，能在较短时间内掌握网球技能，形成正确的网球意识，并能规范合理地运用技术进行网球运动。

它对网球人才的培养、提高科学训练水平、培养人们终身体育意识起到了积极的作用。由于短式网球的运动特点与儿童的发展相适应，克服并纠正了儿童成人化训练所产生的一些弊端，加上对场地器材的要求比较简单，投资少和便于掌握，深受教练员、家长和儿童的欢迎。

短式网球的出现引起了国际网球组织的高度重视。1990年，国际草地网球联合会正式认可并接纳这项运动为发展规划项目。1995年，国际网球联合会正式决定并颁发了短式网球推广计划，公认它是儿童训练的最理想方法。

短式网球标准球场长13.4米，宽6.1米，端线至挡网不少于4米，短式网球场地要求较少，占地面积只有正规网球场地的1/3大小（含球场侧后应留的空地）。

第二节　网球运动基本技术

一、握拍法

网球运动有4种基本的握拍方法，即东方式、大陆式、西方式和双手反手握拍。不同的握拍法可以产生不同的击球效果和打法。实践证明，不同的打法都获得过较好的成绩。

(一) 东方式握拍法

(1) 正手握拍

以右手持拍为例。左手先握住拍颈，使拍面和地面垂直，然后右手也垂直地面，右手握拍柄如同与人握手，因此又称“握手式”握拍法。即用右手掌根与拍柄右上斜面贴紧，拇指垫握住拍柄的左垂直面，食指微离中指，食指下关节压住拍柄右垂直面。拇指与食指成“V”形，对准拍柄的右上斜面和左上斜面的上端中间。

(2) 反手握拍

在东方式正手握拍法的基础上，把手向左转动（把拍子向右转动），使拇指与食指成“V”形，对准拍柄的左上斜面与左垂直面的中间条线。用手掌根压住拍柄的右上斜面，食指下关节在右上斜面上。

(二) 大陆式握拍法

正反手均采用同一种握拍法，不需要变换动作，适宜截击和发球。握拍时用手掌根紧贴拍柄上部的平面，食指与其余三指稍微分开，食指上关节紧贴在右上斜面上，拇指垫贴在拍柄的左垂直面上。

(三) 西方式握拍法

(1) 正手握拍

手掌心朝下，手掌的大部分放在拍柄的底部，手掌根贴在拍柄的右下斜面，拇指压在拍柄的上部平面，食指的下关节握住拍柄的右下斜面。拇指与食指成“V”形，对准握柄右垂直面。

(2) 反手握拍

在西方式正手握拍法的基础上，把球拍上下颠倒过来，用同一拍面击球或手腕顺时针转，使拇指与食指成“V”形，对准拍柄的左垂直面。食指下关节压住拍柄的上部平面，手掌根贴在左上斜面。

(四) 双手反手握拍

右手为东方式反手握拍法，握在球拍拍柄的底部，手掌根与拍柄对齐。左手握在右手的上方，做东方式正拍握拍法。双手反手握拍法的优点在于力量不足的学员双手反手比较容易，同时这种握拍法易于对来球加上旋和发力且动作的隐蔽性强；缺点在于对步法要求精确。

二、准备姿势

两脚开立，略比肩宽，脚掌着地，脚跟抬起，身体重心置于两脚前脚掌之间，两膝微屈，并保持膝关节的良好弹性，上体放松微前倾，两眼注视对手或来球。球拍置于腹前，拍头指向前方略偏左，拍头微翘高于手腕。用正手握拍法轻握球拍，不持拍手轻扶拍颈，稳定球拍，减轻持拍手腕部的负担，辅助引拍，加快引拍速度。

三、基本移动步法

（一）滑步

两脚平行站立。向左滑步时左脚先向左侧迈出一步，同时右脚迅速跟上做滑步动作。滑步移动时身体重心变化快而移动速度较慢，宜在短距离移动中运用，通常在来球距体侧稍近时采用。

（二）交叉步

两脚左右开立。向右侧交叉移动时身体稍向右转，左脚从右脚前向右后交叉迈出一步，然后右脚再向右侧方向跨出一大步，同时重心移至右脚，身体转向来球方向，保持击球前的姿势。特点是步子大、动作快，便于制动。

（三）跨步

跨步前膝部弯曲，上体前倾，身体重心移至跨出脚上。跨步时，一只脚用力蹬地，另一只脚向来球方向跨出一大步，后腿随重心前移，自然跟上。特点是跨距大，便于向前、斜前方降低重心，回击反弹球或切削击球。

（四）跑步

跑步时一只脚蹬地启动，另一只脚迅速向前跟上，两脚交替进行，两臂配合摆动，不要过早做击球动作的准备，直到接近球时才尽力去击球，其特点是移动速度快，便于随时改变方向。

（五）垫步

垫步是网球运动中常用的一种步法。它是移动过程中最后一步制动步法，要求两脚同时落地，身体重心下降，两手持球拍于体前，为下一步击球做准备。

四、基本击球技术

（一）正手击球

（1）准备姿势

面对球网，两脚开立略宽于肩，稍屈膝，上体稍前倾，重心置于前脚掌。球拍指向正前方，几乎与地面平行。右手握拍（以右手握拍为例），左手托住拍颈。两眼始终盯着来球。

（2）转体引拍

当判断球向正手方向飞来时，双脚迅速右转，肩右转 90°，同时转髋，左脚向右前方上步，重心移至右脚，右手引拍于身体右后。肘部要自然弯曲下垂，手腕固定，左手在体前保持身体平衡。

（3）挥拍击球

将球拍迅速向前挥动，手腕固定，球拍从稍低于腰部处开始做弧线运动，逐步上升，向前挥动迎击球，击球时拍面基本垂直地面，同时将身体重心从右脚移至左脚。击球时身体随之转动，腰部带动上臂击球。

(4) 随球动作

当球离开球拍后，击球动作不要停止，而是随出球方向挥一段距离，肘关节向前跟进，挥至左肩一侧，拍头指向天空。同时身体完全转过来，面对球网。在完成一次击球后，应立即回到准备姿势，为下一次击球做准备。

(二) 反手击球

网球反手击球指的是与握拍手相反的击打落地球，它和正手击球一样，也是网球的基本技术中最常用的击球方法。初学者一般先学习正手击球后再学反手击球，这是因为用右手的人习惯于在身体的右侧做事，正手的拉拍动作既方便又容易，身体向右转动已成习惯。当正手击球有了一定的基础，对球的弹跳规律已熟悉，再学习反手击球就比较容易。反手击球的许多动作要领与正手击球相似，只是方向相反。

(三) 双手反手击球

(1) 准备姿势

面对球网，双脚向前自然分开与肩同宽，双膝微屈，腰部略向前，用非握拍手轻托拍颈，拍头与下巴齐平，双肘弯曲，将球拍舒适伸在前方，身体前倾，重心落在双脚上。当判断对方来球朝自己的反拍方向飞来时，轻握拍颈的左手应该迅速帮助右手握拍变换为反拍握拍法。正拍若使用东方式的正拍握法或西方式的正拍握法，在击打球时应变化为相应的反拍握拍法，不然反拍是打不好的。双手握拍也需要变化握法。

(2) 后摆引球

向左肩转髋带动右手向左后方摆动，左脚向左转 90°与底线平行，同时右脚向左前方上步，右肩对着球网，手腕绷紧、后伸，双肩夹紧，右手拇指靠近左腿的上部。后摆时肘关节自然弯曲、下垂、重心移到后方的脚上。反拍的后摆动作应比正拍后摆动作更早完成。单手反拍时，左手可轻托拍颈，伴随着向左转的协调动作；若是双手反拍挥臂，需要更充分地转体动作，右肩转向左侧的网柱。

(3) 前挥击球

从后摆进入向前挥动时应紧握球拍，手腕固定，右脚与网成 45°角，转动双肩、躯干和臀部，挥拍向球，反拍的击球点应在身体的左侧前方，击球时球拍与右脚应在一条直线上。击球瞬间，拍头的挥动最快，对准来球把球打正，肘部应伸直，球拍与手齐平，双眼盯住球，身体重心从后脚移向前脚。反拍上旋球的击球动作的拍头轨迹是自下而上的。

(4) 随挥动作

球击出后，拍面平行于网的时间尽量长些，挥拍沿着球飞行的方向前送，球拍随球向前的距离小于 60 厘米，重心前移，落在右脚，身体也随着转向球网，球拍挥在右肩上方结束，拍头指向上方（削击球则不同），完成好随挥动作有助于控制球的落点和方向。随挥动作要比后摆动作大而充分，从而保证击球动作的完整和稳定。随挥跟进动作结束，身体转向球网，迅速恢复原来的准备姿势，准备下一次击球。

（四）上旋球

正手上旋球技术同平击球技术环节相似，在挥拍时，球拍从下向上、向前擦击球的后下部，击球随挥后，球拍挥到左前上方。

（五）下旋球

来球时，引拍转体左肩对网，重心落在右脚上，拍头高于击球点；左脚向右前方跨出的同时，左手指向前面来球，以保持身体的平衡，由后上方向前下方挥拍，击球的后上部；身体重心移至前脚，击球后拍头随挥至身体左侧。

五、发球与接发球技术

（一）下手发球

（1）准备姿势

面对球网，两膝微屈，身体重心落在前脚掌，左手持球，右手持拍放松。

（2）引拍阶段

上体向右后方扭转，球拍后摆，左脚向前上步，左手将球稍向上抛，两眼始终盯着球。

（3）击球阶段

肩向前扭转，手腕关节微打开，在球落地前，在身体一侧的前面击球。

（4）随挥阶段

击球后，击球手臂和球拍顶端尽可能长地向前上方随挥，重心前移，然后还原成准备姿势，准备下一次击球。

（二）发平击球

（1）准备姿势

侧对球网站立，前脚与端线呈45°角，指向右侧网柱，身体重心在左脚上，左手托住球拍的拍颈，手臂放松，稍微弯曲并保持在胸部的高度。

（2）引拍阶段

双臂同时稍下放，在其最低点抛球手臂与击球手臂分开，但以不同的速度向上摆动；在眼睛的高度将球抛出，击球臂向后、向下、向上引拍，身体重心移至右腿；在手臂伸展到最高点时，身体重心又移到左腿，同时，通过髋关节前移，降低身体重心；左腿支撑身体向前、向上运动。

（3）击球阶段

击球肩膀转向前面，前臂旋内，充分向前、向上伸展击球臂，在最高点击球，击球瞬间，拍面几乎垂直地面。

（4）随挥阶段

击球后右前臂继续向外转动，球拍随挥至身体的左侧，左臂在体前的位置做相反运动。击球后随球上网或站在端线附近准备击球。

（三）切削发球

切削发球是一种以右侧旋转（略带下旋）为主的发球法，方法是由球的右上往左下切削击球。

由于切削发球的飞行轨迹及弹跳方向，该发球方法不但球速快、威胁大，而且容易提高发球命中率，因此被多数运动员所采用。

切削发球时，把球抛到右侧斜上方，球拍快速从右侧中上方至左下方挥动。击球部位在球的中部偏右侧，使球产生右侧旋转。

（四）上旋发球

上旋发球是以上旋为主、侧旋为辅的发球法。由于球的上旋成分多于切削发球，使球产生一个明显的从上向下的弧形飞行轨迹过网，发力越强，旋转成分越多，弧形就越大，命中率也越高；落地后高反弹到对手的左侧，迫使对手离位接球，给对手造成很大压力，同时给发球上网带来足够的时间。

发上旋球时，把球抛到头后偏左的位置，击球时身体尽量后仰成弓形，利用杠杆力量对球加旋转，球拍快速从左向右上方挥动，从下向上擦击球的背面，并向右带出，使球产生右侧上旋。

（五）接发球

（1）准备姿势及站位

接发球的准备姿势只要能以最快的速度还击球即可。当对手发球前，可以膝盖弯曲，两腿分开；当对手抛球准备击球时，可以重心升起，两脚快速交替跳动，并判断来球迎前回击。接发球站位要根据对手的发球水平和自己的接发球水平、习惯和战术需要来确定，一般应站在对手能发到内外角的中角线上，接第一发球时站位稍后些，接第二发球时站位略前。

（2）击球动作

根据对手发球好坏、速度快慢而定。动作一般介于底线正、反拍击球动作和截击球动作之间。对发球差的对手，可用自己的底线正、反拍动作来接对手的发球；而对发球好、速度快的对手，可用网前截击球的动作来接对手的发球，这样接出的球很有威胁。

六、截击球

截击球是网前进行的一种攻击性击球方法，当球还没落地并在空中飞行时（除高压球外），将其凌空打掉，称为截击，也称拦网。截击球在现代网球比赛中是一个重要的得分手段。掌握好网前截击技术，对单打时的发球上网、随击球上网和双打中的上网都有很大的帮助，也能使自己的技术水平提高到一个新的高度。

七、高压球

同截击球一样，高压球属于上网击球技术，是用来对付对方挑高球的，其动作类似发球，在头部上空用扣杀动作还击来球。高压球堪称击球中的一门“重炮”，是迅速制胜的有力武器。采用高压球，合适的步法是前提，击球时不要迟疑。

八、挑高球

挑高球技术在高水平的网球比赛中较少见，而在一般水平的网球比赛中运用较多。当一方在比赛中处于被动地位，而对手高压球水平也不是很高的情况下，可以用挑高球来破坏对手的进攻节奏，为自己赢得时间回到有利的位置；或者挑球过顶，迫使对手退回底线救球，使自己上到网前，反守为攻。因此，业余选手掌握此技术很有必要。

第三节　网球运动基本战术

一、发球战术

网球运动中攻击性最强的技战术就是发球。因为这项技术与对手的实力无任何关系，也不受对手的任何影响。发球是比赛的开始，也是组织战术的起点，比赛一开始就把发球作为战术组成的一部分，在这一回合中也会无形地拥有主动权。

发球击球时的方式不同，其所取位置及瞄准的目标也有相应的变化，单打发球站位最基本的要求是：站在端线后、中点和边线的假定延长线之间的区域内，可以在认为有利于自己发球的任何一个位置点上发球。单打比赛之所以选择中心线附近发球，是因为整个场地需要一个人来防守，无论对手将球接回到本方的哪个区域，在中心线上起步去追球相对其他位置都是最合理的。下面就根据发球的不同性质来介绍一下发球的战术。

1. 发平击球

动作要领：抛球的位置和击球点都在右肩膀的右前上方，双腿用力蹬地，让身体充分伸展。首先利用腰腹发力来带动整个手臂，协助手臂产生鞭打动作，接着用手腕的力量在最高点用扣压的动作将球击出。为了能发挥平击的最佳效果，手臂挥动时，一定要有手臂内旋的动作。

（1）平分区发球（右半区）

站在中心线附近，发球的目标是对手右发球区内中线附近。从这个位置上发的球的飞行距离最短，球可以从球网最低处通过，可保证较高的发球成功率，且球过网后飞向对手的反手方向，给对手接发球增加难度。

（2）占先区发球（左半区）

取位于中线附近，发球的目标是对手左发球区内中线附近。和平分区一样，发出的球可以从球网最低处通过，此时球虽然是发到对手的正手位，但是从中心线方向接回的球很难打出角度，发这种球有利于自己防守。

2. 发切削球

动作要领：抛球的位置及击球点比平击发球稍偏右一点，击球时从球的右侧向左沿水平轴横切球，使之产生旋转。

（1）平分区发球（右半区）

发球者位于中心线向右一步的位置，发球的目标是对手发球区边线的内侧场地。这样的发球落地弹起后会飞向场外，把对手调离场地去接发球，使场地里存在较大空当，给自己创造进攻的机会。

（2）占先区发球（左半区）

同样是站在中线的位置，向对手发球区边线的内侧场地发球。球弹起后向左飞，给对方接发球增加难度。

3. 发上旋球

动作要领：抛球在头顶正中的位置，击球时从后下方向前上方刷球，使球产生明显的上旋。

(1) 平分区发球（右半区）

发球者站在中心线附近，球发向对手发球区的内角，上旋发球落地后弹跳比较高，对于接发球的人来说，在反手位接超过肩部的球具有较大的难度，因此回球质量就不会很高，从而给发球方进攻创造了机会。

(2) 占先区发球（左半区）

发球者站在从中心线向边线跨一步的位置上，发球的目标是对手发球区的外角。球弹起后，直逼对手的外侧，而且发球有角度，可迫使对方追出场外去接球。

二、接发球战术

接发球和发球一样重要，因为如果不能破发就很难赢得比赛，而接发球是破发的基石。现代网球比赛中，发球、接发球的得分总和占一场比赛得分总和的40%还要多。好的接发球可以在一定程度上遏制对手的进攻，打破对手发球战术的计划安排，可以提升自己的自信心。做好接发球必须掌握以下几点技巧：准确的预判、合理的步法、迅速到位、正确的击球手法。当然，要求初学者很快做到这几点是很不现实的，但初学者必须清楚这是需要提高的方向，这是在对手发球局争取主动的基础。下面根据不同类型的发球介绍接发球的有关技巧。

(一) 各种类型发球的接法

1. 平击球的接法

(1) 站位

如果判断对手的发球是平击发球时，一般应站在底线稍后1～2米、水平靠近单打边线约一步的位置。这种站位无论对手的球发到反手位还是正手位，都可以从容应对。

(2) 对策

当对手的球速很快时，引拍动作应该快且小，及时将拍面对准来球，借力将球顶回对手的场地，甚至可以不必挥拍，只需将拍面对准来球即可。这时很难考虑和做到把球回到对方哪个区域，只需注意争取把球打得越深越好。

2. 切削球的接法

(1) 站位

切削发球落地后，不仅有向前的冲力，而且带有强烈的右侧旋。因此在平分区接这种发球时，站位应尽量向边线靠近；在占先区接这种发球时，可稍稍向中线靠近。

(2) 对策

当对手的切削球的侧旋攻击性较强时，接这种球应及早向前踏步迎截，抢在球的方向改变之前击球，并且尽可能打深的对角线球，这样可以争取时间，即使这时自己已经在场外接球，也会使自己有时间回到底线中间准备下一次击球。

3. 上旋球的接法

(1) 站位

上旋发球，在球落地后明显地带有强烈的向上的旋转，甚至球会弹到肩部的位置，给接发球带来困难。所以在平分区接这种球时，可选择在稍微靠中间的一些位置；当在占先区时，可靠近边线站位。另外，如果接发球的技术较好，可以站在场内打球的上升点接发球抢攻。

（2）对策

因为击球点越高回球越困难，所以当对手的上旋发球落地弹跳得又高又远时，回击位置应尽可能向前，在球没弹起之前将球击回。如果错过了这个击球时机，也可以在球下落的时候击打。另外，切削可以应对上旋球，有时甚至可以收获意想不到的效果。

（二）针对对手的打法而采取的接法

为了创造更多的得分机会，在接发球的时候应该根据对手的打法有针对性地调整自己的战术，进而逐步实现自己的目标。

1. 针对底线型打法的发球者的接发球战术

（1）平击球的接法

应对速度较快的平击球，可站在稍稍靠后的位置上接发球，这样做能保证更高的安全系数。接球时，将球回到发球方底线附近较深的位置作为首要的问题考虑，而不是再加力打出更快的大力球。沉着冷静地打深球应作为首选的回击方式。

（2）切削球的接法

应对落地侧旋发球的取位方法是：在平分区时，站位应尽量向边线靠近；在占先区时，可稍稍向中线靠近。接拐向边线方向的切削侧旋球，打向对手的对角线是最佳的回球路线。因为自己接球时可能仍是在场地外回击这个球，打对角线可以为自己回位争取时间。

（3）上旋球的接法

对于落地弹跳得又高又远的上旋球，如果不能及时在球弹起前回击过去，那么很容易处于被动状态。接上旋球的应对措施是稍稍在底线靠前的位置，注意在球弹起之前跨步上前击球。考虑到发球一方不是网前打法，也可以等球下落时再击球，但是必须注意自己不能主动失误，且应将球打深作为首选。为了克制对手的上旋，可以采用下旋切球回击对手的发球，给对手的回球造成困难。

2. 针对上网型打法的发球者的接发球战术

（1）平击球的接法

利用对手的球速将球打到其脚下是接平击球的上策。这种回球会给自己的下一步回击创造更多的机会。如果能够冷静应付下一拍，很快就会得分。

（2）切削球的接法

接向边线拐弯的切削发球，通常比预想的还要靠外。为了争取时间回位，回对角线是非常关键的，如果能打出深的斜线球就为打穿越球创造了条件。

（3）上旋球的接法

上旋发球的选手经常采用发球上网，因为此种方式可以保证球在空中有较长的飞行时间，发球者有充足的时间移动到网前。这时为了压制发球者上网，应该抢先击打球的上升点，并把球打向发球者的脚下。

三、底线型打法的战术

底线型打法是指以底线正、反手击球为基础组织的战术。它的指导原则是必须用速度、旋转、落点的变化来创造进攻机会。底线型打法的基本战术有对攻、拉攻、侧身攻、紧逼攻和防守反击。

（一）对攻战术

底线型打法的对攻战术是利用底线正、反拍抽击球所产生的强大的连续进攻能力，配合速度和落点变化，与对手展开阵地战，争取调动对手的机会，进而争取主动，达到攻击对手和控制对手的目的。其特点是：

①以正、反拍抽击球的速度、力量攻击对手的弱点，用速度压制对手。

②用正、反拍强有力的抽击球连续打向对手的弱点，压制对手。

③用正、反拍的有力击球调动对手大角度跑动，从而寻找机会进攻得分。

④底线两个角度调动对手，接着突然连续打重复落点，再寻找机会变线。

（二）拉攻战术

拉攻战术是底线型打法中使用较广泛的战术。它是以底线正、反手拉上旋球，或者正手拉上旋，反手切削球，迫使对手左右移动，寻找空当，给予致命一击的一种战术打法。其特点是：

①正、反手拉强力上旋至对手底线两边大角深处，不给对手上网及底线起拍反击的机会，寻找时机进行突击。

②正、反手拉上旋球时，加拉正、反手小斜线，使对手增加跑动距离并击出没有攻击性的回球，然后伺机进攻对手。

③逼近对手反手深区，伺机突然正手进攻对手。

（三）侧身攻战术

侧身攻战术是底线型打法中的一个重要进攻手段。它依靠强有力的正拍抽击球，配合准确的判断和步法移动，在三分之二的场地上用正拍对对手施加有力的攻击。其特点是：

①连续用正拍对对手进攻，创造得分机会。

②用正拍进攻，调动对手移动，反手控制落点，伺机用正手突击进攻。

③全场逼攻对手的反手位，压制住对手，再突击边线正拍。

④用正拍进行攻击时，连续打出重复落点。

（四）紧逼攻战术

底线型打法的紧逼攻战术是以快节奏对对手进行攻击的一种战术，这种进攻战术深受世界一流运动员的青睐。其特点是：

①从接发球时就紧逼向前进攻，给对手发球造成一定的心理压力。

②连续逼攻对手的反手位，突击正拍，伺机上网。

③紧逼对手底线两个角，使其被动或回球失误，并伺机上网。

（五）防守反击战术

防守反击战术在底线型打法中占有举足轻重的地位，在执行防守反击战术时，利用良好的底线控制球的能力，发挥自己判断准、反应快、步法灵、体力好、击球准确的综合性特点来调动对手，在防守中充分寻找机会进行有力的反击。其特点是：

①比赛中，当对手采用底线紧逼进攻战术时，可采用底线正、反手上旋球至对手两个底角深处，阻断对手进攻的机会，然后伺机反攻。

②在对手采用发球上网战术时，接发球可采用迎上借力击球，把球打到对手脚下或两边小角度，然后准备下一拍的反击得分。

③在对手运用随球上网战术时，这一拍应加快击球的节奏，首选对手空当，如果打空当有难度，应把球打向对手的身体，使对手无法回击质量高的球，为下一拍穿越创造机会，进而反击得分。

四、网前战术

在比赛的过程中，为了提高能力，在必要的时候要主动上网击球，采取上网打法。

（一）网前截击战术理论

网前战术中的截击球，其基本站位应该是对手可能回球的范围之内的正中间。首先，依据自己的进攻路线和球的深度来预测对手回球的可能区域，然后朝着这个区域的正中央移动取位。为了能做到正确取位，最重要的是确认自己所击出的球应落在对手场中的位置，然后仔细观察对手的跑动位置和击球姿势，并根据预测的对手回球的情况来决定自己的取位。

1. 截击前的一拍球，攻击性明确

截击前的一拍球是否具有较强的攻击性，攻击的是否是对手的弱点，能否破坏对手身体的平衡，是截击能否成功的关键。

如果这一拍球能按自己的战术意图实施攻击，那么就会对对手的回球有个正确的预测，移动上网就有了方向性。例如，上网前这一拍打向对手的反手侧或把球打深，使对手打不出高质量的回球，就为下一拍的截击打下了良好的基础，所以截击的前一拍球的攻击性是截击是否成功的关键。

2. 迅速贴近网，缩小防守范围

一般情况下，如果上网及时迅速，那么对手可能回球的范围就会变窄；相反，底线相持时，对手可能回球的范围对自己防守范围来说就会变宽，即截击时，越靠近球网，对对手的压迫就越大。所以网前战术强调要尽可能地靠近球网，一是因为截击时封网的角度小，使截击的攻击性增强，成功率提高；二是加快了比赛的节奏，不给对手喘息的机会，可以造成其失误。

3. 截击取位时应靠近有球的一侧

随球上网应是朝着自己击球的方向跑进，然后在对手可能回球的范围的正中间处做一个垫步，两脚分开，身体重心落在两脚之间，成准备姿势（拍子尽量前伸），随时准备出拍截击。此时虽然站到了基本位置上，但如果对手向一边移动，自己也一定要相应地进行改变，向对手移动的方向移动。也就是说，此时所选择的基本位置不一定就是最后的截击位置，还要根据场上的具体情势、对手的打法和习惯等做出预判，再从自己所在的基本位置上移动到最佳位置上去截击。

（二）发球上网战术

1. 战术安排

发球上网战术是上网型打法选手利用发球的力量、旋转、角度进行主动进攻，先发制人，然后上网抢攻的一种主要战术，是上网型打法选手在比赛中的主要得分手段。其战术指导思想是：通过发球给对手造成压迫或把对手调动起来，降低对手的回球质量，在对手回球质量不高的情况下，积极上网进行截击。因此，要想使发球和截击有效地组合在一起成功得分，首先要控制好发球。具体战术安排如下：

①右区发球用第一发球的力量发平击球或强力的上旋球，目标是对手发球区的右区内角，然后上网，冲至发球线中线，判断来球，截击至对方底线正、反手深区，再随中场截击靠近球网，准备近网截击得分（图 15-1）。

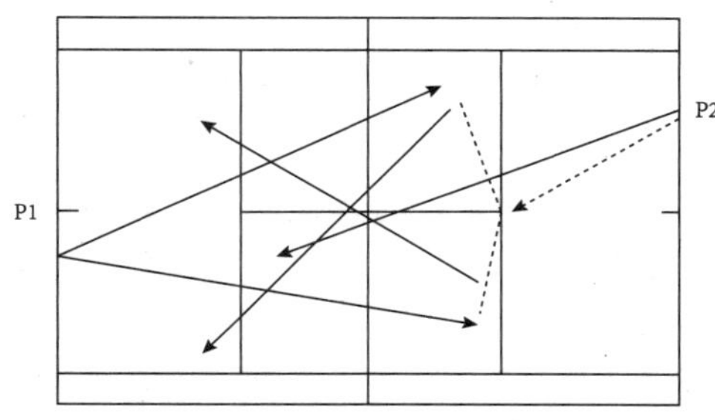

图 15-1 右区发上旋球截击上网

②右区发球用第一发球的力量发切削的侧旋球，目标是对手发球区的右区外角，然后上网，冲至发球中线偏左，主要封住对手的正手直线球，将球截至对手反手空当区域（图 15-2）。

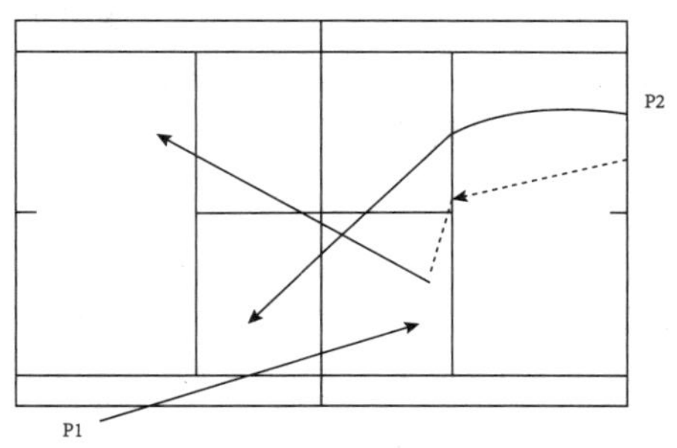

图 15-2 右区发侧旋球截击上网

③左区发球用第一发球的力量发上旋球，目标是对手发球区的左区外角，接着上网，然后冲至发球线偏右，主要封住对手反手直线球，将球截至对方正手区域（图 15-3）。

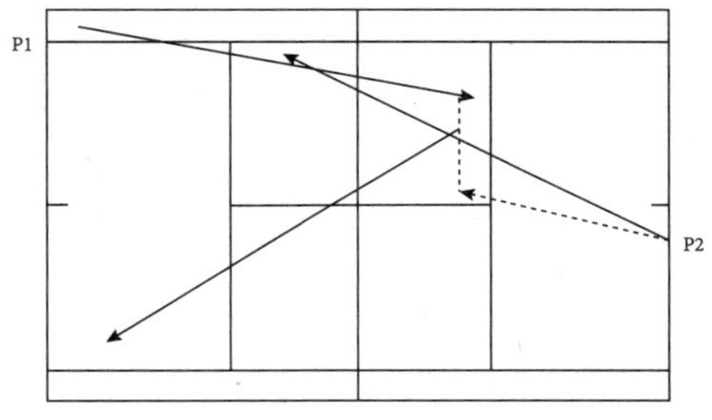

图 15-3 左区发上旋球截击上网

④左区采用平击发球或切削的侧旋发球，把球发在对手发球区的左区内角，然后上网到中场处，判断来球，截击至对手正、反手底线深区，然后随球跟进，准备近网截击，拿下这一分（图 15-4）。

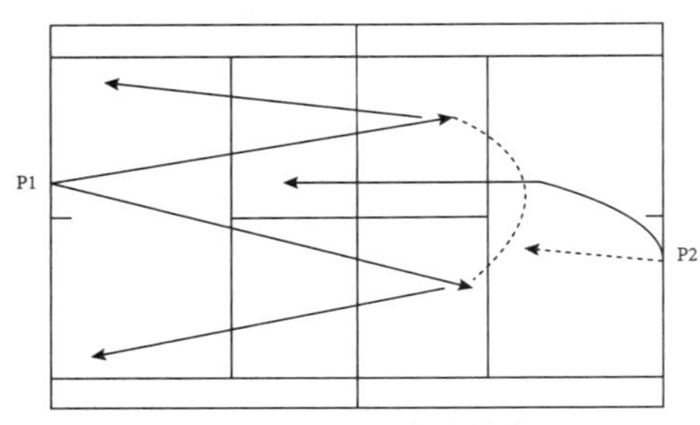

图 15-4　左区发侧旋球截击上网

2. 发球上网战术注意事项

①发球上网的发球。重心要主动上升且击球点要稍靠前，这样便于重心前移和迅速上网。

②上网时机。发强力上旋和外角侧旋球时都是上网的好时机。

③上网的位置。网前的合理取位对截击成功起着举足轻重的作用。位置选择恰当可形成压顶之势；反之，则会使自己陷于被动。网前位置的选择应根据个人掌握网前球技术的情况，对手可能回球的范围以及对手回球的角度、高度等因素来确定。一般情况下，以在网前 2～3 米的距离为宜，并且要边上网边判断对手的回球，在对手挥拍击球的瞬间要有一个急停，即做“跨垫步”，并依据判断马上再次启动向前并占据有利位置。

④第一发球命中率要高（达到 70％及以上）才能充分发挥出发球的威力，为上网创造条件。

⑤一发发球的落点、旋转要有变化，以便破坏对手接发球的节奏。

⑥中场第一截击的质量要高，并要有一定的深度。

（三）接发球上网

接发球上网必须确立积极主动的思想，抢先进入场内。接发球上网型打法应积极利用快速多变的各种手段来接发球，尤其是接对手的第二发球，抢攻上网或推切上网，以便充分发挥自己上网型打法的特点。接发球上网主要有以下几种方法。

1. 接右区（平分区）二发上网战术

接右区外角二发时，可用正手抽击或推切球回击直线上网（图 15-5）。

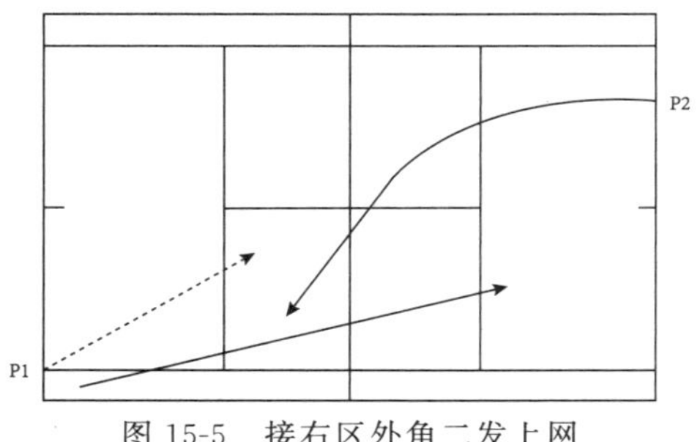

图 15-5　接右区外角二发上网

当对手把右区二发发在内角时，可用反拍抽击或推切回击直线球，打对手的反手上网（图 15-6）。

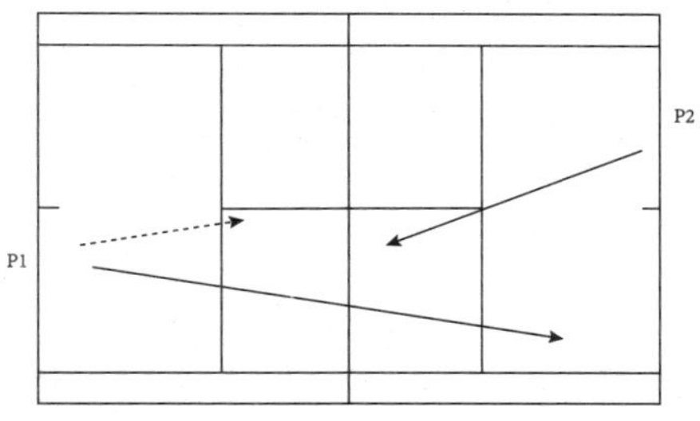

图 15-6 接右区内角二发上网

2. 接左区（占先区）二发上网战术

接左区外角二发时，根据对手的技术情况，利用反手抽击或推切球回击对手的弱点上网。一般以打直线上网为佳，一是距离短，对手准备时间仓促；二是上网后容易封住对手回球的角度（图 15-7）。

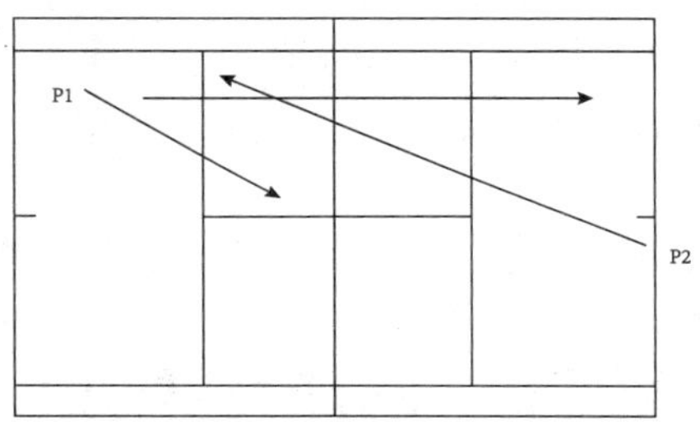

图 15-7 接左区外角二发打直线上网

如果此时对手二发的质量不高，可以提前侧身攻，回击对手的斜线或直线上网（图 15-8）。

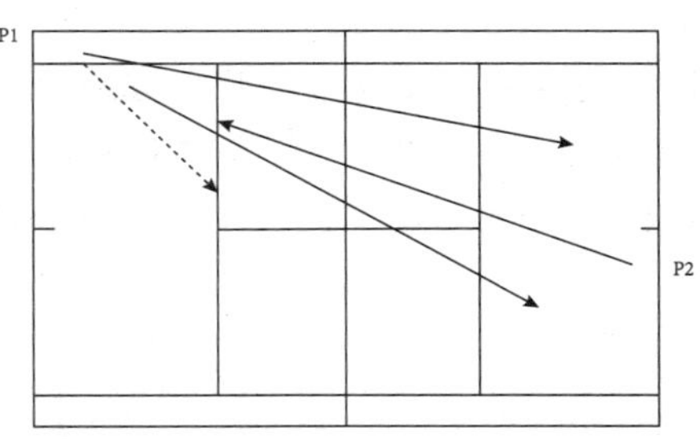

图 15-8 接左区外角二发侧身攻

当对手把左区二发发在内角时，可用正手抽击或推切球方式回击对手左右两点上网，但球要尽量打深（图 15-9）。

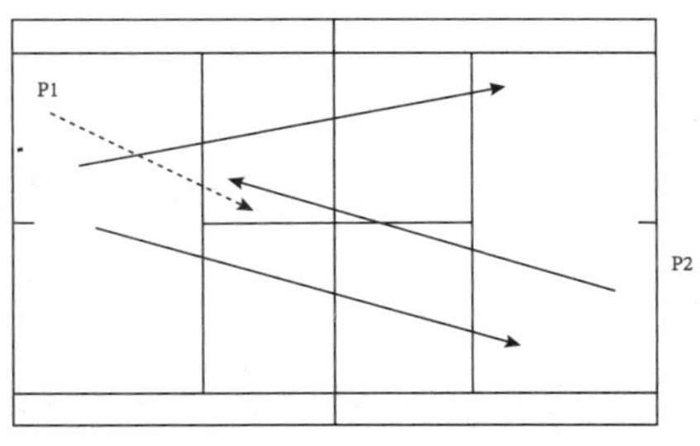

图 15-9 接左区内角二发打深

3. 用削球接发球后上网战术

用削球接发球然后上网时，应先用反手打一个落点较深的前进直线球，调动对手后上网抢攻，然后将对手的回球截击到另一侧空当处。要使这一战术成功，重要的不是用快削来接发球，而是尽量将回球打深，并取得截击的恰当位置。

（四）随球上网战术

随球上网战术是利用双方在底线对攻相持时或对手接发球时，出现质量不高的中场球（在发球线附近的球）的机会，果断地用正、反手抽击或削球，然后随球上网的一种战术，也是比赛中的主要得分手段。

对于不太擅长发球上网截击且底线能力较强的选手而言，在双方底线相持时，当出现机会后随球冲跑上网，然后进行截击，也是一种比较好的战术。打这种球的关键是上网之前这一拍一定要对对手有一定的压迫性，或者打大角度，使对手移动救球，破坏其身体平衡，这样就为截击创造了机会。所以，随球上网应该注意以下几点：

①随球上网要果断，步法启动要迅速，采取迎上高点击球。

②随击球的成功率要高，质量要好，这样才有利于网前的进攻得分。

③随击球的打法要善于不断变化，如平击、上旋、下旋、推切等要交替使用，用于破坏对手的击球节奏。

④应根据随击球的斜线或直线落点，人随球动，迅速贴近网前封网。

第四节　网球竞赛规则

一、场地和器材

国际网球比赛场地有草地、泥沙地、硬地和塑胶合成地面等。网球的球场边线长 23.77 米，端线单打长为 8.23 米、双打长为 10.97 米。球网中央高 0.914 米，两侧柱高 1.07 米，将发球区分为左、右两个发球等同的区域（图 15-10）。球直径 6.35～6.67 厘米，重量 56.7～58.5克。

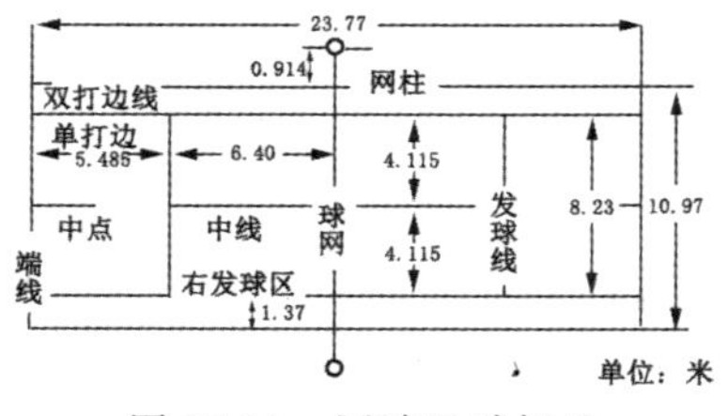

图 15-10　网球运动场地

二、竞赛规则

（一）发球

发球员应站在端线后的中点和边线的假定延长线之间的区域，用手将球向空中抛起，在球触地前用拍击球。

发球时的规定：①发球员在整个发球动作中不得通过行走或跑动来改变原来站的位置；②两脚只准站在规定的位置，不得触及其他区域；③每局开始先从右区端线后发球，得或失1分后，应换到左区发球；④发出的球应从网上越过，落到对角的对手发球区内或其周围的线上。

发球失误：未击中球，发出的球落地前触及固定物（球网、中心带和网边等），违反有关发球站位的规定。发球员第一次发球失误后，应在原发球位置进行第二次发球。

发球无效：发球触及网后仍落到对手发球区内或接球员未做好准备，均应重发。

交换发球：第一局比赛终了，接球员成为发球员，发球员成为接球员。之后每局终了均依次互相交换，直至比赛结束。

交换场地：双方在每盘的第一、三、五等单数局结束后，以及每盘结束时双方局数之和为单数时，交换场地。

（二）失分

发生下列任何一种情况均判失分：①在球第二次着地前未能还击过网；②还击的球触及对手场区界线以外的地面、固定物或其他物件；③还击空中球失败；④故意用球拍触球超过一次；⑤运动员的身体、球拍在发球期间触及球网；⑥过网击球；⑦抛拍击球。

（三）压线球

落在线上的球（压线球）都算界内球。

（四）双打发球、接球次序

发球：每盘第一局开始时，由发球方决定何人首先发球，对方则在第二局开始时，决定由何人首先发球。第三局由第一局发球员的同伴发球。第四局由第二局发球员的同伴发球。之后各局均按此次序发球。

接球：先接球的一方，应在第一局开始时决定何人先接发球，并在这盘单数局避免继续先接发球。对方同伴应在第二局开始时决定何人先接发球，并在这盘双数局继续先接发球。他们的同伴应在每局中轮流接发球。

（五）双打还击

接发球后，双方应轮流由其中一名队员还击，如运动员在其同伴击球后，再用球拍触球，则判对方得分。

（六）计分方法

1. 胜一局

每胜一球得1分，每局的记分采用0、15、30、40的方法，先得1分呼报15：0，再得1分呼报30：0，得第3个1分呼报40：0，先胜4分者胜1局。双方各得3分时为“平分”，平分后一方净胜两分为胜一局。

2. 胜一盘

一方先胜6局为胜一盘。双方各胜5局时，一方净胜2局为胜一盘。

3. 决胜局

在每盘的局数为 6 平时，若采用长盘制，一方净胜 2 局为胜一盘；若采用短盘制（决胜盘除外，除非赛前另有规定），先得 7 分者为胜该局及该盘（若分数成 6 平时，一方需净胜 2 分）；先发球员只发第 1 分球，对方发第 2、3 分球，然后轮流发两球，直至比赛结束。

（七）胜一场

正式比赛时，男子单打和男子双打采用五盘三胜制。女子单打、女子双打和混合双打采用三盘二胜制。

【思考题】

◇简述硬式网球运动的起源与发展。
◇基本移动步法包括哪些？
◇简述发平击球的动作要领。
◇简述单打战术的基本内容。
◇胜一局、胜一盘、决胜局分别指的是什么？

第十六章 武术运动

第一节 武术概述

武术是中国古代军事战争的一种传承技术，武，止戈为武；术，思通造化、随通而行为术。从语源来看，“武术”一词最早见于南朝人颜延之的《皇太子释奠会作诗》，其曰：“大人长物，继天接圣。时屯必亨，运蒙则正，偃闭武术，阐扬文令。庶士倾风，万流仰镜。”文中的武术，即指军事。

2020年1月8日，武术被列入第四届青年奥林匹克运动会正式比赛项目。这是武术首次成为奥林匹克系列运动会正式比赛项目。

一、武术的内容与分类

中华武术历经数千年发展和演进，集攻防技击、娱乐观赏、修身养性、教育和竞技比赛等诸多功能于一身，其内容之丰富、理论之精深是毋庸置疑的。武术运动发展到今天，它的内容和形式有很大变化，由于人们认识武术的角度不同，其分类方法也不尽相同，有按性质和功能进行分类的，也有按运动形式进行分类的。这些分类方法不仅有利于展示现代武术的基本内容，区分武术技术特征，而且可以揭示武术运动的某些规律和所属技术间的相互关系。现代武术与传统武术是一脉相承的，传统武术是现代武术的源头，现代武术吸取传统武术的技法结构，并在此基础上发展，在价值取向上发生了很大的变化。随着武术技术的蓬勃发展，现代武术的竞技价值和健身价值显得更为突出，也需要对其进行多元化分类。

（一）按照功能分类

武术根据其体育属性和功能，可分为竞技武术、群体武术、实用武术、学校武术4种。

1．竞技武术

竞技武术是为了最大限度地挖掘和发挥人体的运动潜力，展示精湛的技艺，以争取优异成绩、获得成功为目的。竞技武术不仅具有其他竞技体育项目所共有的专业化、职业化、高水平化、超负荷、突出竞技性的特点，而且自身特点鲜明，主要有以下几个要求：首先，运动强度大、时间短、速度快、节奏分明，运动员完成全套动作在1分30秒左右；其次，动作难度大、变化多、技术复杂；最后，追求难美、动作质量和演练水平的高度统一，充分展示了武术的表现力、形神兼备的典型特征和竞技美。专业性和竞争性是竞技武术最为显著的特点。

竞技武术大致包括竞赛制度、运动队训练体制和技术体系三大部分。以竞技武术为形式的国际性武术比赛有世界武术锦标赛以及洲际性武术比赛。竞技武术在国内是以全运会为最高层次，以全国武术锦标赛和个人冠军赛为龙头，以武术套路、散打为竞技主要内容的结构模式。武术套路竞技内容有长拳、太极拳、南拳、剑术、刀术、枪术、棍术、其他拳术和其他器械、对练项目和集体项目等。

其他拳术按类别可分为4类：第一类为形意拳、八卦、八极；第二类为通背、劈挂、翻子；第三类为地躺拳、象形拳等；第四类为查、华、炮、红、少林拳等。其他器械可分为3类：第一类为单器械；第二类为双器械；第三类为软器械。对练项目可分为徒手对练、器械对练、徒手与器械对练。集体项目则是按规则进行徒手、器械或徒手加器械的集体演练习。

散打竞技是按运动员体重分为11个级别而进行的实战比赛。散打经过30多年的总结、改进和发展，与国际竞技体育接轨，已成为一项以踢、打、摔为技术内容，以双方格斗为形式的技能主导类格斗对抗性竞技体育项目。在技术发展方向上，武术套路以突出竞技特点、提高技术水平和鼓励发展创新为基本内容思想，使技术向“高、难、美、新”的方向发展。散打技术的发展方向是强化体能、技法全面、突出个性、快狠巧准。竞技武术发展的最高目标是进入奥运会。

2. 群体武术

武术最基本的活动形式是人体运动。一般来讲，只要进行正常的人体活动就可以增进健康，达到修身长寿的目的。武术是喜闻乐见的传统体育项目，具有广泛的群众基础，群体武术是以普及为基础的、旨在强身健体而开展的群众性武术活动，有助于群众消除畏难心理、强身健体、休闲娱乐。群体武术的特点是有大众性、广泛性、自觉性、灵活性、娱乐性。群体武术涵盖的内容广泛，源流有序、脉络清晰、风格各异、自成体系的拳种至少有100种，还有流传于民间的不同风格的套路以及各种功法等。群体武术的内容还包括针对武术普及和全民健身计划制订的段位制和健身养生锻炼方法。群体武术内容丰富多彩，形式多种多样，有利于武术广泛普及，推进了武术的社会化。

3. 实用武术

实用武术是以部队士兵和公安武警为对象的，它的特点是简单实用，讲求一招制胜和力法、技击方法等攻防技能。特警部队、防暴警察、公安等在训练内容上主要有四科，即射击、奔跑、游泳和擒拿格斗，其中擒拿格斗技术将散打规则中的禁止部位作为重点攻击点，鼓励狠招，以实用武术为主。武术的发展依赖于社会需求，在当今社会，武术仍然在公安、特警、治安等公职部门和民间发挥作用。

4. 学校武术

学校武术主要体现了武术的教育功能。武术学校是系统传授或介绍武术基本功和技能的学校。武术学校以规定的武术教学内容为主，军事院校、公安学校以擒拿、格斗、搏击为重点的教学内容。

（二）按照运动形式分类

武术运动按照运动形式可分为功法运动、套路运动和搏斗运动3类。

1. 功法运动

功法运动是以单个武术动作作为主体进行练习，以达到健体或增强某方面体能的目的的运动。例如，专习浑元桩可以调心、调身、调息，长时间站马步桩可以增强腿力等。

传统功法运动的内容丰富多彩，按其形式与内容可分为内功（内养功）、外功（外壮功）、轻功（弹跳）、硬功（击打和抗击打）4种。其中，前人根据实践经验总结出来的一些功法一直延用至今，如“拍打功”“沙包功”等仍是提高武术专项技能有效的训练方法和手段。

2. 套路运动

套路运动是指以技击动作为内容，以攻守进退、动静疾缓、刚柔虚实等矛盾运动的变化规律为依据编成的整套练习动作，主要内容有拳术、器械、对练、集体演练。

（1）拳术

拳术是指徒手练习的套路动作。拳术的种类很多，如长拳、太极拳、南拳、形意拳、八卦拳、通臂拳、象形拳等。

（2）器械

器械是指手持兵器进行练习的套路运动。器械又可分为长器械、短器械、双器械、软器械。目前最常用的器械是刀、剑、枪、棍，它们也是武术竞赛主要使用的器械。

（3）对练

对练是在单练的基础上，两人或两人以上，在预定条件下进行的假设性攻防练习，包括徒手对练、器械对练、徒手与器械的对练等。

（4）集体演练

集体演练是集体进行的徒手、器械或徒手与器械的演练。在竞赛中通常要求 6 人以上，可变换队形、图案，也可用音乐伴奏，要求队形整齐，动作协调一致。

3. 搏斗运动

搏斗运动是两人在一定条件下按照一定的规则斗智、较力、较技的实战练习形式。目前武术竞赛中正在开展的有散手、推手等。

（1）散手

散手又称散打，是两人按照一定的规则使用踢、打、快摔等方法制胜的竞技项目。

（2）推手

推手是两人遵守一定的规则，使用掤、捋、按、采、挒、肘、靠等手法，双方沾连粘随，寻机借劲发力将对方推出，以此决定胜负的竞技项目。

二、武术的特点和作用

（一）武术的特点

1. 动作具有攻防技击性

作为军事训练手段，武术技击的特性是显而易见的。在实战中，其目的在于杀伤、制限对方，它常常以最有效的技击方法迫使对方失去反抗能力。这些技击术至今仍在军队、公安中采用。

2. 具有内外合一，形神兼备的民族风格

武术既讲究形体规范，又追求精神传意。内外合一的整体观是中国武术的一大特色。所谓内，指人的精神、意识和气息的运行；所谓外，即手、眼、身、步等形体活动。讲究内与外、形与神是相互联系、统一的整体。

3. 内容丰富多彩，具有广泛的适应性

武术的内容和练习形式丰富多彩，有竞技对抗性的散手、推手、短兵，有适合演练的各种拳术、器械和对练，还有与其相适应的各种练功方法。武术适应人们不同年龄、性别、体质的需求，人们可以根据自己的条件和兴趣爱好进行选择，同时武术对场地、器材的要求较低，因此武术具有广泛的适应性。武术能在广大民间历久不衰，与这一特点有很大关系。

（二）武术的作用

1. 壮内强外的健身作用

中国人民千百年来的习武实践和多年的科学研究都说明了武术注重内外兼修，对身体有着多方面的良好影响，经常练习有壮内强外的效果。例如，长拳类套路，包括屈伸、回环、跳跃、平衡、翻腾、跌、扑等动作，通过内在神情贯注和呼吸的配合，以及人体各个器官的积极参与，尤其是坚持基本的训练，能加强人体肌肉力量，提高肌肉韧带的伸展性，加大关节运动幅度。散打对抗中的判断、启动、躲闪、格挡或快速还击等，对人体的反应速度、力量、灵敏、耐力都有良好的促进作用。太极拳注重调息运气和意念活动，长期练习对治疗多种慢性疾病和调节人体内环境平衡均有良好的作用。

2. 提高防身自卫能力

武术以技击动作为主要内容，通过练拳习武，不仅可以增强体质，还可以学习一定的攻防格斗技术，掌握防身自卫的知识和方法，提高人体的灵活性，以及对意外情况的应变自卫能力，若长期坚持系统的练习，还可以为国防、公安建设服务。

3. 培养道德情操的教育作用

武术在长期的发展中，继承和发扬了中华民族知礼仪、讲道德的优秀传统。“习武以德为先”，说明武术练习历来十分重视武德教育。尚武崇德的精神可以培养青少年尊师重道、讲礼守信、宽以待人、严于律己等高尚的道德情操。同时，武术的练习，特别是在追求技艺提高的过程中，需要有吃苦耐劳、坚持不懈的精神，这不仅能培养坚韧不拔、自强不息的意志品质，也是一种修身养性的重要手段，有益于人的全面发展。

4. 娱乐观赏，丰富文化生活

武术运动具有很高的观赏价值，如套路运动的节奏美，踢、打、摔、拿、跌巧妙结合的方法美，内外合一、形神兼备的和谐美，都非常引人入胜。搏斗对抗中双方激烈的争夺、精湛的攻防技巧、敢打敢拼的斗志，可以给人一种美的享受和精神上的激励。群众性的武术活动讲究“以武会友”，即通过习武的共同爱好，切磋技艺，扩大交往，交流思想，增进友谊，丰富业余文化生活。武术在世界上的广泛传播，使其在我国人民与世界各国人民的友好交往中发挥的作用越来越大。

第二节　武术基本技术动作

一、手型

手型是指两只手所塑造的不同形状。

（一）拳

1. 教学步骤

①拇指外展，四指并拢成八字形。

②四指由第一指关节依次屈曲握紧。

③拇指紧扣于食指和中指的第二指关节上。

④直腕，即前臂的轴线穿过拳面的中心。

2. 易犯错误及纠正方法

易犯错误：握拳无力，拳心空虚，拳面不平，指骨突出。

纠正方法：强调握拳如“卷饼”，将手充分握紧，并用拳面支撑，做俯卧撑练习。

（二）掌

1. 教学步骤

①四指并拢向后伸张。

②拇指屈曲，紧扣于虎口处。

2. 易犯错误及纠正方法

易犯错误一：四指分开或四指不直，而且后弓不明显。

纠正方法：可用向后掰手腕的方法纠正，即一只手五指并拢、伸直，小指在下，横放在另一只手的手心上，然后用另一只手把它握紧后向手背方向扳动。

易犯错误二：拇指屈附不紧，远离食指侧面而成八字掌。

纠正方法：强调大拇指弯曲、内收。

（三）勾

1. 教学步骤

①直腕，五指第一指关节捏拢在一起。

②用力屈腕似“镰刀”。

2. 易犯错误及纠正方法

易犯错误：五指散开，屈腕深度不够。

纠正方法：用一只手握紧另一只手并拢的五指，向下拉引。

二、手法

（一）冲拳

1. 教学步骤

①握拳，屈肘，抱腰（俗称“抱肘”），拳心向上。

②单臂用力快速向前冲拳（小臂内旋，力点要达于拳面），拳心向下为平冲拳，拳眼向上为立冲拳。

③两臂交替冲拳。

④学习前冲拳后再学侧冲拳。

⑤结合步型练习冲拳，如弓步冲拳或行进间弓步冲拳。

2. 易犯错误及纠正方法

易犯错误一：冲拳时肘外展，拳从肩前冲出。

纠正方法：强调肘贴肋运动，拳内旋冲出。

易犯错误二：冲拳无力。

纠正方法：强调紧握拳、肩下沉，冲拳时前臂内旋，速度要快。

易犯错误三：冲拳高低不当。

纠正方法：在练习者前面设一个与肩同高的目标，向目标冲拳。

（二）架拳

1. 教学步骤

①慢速练习右拳上架、旋臂、向左甩头，注意眼随拳走，甩头时眼光迅速向左。

②快速练习。注意走拳路线和手眼配合。

2. 易犯错误及纠正方法

易犯错误：耸肩，缩颈，屈肘过大，拳在头顶，旋臂时间不当。

纠正方法：让同伴对练习者头部冲拳（给以目标），体会架拳动作要领。

（三）推掌

1. 教学步骤

同冲拳（由腰间出手时，拳迅速变立掌。注意力点在小指外侧和掌根部）。

2. 易犯错误及纠正方法

易犯错误一：推掌时肘外展，掌从肩前推出。

纠正方法：强调肘贴肋运动，前臂内旋推掌。

易犯错误二：推掌无力。

纠正方法：强调立掌和肩下沉；推掌时前臂要内旋，动作速度快。

易犯错误三：推掌高低不当。

纠正方法：在练习者前面设一个与肩同高的标志物，对准目标推掌。

（四）亮掌

1. 教学步骤

①慢速练习右掌沿身体右侧上摆至头右上方（稍高于肩），要求旋臂、亮掌、甩头。练习右侧后再练习左侧。

②快速练习。注意亮掌、甩头、转目的协调一致。

2. 易犯错误及纠正方法

易犯错误一：抖腕不明显，以臂部动作为主。

纠正方法：单独练习抖腕，多做转腕练习，提高手腕的灵活性。

易犯错误二：抖腕、亮掌与转头不能协调一致。

纠正方法：用信号（如击掌）或语言提示，使动作协调一致。

三、步型

（一）马步

1. 教学步骤

①立正站立，两手叉腰或抱拳于腰间。

②量出三脚或三脚半的距离，两脚尖正对前方。

③上体挺胸塌腰，两脚屈膝半蹲，膝部不超过脚尖，大腿接近水平，全脚掌着地，身体重心落于两腿之间。

④教师用口令或信号强调学生做动作时要挺胸、塌腰、展髋、裹膝、脚跟向外蹬等。

⑤可采用行进间进行，以一只脚为轴，另一只脚上步，退步后转体 180°完成马步或连续上步做马步架打动做练习。

2. 易犯错误及纠正方法

易犯错误一：脚尖外展成“八”字。

纠正方法：采用定式“站桩”以形成正确的动力定型。另外，强调两脚跟往外蹬来纠正；还可以原地做马步蹲起练习，即蹲马步和站立交替进行；也可结合一些手法进行练习。

易犯错误二：两脚距离过大或过小。

纠正方法：可量出两脚距离练习“站桩”。

易犯错误三：大腿过高。

纠正方法：以低头下视时膝盖遮住视线为准，固定大腿的高度。注意发展髋关节、踝关节的柔韧性和腿部力量。

易犯错误四：低头、弯腰、跪膝。

纠正方法：强调挺胸、塌腰之后再下蹲，两眼平视前方，膝关节的投影不得超过脚尖；也可用手扶住固定物体，并用膝关节顶住对面的肋木或其他物体做马步。

（二）弓步

1. 教学步骤

①两脚前后开立，距离为本人脚长的 4～5 倍。

②身体左转或右转，重心下沉，前腿屈膝，大腿接近水平，与脚尖垂直，脚尖微内扣，后腿蹬直，挺膝伸直成弓步，眼向前平视。

③原地转体 180°，左右变换弓步。

④上步或行进间完成左右弓步或左右弓步冲拳。

2. 易犯错误及纠正方法

易犯错误一：后脚拔跟、掀跟。

纠正方法：强调脚跟蹬地，脚尖内扣，提高踝关节的柔韧性。

易犯错误二：后腿弯曲。

纠正方法：强调后腿挺膝，用力后蹬。

易犯错误三：上体弯腰、前俯。

纠正方法：强调头部上顶，两眼平视，髋关节下沉。

（三）仆步

1. 教学步骤

①立正成抱拳于腰间姿势。

②左（右）脚向左（右）侧跨一步。

③右仆步时重心左移，左腿屈膝全蹲。大腿和小腿靠紧，臀部接近小腿，全脚掌着地，腿和膝外展挺直平仆，脚尖内扣，身体稍右转，眼向右平视。左仆步时则方向相反。

④听教师口令或信号做仆步，注意挺胸腰、沉髋等技术要领。

⑤左右交替进行，可结合手型、手法做左右仆步勾手亮掌，或者行进间连续做仆步穿掌。

2. 易犯错误及纠正方法

易犯错误一：平仆腿不直，脚外侧掀起，脚尖上翘或外展。

纠正方法：可让练习者将平仆腿的脚外侧抵住固定物体（如墙根）或两人的脚外侧互相抵住。

易犯错误二：屈腿不够，没蹲到底，脚跟提起。

纠正方法：强调平仆腿一侧的髋关节下沉，同时拧腰。多做仆步展开，塌腰后再下蹲成仆步。

四、步法

步法包括上步、撤步、交叉步、垫步、走步、跃步等。学起来比较容易，要求快速敏捷，不拖泥带水。做步法时，脚要轻抬轻放，脚底不要擦地。下面仅以跃步为例进行介绍。

1. 教学步骤

①由右弓步冲拳姿势开始。

②重心前移至右腿，左腿屈膝上提，上体前倾。

③两手直接向侧后下摆，掌心向里，身体稍向左转并稍前倾。

④左脚向前落步，右腿屈膝向上提，左脚随即猛力蹬地向前跃出，两臂向上绕环摆动，眼看左掌。

⑤右脚落地全蹲，左脚随即落地向前伸直成仆步，左掌变拳抱于腰间，右掌屈臂成立掌停于右胸前。

2. 易犯错误及纠正方法

易犯错误一：左脚蹬地无力，跃不起来。

纠正方法：多练左腿单跳，注意右腿屈膝上摆，发展腿部力量。

易犯错误二：跃起后两臂摆动，上体转动不协调，与步法配合不好。

纠正方法：在走步中练习上肢动作，以便配合协调。

五、腿法

（一）弹腿

1. 教学步骤

①两腿并立，两手叉腰。

②先练习弹低腿，即弹击对方小腿胫骨部位，力达脚尖，然后增加高度至水平。
③左右腿交替练习。
④结合手法，如弹腿冲拳、推掌等。
⑤做行进间的弹腿冲拳或推掌动作。

2. 易犯错误及纠正方法

易犯错误一：屈伸不明显，近似踢摆动作。
纠正方法：强调收髋、屈膝后再弹踢出去。
易犯错误二：力点不明显，没有爆发力。
纠正方法：强调猛挺膝，绷紧脚尖。

（二）侧踹腿

1. 教学步骤

①先做侧压腿、侧摆腿练习。
②立正成实战姿势，左腿屈膝上提，脚尖上勾，向左下方踹出，与膝盖同高。
③手扶一定高度的物体（如椅）做侧踹腿练习，身体向物体方向稍倾。
④左右交替做侧踹腿练习。

2. 易犯错误及纠正方法

易犯错误一：脚尖向上面侧蹬腿。
纠正方法：强调将腿内旋后再踹出。
易犯错误二：力点不明显，收髋。
纠正方法：多做仆步压腿、侧压腿等练习，强调侧踹时要有爆发力。

第三节 太极拳

一、认识太极拳运动

太极拳集武术、气功、经络学说、古典哲学于一体，是东方文化的瑰宝，是中华武术园地中的一枝奇葩。太极拳是一种以柔和、缓慢、稳静、轻灵为主要特点的拳术。太极拳的动作要求“完整一气”，是轻松柔和、不僵不拘、缓慢圆活、左右衔接、上下相通、手足互应的连贯性、整体性运动。

太极拳是以中国传统儒、道哲学中的太极、阴阳辩证理念为核心思想，集颐养性情、强身健体、技击对抗等多种功能于一体，结合易学的阴阳五行之变化，中医的经络学，古代的导引术和吐纳术形成的一种内外兼修、柔和、缓慢、轻灵、刚柔相济的中国传统拳术。

太极拳的基本内容包括太极养生理论、太极拳拳术套路、太极拳器械套路、太极推手以及太极拳辅助训练法。其拳术套路有大架一路、二路，小架一路、二路。器械有单刀、双刀、单剑、双剑、单锏、双锏、枪、大杆和青龙偃月刀等。

1949年后，太极拳被国家体委统一改编，作为强身健体的项目，兼有体操运动、表演、体育比赛等用途。改革开放后，部分太极拳被还原本来面貌，进而分为比武用的太极拳、体操运动用的太极操和太极推手。

传统太极拳流派众多，常见的有陈式、杨式、武式、吴式、孙式、和式等，各派既有传承关系，相互借鉴，也各有特点，呈百花齐放之态。太极拳是近代形成的拳种，流派众多，群众基础广泛，因此是中国武术拳种中非常具有生命力的一支。

2006年，太极拳被列入第一批国家级非物质文化遗产名录。2020年12月，联合国教科文组织保护非物质文化遗产政府间委员会第15届常会将太极拳项目列入联合国教科文组织人类非物质文化遗产代表作名录。

二、太极拳的渊源

关于太极拳的创始，目前有两种不同的说法：

一种说法是，在抗日战争之前，全国各地的太极拳家无不尊张三丰为祖师。其原因是，张三丰创建了武当派，创始了内家拳。太极拳作为内家拳之首，尊张三丰为祖师是一种自然归属。张三丰创立的太极拳、八卦拳、形意拳、五行拳、混元拳、玄武棍等，都是从道教经书中汲取了精华而引申来的。张三丰所创立的拳法有一个共同特点，即注重内功和阴阳变化，讲求意、气、力的协调统一，动作沉稳，姿势含蓄，劲力浑厚，神意悠然。这些特征无不与道家的清静柔弱、淡泊无为的主张和道教的“三宝修炼”（炼精化气、炼气化神、炼神还虚）相吻合，内以养生，外以却恶，可以说是留给后世的珍贵历史文化遗产。

另一种说法是，太极拳创自陈王廷。此种说法出自顾留馨、唐豪先生对太极拳的考证和《太极拳研究》。他们考证陈王廷创太极拳的依据有两点：一是有陈氏后人所撰有祖先的打油诗中有“闷来时造拳”五字；二是陈王廷留有一篇《拳经总歌》。据考证，这篇《拳经总歌》并非陈氏所独有。山西洪洞通背拳的《拳经总论》除个别字外，其他内容与《拳经总歌》完全相同。

三、24式太极拳基本技术

（一）动作名称

第一组	第二组	第三组	第四组
1. 起势	4. 左右搂膝拗步	7. 左揽雀尾	9. 单鞭
2. 左右野马分鬃	5. 手挥琵琶	8. 右揽雀尾	10. 云手
3. 白鹤亮翅	6. 左右倒卷肱		11. 单鞭

第五组	第六组	第七组	第八组
12. 高探马	16. 左下势独立	18. 左右穿梭	21. 转身搬拦捶
13. 右蹬脚	17. 右下势独立	19. 海底针	22. 如封似闭
14. 双峰贯耳		20. 闪通臂	23. 十字手
15. 转身左蹬脚			24. 收势

（二）太极拳基本套路（24式太极拳）

1. 第一组

起势：头颈正直，下颌微收，不要故意挺胸或收腹，精神集中（以下若遇演练方向问题，均假设起势方向为正南方向）。

左右野马分鬃：上体不可前俯后仰，胸部宽松舒展，两臂分开时保持弧形；身体转动要以腰为轴；膝盖不超过脚尖，后腿自然伸直，前后脚分别在中轴线两侧，保持在 10～30 厘米。

白鹤亮翅：完成姿势胸部不要挺出，两臂上下保持半弧形；身体重心后移和右手上提、左手下按要协调一致。

2. 第二组

左右搂膝拗步：前手推出时，身体不可前俯后仰，松腰松胯，推掌要沉肩垂肘、坐腕舒掌，两脚跟横向距离保持在 30 厘米左右。

手挥琵琶：身体要平稳自然，沉肩垂肘，胸部放松；左手由左向上、向前略带弧形；右脚跟进时，先脚掌着地，再全脚踏实。

左右倒卷肱：前推的手不要伸直，后撤的手也不可直向回抽，随转体仍走弧线；前推时要转腰松胯，两手的速度要一致，避免僵硬；退步时，脚掌先着地，再慢慢踏实，同时，前脚随转体以脚掌为轴扭正；退左脚略向左后斜，退右脚略向右后斜，避免两脚落在一条直线上。

3. 第三组

左揽雀尾：掤出时，两臂前后需保持弧形，弓步时两脚横向距离不超过 10 厘米；下捋时，上体不可前倾，臀部不要突出，两臂下捋需随腰旋转，仍走弧线；挤时，上体要正直，挤的动作要与松腰、弓腿协调一致；向前按时两手需走弧线，手腕部高于肩平，两肘微屈。

右揽雀尾：同左揽雀尾，但方向相反。

3. 第四组

单鞭：上体保持正直，松腰；完成式时，右臂肘部稍下垂，左肘与左膝上下相对，两肩下沉，左掌向前要随转体边翻转边推出；此时左脚尖应向东偏北约 15°。

云手：身体要以腰脊为轴，松腰、松胯，不可忽高忽低，眼的视线随左右手移动。

单鞭：与上面单鞭动作相同。

5. 第五组

高探马：上体自然正直，双肩要下沉，右肘微下垂，跟步换重心时，身体不要起伏。

右蹬脚：身体稳定，不可前俯后仰；两手分开时腕部与肩齐平；蹬腿时，左腿微屈，勾右脚尖；右臂和右腿上下相对；蹬脚方向应为正东偏南约 30°。

双峰贯耳：头颈正直，松腰、松胯，两拳松握，沉肩垂肘，两臂均保持弧形。

转身左蹬脚：与右蹬脚成 180°。

6. 第六组

左下势独立：右腿全蹲时，上体不可过于前倾；独立的腿要微屈，右腿提起时脚尖自然下垂。

右下势独立：同左下势独立，方向相反。

7. 第七组

左右穿梭：完成姿势向斜前方约 30°，手推出后上体不可前倾；手上举时，防止引肩上耸；弓步两脚横向距离 30 厘米左右。

海底针：身体先向右转，再向左转；上体不可太前倾，避免低头和臀部外凸。

闪通臂：上体自然正直，松腰、松胯，左臂不要完全伸直，背部肌肉要展开。

8. 第八组

转身搬拦捶：向前打拳时，右肩随拳略向前引伸，沉肩垂肘，右臂要微屈。

如封似闭：身体后坐时，避免后仰，臀部不可凸出；两臂随身体回收时，肩、肘部略向外松开，不要直着抽回；两臂推出宽度不超过肩。

十字手：两手分开和合抱时，上体不要前俯；站起后，身体自然正直，头微向上顶，下颌稍向后收；两臂环抱需圆满舒适，沉肩垂肘。

收势：两手下落时，全身放松，气也徐徐下沉，呼气略加长；呼吸平稳后，左脚收到右脚旁，结束。

【思考题】

◇简述武术的分类。

◇武术的基本技术动作包括哪些?

◇简述太极拳的基本套路。

第十七章　时尚健身运动

第一节　瑜伽

一、瑜伽概述

（一）瑜伽的起源

瑜伽（Yoga）是人类智慧的结晶，产生于公元前，是东方古老的强身术之一。它起源于印度，是一种非常古老的能量知识修炼方法，集哲学、科学和艺术于一身。瑜伽建立在古印度哲学的基础上。古代的瑜伽信徒发展了瑜伽体系，因为他们深信通过运动身体和调控呼吸，可以完全控制心智和情感，可以永远保持健康的身体。瑜伽修持者开始只有少数人，一般在寺院、乡间小舍、洞穴和茂密森林中心地带修持，由瑜伽师讲授给那些愿意接受的门徒，之后瑜伽逐步在印度普通人中流传开来。而今的瑜伽，已经是印度人民几千年来从实践中总结出的科学的人体修炼法，再也不是只限于少数隐居人的秘密。在印度，现在很难区分瑜伽与印度教的关系，在寺庙中、在经典中、在生活中、在许许多多的范围中，两者的关系都彼此融合。因为心理、生理和精神上的戒律已经使瑜伽成为印度文化中的一个重要组成部分。

“瑜伽”一词源于梵文的音译，意思是结合、联合，这也是瑜伽的宗旨和目的。瑜伽有一套从肉体到精神极其完备的修持方法，而不仅限于哲学和宗教的范畴，它有着更广泛的含义，有着强大的生命力。

从广义上讲，瑜伽是哲学。从狭义上讲，瑜伽是一种精神和肉体结合的运动。瑜伽作为修行和练功方法，可分为不同的体系，如哈塔瑜伽、语音冥想瑜伽、八支分法瑜伽等。其中有些着重于身体，有些着重于心智和精神等。所谓心智或者精神瑜伽冥想功法，不仅有身体上的效益，在心智和精神上也有积极的效益，如练习叫“阿萨那答”的姿势，在心灵上和身体上同时有深切而积极的效益。

瑜伽讲究自然、平衡与协调，动作柔和缓慢，是一种安全、有效的塑身练习。瑜伽姿势包含伸展、力量、耐力和强化心肺功能的练习，能够伸展肌肉、灵活关节，增强身体的柔韧性，提高身体的平衡感，消除身体的过多脂肪，塑造优美的形体。瑜伽呼吸法的练习，能够改善呼吸系统、神经系统、内分泌系统功能，还能提高人的身体素质和免疫力，消除疲劳，安定神经，减轻压力。

瑜伽对神经系统，包括自主神经系统有着非常有益的影响。通过练习瑜伽，不仅能够保持神经系统的健康，而且能够使功能不正常的神经系统恢复正常，此外还能使交感神经和副交感神经系统保持平衡。瑜伽练习对内分泌腺体也非常有益，能使各种内分泌腺体得到按摩，刺激心脏，使人保持健康状态。

瑜伽姿势、呼吸练习和瑜伽冥想对于呼吸系统也有非常好的影响。人的呼吸系统越健康，就越能够预防肺结核、支气管炎和肺气肿等呼吸系统疾病。瑜伽对于血液循环系统、消化系统和皮肤也很有益处。

（二）瑜伽的功效

（1）调理生理，达到平衡

瑜伽强调身体是一个大系统，由若干部分组成，各个部分保持良好的状态才能有健康的身体。瑜伽通过体位、调息等方法，调整各个器官的生理机能，达到强身健体的目的。

（2）消除紧张，平静内心

通过瑜伽呼吸、打坐和各种体位法调节神经系统，达到消除紧张的目的。现代人因生活压力而长期处于精神紧张状态，容易感到疲劳，呼吸不畅。瑜伽里的调息可以排除体内的废气，释放和缓解身体及精神上的压力及紧张状态，帮助练习者清除杂念，去发现内心真正的自我，体验平静、安宁的感觉。

（3）修身养性，厚德载物

瑜伽提倡一种健康的生活态度，让人自然地改掉吸烟、喝酒等不良习惯。通过不停地超越自我，让人充满自信。

（4）特别功法，特别疗效

瑜伽练习能协调身体内各个系统的正常运作，促进各腺体的正常分泌。此外，瑜伽练习对治疗各种妇科疾病极为有效，对于促进女性健康也有益处，通过有针对性的瑜伽练习还能预防与辅助治疗各种慢性疾病或先天性疾病。

（5）塑身与美容

瑜伽减肥、塑身的功效非常明显并且持久。首先，瑜伽特有的胸、腹式呼吸法对控制食欲的脑部摄食中枢有良好的调节作用，防止过度进食。其次，瑜伽配合呼吸的韵律围绕脊柱完成的各种姿势可以有效地按摩腹腔器官，实现对内脏活动的自我调节，调节内分泌，加强胃肠蠕动，促进脂肪的消耗。最后，瑜伽是有氧运动，每周进行2～3次的瑜伽练习会帮助身体消耗多余的热量，不但能够减肥，还能增长肌肉力量，并通过各种伸展姿势拉长肌肉线条，让人逐渐练出修长紧实、毫无赘肉的身材。

（三）瑜伽的分类

1. 传统瑜伽的分类

（1）哈达瑜伽（Hatha Yoga）

它把体位法、身体洁净、呼吸锻炼结合在一起，是传统瑜伽体系中最基础、最普及的流派，动作相对缓慢柔和，在全世界传播范围最广。

（2）阿斯汤加瑜伽（Ashtanga Yoga）

阿斯汤加瑜伽即八支分法瑜伽（Eight Points Method of Yoga），又称滕王瑜伽（Raja Yoga），以体位法、呼吸、冥想、三摩地等8个步骤著称，是最系统的瑜伽体系。

（3）实践派瑜伽（Karma Yoga）

这是以身心的行动，无私奉献世人的无我修行派瑜伽，提倡在工作中修行。

（4）语音冥想瑜伽（Mantra Yoga）

这是通过反复唱诵净化身心的瑜伽流派。

2. 现代社会派生的瑜伽支流

(1) 阿斯汤加 Vinyasa (Astange Vinyasa)

起源于印度的迈索 (Mysore)，以“Vinyasa 动作呼吸紧密相连”为基础，动作前后连贯，一气呵成，是最系统、难度最高的瑜伽，有呼吸体操之称。阿斯汤加 Vinyasa 是一种自我挑战，能使全身的力量及协调、柔韧、平衡等能力全面发展的运动，练习后使人身心和谐，神清气爽。因此，这一运动在欧美国家成为田径、篮球、网球、自行车、高尔夫运动员理想的交叉训练项目。

(2) 力量瑜伽 (Power Yoga)

这是阿斯汤加瑜伽的现代演绎，同样以“Vinyasa”为基础，动作更为活泼，可以穿插许多力量型的体位法，注重意志力和生命内在能量的锻炼。

(3) 流瑜伽 (Hatha Vinyasa Flow Yoga)

这是由哈达瑜伽向力量瑜伽和阿斯汤加瑜伽过渡而产生的，以阿斯汤加瑜伽的“Vinyasa”为主线，但动作缓慢而流畅，同时可以穿插快速的节拍性练习，强度大于哈达瑜伽，小于力量瑜伽和阿斯汤加瑜伽，是练习阿斯汤加瑜伽和力量瑜伽的基础。

(4) 热瑜伽 (Hot Yoga，也称 Bikram Yoga)

这是通过对外在环境温度的控制 (38～42℃) 达到减肥、排毒效果的瑜伽。

3. 从不同的功能看瑜伽的分类

(1) 力量类瑜伽

此类如活力瑜伽、阿斯汤加瑜伽、流瑜伽等。

(2) 放松类瑜伽

此类如哈达瑜伽、心灵瑜伽、香熏瑜伽等。

(3) 减肥、塑身类

此类如热瑜伽、形体瑜伽、水中瑜伽等。

(4) 从功能看瑜伽的分类

此类如孕妇瑜伽、妈妈瑜伽、理疗瑜伽、少儿瑜伽、亲子瑜伽等。

(5) 从锻炼形式看瑜伽的分类

此类如双人瑜伽、辅助瑜伽等。

二、瑜伽基本技术

(一) 瑜伽的呼吸

呼吸是瑜伽的精华，它具有两大功能：一是供给脑部和血液足够的氧气；二是摄入生命之气，控制意识。通过瑜伽呼吸法的练习，可将个人的肉体和精神联系起来；可以洁净呼吸系统，排除身体毒素，更深地放松身体和精神；还可以增加个人的精力，使其通向更广阔的精神认知领域。

瑜伽呼吸由 3 部分组成：吸气、悬息 (屏气) 和呼气。人们常常认为吸气是呼吸中最重要的部分，但事实上，吐气才是最关键的部分，吐出的废气越多，才越有机会吸入更多的氧气。所以在许多的瑜伽呼吸法中，吐气比吸气的时间长。

瑜伽的呼吸方法大约有 10 种，较为简单的也容易为初学者所掌握的有以下 3 种。

1. 胸式呼吸法

气息的吸入局限在胸部区域，气息较浅。这种呼吸适宜于做针对性较强的动作（如背部和胸部的动作）。

方法：呼吸时，意识集中于肺部，缓缓吸气，感觉肋骨向外扩张，气息充满胸腔，保持腹部的平坦；缓缓呼气放松胸腔，将气呼尽。

2. 腹式呼吸法

气息的吸入局限于腹部区域，气息较深，横膈肌下降得较为充分。

方法：呼吸时，更多关注腹部，缓吸气，感觉腹部被气息充分膨胀，向前推出，胸腔保持不动；缓缓呼气，横膈膜上升，腹部慢慢向内瘪进。

3. 完全呼吸法（又称“横膈膜呼吸法”）

它是瑜伽练习中最常用的呼吸方法，是胸式呼吸和腹式呼吸的结合。它能够提供给身体最充足的氧气，帮助身体消耗脂肪，并使血液得以净化，将体内的浊气、废气等充分地排出体外；能够温和地按摩腹脏器官，促进其机能，增进体内循环，防止呼吸道感染；能够消除肌肉、内脏的疲劳，尤其对剧烈运动后自主神经系统紊乱、内分泌失调特别有帮助；能够提高人体免疫力，改善心理状态，控制情绪，对培养注意力、集中力都有很好的效果。

方法：呼吸时，缓缓吸入气息，感觉横膈膜下降，腹部完全鼓起；随后，肋骨处向外扩张到最开的状态，肺部继续吸入氧气，胸腔完全扩张，胸部上提；吸满气后缓缓地呼出，放松胸腔，将胸部的气呼出，随后温和收紧腹部，腹部向内瘪进去，感觉肚脐向后背接近，将气完全呼尽为止。

呼吸时应注意以下事项：①意识集中到一呼一吸上；②一般只有鼻腔参与呼吸，因为鼻腔对灰尘和细菌有过滤作用；③每一次吸气时，犹如品尝空气一般，缓慢深长地吸入；呼气时犹如蚕吐丝一般，细而悠长，意识中要将体内废气排出；④躺、跪、坐时，眼睛闭上，向内集中注意力；站立时，为了保持身体平衡，需要睁开眼睛；⑤保持自然、轻松的呼吸即可。

瑜伽呼吸练习，适宜在每天早上或睡前10～20分钟进行，若以养身为目的，时间可适当延长。采用的姿势是坐姿或卧姿，宽衣松带，双手自然放置身旁，头、颈、脊柱成一条直线，全身放松。

（二）瑜伽的静思与冥想

瑜伽健康的实践是体位法、呼吸法、冥想法三者融为一体，达到身心合一的完美境界。瑜伽中的静思与冥想不是宗教，也不是玄学，而是现代人可以利用和学习的一种和自我心灵对话的方式。只要能放松自己，保持内心的平和，静观一切，心中无杂念，就能进入冥想状态。这种瑜伽静思与冥想形式常会被有经验的瑜伽研习者采用。在体位法练习中也可以进行冥想。瑜伽冥想的目的在于获得内心的平和与安宁，达到无限的精神之爱、欢乐、幸福和智慧。练习瑜伽体位法时，在每个动作完成后的静止过程中，闭上眼睛，配合缓慢深长的呼吸，用心体会动作刺激身体的所在部位，即从姿势的名称联想相应的图像。例如，练习“树式”姿势时，想象身体像一棵充满生机的树沐浴在阳光下，脚像有力的树根从大地汲取养分，使生命变得充满活力。冥想可以让人集中精神、控制自身意识以及提高调节身心的能力，从而帮助人们达到内心更平静、祥和的状态。因此，冥想是真正意义上的“寻找自我、认识自我”的方式。冥想并不在于你可以保持思路清晰和集中的时间有多长，而是在于培养反复转移注意力到某个选定目标上的能力。

这里介绍两种冥想技巧：

第一，注意力集中于呼吸，就是仔细观察和感受呼吸的过程，在任何情况下都不改变呼吸的节奏，也可以把注意力集中在每一次呼气上。

第二，注意力集中到某一物体上，将一支点燃的蜡烛、一枝花或者是一块带条纹的石头等置于身前的地板上，或者放在与视线等高的地方，把注意力集中在这些物体上，当注意力分散时，重新把注意力集中到这些物体上。也可闭上眼睛，脑子里默想着烛焰、花或石头的样子，直到它们逐渐从脑海里消失。然后睁开眼睛，再一次凝视眼前的蜡烛、花或石头。

（三）瑜伽姿势

瑜伽姿势又叫瑜伽体位法。印度瑜伽先哲帕坦伽利所著的《瑜伽经》将瑜伽体位法定义为：“将身体置于一种平稳、安静、舒适的姿势”。[1] 它是一种锻炼身体、强化身体，并使身体健康美丽的调身方法，与现代人的生理和健康有密切的关联。瑜伽体位法通过身体的前弯、后仰、扭转、侧弯、俯卧、仰卧等姿势，对人体脊柱、中枢神经、骨骼、肌肉、内脏进行全方位的刺激与按摩，配合自身的呼吸、消化、体液分泌物的运转循环，激活身体潜能，提升体内的优良素质，弥补自身的不足，增强人体的免疫力。这种配合呼吸缓慢做动作的瑜伽体位法，有促进血液流通的按摩作用，可以从根本上使我们的身体恢复活力，从而达到强身、健体、塑身美容的功效。瑜伽体位法是缓慢、舒适、连续完成的有氧运动，不用爆发力和反弹力，有效地避免了其他剧烈运动对身体可能产生的种种伤害（如乳酸积累、精神紧张、肌肉老化等）。

（四）瑜伽的松弛法

瑜伽松弛法又称瑜伽休息术。它对身体有莫大的裨益，可使大脑、心脏、自律神经系统和肢体得到深度的休息，令身体得到“充电”而恢复活力。正规的放松应该是一种主动、清醒、意念集中的放松，这样才会有松弛的感觉。松弛法因不同目的、时间和环境而有不同的练习方法，如白天练习的目的在于消除疲劳，快速补充精力，只要做 15 分钟即可，关键是在练习过程中要专注自身呼吸，保持清醒，不要入睡。在晚上睡觉之前练习，时间可尽量延长，直至自然入睡为止，这样会使睡眠质量得到很好的改善，即使睡较短的时间，早晨醒来也会非常清醒，精神奕奕。练习体位法后，可做 10 分钟的松弛训练，通过松弛来消除运动所产生的紧张。结束每节课或完成一组瑜伽姿势练习后，也可用此方法缓解身体的紧张，让体内的能量自由流动。具体方法如下：

①双眼轻闭，采取仰卧姿势，将双腿分开 20～30 厘米，双臂放在身体两旁，两手掌心向上，让膝盖和脚趾自然放松。

②深呼吸，让手臂和腿部轻轻往里和外转动几次，头部也轻轻转动几次，然后停止身体的一切动作，去感受身体的放松状态，开始让身体有融化的感觉，每一次吐气都感觉身体不断下沉，接下来让意识从下往上慢慢放松身体的每一个部分，做缓慢、平静的呼吸。

③放松脚趾、脚背、脚底、脚踝、小腿、膝盖、大腿、髋部；随着吐气的动作，放松腰

---

[1] Ranjay Kumar 岚吉．帕坦伽利《瑜伽经》核心概念研究［D］．杭州：浙江大学，2017.

部，感觉身体下沉；让意识上行，放松肋骨、胸部、心脏、肩膀、上臂、下臂、手肘、手腕、手掌、手指；调匀呼吸，开始放松颈部、下巴、脸部肌肉、嘴、牙齿、舌头、鼻子、眼皮、眼睛、眉心、前额、太阳穴、头顶、后脑勺、整个头部；放松整个身体的背部（上背、中背部、下背部）；放松整个脊柱；放松腰部、大腿、膝盖和小腿的后侧。整个身体的每一部分都变得十分放松，呼吸也随之越来越放松，越来越稳定。可根据自身情况反复2～3次，直至身心完全平静、放松。

三、瑜伽动作组合练习

现在常用的瑜伽姿势有近百种，下面介绍一些最基本和常用的瑜伽姿势。

（一）站立体位法

1. 风吹树式

功效：舒展颈部、肩部、臂部、躯干和腿部肌肉。促进肠道蠕动，缓解便秘。消除髋部脂肪。改善体态，增强均衡性和灵活性。做法如下：

①站姿，双脚并拢，合掌胸前。吸气，双手向头顶高举，手臂轻轻夹住耳际，上身有往上延伸的感觉。

②吐气，上身弯向左侧，与此同时，将髋部向右侧推移保持5次呼吸。

③吸气，还原向上，吐气，再弯向右侧，将髋部向左侧推移，保持呼吸5次（图17-1）。

提示：脊椎病患者练习时须特别小心。各类肠炎及近期做过开刀手术患者不宜练习。

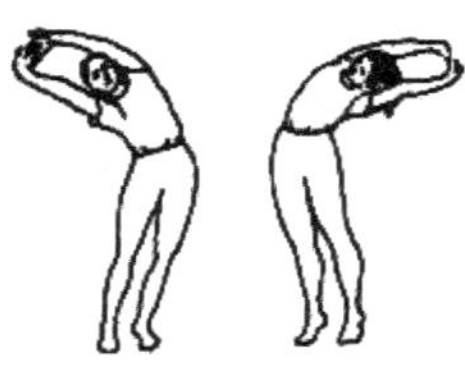

图17-1　风吹树式

2. 鱼式

功效：使肠脏和其他内部器官得到伸展，对治疗一切腹部疾病都非常有益。鱼式可滋养和加强内分泌腺体，放松骨盆关节，刺激胰脏，促进消化进程。该姿势扩展胸膛，有助于消除支气管的咳嗽痉挛，促进深长、顺畅的呼吸。做法如下：

①把腿盘成莲花式平放于地面上，背贴地仰卧。

②抬高颈项和胸膛，拱起背部，把头顶放在地面上。

③用手抓住大脚趾，以便增强背部的拱弯程度。用鼻子做深呼吸，保持两分钟。然后放开脚趾（图17-2）。

图17-2　鱼式

3. 腰躯扭转式

功效：放松脊柱和背部肌肉，矫正和改善各种不良状态。消除腰部脂肪，消除腰部、髋关节的僵硬，恢复其灵活性与柔软性。做法如下：

①站姿，双脚向外打开 60～70 厘米。吸气，双臂向两侧伸展与肩部保持水平线，手心向下。

②吐气，腰部向左方向转动至自身极限，脚不动，右手搭在左肩上，左手放置后背，眼睛注视左后方，保持自然呼吸 5 次，两侧交替重复练习 3 次（图 17-3）。

图 17-3　腰躯扭转式

4. 三角转动式

功效：增加对下脊柱区域的血液供应，滋养脊柱神经，强壮背部肌肉群，消除背部的疼痛。它还能扩张胸部（这对双肺有益），按摩腹部器官，帮助减少腰围线上的脂肪。做法如下：

①保持两膝伸直的同时，将右脚向右方转 90°，左脚向右方转约 60°。

②呼气，双臂伸直，将上身躯干转向右方，让左手在右脚外缘碰触地板。右手臂向上伸展，与左手臂成一直线。双眼注视右手指尖，伸展双肩及肩胛骨。保持约 30 秒。

③恢复时吸气，慢慢将双手、躯干、两脚转回各自原来的伸展状态，再转回基本站立式（图 17-4）。

图 17-4　三角转动式

（二）平衡体位法

1. 树式

功效：改善、强化平衡感觉，提高集中力。矫正脊柱弯曲，消除腰痛。强化肩部、腿部、脚踝肌肉。做法如下：

①站姿，双脚并拢，挺身直立，合掌胸前。吸气，身体重心放在左脚，脚趾施力压住地面，骨盆向左推移。提起左脚横置右脚背上，脚跟向外。双手同时向上伸展，高举至头顶。眼睛注视前方一固定点，保持自然呼吸 5 次。

②吐气，双手慢慢还原胸前。脚同时放回地面。两侧交替，重复练习 3 次（图 17-5）。

图 17-5　树式

2. 壮美式

功效：强化内脏，改善胃部功能。矫正脊椎和骨盆的异常，使体态匀称。消除腿部赘肉，使腿部曲线修长。对糖尿病有疗效。做法如下：

①站姿，右膝向手弯曲，右手握住脚背。吸气，将左手伸直高举到头顶，眼睛注视前方，集中意识。

②吐气，右手慢慢将右脚提高，保持片刻。

③吸气，上身微微向前倾，放松后腰背部位，眼睛注视前方右手指，保持身体平衡，自然呼吸 5 次。

④吐气，手脚放下，还原站立，调整呼吸，换脚再进行练习，左右各做 3 次（图 17-6）。

图 17-6 壮美式

（三）跪姿体位法

以猫式为例（图 17-7）。

功效：促进呼吸与甲状腺的新陈代谢。矫正背部，使脊柱恢复弹性。丰满胸部，消除腹部与腰部多余脂肪。对女性月经不调、痛经、乳腺增生等有疗效。做法如下：

①金刚坐姿，双掌置于膝盖上，伸直背部，调匀呼吸。

②吸气，臀部离开脚跟，俯身向前，抬臀凹腰，脚背贴地面，手臂伸直，指尖对膝盖，下颚抬高，背部收紧，保持片刻。

③吐气，手掌施力收腹，拱起背部，头部向下，下颚尽量抵住胸部锁骨处，动作静止，自然呼吸 5 次。

④再次吸气，下颚向上抬，头部后仰，凹腰部，挺臀部。动作静止，自然呼吸 5 次。上、下各重复练习 3 次。还原金刚坐，调匀呼吸。

图 17-7 猫式

（四）坐姿体位法

以正面坐为例（图 17-8）。

功效：促进手、臂、肩部血液循环，对腱鞘炎、坐骨神经痛、风湿症等有疗效。矫正背部，健美胸部与肩部，改善体态。舒缓颈部僵硬，治疗失眠和落枕等疾患。做法如下：

①坐姿，双膝弯曲，膝盖重叠，脚尖向后，脚背着地，手掌放在脚掌上，调匀呼吸。

②吸气，右手肘弯曲，慢慢向右肩背后上举，手掌贴在背后，左手由下方绕到背后，与

右手交握，十指紧扣。上方的手肘尽量置于颈后，背部挺直，挺胸，眼望前方，自然呼吸 5 次。

③吐气，手指松开，双手放下，恢复到上面坐姿，放松，调匀呼吸。左右各重复练习 3 次。

提示：双腿交叠，膝盖不离开，上下对齐。如右脚在上，则右手也在上，反之亦然。

图 17-8　正面坐

(五) 俯卧式体位法

以眼镜蛇式为例（图 17-9)。

功效：促进甲状腺与肾上腺分泌，增加肺活量，增强心肺功能，舒缓身心，对记忆力衰退、肠胃功能紊乱、便秘、肾结石以及女性功能失调等的改善有疗效。强化肩、颈、背部肌肉，增加脊椎弹性，具有健胸、收腹和美化背部的功效。做法如下：

①俯卧，双脚并拢，脚背着地，收下颚，额头触地，弯曲手肘，双手平放胸侧，调匀呼吸。

②吸气，下颚慢慢抬高，头部向上后仰，上身同时慢慢离开地面（感觉是把脊椎一节一节向后弯曲，用腹肌力量而不是用臂力)，肚脐与腹部着地，眼望前方。保持此姿势，自然呼吸 5 次。

③继续吸气，双臂伸直，背部继续往后弯曲，头部尽量后仰，腹部仍然贴地，眼望上方，眼球可同时左右转动（改善视力)。意识集中在喉部、尾椎，同时收缩臀部，大腿放松。

④吐气，上身按骨盆、腰椎、胸椎、颈椎、下颚到额头的顺序慢慢还原到做法①。调匀呼吸，全身放松。重复练习 3 遍。

提示：眼镜蛇式是一种瑜伽体位法的代表性姿势。练习时不可用爆发力，尽量使身体处于舒适状态。初学者先行熟悉做法②后，才可练习做法③，以免身体超负荷。甲状腺机能亢奋、结肠炎、胃溃疡和疝气患者不适宜练习。

图 17-9　眼镜蛇式

(六) 仰卧体位法

1. 船式

功效：增强腹肌力量，消除腹部赘肉，能使大腿修长及腰围变细。防止内脏下垂，改善胃肠功能，缓解便秘，强化背部肌肉。具有放松身体和关节的效果，对胆小、容易冲动或神经质的人有帮助。它是一个提高全身体能的练习。做法如下：

①仰卧，双脚并拢，双臂平放体侧。

②吸气，同时将上身、双脚和双臂向上抬起，只有臀部着地，并以脊椎骨为支点，保持

身体平衡。双手、双腿伸直，手指指向脚尖，保持此姿势，屏息约5秒。

③吐气，慢慢将身体放回地面，调匀呼吸，全身放松。

提示：身体上抬时，要收缩腹部，并收紧全身的肌肉。发生腿部痉挛时，将脚踝用力蹬出，伸直脚跟韧带（图17-10）。

图17-10 船式

2. 仰卧放松功

摊尸式，如图17-11所示。

功效：放松肌肉、消除疲劳，使呼吸更协调、更充分。帮助意识集中。做法如下：

①仰卧，轻轻闭上眼睛，双腿屈膝，脚掌置于臀部下，双手放置身体两侧外。掌心向上，手指微曲，下颚微微引向胸部。

②缓缓吸气，胸廓慢慢扩张，双肩放松，双膝向外打开，直到大腿内侧完全伸展，脚掌合并向下滑，两边分开约30厘米。

③想象头顶、手指尖、尾椎、脚跟、脚尖向外延伸。

④两手从地板上滑动到头上方，吸气，伸展双手带动身体坐起，再把上半身弯向双腿，伸展背部。

提示：仰卧放松功又称摊尸式，摊尸式译自梵文SAVA—SANA，意思为“尸体”。名字虽不祥，但如每天能“假死”片刻，停止一切感官活动，让身心得到彻底休息，也是一件美妙之事。每一节瑜伽体位法做完后皆做本姿势练习，也是大体息法。在练习过程中，尽量避免睡着，头脑保持清醒，注意力集中在呼吸上。初学者练习此式不要超过10分钟。

图17-11 仰卧放松功

第二节 健美操

一、健美操运动概述

（一）健美操运动的起源与发展

健美操是融体操、舞蹈、音乐、健身、娱乐于一体，通过徒手或使用器械的身体练习，达到健身、健美和健心目的的一项体育项目。健美操深受广大群众的喜爱，具有广泛的群众基础，普及性极强。

健美操起源于2000多年前的古希腊，当时人们非常崇尚人体美，认为只有人体的健美才是最匀称、最和谐、最庄重、最有生气和最完美的。20世纪60年代，初现代健美操开始萌芽，1969年杰姬·索伦森综合体操和现代舞创编了健美操，这种操带有娱乐性，简单易学，深受人们的欢迎。[1] 20 世纪 70 年代健美操在美国迅速兴起，掀起热潮。特别是进入 80 年代后，健美操以强大的生命力在世界范围内广泛开展。

1981 年，美国简·方达编写了《简·方达健身法》一书，对健美操的推广起到了重要作用，这本书被翻译成 20 多种文字在全球发行。[2] 在简·方达的影响下，世界各地迅速兴起健美操的热潮，健身俱乐部、健身中心更是遍布全球。健美操在法国、德国、波兰、保加利亚等国发展得也很迅速，法国电视台的健身操节目曾是法国最受欢迎的节目。亚洲地区的日本、菲律宾、新加坡等国家也很流行健美操，日本是亚洲地区健美操发展最快、最普及的国家。1985 年，美国举办了全国健身操锦标赛，使健美操发展为竞技体育项目。

（二）我国健美操运动的发展概况

我国现代健美操兴起于 20 世纪 70 年代末。1979 年以来，我国北京、广州、上海等地相继设立了各种健美操培训班。把我国的武术和民间舞蹈与欧洲的健美操融为一体，创造了具有中国特色的健美操。在健美操蓬勃发展的同时，以竞技为主要目的的竞技健美操也迅速发展起来。1986 年 4 月，在广州举办了首届全国女子健美操邀请赛，开创了我国竞技健美操的新纪元。1987 年 5 月，在北京举办了我国首届全国健美操邀请赛，这次比赛结合我国健美操比赛特点，进行了男女单人、混双、三人、六人 5 个项目的比赛，盛况空前。从 1992 年起，全国健美操邀请赛改名为全国健美操锦标赛，成为每年举办的传统赛事。

中国健美操协会成立于 1992 年 9 月，总部设在首都北京。1992 年、1995 年在北京举办了两届全国健美操冠军赛。1998 年，举办了全国健美操锦标赛暨全国健美操运动会。国际体操联合会（International Gymnastics Federation，FIG）于 1995 年 12 月在法国巴黎举办了首届世界健美操锦标赛，我国代表队参加了这次比赛，这是我国健美操首次走出国门。之后，我国多次参加了世界健美操锦标赛。

（三）健美操运动的特点

1. 艺术性

健与美是健美操的主要特点之一，是建立在人体活动的基础上对健康、力量和美丽的追求，含有很强的艺术性因素。健美操动作协调、流畅、有弹性，既注重外在美的锻炼，又强调内在美的塑造。练习者不仅锻炼了身体，而且从中获得了美的享受，提高了审美意识和艺术修养。健美操所表现出的健美的体魄、高超的技术、流畅的编排等，充分体现了健美的特性和艺术性。

2. 节奏性

健美操运动除了练习的功效性、动作的时代感外，还通过现代音乐给人们带来了活力，充分体现了其强烈的节奏性特点。健美操音乐的节奏强劲有力，可以烘托气氛，激发人们对体育及生活的热情。健美操的动作与音乐的强烈节奏使健美操更具有感染力、比赛和表演也更具有观赏性。

---

[1] 张海莉．现代健美体操的发展及编排［J］．上海体育学院学报，1987（3）：44－47.

[2] 蒋国强，柯谷鑫．大学体育与健康［M］．武汉：武汉大学出版社，2018.

3. 力度性

健美操是以力度为基础，表现为力量、力度、弹力和活力的综合，连续完成复杂和高难度的动作，靠人的身体语言来传递和表达内心信息的运动，可充分表现出人体的风采、美的神韵、力的坚韧，具有强烈的表现力、感染力和吸引力。健美操的展示需要身体的柔韧性和力量，并要完成连续的动作组合和一定完美的高难度动作，需要练习者具备良好的身体素质、充沛的体能以及完成高难度动作的能力。

4. 大众性

健美操以其生动活泼、轻松自如、随心所欲的运动形式深受大众欢迎，练习形式丰富多样，徒手或借助轻器械均可，节奏有快有慢，动作难易程度、运动量和运动强度因人而异，适合不同层次的人群，且不受场地、环境、气候等条件的影响。通过健美操锻炼，练习者的呼吸系统、心血管系统及大脑中枢神经都得到了良好的锻炼，达到锻炼身体、娱乐身心、保持健康的目的，满足其身心需求。

（四）健美操的分类

世界健美操和我国健美操种类众多，分类方法也不尽相同，依据健美操活动的目的和主要任务为标准可分为健身健美操、竞技健美操、表演健美操三大类。

①健身健美操是以锻炼身体、增进健康为主要目的的健美操。

②竞技健美操是在健身健美操的基础上提高和发展起来的一项新兴的竞赛项目。

③表演健美操是以在表演过程中展示美的姿态、美的追求为目的的健美操。

二、健美操的基本动作

徒手体操动作是健身健美操最基本的动作，是根据人体解剖学特点划分的 7 个部位的动作，即头颈、肩、胸、腰、髋部动作和上、下肢动作，以及所采用的屈、伸、绕、摆等各种基础动作。健美操基本动作包括基本姿态动作、基本难度动作、基础动作三大部分，是掌握其他动作的基础。

（一）手形

健美操手形主要有掌和拳两种。

1. 掌

掌包括分开式、并拢式两种。

①分开式：五指用力分开，手腕保持一定的紧张程度（图 17-12 中 1）。

②并拢式：五指并拢、伸直（图 17-12 中 2）。

2. 拳

拳包括五指弯曲紧握，拇指在外，指关节弯曲，压在食指弯曲部位（图 17-12 中 3）。

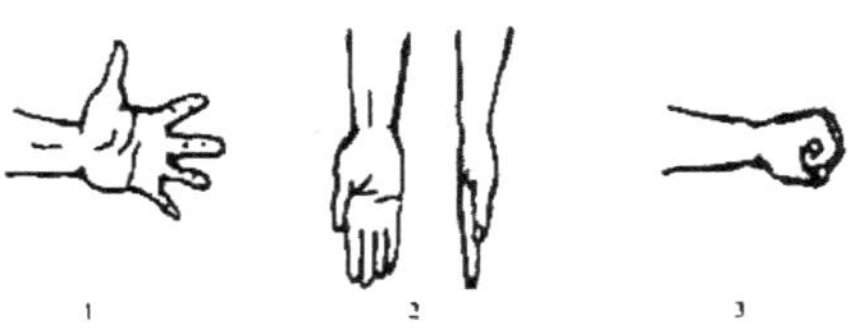

图 17-12　手形

（二）头颈部动作

①屈：头颈关节角度的弯曲，包括前屈、后屈、左屈、右屈（图 17-13 中 1～4）。

②转：头颈绕身体垂直轴的转动，包括左转，右转（图 17-13 中 5～6）。

③绕和绕环：头以颈为轴做弧形和圆形运动，包括左、右绕和左、右绕环（图 17-13 中 7～8）。

要求：做各种头颈动作时，上体保持正直，速度要慢，头颈移动的方向要准确，颈部肌群被充分伸展。

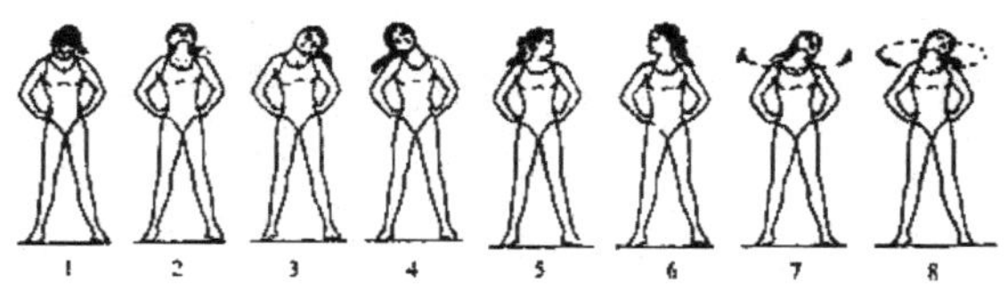

图 17-13　头颈部动作

（三）肩部动作

①提肩：肩胛骨做向上的运动，包括单肩、双肩的同时提和依次提（图 17-14 中 1～2）。

②沉肩：肩胛骨做向下的运动，包括单肩、双肩的同时沉和依次沉（图 17-14 中 3）

③绕肩：以肩关节为轴，做小于 360°的弧形运动，包括单肩向前、后绕，双肩同时或依次向前、后绕（图 17-14 中 4～5）。

④肩绕环：以肩关节为轴，做 360°及 360°以上的圆形运动，包括单肩向前、后绕环，双肩同时或依次向前，后绕环（图 17-14 中 6～7）。

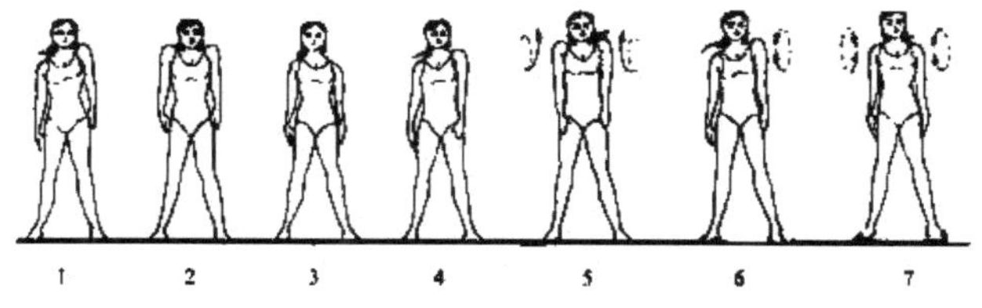

图 17-14　肩部动作

⑤振肩：固定上体，肩急速向前或向后摆动，包括双肩同时和依次向前、后振。

要求：提肩时尽力向上，沉肩时尽力向下，动作幅度大而有力；绕肩时上体固定，两臂放松，头颈不能前探；动作连贯，速度均匀，幅度大；振肩动作要有速度、力度和弹性。

（四）上肢动作

①举：以肩为轴，臂的活动范围不超过 180°而停止在某一部位的动作，包括单臂和双臂的前、后、侧举以及中间方向的举（图 17-15）。

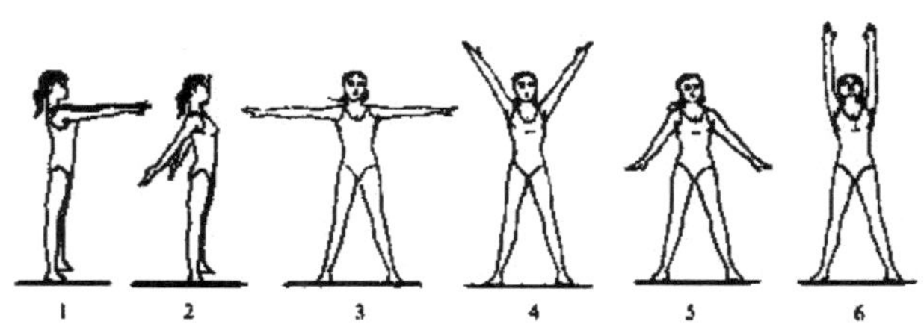

图 17-15　上肢动作之举

②屈：肘关节产生一定的角度，包括胸前屈、胸前平屈、头后屈、肩侧屈、肩上侧屈、肩下侧屈、肩上前屈、腰间屈、背后屈等（图 17-16）。

图 17-16　上肢动作之屈

③摆：以肩关节为轴，带动手臂做钟摆式动作，包括单臂或双臂同时或依次向前、后、左、右摆（图 17-17 中 1）。

④绕：双臂或单臂向内、外、前、后做 180°～360°肩的弧形运动，包括单臂、双臂绕，同时或依次向同方向和不同方向绕（图 17-17 中 2）。

⑤绕环：以肩关节为轴，单臂或双臂做 360°的圆形运动，包括双臂或单臂向前、后、内绕环（图 17-17 中 3～4）。

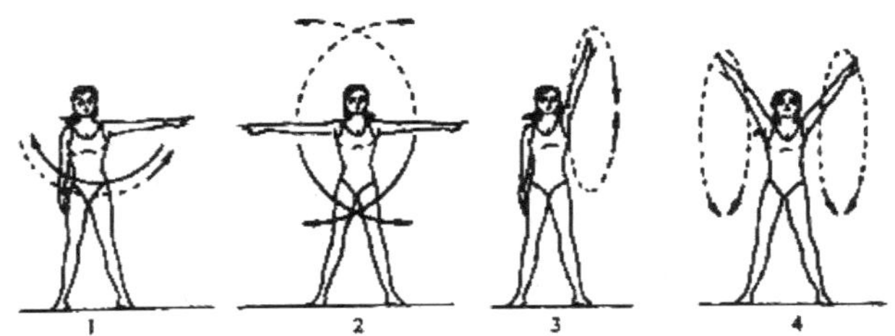

图 17-17　上肢动作之摆、绕、绕环

⑥振：以肩为轴，手臂用力摆至最大幅度，包括侧举后振，上举后振、下举后振（图 17-18 中 1～3）。

⑦旋：以肩或肘为轴，做臂的内旋或外旋动作（图 17-18 中 4～7）。

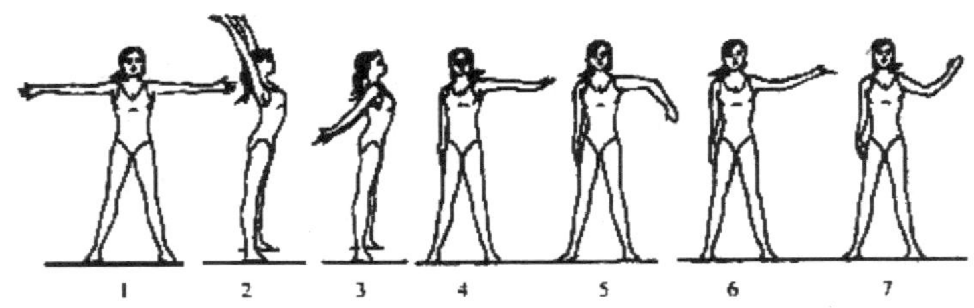

图 17-18　上肢动作之振与旋

要求：举、屈伸手臂时，肩要下沉；摆动手臂时，起与落要保持弧形；上体保持正直，位置准确，幅度大，力达身体最远端。

（五）胸部动作

①含胸：两肩内合，低头，缩小胸腔（图 17-19 中 1）。

②展胸：两肩外展，挺胸，扩大胸腔（图 17-19 中 2）。

③移胸：髋部固定，做胸向左、右的水平移动（图 17-19 中 3～4）。

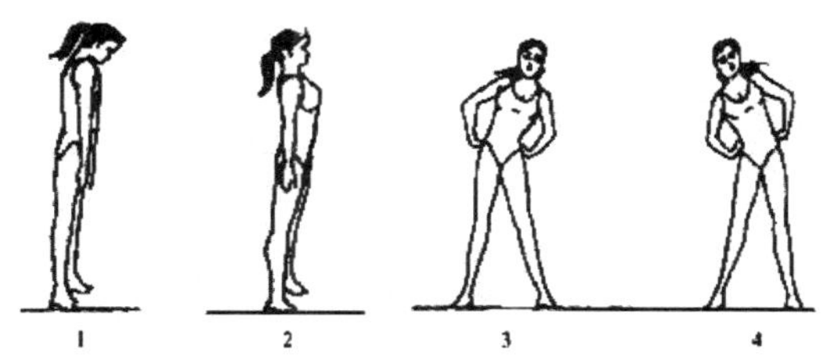

图 17-19　胸部动作

要求：练习时，收腹、立腰，动作达到最大极限。

（六）腰部动作

①屈：指下肢固定，上体沿矢状轴和水平轴运动，包括前、后、左、右的屈，可以结合手臂和腿的动作做各种练习（图 17-20 中 1～4）。

②转：指下肢固定，上体沿垂直轴扭转，包括左、右转（图 17-20 中 5～6）。

③绕和绕环：指下肢固定，上体沿垂直轴做弧形和圆形运动，包括左、右绕和绕环（图 17-20 中 7～8）。

要求：练习时，身体远端尽力向外延伸，绕环幅度要大、充分而连贯，速度放慢；腰前屈，转时上体立直。

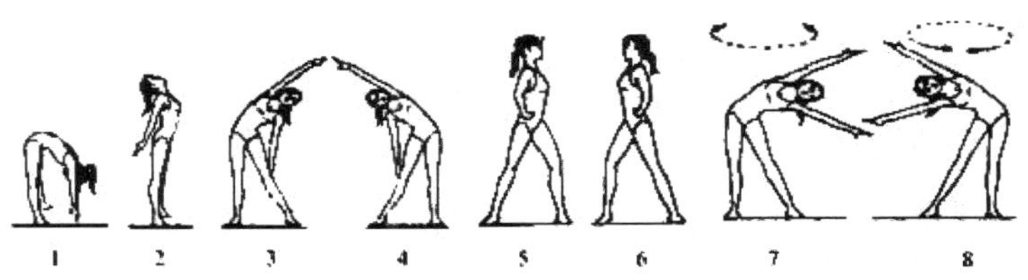

图 17-20　腰部动作

（七）髋部动作

①顶髋：髋关节向前、后、左、右水平移动（图 17-21 中 1～4）。

②提髋：髋关节做急速向一侧上提的动作。包括左、右提髋（图 17-21 中 5～6）。

③摆髋：髋关节做钟摆式的连续移动动作，包括左、右侧摆和前、后摆。

④绕髋和髋绕环：髋关节向左、右做 360°以内的弧形、圆形移动，包括向左、右的绕和绕环（图 17-21 中 7～8）。

要求：髋关节做顶、提、绕和绕环时应平稳、柔和、协调，稍带弹性，上体要放松。

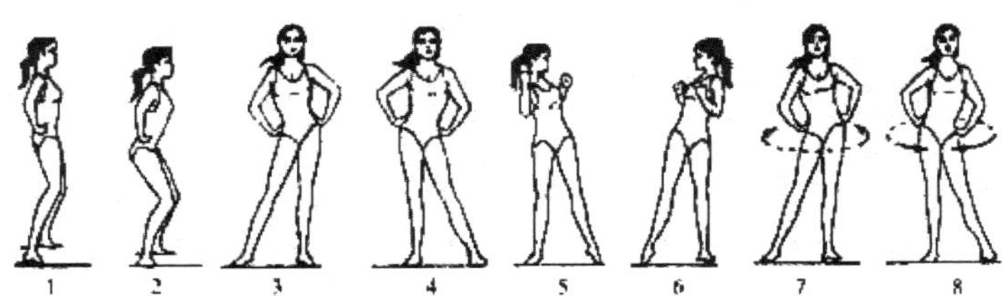

图 17-21　髋部动作

（八）下肢动作

①滚动步：两脚交替做由前脚尖至全脚掌滚动落地的动作（图 17-22 中 1～2）。

②交叉步：一只脚向另一只脚前或后交叉行进（图 17-22 中 3）。

③跑跳步：两脚交替进行，跑后支撑阶段有一次跳的过程（图 17-22 中 4～5）。

④并腿跳：双腿并拢，直膝或屈膝跳（图 17-22 中 6～7）。

⑤侧摆腿跳：单腿跳起，同时另一腿向侧摆动（图 17-22 中 8）。

要求：跳跃要轻松自如，有弹性，注意呼吸配合。

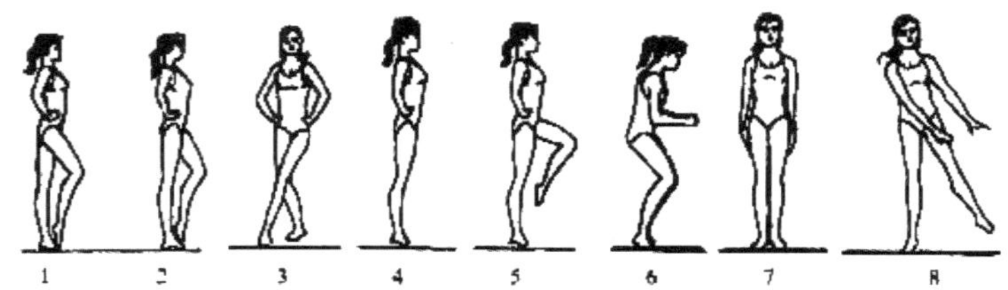

图 17-22　下肢动作

（九）基本站立

（1）立

①直立：头颈、躯干和脚的纵轴保持在一条直线上（图 17-23 中 1）。

②开立：两脚左右分开与肩同宽或宽于肩（图 17-23 中 2）。

③提踵立：两脚跟提起，用前脚掌站立（图 17-23 中 3）。

④点地立：一腿直立（重心在站立脚上），另一腿向各方向伸直，脚尖点地，包括侧点立、前点立、后点立（图 17-23 中 4～6）。

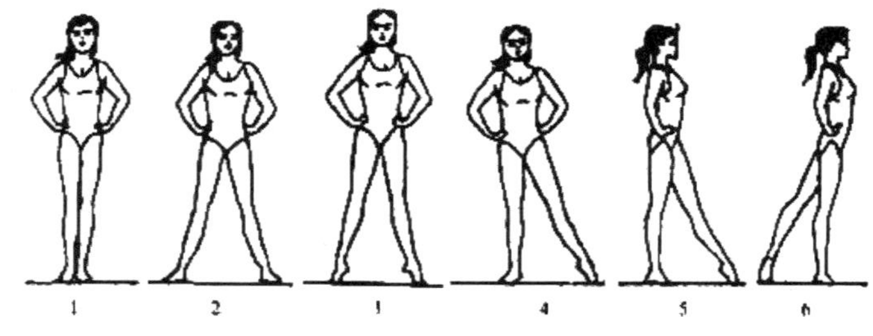

图 17-23　立

（2）弓步

一腿向某方向迈出一步，膝关节弯曲成 90°左右，膝部与脚尖垂直，另一腿伸直，包括左、右腿的前、侧、后弓步（图 17-24 中 1～3）。

（3）跪立

大腿与小腿成直角的跪姿，包括双腿跪立、单腿跪立（图 17-24 中 4～5）。

要求：站立时，头正直，上体保持挺直，沉肩、挺胸、收腹、收臀、立腰、立背、直膝；提踵立时，两腿内侧肌群用力收紧，提踵越高越好；弓步时，前弓步和侧弓步的重心在两腿之间，后弓步的重心在后腿。

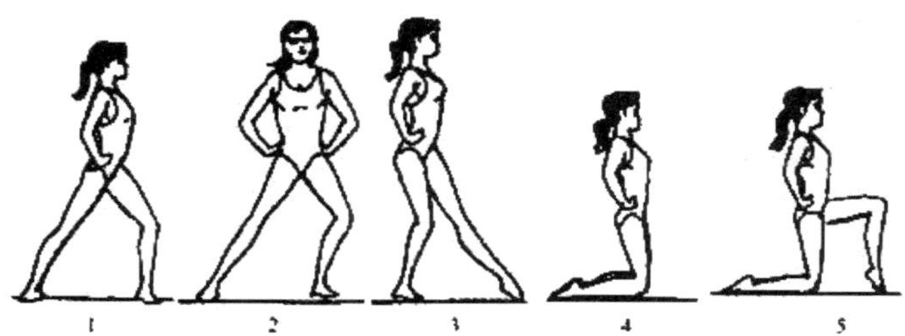

图 17-24　弓步与跪立

(十) 健美操规则规定的 7 个基本步伐

(1) 踏步

屈膝上提大腿，小腿自然下垂，落地时从前脚掌过渡到全脚掌，两臂前后摆动，身体保持自然，两脚交替做踏地的动作。踏步包括脚尖不离地的踏步、脚离地的踏步、高抬腿的大幅度踏步（图 17-25 中 1～2）。

要求：落地时，由脚尖过渡到脚跟着地；屈膝时，胯微收。两臂自然前后摆动。

(2) 吸腿跳

屈膝抬起，大腿平行于地面，小腿垂直于地面，脚面绷直，跳起时，脚离地，身体保持自然，落地时由脚尖过渡到脚跟，两腿交替进行（图 17-25 中 3）。

要求：大腿用力上提，小腿自然下垂。

(3) 踢腿跳

一腿前踢，腿要高抬，膝盖伸直，收腹立腰。落地时还原到位，两腿交替进行（图 17-25 中 4）。

要求：踢腿时，须加速用力，上体保持正直、立腰。

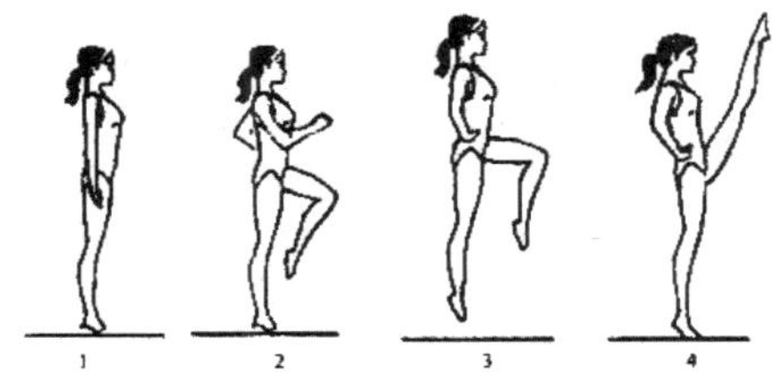

图 17-25　基本步伐 1

(4) 后踢腿跳

两脚交替有短暂腾空过程（类似跑步），小腿向后屈，两手叉腰。

要求：髋和膝在一条线上，小腿叠于大腿（图 17-26 中 1）

(5) 弹踢腿跳

动力腿屈膝后摆，两膝靠拢，膝关节、髋关节运动伸直要控制，然后换腿（图 17-26 中 2～3）。

要求：大腿抬起至一定角度后，小腿自然伸直，膝关节稍有控制。

(6) 开合跳

两腿跳起分开落地，髋部、脚尖朝外，膝关节在同方向弯曲，蹬地还原时，脚跟并拢，膝缓冲（图 17-26 中 4～5）。

要求：分腿时，两腿自然外开。

（7）弓步跳

并腿跳起，落地时成前（侧、后）弓步，脚尖向前，身体稍前倾，立腰收腹。还原时屈膝缓冲（图 17-26 中 6）。

要求：跳成弓步时，把握好身体重心。

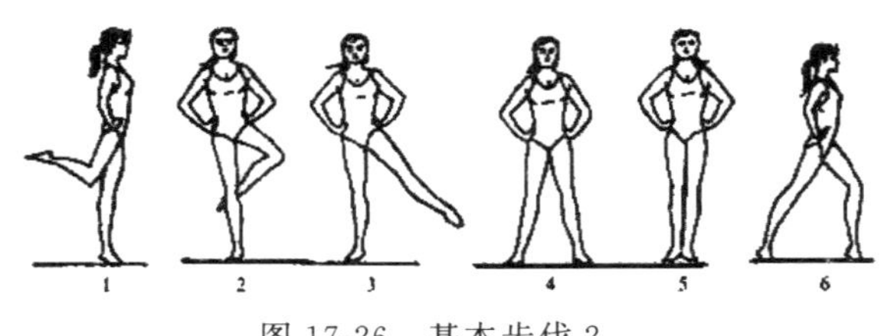

图 17-26　基本步伐 2

第三节　街舞

一、街舞概述

（一）街舞的起源

街舞又叫特色健美操，起源于美国，流行于世界，20 世纪 90 年代传入我国，很快便风靡全国。街舞不仅是提高协调能力、培养表现力的重要手段，而且因为难度不大、强度适中，有很好的健身价值，受到人们的喜爱，成为一种非常时尚的健身方式。如果从舞蹈的观点来看，街舞可以根据年代、动作或音乐类型分为 Old School 和 New School 两大类，前一类又包含 Locking（锁舞）、Popping（机械舞）、Breaking（霹雳舞）和 Wave（电流）等风格的舞蹈样式。街舞起源于美国街头舞者的即兴舞蹈动作，这些街头舞者主要是黑人和墨西哥人。这些流行的街舞多半发源自美国纽约的布鲁克林区，住在这一区的黑人和墨西哥人在街上娱乐、跳舞，自然而然形成了各种派系，也很自然地在他们所跳的舞蹈上发展出不一样的风格。

（二）街舞的发展现状

早期 Old School 风格的音乐具有非常快的节拍，以匹配这些霹雳舞的动作。而后随着 Hip－Hop 音乐的演进出现了音乐节拍比较慢的 New School 风格，人们发现在这种慢节拍的 Hip-Hop 音乐中做“风车”或“摆腿”之类的动作一点爆发力都没有，甚至失去了美感，于是 Old School 与 New School 的舞蹈开始分家。早期，也就是 20 世纪 80 年代的 New School 街舞的舞步非常简单，只有“滑步”等简单的动作。

在 20 世纪 90 年代初期，出现了一些黑人舞蹈团体，他们发展出一种新风格的舞蹈，这种新风格的舞蹈动作中没有早期那种很大动作或大范围的移动，更没有霹雳舞中那些在地上类似体操的动作。它独有的风格在于注重身体的协调性，重视身体上半身的律动，并增加了许多手部动作。这种新风格的舞蹈随着流行歌星的 MV 开始在全世界慢慢流行开来，这就是现在的街舞。街舞发展至今，取材范围越来越广，各个国家的街舞所表现出来的风格也会有些差异。这股 Hip - Hop 潮流早已流行至世界各地，影响日益扩大。在亚洲地区，日本、韩国受 Hip - Hop 影响最深，而内地的音乐爱好者认识 Hip - Hop，其实多受酷龙和 H. O. T 等韩国组合的影响，这些韩国组合把来自美国的 Hip - Hop 文化移植到自己的音乐甚至是服饰中。

二、街舞的特点及功能

（一）街舞的特点

第一，街舞并非一般意义上的纯体育项目，它是以体育健身为核心，以流行舞蹈动作为素材，体现时尚、活力，并带有欣赏性和娱乐性的新兴运动方式。

第二，街舞的风格性强，富于变化。不同的音乐风格所匹配的动作除了具有随意、松弛的感觉外，还会有不同的表现形式，而且少有对称性的动作，动作变化无常继而形成了不同的风格。

第三，街舞给教授者和学习者更大的发挥空间，具有创造性。街舞教授者在动作编排过程中，不同风格的 Hip - Hop 音乐会带给他们不同的灵感与发挥空间。在教授的过程中，学习者除了学习到教授者的基本动作外，还可以在手臂、头部等部位做一些自己喜欢的简单变化，尽情地做出自己的风格，进行再创造。

（二）街舞的功能

街舞具有有氧运动的功效。街舞的动作虽然以流行舞蹈作为素材，但它能够充分活动到身体的各个部位，且教授者所编的动作对关节、肌肉无伤害性。成套街舞在教学和练习的过程中，运动持续不断，而且强度适中，除了能改善心肺功能外，还能达到去脂减肥的目的。

街舞对协调能力具有挑战性。街舞的动作变化丰富，规律性不强，而且多数动作都是涉及小关节和小肌肉群的。为了增加动作的动感和美感，身体各个部位配合的动作较多，节奏变化也是忽快忽慢，很多动作还会出现在音乐的弱拍上，因此需要学习者的协调性很好。

街舞的重要意义在于对心理的调节作用。街舞的训练多以群体练习的形式出现，再配以动感十足的 Hip - Hop 音乐，这无疑会营造出非常轻松、愉快的练习氛围。街舞这一独特的锻炼方式，对不良心理状态所起到的放松、调节作用是非常大的。练习者既是一个学习者，又是一个表演者，他们可以充分展现自我，将所有的压力、自卑、郁闷尽抛脑后。因此曾经有很多人给街舞的评价是："它是唯一让人带着笑容进行锻炼的项目。"

三、街舞舞种分类

以动作为标准，街舞舞者分为两大类：Dancer 和 B - boy。街舞形式一般可以分为两种：

一种是个人的技巧街舞。个人技巧街舞是最早流行的一种街舞，因为它能体现年轻人精力旺盛的一面，舞者的很多地面动作，如翻滚、倒立、弹跳都是技巧高、观赏性比较高的街舞表演。

另一种是集体街舞，是目前比较流行的街舞形式。集体街舞反映了大众的需要，跳起来比较简单，节奏感比较强，它既有舞蹈的感觉又有健身的作用。以下是比较常见的舞种。

（一）Breaking

技巧型街舞，要求舞者具有较高的力量、柔韧性和协调性，属于技巧性较高的体育舞蹈，最先为国内青少年所喜爱。跳这种类型舞蹈的青少年或叫作 B-Boy/B-Girl。许多国家都有一些为 B-Boy 们举办的比赛，较有名的是每年一度的 BOTY（B-Boy of The Year）和在英国举办的 B—Boy Champion，会有超过 10 个国家的百名选手参赛。比赛的优胜者很快就会声名远播，成为青少年的偶像。

（二）Popping

Popping 是 Funk Dance（放克舞蹈）这个街舞种类中的一种风格，最初的基本形式是借由肌肉迅速地收缩与放松的技巧，使舞者的身体产生震动的感觉，这种技巧称作 Pop，舞者会以多种不同的动作和姿势来配合歌曲的节奏进行舞蹈。Popping 舞者被称为 Popper。

（三）New Jazz

New Jazz 是由 Jazz（爵士）发展而来的舞蹈，专由女生来跳，很讲究柔美和瞬间爆发力。以手臂的动作为主，腰的扭动和臀部的动作为辅。对身材要求很高，在欧美和韩国非常流行。配乐是节奏化的爵士乐。

（四）Locking（锁舞）

Locking（锁舞）就是身体做一些很快的动作，然后在某一个动作突然停住，关键在于手部的旋转与定住。Locking 起源于美国洛杉矶，是一种非常强调干净利落的舞蹈。因为舞蹈中“锁”的手势和突然“定格”的舞感类似“锁”的功用，所以称为锁舞。

（五）New Style

New Style 是近年来出现的一种新街舞风格，它像是一种跳舞的使用技巧。因为 Breaking，Popping，Locking 都能跳成 New Style，对 New Style Dancer 提出了很高的要求。

四、街舞的几种技术

（一）缓冲技术

街舞的缓冲技术主要表现在膝关节的弹动、踝关节的缓冲以及髋关节的屈伸 3 个方面。该技术不仅可以让练习者把握住街舞的动作特色，而且它与动作的安全性息息相关。在街舞的练习中，膝关节几乎很少伸直，动作多数是在微曲或弹动的状态下完成的。如在最基本的点地和提膝的动作中，踝关节的缓冲与髋的屈伸动作往往与之协调配合进行，使动作律动感很强且松弛自然，对关节也起到了保护作用。

（二）控制技术

街舞的控制技术主要表现在肌肉的用力方式和用力顺序两个方面。街舞的多数动作都有很强的动感和力度美，为了表现这一特色，就需要频繁地使用肌肉的爆发力，有时某些动作会出现在音乐的弱拍上，这就要求动作速度很快，因此，肌肉的松弛与紧张收缩必须协调控制才可以达到应有的动作效果。

（三）重心的移动和转换技术

街舞在重心的移动技术方面主要表现在动作方向的变化上，通过前、后、左、右的移动，使身体运动的路线发生丰富的变化。街舞的重心转换技术主要靠左右脚支撑的变化来实现，可以说除了上肢和躯干的动作之外，这一技术动作占据了很大的比例，它使街舞动作具有律动感和技巧性，从而展现了街舞的基本特色。

【思考题】

◇简述瑜伽的基本技术。

◇瑜伽动作组合练习常用的姿势有哪些?

◇健美操的基本动作包括哪些?

◇简述街舞的技术。

第十八章　户外运动

第一节　登山运动

一、登山运动简介

登山运动是体育运动中的一种，是指登山运动员徒手或使用专门装备攀登各种不同地形的山峰或山岭。登山运动始于 18 世纪 80 年代。1786 年 8 月 8 日，法国医生巴卡罗与石匠巴尔玛结伴第一次登上阿尔卑斯山的最高峰勃朗峰（海拔 4807 米，现为 4810 米）。次年，由青年科学家德·索修尔率领的 19 人登山队再度登上勃朗峰，世界登山运动从此诞生。因该项运动首先从阿尔卑斯山区开始，故也称为“阿尔卑斯运动”。1786—1865 年，阿尔卑斯山脉海拔 3000～4000 米的高峰，相继被登山运动员成功登顶，国际登山史上称此时期为“阿尔卑斯的黄金时代”。19 世纪 80 年代以后，使用各种攀登工具和技巧的技术登山被日渐推广，其活动地区也从阿尔卑斯低山区转向喜马拉雅高山区。1950—1964 年，世界 14 座海拔 8000 米以上的高峰，包括世界最高峰珠穆朗玛峰，相继被英、美、意、日、中等 10 多个国家的登山运动员成功登顶，国际登山史上称此时期为“喜马拉雅的黄金时代”。1964 年以后，许多登山“禁区”被突破，开始进入用无人使用过的难险路线攀登 7000～8000 米高峰的新时期。1978 年，在喜马拉雅高山区出现不用氧气登上高峰的阿尔卑斯式登山。

中国登山运动始于 20 世纪 50 年代。1955 年挑选出了第一批登山运动员，1956 年建立了第一支登山队。1960 年和 1975 年，中国登山队先后两次从东北山脊登上珠穆朗玛峰，并于 1975 年将一个特制金属测绘觇标竖立在珠穆朗玛峰顶上，准确测量出该峰的高度为 8848.13 米，是国际登山史上首次对世界最高峰高程的确切测量。

（一）登山运动的分类

一般情况下，登山运动分为探险登山、竞技登山、攀岩登山和普通登山 4 种。

1. 探险登山运动

登山者在各种登山设备的帮助下，以有雪线的山峰为目的，经历诸多困境的考验最终登上较高山峰的登山活动，就是高山探险登山。这类登山活动的参与者是一些经过严格训练的运动员，其对登山者的要求极高：第一，必须有极高的身体素质和应对各种恶劣环境考验的意志力和适应力；第二，登山者们应该具有一定的知识储备，能够正确运用各种登山装备，同时，可以利用登山技术排除突发的险情。登山者们应会使用通信、摄像、科研等器材；第三，登山者们需要具有利用专业知识进行科学考察的本领。

2. 竞技登山运动

竞技登山运动又称为技术登山运动，是一种利用专门的攀登技术和设备攀岩悬崖和冰壁的登山运动。目前，在攀登技术上有两种不同的风格类型：一种是力量型，另一种是技术型。两种类型各有千秋，但技术型更具魅力，有人将技术型登山称为“高山上的芭蕾”。

3. 攀岩登山运动

攀岩登山运动不依靠任何器具，仅依靠自身的平衡攀登峭壁或者人造的岩壁。通俗来说，攀岩登山运动就是在岩壁上比赛攀登本领的一项活动。

根据竞赛规程，攀岩比赛可以分为难度攀岩（比攀登的高度、技巧）和速度攀岩（比攀上陡壁的速度）两种。

4. 普通登山运动

普通登山运动是难度系数较低、装备要求较简单的，集旅游和群众性体育运动为一体的登山活动或攀岩比赛。其一般分成两种类型：旅游登山和定向登山。

旅游和登山相结合的旅游登山运动在20世纪70年代随着登山运动的兴起而蓬勃发展，历史悠久且吸引性较大。1984年9月，为了使民众的娱乐生活更加丰富多彩，中国登山协会以及全国体育总会群众部和宣传部提出恢复“九九重阳登高”活动，同时发动广大群众根据各地实际情况开展群众性登山活动。随着全民健身潮的兴起，近年来，旅游登山越来越受群众的青睐。

定向登山则是较为普通的活动，和旅游登山的不同之处是带有更加浓厚的比赛性质，目前在日本、欧洲开展得较为普遍。由于这是一种比赛性质的运动，组织起来会更加严谨，更具有程序性。通常要事先选定一座山峰，攀登难度不宜太大，以登顶为目标，将登山者分成若干小组，按照指定路线越过障碍物到达指定位置。在线路上，每一段特殊地形，如江河、峭壁、宿营地等处都设有裁判员。裁判员对各组通过特殊地形时的路线选择、通过方式、技术装备的使用、攀登技术的运用、宿营地点（地点选择是否安全、生活方便与否、帐篷搭设是否合理等）的选择进行评定。

（二）登山运动装备

登山运动装备是登山活动中所使用的各种装备的总称，它与登山食品、燃料一起构成登山活动的整个物质保障。

登山运动装备主要包括专用装备、保障装备和日用装备3类。

1. 专用装备

登山专用装备即直接与登山活动有关的装备，包括被服装备、技术装备和露营装备等。

（1）被服装备

被服装备主要是常用的保暖、防护用品等，如岩石衣裤、岩石鞋、御寒服装、风雪衣、高山靴、行囊及防护眼镜等。

（2）技术装备

技术装备主要是进行技术操作时的必需装备，如冰镐、冰爪、铁锁、安全带、主绳、辅助绳、雪崩飘带、钢锥、铁锤、雪铲等。除此之外，可根据每次任务的具体路段情况，改进或制备一些相应的技术装备，如上升器、下降器、走雪橇、金属梯、小挂梯、滑车等。

（3）露营装备

露营装备主要是提供休息、饮食的装备，如帐篷、睡袋及灶具等。

2. 保障装备

保障装备是为了应付各种意外情况及其他目的而备用的一些器材和用具，如氧气装备、通信器材、摄影器材、自卫武器、交通工具、观测仪器、救护器材和一般用品等。保障装备的种类和数量配备要根据任务性质和团队规模而定，有时要从简，有时则要加强，其中较重要的是氧气装备、通信器材和摄影器材。

3. 日用装备

日用装备包括起居用品、卫生用品、简单工具、常备药品、辨向图仪、娱乐用品、纸张文具、缝纫用品、灯火照明、体育用品等。进行登山活动时，攀登者在高山区活动时间较长，有时可达一两个月，各种用品必须携带齐全。

二、登山运动的基本技能

登山是朝着目标山峰一步一步地行进和攀登的过程，从攀登高山的整个过程来看，在登山实践中，可分为行军和休息（短时）两大部分。

（一）行军

1. 行军原则

①必须了解山区的地理和气候状况，这样既可节省体力，提高行进的速度，也可防止迷失方向。

②坚持走纵不走横、走梁不走沟的原则。如果不得不越野，应尽量选择在高处行进，一定要避免行走在洼地。主要原因是高处地势高，有助于进行展望，视野良好；同时，通风、干燥的地点，虫害以及杂草较少，更利于行进。

③在行走时，要注意行进的速度和节奏。行走过程中，行走的频率要以呼吸为节拍，不能使步调太快，否则容易产生疲惫。如果出现呼吸急促、无法喘气的情况，应该适时休息，将脚步放慢，调整呼吸。谨记无论下山还是上山，行进的速度都要因人而异，太快或太慢都会造成疲劳。

④大步走可以节省很多体力。在前进过程中，最好身体前倾，腰要弯，脚掌着地，切勿用脚尖行走，身体的重心要随着脚落地而左右摇晃。同时注意，不要因为踩到滚石而造成危险。

⑤体力分配原则。在行军过程中，体力分配通常是登山时用1/3，下山时用1/3，留下1/3余力。只有这样才能保持精力旺盛，在持续行走时避免发生意外事故。

⑥行军组队原则。在行军时通常要采用一定的组队方式：走在最前面的是富有经验的领队，应准确掌握队伍的步调和路线，率领队伍按照计划前进。第二三位置是组队行军时的最佳位置，应让给缺乏经验的、体力较弱或负荷较重的队员。领队应处在能掌握全队的位置。如果队伍人数较多，可编成5～6人一组的小队。小队的组编，应以不影响到达目的地后的帐篷搭设、营地建设和炊事工作为原则。

2. 步行法

步行法的好坏是很重要的。熟练的登山者有其独特的步行法：保持身体平衡，步伐节奏适中，随时调节呼吸。

①上山步行法。上山步行法与平地步行法基本没有区别，但上山比走平地耗费体力。因

此，需考虑各种条件，如登山者自身的体能素质、天气状况、团队器械状况等。

刚开始登高时，必须注意的是步伐不要太快。正确的行进姿势是将脚适度地抬起，以更好地节省体力。同时，保持手臂摆动平衡，调整呼吸，不紧不慢地向上行进。

②下山步行法。下山的时候需要使用的能量较少，几乎和平地行走差不多。但是，下山的时候发生意外的情形比上山的时候要多。行走的时候应随时看清前面路的状况，判断好脚部踩踏的位置。切勿一味地向下冲，这样容易滑倒，脚跟和膝关节容易受伤。下山时越是陡坡越要慢行。

③山脉棱线步行法。一般所说的登山大多是走的山脉棱线，这是登山活动中最常见的。但山的棱线有各种形态，有不长一草一木的岩石构成的棱线，也有被茂密的原始森林掩盖的棱线。山的棱线一般都有小径，如果没有就是从未有人登过的山。

如果走棱线迷路且在晚上，一定要谨慎小心。雾气较大的情况下更要沉着，认真观察四周有无危险，防止因为走错路而消耗过多的体能。

3. 穿林技术

登山者穿过丛林时，应特别注意两点：方向和联系。在穿越山林时，最好请当地经验丰富的人指导，同时带上指南针，还应携带简易的无线电通信设备，加强通信联络工作。另外，不要把登山队伍拉得太长、太涣散，以免和指挥中心失去联系。

登山者在穿林和通过高草时，为减少植物的刺伤和蚊虫叮咬，最好穿长袖长裤。如果通过一些藤条交织的地点，则需要砍刀的辅助。草深而密的茅草丛地，用刀开路的方法是："不过头，两边分，从中走；不见天，吹个洞，往里钻。"

（二）休息

休息是为了恢复体力，同时可调整行装、喝水及进餐。

登山者可以进行短时间的休息，进行定位以及对周围进行辨认。在休息时，应注意以下几点。

1. 休息时间的掌握

在行进了20～30分钟后可以进行第一次休息，调整、增减衣物等。之后每当行进时间达到50～60分钟后可以进行一次休息，休息时间为5～10分钟。休息时要充分放松。

2. 短暂休息

为了调整呼吸，缓解疲惫和恢复体力，在登山的过程中需要进行短暂休息。只需手拄登山杖、弯曲上身，将上体重量移到登山杖上，便可使肩部和腰部得到暂时的放松。但一定注意要将登山杖拄稳了，不能打滑，否则会不安全。

3. 较长时间休息活动的安排

为了恢复体力以及补充能量，行进途中常会进行较长时间的休息。可以利用这段时间运动，身体舒展之后再继续其他调整和吃饭。吃饭最好分多次完成，以保障消化功能不会受到影响，同时要注意补充糖分。最好选择安全并且风景好的地点休息。垃圾要随时集中起来进行处理，防止污染环境。

第二节　攀岩运动

一、攀岩运动的基本理论

（一）攀岩运动的概念

攀岩是一项在天然岩壁或人工岩壁上进行的向上攀爬的运动项目，通常被归类为极限运动。攀岩运动要求人们靠自己顽强的意志、体力以及思维能力，在各种高度及角度的岩壁上连续完成转身、引体向上、腾挪甚至跳跃等惊险动作，集健身、娱乐、竞技于一身，被称为“峭壁上的芭蕾”。

攀岩运动既重体力又重智力，想取得良好的成绩需要脑力与体力协调配合。根据自己的能力选择线路进行攀登是极为独特而令人兴奋刺激的经历，每次感受都不相同。这项运动在攀登能力和技术动作方面要求很高，其技巧较易掌握，是大多数青少年朋友喜爱的极限运动之一。

（二）攀岩运动的分类

1. 按使用器械方式分类

①竞技攀岩。在非常安全的路线上进行攀登，可借助于器械。

②自由攀岩。器械仅用于保护，利用自己的手脚进行攀登。

③器械攀岩。借助于各种攀岩器械进行攀登。

④徒手攀岩。不借助任何攀岩器械进行攀登。

2. 按保护的方式分类

①先锋攀岩。从岩壁底端开始，一边攀登一边把保护绳挂入保护点。

②顶绳攀岩。保护绳从上端已经挂好，只有上方一个保护点的保护方式。

3. 按运动场分类

①人工场地攀岩。在人工攀岩墙进行的攀登。

②自然场地攀岩。在大自然中的岩石上进行的攀登。

4. 按攀岩比赛的组织形式分类

①单人攀岩。单人攀岩又分为男子单人和女子单人攀岩。

②双人攀岩。两两结组进行攀登，裁判员指定路线。与单人攀岩赛不同的是，双人攀岩比赛需两人一组。不仅对攀登技术和速度进行评判，还评判组内成员互相保护的技术。

③自选路线攀岩。自选路线攀岩是指登上岩壁顶部和下降的路线由运动员自己来选择的比赛。这种比赛不仅比攀登技术和攀登速度，路线选择的好坏也在评判范围内。

④集体攀岩。同正规登山活动一样，参加者事先编好 4～6 人的小队，准备全套登山装备，包括睡袋、帐篷、炊具、绳索、保护器材、冰镐等，途经事先指定的路线，在事先指定的地点搭建和拆除帐篷，行进途中彼此保护。此项目允许小队自己选择攀登路线。攀登技术、小队战术、保护技术、通过全部路线的时间等都在比赛的范围内。

二、攀岩运动基础技术分析

（一）手部技术

在攀岩运动中，手部技术是参与者抓住支点、维持身体平衡的关键，手臂力量的大小也会对攀岩运动的质量和成绩产生较为直接的影响。因此，要想在攀岩运动中获得好的成绩，参与者必须拥有足够的指力、腕力和臂力。特别是在初学阶段，参与者很难对下肢力量进行有效的利用，这就使得手部技术的作用变得更加重要。具体的手部动作有很多，面对同一支点的不同方向也会存在不同的抓握方法。

1. 开握

当支点的边缘或某些点的小洞可以为手指第二关节提供支撑时，整个手部可以靠在岩面上。这种情况下，参与者的手可以张开，在手指并拢的情况下，可以让手指与支点进行充分的接触，整个手掌也不用紧握支点。开握时，大拇指的作用相对较小。

2. 紧握

紧握是攀岩运动中常用的一项手部技术。运用紧握技术时，参与者应将四指并拢，并将拇指搭在食指上，由手指的第一关节受力（弯曲程度超过 90°），扣紧支点。在运用过程中，大拇指的力量非常关键，主要靠它来锁住食指。

3. 半紧握

此方法的抓点方式与紧握相似，只是拇指并未压在四指上。同样只有第一指关节受力，而且第一指关节弯曲程度超过 90°。

4. 抓握

这种方法与开握抓法相似，但通常需要拇指协同发力，可以用手掌去握住支点，因不仅仅依靠手指，整个手掌的抓握可以增加抓握的稳定性。

5. 侧抠

此方法是由四指侧向拉住支点，大拇指压在支点的边上来进行固定的。注意拇指压的方向与四指的方向成 90°，要对四指起到一定的辅助作用，使抓握支点更加稳定。

6. 捏握

捏握时，大拇指捏的方向与手指的方向是相对的。有些可捏握的点可以让大拇指压在支点的一边，其压的方向与 4 个手指拉的方向成 90°。但是当支点很小时，只能用拇指和食指的第二关节外侧面去捏握。

7. 侧握

侧握与侧抠和捏握手法都很相似，但在侧握时，拇指是基本不发力的。侧握动作通常只用于维持身体的平衡或用于一些侧身动作中。

8. 反扣

支点的可抓握方向朝下或与身体移动方向相反。这个动作是手与手或手与脚之间的反作用来实现的。

9. 手腕扣点

在遇到大支点时，可以通过弯曲手腕进行曲握支撑来放松前臂，手腕的这种弯曲只有在有限的条件下可以做，但是它可以把前臂的力量转移到骨头上，所以这种手腕的弯曲动作是很好的休息姿势。在有比较大突出的支点上，这种动作应用很多。

10. 抓点

在攀岩过程中，会遇到很多向外或向下的柱状支点，这时就可以使用抓点的方法来进行固定，使整个手掌充分与支点接触，以达到稳定的目的。

11. 手掌按点

在面对一些较大的圆形点时，需要使用整个手掌的摩擦力才能按住支点。这时要将手掌和手腕弯曲成一定的角度，用整个手按住支点，以达到增加接触面积。从而增大摩擦力的目的，通常这种方法更多的是用在野外自然岩壁的攀爬过程中。

12. 前臂勾点

常在遇到一些非常大的支点时使用前臂勾点技术，其通过用肘关节夹住支点，依靠大臂的力量来控制身体。此动作多与脚部动作配合使用，是一种较为有效的休息动作。

13. 拇指扣点

在面对水平槽的支点时，除了可以使用开握或紧握抓法，还可以通过拇指扣住支点的方法来进行攀登，这种方法其余四指只是辅助发力，可以得到有效的休息。

14. 指甲扣点

这种抓点方法较为极端，会在面对一些可抓部分较薄的支点时使用，手指指尖部分垂直顶住支点，利用手指第一指关节的力量支撑，手指甲和手指尖部要承受很大的力量，需要非常好的忍痛能力，这一动作也是非常危险的，容易造成指甲损伤。

15. 曲握

曲握是把手掌弯曲，四手指并拢，大拇指压在食指上，用手掌的外部边缘曲握住支点。因为大拇指的力量很强，可以很好地控制手形，所以这种手形的握点法是很有力的，这样也给了其余手指一个很好的放松机会。

16. 口袋点

如果口袋点较大，则可以将四指的前端全部伸进去；如果口袋点较小则只能使用一个或两个手指，通常将这种口袋点称为指洞点。

17. 交叉手

交叉手的主要动作是当一只手抓握一个支点时，用另一只手去抓握线路中的下一个支点，且双臂形成交叉。还有一种交叉手技术是在一只手抓握一个比较大的支点时，可以为另一只手留下抓支点的空间，使另一只手可以交叉抓握此支点的剩余部分。交叉手可以分为内交叉和外交叉两种，应该选取哪种可以视情况而定。

18. 换手

在攀登过程中有时需要在一个支点上进行换手的操作，即左右手相互交换抓握支点，这时就需要采用正确的换手技术动作来完成。其实，换手技术动作较为简单，关键在于换手时要保持较为稳定的身体状态，把握好重心，平稳地进行换手。

（二）脚部技术

在攀岩运动中，脚部的支撑和攀爬动作是完成90°以内岩面攀登的主要保障。基本的脚法有蹬、钩、挂、塞、挤等。

1. 正踩、侧踩

在进行踩点时，要注意踩点的面积。面积并不是越大越好，而是尽可能地寻找可发力的部位。具体来说，脚部的踩点形式主要有以下 3 种：

①正踩。正踩是通过鞋尖内侧边拇趾处进行踩点，正踩动作主要是靠增加攀岩鞋与支点之间的压力来增大摩擦力，尽量抬高脚跟，将身体重心转移至脚尖，从而达到支撑身体平衡的目的，因此，在做正踩动作时应尽量抬高脚跟以增加对支点的压力。

②侧踩。侧踩是通过攀岩鞋的前脚掌外侧边四趾部位进行踩点。它的基本原理与正踩一样，都是通过增加脚部对支点的压力来增加摩擦力，因此，在做侧踩动作时也应尽量抬高脚跟。

③鞋前点踩。使用攀岩鞋的正前方部位踩点，通常情况下，一些比较小的支点或指洞点无法使用正踩或侧踩，而只能将前脚尖部塞进去，这时就要使用鞋前点踩法。

2. 摩擦点

这一动作在身体悬空时非常适用，它是通过将鞋底的大部分压在岩面上，尽可能地产生摩擦力，在采用这一方法进行攀登时，踩点方式会用到攀岩的外侧边、内侧边甚至整个前脚掌来增加踩点面积，特别是在面对向下倾斜的支点时。踩点时脚跟要向下倾，尽量增加攀岩鞋与支点的接触面积，以达到增加摩擦力的目的，使踩点时更加牢固，这些都是这种动作的显著特点，也正好与正踩和侧踩相反。由此可以看出，这个动作在身体悬空时特别适用。

3. 脚后跟钩

脚后跟钩是指用脚后跟部位钩住支点，在攀爬过程中，这种动作经常出现在屋檐的翻出部位，一般是把脚后跟放在一些适合做这种动作的支点上，用脚后跟钩住支点。在钩的过程中，伸腿、屈胸，向上直到脚能钩到支点，脚部发力将身体钩向钩点的方向，以减少手部所受的力量，达到省力的目的。

4. 叉脚

当一只脚踩踏支点时，另一只脚从身体内侧或外侧交叉穿过踩踏线路中的下一支点。需要注意的是，交叉脚后要移动身体的重心，所以做这个动作的时候要想好下一个动作的处理。同支点的交叉也是交叉脚的一种，当遇到一些较大的支点时，可以用一只脚踩踏支点的一侧，另一只脚交叉踩踏支点的剩余部分，完成交叉脚的动作。交叉脚也分内交叉和外交叉，采取哪种方法可以视情况而定。

5. 顶膝动作

顶膝动作是一个很好的休息动作，这一动作是用脚部踩住支点的同时用膝盖顶住另一个支点，形成脚部和膝部的互压而完成的，通过这一动作达到平衡的目的，这样就能够给手臂创造出充分的休息时间。

6. 膝盖钩点

这个动作主要用于翻出屋檐地形。当翻屋檐的手点和脚点很近时，可以用膝盖内侧钩住支点，以达到平衡的状态。

7. 挂腿

当一只手抓握一个比较大的支点时，将这只手的对侧腿抬起，挂在手腕上，并依靠手腕和手臂的力量将身体抬升，另一只脚做辅助的发力，以控制平衡。这个动作对手腕的力量要求很高，而且比较危险。由此可以看出，挂腿这一动作对技术动作的要求非常高。这种脚部技术对于喜欢静态攀登的攀登者是最合适的了。

（三）基本攀岩技术

1. 侧蹬

侧蹬是攀岩运动中的一项非常重要的技术，它可以有效地节省上肢力量，在仰角地段被大量使用。在使用侧蹬技术进行攀爬时，身体应侧向岩壁，以身体朝向的对侧手脚抓握和踩支点，另一只腿伸直，用来调节身体平衡，靠单腿力量站起，抓握上方支点。以左手抓握支点为例，身体朝左，右腿弯曲踩在支点上，右脚应用脚尖踩住支点且脚跟立起来，把身体的大部分重心放在右脚上，左脚只用来维持平衡。这时，右腿蹬起，靠腿部的力量让身体站起来以节省手臂的力量。左手可做辅助性的发力，右手向上抓握支点。动作最后一步时，右脚应保持用脚尖踩住支点，且脚跟立起来，这样可以使右手能够抓握住更远的支点。

2. 扭身锁定

扭身锁定是将身体扭转，使身体侧对岩壁而不是正对岩壁。具体方法是先靠一只手锁定身体，然后由另一只手去抓握下一支点。扭身锁定经常与下肢的扭膝动作或侧蹬动作配合使用，在面对斜面或屋檐地形时被使用得更为广泛。

3. 侧拉动作

侧拉动作是一个在野外攀登裂缝时常用的技术。攀爬时，双手侧向拉住支点，而脚部与手部的发力方向正好相反，脚部向反方向蹬踩岩壁或支点，形成身体的互压状态，达到平衡。

4. 脚上手点

攀登时，以将右脚抬至右侧靠近腰部的支点为例（这时左手已抓握住一个较高位置的支点），先将腰部向左并向岩壁外侧做少许移动，为右脚腾出一定空间。右手扶住腰部的支点，这时抬起右脚放在右手的支点上，靠左脚蹬起把重心压至右脚上。这时左手应辅助发力，右手不要离开支点，也辅助发力，直到左脚抬起，重心已完全移至右脚。这时抬起右手，去抓握下一支点。

5. 扭膝

扭膝是攀岩中最重要的技术。它的姿势为两脚分别踩于两支点上，两支点可以等高或不等高，开始时双脚均采用正踩方式，做动作时一条腿保持不动，另一条腿以所踩支点为轴顺时针或逆时针旋转，使所踩脚点由正踩变为侧踩，同时身体变为侧向岩壁，靠一只手锁定身体，另一只手向上抓握支点。

三、攀岩运动的保护技术

（一）保护点的设置

1. 保护点的类型

一般我们可以将固定保护点分为天然固定点和人工固定点。例如，一些能够为绳索提供连接的岩柱、树木、巨石等都为天然固定点，在使用天然固定点时一定要注意认真检测其牢固程度和承受力。人工固定点则是通过各种金属器械制作而成的，如挂片、岩钉、岩塞等。

2. 设置保护点所需装备

设置保护点所需装备包括安全带（首先进行自我保护）、绳套（扁带）、铁锁、挂片、岩钉、膨胀锥、机械塞、岩塞等。

3. 设置保护点的方法

保护点的设置分为上方保护系统的设置和中间点（临时性保护点）的设置。根据不同的岩壁条件，所需的固定保护点数量从一个到多个不等。

一个固定保护点：设置固定点进行保护时，要在确保适用于固定点设置区域的绝对安全的前提下进行。例如，人工岩壁上设置好的横栏，自然岩壁上的大树。安装中间点的设置时，人工岩壁用挂片，自然岩壁用膨胀锥加挂片。

两个固定保护点：这是安装上方保护系统的标准模式，适用于大部分情况。具体方法是在一个保护点设置的基础上增加一个保险固定点，以防止一个固定保护点出现意外。

多个固定保护点：适用于单个固定点不安全的情况。有多个保护点时，保护点受力要均匀，夹角要小于 60°。此外，要注意使用铁锁时大头朝下（双锁开口要错开）。

（二）上方保护

上方保护是保护支点在攀岩者上方的保护形式，与之对应的攀登方式为顶绳攀登。在攀岩者上升过程中，保护者不断收绳，使攀岩者胸前不留有余绳，但也不要拉得过紧，以免影响攀岩者行动，这点在登大仰角时尤应注意。上方保护对攀岩者没有特殊要求，且攀岩者发生坠落时受到的冲击力较小，较为安全。

1. 基本步骤

第一步，攀岩者与保护者各自做好准备（穿戴好装备）。

第二步，相互检查，注意“8”字环、安全带、铁锁等是否牢固。

第三步，攀岩者向保护者发出“开始”信号。

第四步，保护者向攀岩者发出“可以开始”信号。

第五步，开始攀登、保护（保护严格按照五步操作法）。

第六步，攀岩者登顶后发出“下降”信号。

第七步，保护者发出“可以下降”的信号，开始放绳。

第八步，攀岩者返回后，向保护者表示感谢。

2. 注意事项

第一步，起步时绳子稍紧一些，以防开始就脱落。

第二步，保护者要精力集中，密切关注攀岩者的行动，力求有一定的预见性。

第三步，保护者在任何时间都有一只手紧握通过下降器的绳子（右手随时制动）。

第四步，保护者选择最佳的位置和站立姿势。

第五步，保护者收绳子时，双手要协调配合。

第六步，保护者在放绳子时，要缓慢匀速。

（三）下方保护

下方保护是将保护支点放于攀岩者下方的一种保护方式，一般在先锋攀登中出现。由于无法在上方预设保护点，使得攀岩者不得不在上升的过程中，不断把保护绳挂入途中保护点（快挂）上的铁锁中。保护点可以是预先设置好的，也可以是在攀登过程中临时设置的。下方保护是先锋攀登唯一可行的保护方法，实用性较强，是国际比赛中规定的保护方法。但这种保护方法对攀岩者自身有很高的要求，它需要攀岩者自己来选择和完成保护点的设置，而且一旦发生坠落，其下坠距离较大，受到的冲击力较强，容易造成运动损伤。因此，这种保护方法多被较为专业的攀岩运动员选用。下方保护操作程序与上方保护相同，要注意给绳和收绳的时机。具体的注意事项有以下几个方面：

第一步，起步时，保护者要站在攀岩者下方，双手张开，以防其开始就脱落。

第二步，保护者要精力集中，密切关注攀岩者的行动，力求有一定的预见性。

第三步，保护者在任何时间都有一只手紧握通过下降器的绳子（右手随时制动）。

第四步，保护者选择最佳的位置和站立姿势。

第五步，保护者双手协调配合，根据攀岩者需要随时收、放，松紧度适中。

第六步，攀岩者脱落时，保护者不能立刻收紧绳子，要给予一定缓冲。

第七步，攀岩者处于或可能处于危险状态时，保护者要及时给予提醒。

四、攀岩的注意事项

（一）装备检查

安全带：各部分连接处一定要扣好并反扣，特别是主环；穿着时要特别注意不要扭曲任何一根带子（有扭曲就说明穿着有问题）。

主锁：锁体是否有裂缝，锁门是否有弹性，最好使用两把锁（一把连主环，一把连接在安全带主体上）。

（二）检查绳子、绳结

理顺绳子，并检查磨损情况。绳结要使用兔耳结，并且另一头一定要有收尾的结头盘，检查人与绳的连接部位，绳结锁是否锁紧（锁门最好朝向攀岩者，不对向岩壁）。绳子要与保护器连接无误，绳子穿入的方向一定要准确，可以拉绳子的两头试试并确认。

（三）集中注意力

避免在攀岩时和别人说话、看风景，甚至是想心事、接电话。即使攀岩技巧再好，以上行为都有可能导致丢掉性命。

（四）脱落下降时要保持正确姿势

脱落时尽量保持镇定，身体控制住（保持头上脚下，不要横卧，不要背对岩壁），可以用脚适当蹬岩壁，一只手抓住离安全带最近的那段绳索，另一只手和两脚弯曲，准备撞到岩壁时给予缓冲。

（五）保持镇定心理

细致入微地做好一切准备可以保证自己的安全，保持良好的自信以更好地完成攀岩。在攀岩时切勿瞻前顾后，这会使人失去正确的判断力。

第三节 定向运动

一、定向运动的起源

定向运动起源于瑞典，最初只是一项军事体育活动。“定向”这两个字在1886年被首次使用，意思是在地图和指南针的帮助下，越过不为人知的地带。真正的定向比赛于1895年在瑞典斯德哥尔摩和挪威奥斯陆的军营区举行，这标志着定向运动作为一种体育比赛项目的诞生。它距今已有百年历史。

定向运动作为体育项目开展是在20世纪初时从北欧开始的，到20世纪30年代已在芬兰、挪威、瑞典、丹麦立足。1932年举行了第一次世界定向运动比赛，1961年国际定向越野联合会（IOF）在丹麦哥本哈根成立，现有成员国50个。国际定向运动联合会是世界定向运动的行政实体，是国际体育联合会总会之一。定向运动也是国际承认的奥林匹克体育项目。

二、定向运动的器材装备

运动员在比赛中所需的器材主要有地图、检查卡片、检查点标志、指北针、号码布、点签等，其中对地图和指北针的要求比较高，它们质量的好坏直接影响参赛者比赛的成绩和关系到比赛的公正性。目前，指北针的样式比较多，但国家定向越野比赛多用透明式指北针，因为这种指北针稳定性好、灵敏度高，还有透明性，通过指北针可直接看图，提高用图速度。

三、定向运动基本技术

熟练地掌握使用国际定向地图与指北针的各种方法，在定向越野中具有特殊的重要意义。因此，在学习定向越野技能的阶段，必须选择最合适的场地、用较多的时间进行使用定向地图与指北针的训练。

（一）标定地图

标定地图是为了使定向地图的方位与当地的方向相一致。这是使用定向地图最重要的前提。

1. 概略标定

定向地图上的方位是上北、下南、左西、右东。当人们在现地正确地辨别了方向之后，只要将地图的上方对向现地的北方，地图即已标定。这种方法简便迅速，是定向越野比赛中最常用的方法。

2. 利用磁北线（MN线）标定

先将透明式指北针的定向箭头朝向地图上方，并使箭头两侧的平行线与地图上的磁北线重合（平行），然后转动地图，使磁针北端对正北方向，地图即已标定。

3. 利用直长地物标定

首先应在地图上找到这段直长地物，对照两侧地形，使地图与现地各地形点的关系位置大概相符，然后转动地图，使地图上的直长地物与现地的直长地物方向一致，地图即已标定。

4. 利用明显地形点标定地图

当运动员位于明显地形点上，并已从地图上找到该地形点的位置（自己所在的站立点）时可以利用明显地形点标定地图。方法是：先选择一个图上与现地都有的远方明显地形点（目标），然后转动地图，使地图上的站立点至目标的连线与现地的站立点至目标的连线重合，此时地图即已标定。

（二）对照地形

1. 在站立点尚未确定前

首先大概地标定地图，然后迅速地观察周围，记清最大或最有特征的地物、地貌的大概方位与距离，并从地图上找到它们，此时站立点的位置即可大概地确定。

2. 在站立点已经确定之后

同样先大概地标定地图，接着从地图上查明自己选定的运动路线近前方两侧的特征物，同时记清它们的大概方位与距离，并将它们在现地辨别出来，然后再前进。如果因为地形太复杂，如山丘重叠、形状相似等，不易进行对照，可以先采用较精确的方法标定地图，然后用带刻度尺的指北针的长边切站立点和特征物，并沿这条直长边向前瞄准，则特征物一定在此方向线上。如此方法还不能解决问题，应变换对照位置，或者登高观察和对照。

在这里需要特别强调的是，无论在什么情况下进行现地对照地形，都必须注意观察对照地形的顺序与步骤。现地对照地形的顺序一般是：先对照大而明显的地形，后对照一般地形；由近及远，由左至右；由点及线，由线及面；逐段分片，有规律地进行对照。在步骤方面，首要的也是必不可少的是要保持地图方位与现地方位的一致，再根据不同需要进行下面的步骤。

（三）确定站立点

熟练地掌握在地图上确定站立点的各种方法是学习使用地图的关键。对于这些方法，除了要记住它们各自的步骤、要领外，尤其是要学会根据不同情况，对它们进行选择使用和结合使用。

1. 直接确定

当自己所处位置是在明显地形点上时，只要从地图上找出该地形点，站立点即可确定。这是在行进中，特别是在奔跑中最常用的方法。但是，采用直接确定法的困难在于：在紧张的进程中，怎样才能很快地发现可供利用的明显地形点；当同一种明显的地形点互相靠近的时候，怎样才能够正确地区别它们，防止“张冠李戴”。

2. 利用位置关系确定

当站立点位于明显地形点附近时，可以采用位置关系法。利用位置关系法确定站立点主要是依据两个要素：一是站立点至明显点的方向；二是站立点至明显点的距离。在地形起伏明显的地方，还可以结合地形高差情况进行判定。

3. 利用“交会法”确定

当站立点附近无明显地形点时，可以利用“交会法”确定站立点。，它可以根据不同情况分为90°法、截线法、后方交会法和磁方位角交会法。这些方法的优点是：不需要判断或测量距离也能确定出较为准确的站立点位置，这对于初学者学习、巩固使用定向地图的训练是很有意义的。但是，它们中的一些方法要么只能在某些特定的条件下才能运用，要么就是步骤烦琐，费时费力，因此在定向越野比赛中一般较少使用。

①90°法。当待测点位于线状地形（包括道路、沟渠、山背线、谷底线、坡度变换线等）上时，如果在与运动方向相垂直的方向上能够找出一个明显地形点，那么确定站立点就简单得多：线状地形符号与垂直方向线的交点即为站立点。

②截线法。当待测点位于线状地形上，但在其与运动方向相垂直的方向上没有明显地形点时，可以采用此法。其步骤是：标定地图在线状地形的侧方选择一个地图上与现地都有的明显地形点；利用指北针的直长边缘（也可用三棱尺、铅笔等）切于地图上明显地形点的定位点（为便于操作可插一细针），然后转动指北针，使其直长边对准该地形点；沿指北针的直长边向后画方向线，该方向线与线状地形符号的交点就是站立点在地图上的位置。

③连线法。当待测点位于线状地形上，同时待测的位置恰好是在某两个明显地形点的连线上，可以利用这种方法确定站立点。

④后方交会法与磁方位角交会法。这两种方法只在下述情况下使用，即在待测点上无线状地形可利用，而且地图与现地相应地都有两个以上的明显地形点。

后方交会法通常要求地形较开阔，通视良好。其工作步骤为：先在地图上找到选定的方位物之后，标定地图；然后按照截线法的步骤分别向各个方位物瞄准并画方向线，地图上方向线的交点就是站立点。

磁方位角交会法既可以在地形开阔时使用，也可以在丛林中使用。但是，在丛林中需要攀爬到便于向远方观察的树上或其他物体上进行。其步骤如下：

第一，选择地图上和现地都有的两个明显地形点，并用指北针分别测出至该两地形点的磁方位角。

第二，标定地图。将所测磁方位角图解在地图上。图解磁方位角时，要先转动指北针的分度盘，让指针分别对正所测的方位角值，再将指北针的直长边分别切于图上被照准的两个地形点符号，并转动指北针；待磁针与定向箭头重合后，分别沿直长边描画方向线。两方向线的交点，就是站立点在图上的位置。

（四）按图行进

利用地图行进是定向越野的基本运动方式，它有赖于参加者对前面所述各种专项技能的综合运用。换言之，学习辨别方向，识别定向地图以及标定地图，对照地形确定站立点，都是为了能够熟练地利用地图行进。因此，在实践中要根据地形情况、个人特点，选择下述对自己最适合的一两种方法，反复练习、融会贯通，以便在比赛时不降低或少降低运动速度的情况下，始终正确地行进在自己选定的路线上，顺利到达目的地。

（五）迷失方向的处理方法

当在现地找不到目标，又无法确定站立点时就是迷失了方向。下面介绍的是寻找正确方向的几种常用方法。

1. 沿道路行进时

标定地图，对照地形，判明是从哪里开始发生的错误以及偏差有多大，然后根据情况另选迂回的道路前进。如果错得不多，可返回原路再行进。

2. 越野行进时

应尽早停止行进，标定地图后选择最适用的方法确定站立点，然后尽量取捷径插到原来的正确路线上去，不得已时再返回原路。

3. 在山林地中行进时

根据错过的基本方向、大概距离，找出最近的发生偏差的地点，并以此为基础，确定出站立点的大概位置。如果错得太远，确定不了站立点，又不能返回原路，就要在地图上看一看，迷失地区附近是否有较大型或较突出的明显地形（最好是线状的），如果有，就要果断地放弃原行进方向而向它靠拢，并利用它确定站立点。如果没有这个条件，那么就继续按原定方向前进，待途中遇到能够确定站立点的机会后，再迅速取捷径插向目的地。在山林中行进，最忌讳在尚未查明差错程度和不清楚正确的行进方向的情况下匆忙而轻易地取“捷径”斜插，这样很可能造成在原地兜圈子。

（六）定向运动徒步穿越的注意事项

1. 团队精神

集体穿越（2 人以上）是表现团队合作精神的好机会，成功、愉快、顺利的穿越是要靠集体中每一个人的努力才能做到的。在恶劣艰苦的环境中，团队精神更加重要。

提示：确定一个队长，并赋予他一定权力，有民主也要有集中，这一点很重要；明确分工，如开路、断后、生火、扎营等；人数较多时要注意行进队形，避免队伍过长容易走失队友或有人出现意外而不能及时发现；所有装备和给养应根据各人体力好坏及性别来科学分配背负，以便队伍能保持一致的速度；如有人遇到严重的伤病，整个穿越计划必须做出改变，全体放弃或部分人带伤员撤退。

2. 体力分配

一般而言，在上坡时可每半小时休息 5～10 分钟，下坡时可每 1 小时休息 10～15 分钟。

提示：全程尽量保持匀速，掌握节奏，按计划的时间休息和进食；根据途中大家的体力情况及时调整计划，必要时可延长穿越时间。避免不必要的体力过分透支，要为之后不可预见的情况保留体力；穿越不同的地区、不同的难度、不同的时间长短、不同的季节气候，在选择装备时差异很大。有时计划选择不当会使穿越中负累不小，有时也会因为装备不全而感到非常棘手甚至危及安全。出行前应在对活动地区充分了解后，仔细挑选应带装备和给养。许多装备用品都有不同的品牌和种类，应根据实际需要和自身条件慎重选择。

【思考题】

◇登山运动分为哪几种？

◇简述攀岩运动的基础技术。

◇运用“交会法”确定站立点的方法有哪些？

参考文献

[1] 杜志锋，郭娜，姜雪，等．体育与健康［M］．北京：北京理工大学出版社，2019.

[2] 文渭河，杜清锋，杨杰．当代大学体育健康教程［M］．长春：吉林人民出版社，2020.

[3] 文雄，张灵燕，王永莲，等．大学体育与健康教程［M］．重庆：重庆大学出版社，2020.

[4] 张世榕．大学体育［M］．北京：北京理工大学出版社，2020.

[5] 陆宇榕，王印，陈永浩．体育文化与健康教育探究［M］．北京：新华出版社，2018.

[6] 张钧，何进胜．运动健康管理［M］．上海：复旦大学出版社，2019.

[7] 姜岚．大学体育与健康［M］．重庆：重庆大学出版社，2020.

[8] 岳慧灵．体育课程运动处方教学模式［M］．长春：吉林人民出版社，2020.

[9] 白震，王庆庆，刘亚飞．健康理论的多元分析与探究［M］．长春：吉林人民出版社，2020.

[10] 刘雅媚．健康中国战略下健康体育文化培育路径研究［J］．中国健康教育，2019，35（10）：957－959.

[11] 周胜．大学生体质健康指南［M］．北京：中国广播影视出版社，2020.

[12] 傅文生．体育健康理论与实践［M］．长春：吉林摄影出版社，2020.

[13] 陈叶坪，张桂兰．大学生健康教育（第二版）［M］．武汉：华中科技大学出版社，2018.

[14] 刘晓帆，唐超群．体育与健康［M］．北京：中国人民大学出版社，2020.

[15] 张玉超．大学体育与健康教程［M］．北京：高等教育出版社，2020.

[16] 刘斌，马鑫．新编大学体育与健康［M］．成都：电子科技大学出版社，2020.

[17] 黄钢，苏巍，毛剑杨．体育与健康 理论篇［M］．大连：大连海事大学出版社，2020.

[18] 杜远峰，尹建民．大学体育与健康［M］．上海：同济大学出版社，2020.

[19] 毛剑杨，苏巍，黄钢．体育与健康 实践篇［M］．大连：大连海事大学出版社，2020.

[20] 傅纪良，王裕桂．实用游泳教程［M］．北京：海洋出版社，2020.

[21] 肖艳丽，臧科运，薛敏．我国体育课程价值取向研究［M］．西安：陕西科学技术出版社，2020.

[22] 李纲，张斌彬，李晓雷．高校户外拓展运动教学与心理拓展实践［M］．郑州：黄河水利出版社，2019.

[23] 李志伟，冯强明．现代高校体育与健康教程［M］．天津：天津大学出版社，2019.

[24] 董宇．奥运视觉系统的模型构建［M］．哈尔滨：哈尔滨工程大学出版社，2018.

[25] 石龙，王桂荣，刘海英．奥林匹克文化概论［M］．上海：上海交通大学出版社，2018.

[26] 赵富学．课程改革视域下体育学科核心素养研究［D］．南京：南京师范大学，2018.

[27] 董苗苗．大学生体质健康与心理健康的相关性研究［D］．太原：中北大学，2018.

[28] 蔡兴莉．影响学生体质健康多元因素分析及对策研究［J］．体育科技文献通报，2020，28（2）：124－126.
[29] 李海鹏，郭芙茉．学生体质健康抽测排名背后身体素质单项指标贡献系数的研究［J］．南京体育学院学报，2019（10）：39－43.
[30] 范雪，邹正华，张传峰．从动作发展视角看学生体质健康的提高［J］．安徽工业大学学报（社会科学版），2018，35（5）：118－119.
[31] 戚世媛．基于促进学生体质健康的高校体育教学改革探讨［J］．当代体育科技，2019，9（10）：130－131.
[32] 刘素，李芳，李长风，等．青少年健康行为和学习压力对学习成绩的影响［J］．中国健康教育，2019，35（3）：239－242.
[33] 洪邦辉，胡庆山．多元文化背景下当代少数民族传统体育发展的社会学分析［J］．沈阳体育学院学报，2021，40（1）：132－137，144.
[34] 陈先忠，曾永忠．基于社会生态学理论模型的大学生参与身体活动干预策略研究［J］．高教探索，2018（4）：124－128.
[35] 任严强，韩海珍．“健康中国”背景下大学生体质健康现状与路径研究［J］．西北成人教育学院学报，2021，195（5）：96－99.
[36] 魏晓晓，夏鹏杰．学生体质健康与体育锻炼的关系性研究［J］．文体用品与科技，2021，17（17）：47－48.
[37] 张真．田径运动中核心能力训练方法探讨［J］．体育风尚，2021（9）：30－31.
[38] 丁伟胜．健康中国背景下高职学生体质健康管理模式构建研究［J］．青少年体育，2021（5）：36－37.
[39] 李茜．中西方体育文化的差异与融合浅析［J］．文化学刊，2019（7）：43－45.